（唐）許嵩　撰

宋本建康實錄

第五册

國家圖書館出版社

第五册目録

建康實録卷第十七

高祖武皇帝　梁帝紀上

高祖武皇帝姓蕭名衍字叔達小字練兒蘭陵中都人漢相國何之後而與齊朝同承淮陰令整整生皇高祖鎋位濟陰太守鎋生皇曽祖副子位州治中從事副子生皇祖道賜位南臺治書侍御道賜生皇考順之字文緯齊高祖族弟參預佐命封臨湘侯累至領軍將軍丹陽内史高祖以宋大明元年甲辰歲生于秣陵縣同夏里三橋宅初皇妣張氏嘗夢抱日已而有孕乃生帝帝生有奇異之光兩髆駢骨狀貌殊特頂上隆起日角龍顔重嶽虎顧舌文為八字項有浮

於身映日無影爲兒童能蹈空而行有文在左手曰武及長博學多通好籌略有文武才幹流輩咸推許焉所居宅常若有雲氣人有遇者體輒肅然起家巴陵王參軍遷衛軍王儉府東閤祭酒王儉一見深相器異請爲戶曹屬謂廬江何憲曰此蕭郎三十內當作侍中出此則貴不可言齊景陵王子良開西邸招文學之士高祖與沈約謝朓王融蕭琛范雲任昉陸倕等並遊焉號爲八友王融俊爽識鑒過人尤敬異高祖每謂所親曰宰制天下必在此人累遷隋王諮議行經牛渚逢風入泊龍瀆有一老人謂曰君龍行虎步貴不可言天下將亂能安之者其在君乎以皇

考艱去職齊明帝輔政爲寧朔將軍鎮壽春服闋拜黃門侍郎入直殿省與蕭諶等定策封建陽侯建武二年虜寇司州以高祖爲冠軍討之進戰魏軍奔圍走還爲太子中庶子領羽林監頃之出鎮石頭四年敗魏軍於雍州進使持節雍梁南北秦四州軍事雍州刺史其月齊明帝崩及東昏侯立而揚州刺史始安王遙光尚書令徐孝嗣右僕射江祏將軍蕭坦之侍中江祀衛尉劉暄更直內省使分日帖勑世所謂六貴高祖聞之謂從舅張弘策曰政出多門亂其階矣詩云一國三公吾誰適從況此六貴也又有御刀茹法珍梅蟲兒豐勇之等八人號爲八要及舍人王

暄之等四十餘人皆口擅王命權行國憲今有六貴
而何得理嫌隙若成方將誅滅當今避難唯有此地
但勤行仁義可坐作西伯然諸弟在都恐不離患須
與益州圖之時高祖長兄懿罷益州還仍行雍州事
使弘策詣都陳計於懿云晉惠庸主諸王爭權遂內
難九興外寇三作今六貴爭權人握邦憲制王畫勑
各欲專威始安將爲趙倫形迹已見蹇人上天信無
此理丕〻徐孝嗣才稱柱石聽人穿鼻若圖身計不可
後人智者見機無待終日懿聞色變心不之許是歲
高祖到襄陽潛造器械伐竹木於檀溪密爲舟裝之備
所住齋常有五色氣迴轉狀若蟠龍其上紫雲騰起

形如織蓋望者莫不異焉永元二年冬懿被害信至高祖密召長史王茂中兵呂僧珍別駕柳慶遠功曹史吉等謀之以十一月乙巳召僚佐集之廳事謂曰武王會孟津皆曰紂可伐今昏虐暴主誅戮朝賢生民塗炭卿等同心嫉惡共興義舉良在茲日是日建牙於軍門收拾甲士三萬餘人馬一千匹船三百艘高祖謂張弘策曰夫用兵之道心戰爲上兵戰次之乃使行人封空函以疑劉山陽而定荊土引荊州軍下沔南立新野郡以集新附三年二月南康王寶融爲相國以高祖爲征東大將軍封公給鼓吹一部戊申高祖發襄陽留弟偉守城揔州府事録事郎臧知韓

漕緣檄京師命長史王茂與景陵太守曹景宗爲前
將軍出漢口輕兵泝江逼郢城大破刺史張冲軍於
石橋追斬於九里亭高祖築漢口城以守時張冲軍
復以長史程茂爲主巳巳南康王寶融即帝位於江
陵改永元二年爲中興元年遥廢東昏爲涪陵王以
高祖爲左僕射假黃鉞西臺置百官司馬七月襲破
上流征鎮相繼歸款八月前次蕪湖南豫州刺史申
冑棄姑孰奔歸東昏又使屯破墩高祖悉大軍據姑
孰使曹景宗蕭穎達領馬步進屯江寧東昏征虜將
軍李居士率馬步逆戰擊破之進與新亭城主江道
林大戰於路生擒之而次新林使王茂進據越城曹

景宗據皂莢橋鄧元起據道士墩陳伯之屯籬門李居士收散軍猶據新亭壘請東昏燒南岸邑屋以開戰場自大航以西新亭以北蕩然矣十月石頭軍主朱僧勇率水軍二千歸義東昏又遣征虜將軍王珍國率胡虎牙等列陣於航南大路珍國吏死戰大敗投淮死者與航等追兵乘之以濟諸軍相望大潰追至宣陽門東府石頭白下等諸軍並降壬午高祖鎮石頭命衆軍圍城十一月東昏悉燒門内驅逼營署官府並入城有衆二十萬高祖築長圍逼之十二月丙寅旦兼衛尉張稷北徐州刺史王珍國斬東昏首送高祖遣使曉喻南徐兖及四方屯戍悉降乃分遣

宗黨鎮守而使呂僧珍勒兵封府庫及圖籍嬖女庶兒
黨王晅之已下四十八人並誅之宣德皇后下令追
廢涪陵王爲東昏侯依漢海昏故事授高祖中書監
揚徐軍事大司馬録尚書驃騎大將軍揚州刺史封
建安公食邑萬戶給班劒四十人假黄鉞依晉武陵
王司馬遵承制故事己卯高祖入屯閱武堂下令曰
皇家不造遘此昏凶禍延動植虐被人鬼社稷之危
幾於纍卵吾身籍皇宗曲荷先顧受任邊疆推轂萬
里投袂受戈克殄多難凢厥負釁咸與惟新可大赦
天下唯王晅之已下四十八人不在原例又下令曰
一切淫刑濫罰訂賦役並原放今明昏遞運大道公行

思治之氓來蘇茲曰
二年正月齊和帝自江陵遣侍中席闡文兼黃門侍郎樂法才慰勞京邑追贈高祖皇祖散騎常侍皇考侍中戊申宣德皇后臨軒入內殿大司馬承制百寮致敬如前詔進高祖劍履上殿入朝不趨贊拜不名加前後羽葆鼓吹置左右長史從事中郎掾屬各四人尋進相國封十郡爲梁王備九錫之禮加璽紱遠遊冠位在王公之上加相國綠綟綬任摠百司高祖固辭二月府寮勸進是日焚東昏淫奢異服都六十二事於都街乙丑南兗隊主陳文興於城內鑿井得鏤騏驎玉璧水精環各二枚又鳳皇見建康縣桐下里宣

德皇后稱美符瑞歸于相國府丙寅詔梁國初建可依舊選諸要職悉依天朝之制高祖上表曰臣聞以言取士士飾其言以行取人人竭其行所謂才生於世窮達惟期而風流遂行馳騖成俗媒孽誇衒利盡錐刀遂使官人之門肩磨轂擊豈直暴蓋露冕不避寒暑爲乃戢縷杖策風雨必至良由鄉舉里選不師古始請自今選曹精加隱括依舊立簿使冠屨無爽名實不違庶人識涯涘造請自息且聞中間立格甲族以二十登仕後門以過立試吏豈所以弘獎風流希向後進此實巨蠹尤宜刊革詔依表施行丙戌詔進梁公爵為王以豫州南譙盍梁國并為二十郡帝

固辭有詔斷表相國左長史王悊等率百寮敬請正月辛卯延陵縣華陽邏主戴平哭稱去十二月乙酉甘露降茅山彌蔓數里正月己酉邏將潘道益於山石穴中得毛龜一三月辛酉邏將徐靈符又於山東見白麞丙寅平旦山上雲霧四合須臾有玄黃色狀如龍形長十餘丈乍隱乍見久乃西北昇天壽張縣見騏驎一物已未夜郢城有一物如獸毛白而長攀樹而泣若將別者因投城外黃鶴磯木中庚申郢州降梁梁王曰何意罵蕭寅不曉曰明公試思禁穴何言不吠堯王以爲知言丙午命王冕十有二旒建天子旌旗出警入蹕乘金根車駕六馬備五時副車置

毛頭雲罕樂舞八佾設鍾虡宫縣王妃王子王女爵
命進號依舊儀丙辰齊帝禪位于梁王王即位於姑孰
依唐虞晉宋故事四月辛酉宣德太后下令令歸别
宫壬戌齊帝使侍中持節兼太保尚書令汝南縣開
國侯侯悉奉皇帝璽紱受終之禮王其陟元后君臨
萬方式傳洪業以答上天之休命高祖抗表陳讓於
是齊百官豫章王綝等八百一十九人及梁臺侍中
臣雲等一百一十七人並上表勸高祖高祖謙讓不
受太史令蔣道秀陳天文符讖六十四條事並明著
群臣等固請乃從之夏四月丙寅高祖即位南郊設
壇柴燎告類于天禮畢備法駕還建康宫太極前殿

大赦天下改元中興二年為
天監元年壬午封齊帝為巴陵王全食一郡一依齊
典行齊正朔降宣德太后為齊文帝妃后王氏為巴
陵王妃詔降前代王公封爵悉皆除省唯宋汝南王
不在除例追尊皇考為文皇帝廟號太祖皇妣張氏
為獻皇后妃郗氏為德皇后謚兄懿為長沙王詔封
文武各有差以弟宏為臨川王楊州刺史弟秀為安
城王弟偉為建安王弟恢為鄱陽王弟憺為始安王
詔後宮樂府一切放還戊巳巴陵王薨於姑孰謚為
和送終一依宋順帝故事詔分遣內侍周省四方觀
政舉淪滯求遺隱問百年錄獄訟天下有四科許人贖

論復蘭陵武晉縣依前並之[illegible]乃立公章府諮本廟石傍各置一函發有橫議投謗木函五月江州刺史陳伯之舉兵反使王茂爲征南將軍江州刺史討平之伯之奔魏丁未詔中書監等八人參定律令林邑國干陁利國各遣使貢方物十二月乙未立小廟甲子立皇子統爲太子是歲旱米一斗五千文人多餓死立長干寺案寺記寺在秣陵縣東長干里內有阿育王舍利塔梁朝改爲阿育王寺昔佛涅槃後周敬王朝阿育王造八万四千舍利塔此其一焉又案梁書大同二年八月高祖改阿育王塔塔下舍利及佛爪髮髮青紺色衆僧以手伸之隨手長短放之則旋屈爲蠡形此塔比吴朝因孫綝亂曾毀廢之塔亦同泯平吴後諸道人於舊所建立焉晉末宋初更修飾之至簡文咸安中使沙門祇安造小塔未成而亡弟子僧明繼而修立至孝武太元九年上金相輪及承露盤其後離石縣人劉薩阿因死更蘇便出家名慧達行禮次至丹陽未知阿育王塔處乃登城四望見長干里有異氣因就禮拜果見次置塔所方知必有舍利乃對衆掘地一丈得三石碑各長六尺中碑下有鐵函函內有銀函函內又有金函盛三舍利及爪髮各一枚髮長數尺即還

比丘簡文所造四層十六年又使沙門僧尚加三層即高祖所開者也高祖初穿三四尺得龍甲九尺許方得石石下有石函函內有鐵壺以盛銀坩坩內有金鏤罌盛三舍利如粟粒大圓正光潔又有瑠璃椀椀得四舍利及爪髮爪有一枚為沉香色高祖至寺大會造二剎各以金罌及玉罌重盛舍利爪髮內七寶塔中又以石函盛寶塔分入剎下二塔俱放光明勑鎮東將軍邵陵王綸製寺大功德碑文晉咸和中丹陽尹高悝行至張侯橋見地中有五色光長數尺不知何怪乃令人於光處剖視之得金像悝乃下車載像至長干巷首牛不肯進悝令御人任牛所之牛直牽車至寺悝因留像付僧每至中夜常放光明又聞宮中有金石之響經一歲臨安縣漁人張係世於海口忽見有銅花趺浮水上係世取以送縣縣以送臺乃施於像足宛然相當又晉簡文咸安元年交州合浦縣人董宗之採珠沒水底得光焰交州押送臺以施像上又合焉自咸安至隆安二十餘年光趺始具初高悝得像後西域有胡僧五人來詣悝曰昔於天竺得阿育王所造像來過鄴下值胡寇亂埋像於河邊尋失所在五人嘗一夜夢像語曰吾出江東為高悝所得悝乃送五僧至寺諸僧見像歔欷流涕像便放光燿燭殿宇又瓦棺寺僧慧邃欲摸寫像形寺主僧尚慮虧損金色謂邃曰若能請像放光回身西向乃可相許邃便懇禱之像即轉坐放光西向邃便摸之又銅花趺上先有外國書莫有識者後有三藏求那跋摩識云是阿育王為第四女所造也及[illegible]堂殿樓閣頗極輪奐莫圖諸經變相並是張僧[illegible]寺內殿宇悉皆焚燼今見有石塔三層高一丈[illegible]非人工焉鳥雀不敢棲息西京記光福坊大興寺[illegible]奇異陳國亡初西自西向帝止之還爾[illegible]置此寺寺眾以殿大像

小一不可當陽置之於北面明日乃[illegible]正[illegible][illegible][illegible]復置北面明還復轉南面衆乃懺謝不復更動又精[illegible][illegible]寺有石像一[illegible]高五尺鑿作麁惡甚有靈驗傳云是阿育王第四女所造也其女貌醜嘗自[illegible]狹多作佛像及成皆類如此千數乃至誠祈禱忽感佛見形更造諸像相好方具其父使鬼神遍散諸像於天下此石像是其一也

天監二年四月己卯尚書删定法度上梁律二十卷科四十卷扶南龜兹中天竺國各遣使貢方物交州進鸚鵡能歌不納置法王寺北去縣二十里案塔寺記武帝造其地本號新林前代苑也梁武義軍至首作王業故以法王爲名大同九年於寺側起王遊苑尚書令沈約爲寺碑文美武功也置永建寺北去縣六十里李師利建造置佛窟寺北去縣三十里僧明慶造其寺拓山巖殊稱形勝遂因佛窟而名置永脩觀東南去縣五十里五月六日武皇帝造至貞觀六年爲數不過五人乃併入縣内

三年天下多疾疫

四年正月癸卯詔自今九流常選年未滿三十不通一經不得解褐五月建康縣定陰里生嘉禾一莖十二穗六月立孔子廟十月大舉北伐十二月天清朗西南有電光聞雷聲者三歲大穰穀一斛三十文置

敬業寺禮部侍郎盧法裖造

五年正月丙午廬陵高昌之仁山獲銅劍二始豐獲八目龜一置淨居寺 北去縣六十二里 潁州刺史劉威造

六年詔隱淪之士皆令自陳三月有象入京師四月置左右驍衛左右遊擊將軍[illegible]月甲子太白晝見丙

富置桂州八月戊戌大風折木京師大水壽入御道七尺乙亥改閱武堂爲德陽堂聽訟堂爲議賢堂置光宅寺西去縣十里武帝捨宅造寺未成於小莊嚴寺造無量寺像長一丈八尺及鑄銅不足帝又給功德銅三千斤臺內送銅未至像處已見銅車到鑪所於是就冶一灌便足在後臺司銅至方知向來送銅靈感所致及開摸像以成丈九而相好不差又有大錢二枚見衣縧上竟不消鑠其年九月欲移像過寺未移前淮中估客每夜輒聞大橋上數百人修道路往視不見人俄而像度光彩耀煥觀者莫不歸心又東都記云秘書省內著作院後有梁武帝及名臣沈

約苑雲周嗣巳下三公數十一人銅像初梁武帝登極
乃立私宅爲寺寺內有此像傍後長慶中李丕皇爲明
堂採木使船載至東都置於省內置明慶寺後閤舍
人王曇明造去縣十八里寺內有泉水清瀲陳梁已
前嘗取供御愈疾寺碑太子舍人陳昭之文
七年夏四月乙卯太子納妃赦天下已下罪五月己
亥詔復置宗正太僕大匠鴻臚等卿又增太府太舟
充爲十二卿六月辛酉復建修二陵周迴五里改陵
監爲陵令七月壬辰置童子奉車郎置涅槃寺在縣
北二十里沙門僧寵造峯頂又有棲霞寺天晴日暖
望見廣陵城在目前木陞之遠蓋二百里前潤州界

今上御名因行鷺城造於山濵懷上之分勒石爲銘

八年正月詔能通一經始末無差許以叙録

九年新作緣淮塘北岸起石頭迄東南岸起後渚籬門連于三橋三月己丑輿駕幸國子學親臨講席賜祭酒已下帛有差四月丁巳選尚書五都令史革用士流是歲置本業寺西去縣五十里比丘淨潔造在蔣山里

十年春正月親祠部南郊六月異蓮一莖三花生樂遊苑九月丙申天西北隆隆有聲赤氣下至地冬十二月山車見於臨城縣庚辰馬鮮卑大破魏軍斬馘十萬後剋煦城是歲初作宮城門三重及開二道置

解脫寺在縣西南六里武帝爲德皇后造大清里

十一年二月新昌濟陽二郡野蠶成繭癸丑齊宣德

太妃王氏薨

十二年正月詔掩骼埋胔辛巳新作太極殿改爲十

三間六月己巳太廟增基九尺庚子太極殿成

十三年二月丁亥輿駕躬耕藉田孝悌力田增爵一

級老人星見乙亥立皇子綸爲邵陵王繹爲湘東王

紀爲武陵王八月作浮山堰時都下訛言有䯜鬼取

人肝肺以祠天猶百姓大懼置勸善寺去縣西北十

八里帝爲賢志造

十四年正月乙巳皇太子冠大赦天下賜爲父後者

爵一級王公已下有差傳遠近上慶禮
十五年詔以兵騶奴婢六十者皆免爲庶人
十六年春正月辛未祀南郊詔尤貧家勿收今年三
月調無田業者所在量宜賦給及優蠲産子之家恤
理冤獄并振孤老鰥寡不能自存者二月辛亥籍田
甲寅赦罪人三月景子敕太醫不得以生類爲藥公
家織官紋錦飾並斷仙人鳥跡之形以爲褻衣裁翦
有乖仁恕於是祈告天地宗廟以去殺之理欲被之
含識郊廟牲牷皆代以麪其山川諸祀則否時以宗
廟去牲則爲不復血食雖公卿異議朝野喧囂竟不
從冬十月宗廟薦羞始用蔬果

十七年春二月癸巳雍州刺史安成王秀薨甲辰大赦三月景寅改建安郡王偉爲南平王

十八年四月丁巳大赦天下七月甲申老人星見置惠日寺寺西南去縣二里阮勸捨宅造之在建西尉定陰里舊說云大同八年丹陽尹王齡造今在縣東二里考其二跡不同此惠日寺是宋之禪林寺王脩儀爲尼淨秀立精舍新蔡公主爲佛殿泰始三年明帝助脩號曰禪林齊東文起房如此之狀歷歷明矣隋末乱離並從毀壞皇朝杜伏威與輔公祏等共修殿内丈六金像并左右來侍旨武德四年上六年正月十五畢功寺西廢禪林寺亦併入禪林之域其年公祏背叛七年李孝恭來討爲軍火所及貞觀七年始移乃惠日之名於此矣

十九年春正月改天監爲普通元年大赦天下丙子日有蝕之扶南高麗遣使貢獻三月丹滑國貢獻四月河南國貢獻七月江淮海三瀆並溢九月乙亥夜有日見于東方光爛如火

是歲魏明帝正光元年也置大愛敬寺西南去縣十八里武帝爲太祖文皇帝造大通四年又造一丈六尺旃檀像量之剩二尺成文八形次衣文及手足更重量又剩一尺五分至大通五年寺主僧洽重量又剩七寸即是長二丈矣大同四年移入大殿勑主書吴文寵更量又剩五寸九五度量即長二丈七寸豈非精誠所感耶置永明寺西北去縣五十里案寺記南平襄王造

大唐武德六年廢上元二年五月奉勅重造置果願尼寺西南去縣五十里東陽太守王均造須陁寺去縣十七里

二年春正月辛巳祠南郊詔置獨孤園以恤孤幼子大赦二月辛丑祠明堂四月乙卯改作南北郊內

辰詔曰平秩東作義不在南因徙籍田於東郊外十五里五月己卯瑚琰殿火延燒後宮三千餘間八月丁亥始平郡石鼓村地自開成井方六尺六寸深二十二丈十二月百濟新羅遣使貢獻以百濟王餘隆爲寧東大將軍

三年五月詔公卿百寮各上封事連率郡國舉賢良方正直言之士八月甲子婆利白提國遣使貢獻十一月造猛信尼寺西北去縣五十里後閣主書高僧猛造在錦山西北梁縣太二年慶上元二年勑令重造福靜寺西北去縣六里定修義造

四年十二月給事三二寸雲議歸錢狼牙脩國遣使

貢獻

五年六月乙酉龍關于曲河陂西行至建陵所過樹不皆折地開數十丈征北將軍元淵率衆侵魏置泉

道寺西南去縣五十里後閣舍人吴慶之造置善覺

尼寺在縣東七里穆貴妃造其殿宇房廊刹置奇絶

元帝繹爲寺碑

六年正月魏徐州刺史元法僧以城來降封始興

郡王

七年正月詔在位郡縣各舉所知凡是清廉咸須聞

奏十一月河南高麗林邑滑國並遣使貢獻

八年正月甲戌大赦改

大通元年辛未祀南郊詔流亡者復其宅業蠲役五年尤貧者勿令出今年三調孝弟力田賜爵一級帝創同泰寺寺在宮後別開一門名大通門對寺之南門取返語以協同泰爲名帝晨夕講議多遊此門寺在縣東六里

案輿地志在北掖門外路西寺南與臺隔抵廣莫門內路西梁武普通中起是吳之後苑晉廷尉之地遷於六門外以其地爲寺兼開左右營置四周池塹浮圖九層大殿六所小殿及堂十餘所宮各像日月之形禪窟禪房山林之內東西般若臺各三層築山構壟亘在西北柏殿在其中東南有旋璣殿殿外積石種樹爲山有蓋天儀激水隨滴而轉起寺十餘年一旦震火焚寺唯餘瑞儀柏殿其餘略盡即更營造而作十二層塔未就而侯景作亂帝爲賊幽餓而崩

帝初幸寺捨身改普通八年爲大通元年五月丙寅成景儁尅臨潼竹邑十一月庚戌魏東豫州剌史元慶降十一月丁卯蕭藻爲都督鎮渦口侵魏是歲林邑師子高麗等國各遣使貢獻置園居尼寺

北去縣四十三里大通四年舍人奚顯造
二年二月築寒山堰四月戊子魏爾朱榮殺
胡太后臨朝時魏大亂魏三王子北海臨淮汝南等並
割地來奔又郢州北青州南荊州皆以地來降十月
帝以魏北海王元顥爲魏主令東宮直閤將軍陳慶
之衛兵以送還北魏豫州刺史鄧獻以地降
三年十月改中大通元年大赦賜孝悌力田爵一級
夏四月癸巳陳慶之拔魏梁城進屠考城擒魏濟陰
王暉業五月又進剋虎牢魏莊帝出居河北元顥入
洛陽僭號建元元年稱建武皇帝六月都下疫甚帝
於重雲殿爲萬姓設救苦齋以身爲禱九月辛未幸

同泰寺設四部無㝵大會上釋服御法衣行清淨大
捨以便省爲房用素床瓦器乘小車私人執役甲午
陞法座爲大衆講涅槃經癸卯群臣以錢億萬奉贖
皇帝衆僧默許乙酉百辟詣寺東門奉表請還宮三
請乃許帝三荅書前後並稱頓首十月己酉又大會
設四部道俗五萬餘人會畢帝御金輅還宮御太極
殿大赦十一月盤盤蠕蠕國並遣使朝貢置禪巖寺
西北去縣三十五里大通元年嚴祛之造貞觀六年
廢上元二年勑重造
二年四月癸丑幸同泰寺六月林邑扶南遣使貢獻
八月幸德陽堂

三年四月乙巳太子統薨謚曰昭明六月癸丑立昭明太子子歡譽並爲郡王是月丹丹國使貢獻七月乙亥立晉安王綱爲皇太子大赦賜爲父後者爵一級及忠孝文武清勤並如之庚寅皇宗族有服屬者並賜湯沐食邑九月狼牙脩國遣使貢獻是歲吳興生野稻飢者賴焉十一月幸同泰寺講般若經十二月魏渤海王高歡舉兵於信都別奉渤海太守元朗爲天子改元號中興其年二月爾朱降等已立獻文孫廣陵王元恭於洛陽改元號普泰

四年二月封諸王嫡子爲王庚子皇子邵陵王綸有罪免爲庶人是日高歡平爾朱氏廢元恭以酖殺之

識曰節閔年三十五又中興王元朗自以疎屬遜位別邸高歡立孝文孫平陽王脩於洛陽改元永興又改永熙七月甲辰星殞如雨十月侍中領國子博士蕭子顯表置制旨孝經助教一人生十人專通上所釋孝經義十二月高麗遣使朝貢是歲魏相高歡以

六年孝武帝元脩爲治

元年正月辛卯祠南郊忽聞異香三陵風至及行事奏樂迎拜拜畢有神光圓照滿壇上五色食頃乃滅戊申京師地震己酉長星見五月戊子京師大水御道通船海南波斯盤盤遣使朝貢置法苑寺北去縣五十里案寺記大通五年張文宣舍一名濟化寺貞觀六年[illegible]上改二[illegible]

六年二月親耕藉田大賜孝悌力田三月百濟遣使貢方物四月丁卯以信部將軍元慶和率衆北侵魏閏八月魏孝武帝西入關都長安以宇文泰爲丞相孝武又與文泰不平至十一月遇酖崩泰立孝文孫南陽王寶矩爲文帝初魏孝武入關高歡立孝文曾孫清河王亶世子善見都鄴改元天平號東魏魏於是始分爲兩十二月西南有雷聲止地

七年正月戊申大赦改元

大同元年高麗丹滑波斯等國朝貢壬戌上幸同泰寺鑄銀像十月黃塵如雪十二月北梁州刺史蘭欽攻漢中魏梁州刺史元羅降是歲西魏文皇帝元統

元年置頭陁寺東北去縣二十二里案寺記舍人石與造其寺在蔣山頂第一峯殿後有泉井與江淮水通隨潮水增減非常靈異累世仍舊萬福尼寺北去縣十八里吳僧暢造本願尼寺湘州刺史蕭環造巖栖觀去縣東南六十里貞觀六年併入洞玄觀

二年正月詔求讜言及令文武官舉士十一月乙亥詔大舉兵北侵魏壬午幸同泰寺設無㝵大齋十一月雨塵如雪攬之盈掬乙亥大兵班師都下地生白毛長二尺壬午魏遣使來和詔許之置慈恩寺東南去縣二十五里邵陵王綸造普光寺東南去縣八十里安豊縣令張延造化成寺東北去縣七十里江寧縣令陶道宗造福興寺東北去縣一百里東平造善

業尼寺東北去縣五十里蕭恪造寒林寺西北去縣
三十五里常侍陳景造
三年四月辛丑夜朱雀門災壬寅大雨灰黄色七月
東魏遣人來聘閏九月使散騎常侍張皐報聘東魏
冬地大震年飢置一乘寺西北去縣六里邵陵王綸
造在丹陽縣之左隅邸舊開東門門對寺梁末賊起
遂延燒至陳尚書令江揔捨書堂于寺今之堂是也
寺門遍畫凹凸花代稱張僧繇手跡其花乃天竺遺
法朱及青綠所成遠望眼暈如凹凸就視即平世咸
異之乃名凹凸寺置玉清觀西北去縣五十八里南
康令驋哲造

四年三月河南蠕蠕國朝貢東魏人來聘七月散騎常侍劉孝儀聘東魏八月甲辰詔淮南十二州飢饉逋租宿債勿收九月閱武於樂遊苑十二月國子助教黃侃表上禮記疏義五十卷置洞靈觀在縣南四十里陳宣遠所造

五年春正月乙卯以禮大賜官丁巳御史中丞參禮儀事賀琛奏今南北郊籍田往還並宜御輦不復乘輅二郊請用素輦皆以侍中陪乘停大將軍及太僕詔付尚書博議施行改素輦為大同輦八月扶南獻生犀十一月魏人來聘遣侍中柳豹聘之是時都下訛言云天子取人肝以飼天狗大小相驚日晚閉門

持刀杖數月乃止
六年二月己亥耕籍田五月乙卯河南王遣使獻馬及方物求經論十四條并請制所定涅槃經般若金光明經講疏一百三卷七月東魏人來聘九月始興太守獻嘉禾一莖十七穗
七年二月於宮城西立士林館延集學者宕昌蠕蠕各遣使貢物百濟王求涅槃經疏及醫工畫師毛詩博士並許之
八年正月安城郡劉敬躬反江州刺史湘東王繹遣中兵參軍討平擒送都下斬之十一月丙子詔所在役女丁罷之是歲交州賊李賁攻刺史蕭諮奔越州

九年正月丙申地震生毛置江潭苑去縣二十里案[illegible]誌武[illegible][illegible]有新亭鑿渠通新林浦又為池并大新立殿宇亦名王遊苑未成而侯景亂

十年春李賁竊號交趾置百官改元天德元年三月甲午幸蘭陵庚子謁建陵陵上有紫雲覆久而乃散帝望陵流涕所沾草木變色陵旁先有枯泉是時流水香潔辛丑帝哭於脩陵又於皇基寺設法會賜蘭陵老少位各一階所經縣邑放今年租調因賦還舊鄉詩己酉幸京口登北固樓因改為北顧又幸迴賓亭宴帝鄉故老及迎候者數千人各賜錢二千文五月辛州刺史盧子雄兄弟被誅乃舉兵反廣州刺史蕭暎討平之十一月大雪三尺

十一年正月震華林園光嚴殿帝自貶拜謝上天畢刻乃止置履道寺西北去縣二十五里案注宣集自威將軍給事後閤合入章法護達置渴寒寺西北去縣二十五里

十二年正月改年爲

中大同元年曲阿縣建陵隧口石辟邪起舞有大虵鬬隧中其一被傷奔走又青虫食陵樹葉俱盡癸丑交州刺史褟瞟剋交阯嘉寧城李賁走入屈獠洞交州平三月庚戌幸同泰寺講三慧經乃捨身爲奴四月皇太子已下群臣出錢億萬奉贖是夜同泰寺爲天火所燒略盡六月辛巳天有聲如雷及風水相薄之音七月甲子詔令已後有犯罪非大逆及殺父母

已下並勿坐丙寅詔通用足陌錢甲午渴盤陁國貢
方物
二年正月改
太清元年北齊高歡薨二月白虹貫日庚辰東魏司
徒濮陽王侯景率河南十三州地歸降使行臺丁和
奉表帝許之壬午以景爲大將軍封河南王大行臺
承制如鄧禹故事甲辰以司州刺史羊鴉仁柏和等
率兵應接侯景乙巳帝陞光嚴殿講三慧經又捨身
群臣以億萬奉贖僧衆默許百辟詣鳳莊門上表請
帝帝三荅七日稱頓首丁亥服衮冕還宫幸太極殿如
初即位之禮是日神馬出太子獻寶馬頌六月以雍

州刺史鄱陽王範爲征北將軍摠督緣邊初附之州以大將軍侯景爲録尚書十一月軍至寒山爲後魏慕容紹宗大敗之蕭明被執置幽巖寺北去縣四十里永康公主造案釋法論集牛頭山佛窟寺大毗曇師傳云承聖二年法師入秣陵青山始創舍名曰幽巖與佛窟相去十里毗曇所立不云永康矣立儀香尼寺西北去縣五十里宮獲造

二年正月朔兩月相承如鉤見西方詔大臣各舉所知己亥交州刺史楊瞟司馬陳霸先破屈獠洞斬李賁傳首京師六月天裂於西北長十丈闊二丈光出若電聲動如雷七月使常侍謝珽於東魏結和八月侯景敗歸自壽陽舉兵反十月攻下馬頭破歷陽自採石臨江詔邵陵王綸討景景自横江渡于採石卒

亥至京師十一月邵陵王入援京師乙酉戰于玄武
湖東而保愛敬寺爲賊所破十二月戊申天西北裂
有光如火時柳仲禮等入援京師以仲禮爲都督置
靈隱寺西北去縣五十里炅待公所造
三年三月丁巳侯景破仲禮于青塘土二年火守心乙
酉太白晝見三月乙卯景攻陷宮城縱兵大掠巳巳
景自矯詔爲大丞相四月乙酉高祖以所求不供以
憂憤寢疾五月丙辰帝幽餓而崩于淨居殿年八十
六辛巳遷大行皇帝於太極殿冬十一月追尊爲武
皇帝廟號高祖乙卯葬于脩陵高祖自初捨身後或
書經坐禪盡日不食又於元光殿學師子座講金字

經文於五明殿施素床瓦器以用性純孝年六歲獻
皇后崩水漿不入口三日哭泣哀苦有過成人及文
皇帝崩初爲齊王諮議在荆州聞問便投地絶漿及
居哀極手不釋卷常至於夜燈燭不絶先著孝經義
周易六十四卦二繫文言序卦等義毛詩問答尚書
大義中庸講論老子疏凡二百餘卷並正先儒之迷
開古聖之旨并撰吉凶軍賓嘉五禮凡一千餘卷又
製涅槃大明三淨等經義疏數百卷又撰通史聘讃
序凡六百卷天性銳敏下筆成章又著文集一百卷
又撰金策三十卷明諸醫問卜筮陰陽律候並決之
善隸書解騎射弓馬莫不奇妙衣服儉素冬衣不綿

一冠二年一被三年年踰五十九即斷房室六宮無錦繡之飾不飲酒不聽音樂開蕩蕩之王道革靡靡之商俗鼓扇玄風興重儒術素然不能息末斂本斲雕爲樸慕名好事崇尚浮華抑揚孔墨留連釋老侯景立皇太子綱爲簡文帝

太宗簡文皇帝

簡文帝字世讚名綱武帝太子太清三年五月武帝崩侯景立帝改元

大寶元年二年八月侯景廢帝立豫章王棟使呂季略送詔令帝爲之帝書至先皇念神器之重思社稷之固越升非次遂主震方嗚咽不能自止賊衆皆爲

掩泣十一月帝遇害謚簡文帝廟號太宗年四十九

豫章王棟即位其年十一月景又廢帝自稱漢（案豫章王棟即昭明太子之子歡之子歡三子長曰棟次曰橋小曰樛景既廢帝自立爲漢王改太始元年立一百日而廢帝太始元年是大寶二年也）六月征南將軍陳霸先發南康下贛西昌時湘東王繹遣征東將軍王僧辯督衆軍下討侯景師次湓城陳霸先率杜僧明侯安都等甲兵三萬將往會焉先遣長史沈袞奉表江陵勸湘東王進位十一月王授霸先都督東陽新安會稽臨淮永嘉五郡軍事平東將軍揚州刺史

三年正月發僧辯等諸軍自湓城與霸先會于白茅津共登洲立壇刑牲歃血盟約同心併力進討侯景

詞理悲切泣下沾衣詞曰賊臣侯景凶羯小胡逆天
無狀今上御名造姦惡違背恩義掠我國家毒害生民移毀
宗廟我高祖聰明睿聖光宅天下劬勞兆庶五十餘
年侯景以窮見歸撫之如子故我高祖於景何薄百
姓於景何辜而景肆長戟以凌蹙朝廷騁鋸牙而殘害
百類皇枝襁褓之上皆窮刃揕俎豈有人臣忍聞此
痛臣僧辯霸先荷湘東王泣血之寄摩足之恩抽腸
瀝膽誓誅姦逆雪天地之怨恥報君父之仇戮同心
叶咪罔有違戾若一戡夐明靈殛之二月大軍進姑
孰先鋒次蔡洲侯景登石頭望官軍之盛不悅密謂
左右曰彼軍上有紫氣不可當也乃使盧暉略守石頭

自於石城北築數壘而據高嶺以拒霸先霸先於石城西北連營立柵至落星山左右俱進霸先謂軍吏曰善用兵者如常山蛇令其救首尾困而無暇於是不日平定侯景矣陳霸先進屯京口案梁書云王僧辯破侯景景之走也郭元建舉廣陵以歸款請降景子鑒奔清江說元建曰我曹梁氏饑豈能相活耶遂與建謀及降北齊齊使將軍辛術來援廣陵霸先將欲往廣陵納軍至歐陽聞元建已投北齊遂還軍京口

世祖孝元皇帝

元帝諱繹武帝子先封湘東王荊州刺史大寶二年即位於江陵改號承聖元年以陳霸先為司空南徐州刺史岳陽王蕭詧引西魏軍寇江陵三年十月西魏將于謹圍江陵十一月城陷帝為魏人所殺年四

十七

敬皇帝

敬皇帝諱方智元帝第九子先封晉安王江州刺史霸先僧辯以承聖三年十二月迎入建康即位改元紹泰元年是月蕭詧立於江陵號大安元年稱後梁五月北齊送蕭懿第五子貞陽侯淵歸主梁嗣七月僧辯納之立爲帝以敬帝爲太子霸先聞之遣使四諫不從霸先憤密謂所親曰武皇盤石之宗遠布四海至於剋雪讎恥寧濟艱難唯孝元而已功業茂盛前代未聞我與王公俱受寄奇聲猶在耳語未絕音豈期一旦便有異同嗣主武皇之孫元帝之子海內

矚目天下宅心音有何辜生三致歷黜遠求夷狄假立非次觀其此情亦可知矣乃密與徐慶侯安都周文育等謀夕水陸俱進襲王僧辯使周文育率勇士夜至石頭北踰垣而入霸先自引軍入南門左右告僧辯外有軍僧辯驚起未及召軍主而周文育與僧辯子顧戰於庭霸先攻南門而入僧辯大敗窘急登城南樓霸先因風縱火僧辯就擒縊而斬之遂廢貞陽侯而復方智為帝改紹泰元年進霸先都督中外軍事車騎大將軍揚州牧司空如故班劍鼓吹時義興太守韋載震州刺史杜龕等聞僧辯之誅遂舉兵反於吳興霸先自往討之秦州刺史徐嗣徽南豫州刺史任約等聞

霸先不在密招北齊舉兵乘虛渡江掩至闕下侯安都拒之乃據石頭霸先聞之卷甲還都十一月北齊遣兵五千渡江據姑孰又遣安州刺史翟子崇劉士榮等及淮州刺史柳達摩以兵一萬於湖墅以米三萬石馬千匹潛渡據石頭霸先命侯安都水軍夜襲湖墅燒齊船艦令周鐵虎率舟師斷齊運輸霸先自領精騎出西明門以襲齊軍十二月盡命衆軍分部對治城以船渡兵攻其水南二柵柳達摩拒淮據之霸先督衆軍疾戰縱火燒柵煙塵漲天齊人敗走使侯安都水軍追破嗣徽嗣徽單舸走達摩等合衆軍入保石頭霸先於石頭南北岸絕其汲路又塹塞城

東門城中諸井無水水一合貿米一勝米一勝貿絹
一匹或炒米而食之達摩謂其衆曰我在此聞謡言
云石頭擣兩襠擣青復擣黄昔侯景着青色巳倒於
此今吾徒衣黄豈不是謡言驗乎庚辰達摩請和霸
先爲許之與城外盟約任其將士南北辛酉霸先陳
兵石頭南門送齊人北歸及至皆殺之
二年三月齊將蕭軌東方老裴英洛州刺史李希光
并任約徐嗣徽衆軍十萬出柵口向梁山頓軍蕪湖
五月丙申齊軍至秣陵故城霸先遣周文育屯方山
徐度屯馬牧霸先自率宗室王侯朝臣等立壇於司
馬門外仁虎闕下刑牲告天以齊人背約食言慷慨

涕泗交流士卒觀者益加奮勇辛丑齊軍於秣陵東跨淮上橋引兵度自方山進及倪塘游騎至城下震恐霸先潛以兵三千配沈泰度江襲齊軍行臺趙彥深於瓜步獲其舟粟之輜重是日天子總羽林禁兵頓長干寺六月甲辰齊兵度鍾山龍尾據幕府山霸先又遣錢明水軍出江乘斷齊人運糧齊人大飢殺馬以食之壬子齊軍至玄武湖西北將逼北郊壇霸先引軍自覆舟山東移於郊南與齊人對陣其夜大雨雷電暴風拔木平地水深一丈餘齊軍日夜坐立泥中懸鬲而爨足指皆爛而城中及潮溝北水退路乾官軍常得乾地時食盡霸先懼軍人皆給麥餅兵

士甚餒會陳倩自東陽送米二千石鴨千頭霸先乃
炊飯煮鴨誓軍士一戰乃丸之及旦身討裹糧肉數
臠畢自率麾下於幕府山南吳明徹沈泰等衆軍首
尾齊舉縱兵大戰侯安都自白下斷其後齊師大潰
相藉死者不可勝計生執徐嗣徽斬之以徇追奔至
江乘攝山虜蕭軌東方老裴英李希光王僧智等四
十六人其餘軍士得竄至江者自蘆龍縛筏以濟中
流筏壞溺死者不知幾極流屍至京口翳水彌岸唯
任約王僧愔獲免丁巳霸先出南州燒賊船乙未斬
徐嗣彥傳野猪于建康市誅齊將等於城下改元
太平元年秋九月天子進霸先位丞相録尚書事揚

州刺史義興郡公

二年正月又加霸先班劒三十人置丞相别揭霸先

房從悉追贈之二月廣州刺史蕭勃反㴱江而下南

江州刺史余須以兵應之霸先令周文育討平之八

月甲午進霸先位太傅加黄鉞劒履上殿入朝不趨

賛拜不名給前後羽葆置皂輪九月進摠百揆封十

郡爲陳公備九錫之禮授璽紱遠遊冠位在諸侯王

上陳國置官屬一依舊式十月進爵爲王加冕旒建

旌旗出警入蹕乗金根車駕六馬備五時副車置旄

頭雲罕舞八佾設鐘簴宮懸陳臺並依齊宋故事辛

未敬帝禪位於陳王乃命太尉王通長史王瑒奉皇

帝禪受終之禮一依唐虞故事敬帝方智遜位別
宮霸先三讓群臣固請以太平二年十月乙亥霸先
設壇于南郊即皇帝位柴燎告天禮畢輿駕還建康
宮臨太極殿大赦改永定元年奉帝爲江陰王行梁
正朔服色一依前典

史臣曰唐鄭國公魏徵曰梁太祖固天攸縱聰明稽
古道亞生知學爲博物允文允武多才多藝爰自諸
生有不羈之度屬昏兇肆虐天倫及禍糾合義旅將
雪家冤曰紂可伐不期而會龍躍樊漢電激湘郢剪
離德如振槁取獨夫如拾遺其雄武大略固無得而
稱焉既懸白旗之首方應皇天之睠今乃布德施惠

悦近來遠大修文教盛飾禮容聲振寰區澤漫遐裔干戈載戢九數十年濟濟焉洋洋焉魏晉已來未若斯之盛也或終夜不寢終日不食非全道以制物唯飾智以驚愚卑心遺榮虛廁倉頭之位高談脫屣終戀黃屋之尊夫人之大欲在乎飲食男女至於軒冕殿宇非有切身之累高祖屏除嗜慾眷戀軒冕通於所難而滯於所易可謂神有所不逮智有所不及矣及夫精華稍竭鳳德已衰惑於聽受權在邪佞儲后百辟莫能盡言蹈險之心暮年踰甚利而後動愎諫違卜閉門揖盜弃好即讎釁起蕭牆禍成戎羯身殞非命災被億兆衣冠斃於鋒鏑之下老幼粉於戎馬

之足瞻彼黍離痛深周廟永言麥秀悲甚殷墟自古以安爲危既成而敗顛覆之速書契所未聞也

僞漢侯景字萬景父標本朔方人移家於鴈門少驍勇有膽力魏末遷北鎮戍兵稍立功効魏胡太后臨朝朝政紊亂天柱將軍爾朱榮自晉陽入殺胡氏景以私衆見榮甚奇之即委之典軍事會榮南逼命景先驅以功拜定州刺史始魏相高歡微時與景相友好及歡入洛誅爾朱氏景復以衆歸之仍爲歡委用景殘虐馭軍嚴整然破掠所得財物皆頒[illegible]將士故人人咸爲之用命所向多捷後爲河南道大行臺位司徒言於歡曰請兵三萬橫行天下要須濟江縛取

蕭衍老公作太平寺主歡壯其言使擁衆十萬專制
河南仗任若已之半體及歡疾篤謂子澄曰侯景狡
猾多計反覆難知我死後必不爲汝用乃以書召之
景懼禍乃以梁太清元年遣行臺郎中丁和上表請
降梁武封爲河南王又遣行臺左丞王偉詣闕請立
元貞爲魏主梁乃封貞咸陽王資以乘輿副御高澄
又遣慕容紹宗追破景入渦陽食盡士卒散景乃收
散卒得八百人奔壽陽爾後徵求稍闕表疏跋扈辭
陽王範鎮合淝司州刺史羊鴉仁表稱景有異志梁
相朱异曰景數百叛虜何能爲事抑而不奏景知臨
賀王正德怨望朝廷乃密使要結以爲内應八月景

發兵濟自歷陽高祖命邵陵王綸督衆軍巡江防遏
蕭正德屯丹陽至是率兵與景會合景乘勢遂至闕
下西豐公大春弃石頭走景遣將于子悅據之景乃
立正德爲帝於儀賢堂改年曰正平正德拜景天柱
將軍以女妻之又攻陷東府城城内文武百官躶身
而出使交兵殺之死者三千餘人又起土山以臨臺
城綸馬步三萬以據鍾山景於覆舟山列陣南安侯
駿衆退軍亂敗績十二月景引玄武湖水灌臺城闕
前御街並爲洪波燒劫府寺營衛市肆郭區内外居
人略盡湘東王世子方矩李遷哲羊鴉仁柳仲禮
軍四方雲合衆號百萬景乞和宣城王大器僕射王

建康實録卷第十八　梁下

后妃傳略

太祖獻皇后　高祖德皇后

太宗簡皇后　高祖丁貴妃

高祖阮脩容　孝元徐妃

太子諸王傳略

昭明太子　哀太子　愍懷太子

功臣

王茂　曹景宗　柳慶遠

蕭穎達　夏侯詳　蔡道恭

楊公則　鄧元起　張弘策

庾域　鄭紹　呂僧珍

柳惔　韋叡　范雲

江淹

後梁

中宗宣皇帝　[illegible]　明皇帝

[illegible]臣

蔡大寶　王操　宗如周

袁敞　岑善

后妃傳略

太祖獻皇后張氏諱尚柔范陽方城人祖惠宋濮陽太守母蕭氏即文帝從姑宋元嘉中嬪於[illegible][illegible]生[illegible]

沙宣王懿永陽昭王敷次生高祖初后嘗於室中忽
見庭前菖蒲花開光紛昭灼非世所有后驚問左右左
右不見后曰嘗聞見者富貴因取呑之是月生高祖將
産夜后見庭中衣冠陪列焉次生衡陽王暢昭義長
公主令嫕宋明帝太始七年殂於秣陵同夏里舍葬
晉陵武晉縣東山天監元年五月追尊號爲獻皇后
父穆之字思靖晉司空華六世孫官止交阯太守
高祖德皇后郗氏諱徽高平金鄉人祖紹宋祭酒父
燁太子舍人初后之母宋文帝女尋陽公主方孕夢
人告云當生貴子及生后有赤光照室后幼聰明善
隸書讀史傳女工之事無不閑習高祖娉焉生永興

公主玉珧永世公主玉璀永樂公主玉環高祖在雍州后殂於襄陽官舍年二十二高祖即位追爲德皇后后性妬忌及終化爲龍入後宮井中通夢於帝或見形光彩照灼帝體不安龍輒激水騰湧於是井上設衣服百味祠之故帝竟不立后案東京記皇城西南洛水北有分穀渠北隋朝有龍天王祠俗傳梁武帝郗后性妬忌武帝初立未冊命因忿懟乃投殿庭井中衆赴井救之已化毒龍煙焰衝天人莫敢近帝悲歎久之乃冊爲龍天王使井上立祠宗粉塗飾加以雜寶每有所御必厚祭之巡直酒歸自梁歷陳享祀不絕陳滅乃遷其祠於京城道德寺大業初又移於此地置祠祠內有星辰日月闍羅司命五岳四瀆大龍神象蔣州沙門法濟嘗住祠中以事龍天王神濟有二豎子一善吹笙一善方響每日以朝暮作樂濟爲神所感著衣鼓舞而不自覺今向北即上陽宮也

太宗簡皇后王氏諱靈賓瑯瑘臨沂人祖儉后幼而柔明叔父暕見曰吾家女師也天監十一年拜晉安

王妃生哀太子大器南郡王大連長沙公主妙絜大
通三年拜太子妃太清三年二月薨於永福省年四
十五其年太宗即位追尊爲后葬莊陵父褰字思叔
高祖受禪遷中書令高祖造愛敬寺褰莊在寺側有
田八十頃晉王導賜田也從求不得遂估市評田價
以還直終吳興太守
高祖丁貴妃諱令光本譙國人居襄陽妃生於樊城
有神光之異紫氣滿室故以光爲名高祖臨襄州丁
氏因人聞高祖納焉時年十四貴妃生有赤誌在左
臂治之不滅至是無何忽失所在嘗於供養經案側
髣髴若見有神人心異之高祖起義初生昭明太子

貴妃與太子留在雍州京邑平乃還京師天監元年
爲貴妃位在三夫人上居顯陽殿太子定位奏備典
章言則稱令貴嬪性不好華飾仁恕接下皆得歡心
普通七年薨年四十二太宗即位追尊穆太后父仲
遷官至兗州刺史

高祖阮脩容諱令嬴本姓石會稽餘姚人初齊始安
王遥光納之敗後始入東昏宫高祖平定京師納爲
綵女天監七年八月生元帝尋拜脩容大同六年六
月薨于江州年六十七元帝追尊文宣皇后

孝元徐妃諱昭佩東江剡人祖孝嗣太尉文忠公父
緄侍中初爲湘東王妃生世子方矩益昌公主含貞

徐妃無容質帝三二年一入房妃怨之又以帝眇一目後每帝至必爲半面粧帝大怒出妃而譴死之

太子諸王傳略

昭明太子諱統字德施小字維摩高祖長子母丁貴嬪以齊中興元年生于襄陽天監元年十一月立爲太子生而聰惠三歲受孝經論語五歲徧讀諸經了義二年五月始出居東宮恒不樂高祖知之每五日一朝多便留永福省八年於壽安殿自講孝經十四年正月朔旦高祖臨軒冠太子於太極殿舊制太子着遠遊冠金蟬翠綏纓至是詔加金博太子美姿容善舉止讀書數行俱下能屬文下筆不加點崇信三

寶遍覽衆經於宮中立慧義殿專爲注書之所召名
僧自立三締法義及貴妃薨水漿不入口哭不輟聲
高祖使顧協宣旨戒之體素偉壯腰帶十圍至是減
削過半自加元服高祖便使省萬機內外百司奏事
太子精於廣斷纖毫必曉法多全宥天下稱仁接引
才學討論墳籍于時東宮有書三萬餘卷文學之盛
宋以來未之有也性好山水於玄圃穿渠築植更立
池亭與朝士名賢游樂其中番禺侯盛軌言此中宜
奏女樂太子不答徐詠左思招隱詩曰何必絲與竹
山水有清音軌慚而止在東宮二十九年不蓄聲樂
每雨雪使親信周行閭巷貧困之家皆有賑賉後忽

疾恐帝憂責自勉力及困篤不許左右啓聞四月辛巳薨時年四十一高祖幸東宮臨哭盡哀謚曰昭明五月庚辰葬安寧陵案陳書岳陽王即位追尊昭明皇帝陵在建康縣北三十五里朝廷驚惋男女奔走宫門號泣滿路所著文集二十卷古今典誥文言爲正序十卷五言詩之美者爲英華集二十卷又纂文選三十卷今皆行於世

哀太子大器字仁宗太宗嫡長子也普通四年丁酉生大通三年封宣城王太宗即位六月立爲皇太子大寳二年八月逆賊侯景廢太宗幷害太子時年二十八太子性寛和神用端凝在於賊中每不屬意賊以太子有器度憚之故見害元帝追謚爲哀太子

愍懷太子方矩字德規元帝第四子也元帝承制拜爲太子改名元良承聖元年爲皇太子二年魏師陷江陵

太子與元帝同被害敬帝追謚愍懷

陳吏部尚書姚察曰孟軻有言雞鳴而起孳孳爲善者舜之徒也若乃布衣韋帶之士在於隴畝之間終日爲之其利亦已博矣乎暨處重明之位居正體之尊克念無怠蒸蒸以孝大舜之德其何遠之

功臣

王茂字休遠太原祁人父天生宋末爲將軍尅司徒袁粲拜爲梓桐巴西二郡太守茂年數歲大父深見之曰此吾家千里駒也成門戶者必此兒也及長身長八尺美容質宋昇明末起家奉朝請拜襄陽太守高祖起義私於張弘策請立和帝高祖義師下每以

茂為前驅建康平拜領軍將軍進司空加驃騎開府儀同三司江州刺史薨年六十謚忠烈子貞嗣

曹景宗字震武新野人父欣之宋征虜將軍徐州刺史善騎射好讀史書每讀穰苴樂毅傳輒放卷歎息曰大丈夫當如此齊建武中為游擊將軍高祖起義景宗使杜思仲勸高祖迎立南康王寶融於襄陽為高祖前鋒累破諸城次江寧鼓噪而進至皂莢橋築壘及建康平拜右將軍天監元年進平西將軍封竟陵侯大破魏軍於鍾離封竟陵公拜侍中給鼓吹一部景宗為人自恃性躁不能沉默出行嘗欲褰車帷幔左右輒諫以位望重人所具瞻不宜如此景宗謂

所親曰我昔在鄉里騎快馬如龍與少年輩數十騎
馳騁拓弓作霹靂怒發箭如餓鴟叫平澤中逐麞鹿
射之渴飲血飢食肉覺耳後風生鼻頭火出此樂使
人忘死不知老之將至今來揚州作貴人動靜不得
路行欲開車幔小人輒言須閑置向車中如三日新
婦悒悒使人無氣也七年遷安南將軍江州刺史赴
任卒於道謚壯子皎嗣
柳慶遠字文和河東解人伯父元景宋太尉慶遠累
仕至齊初爲魏興太守左轉襄陽令高祖臨雍州以
綱紀辟爲别駕從事慶遠謂所親曰方今天下將亂
英雄必起庇人定霸其吾君乎因盡心協贊及義兵

起居帷幄爲謀主從軍東下身先士卒建康平入爲
侍中高祖受禪封雲安侯征虜將軍雍州刺史上餞
之新亭高祖謂曰卿當衣錦還鄉朕亦無西顧之憂
矣卒於官子津嗣初從父兄衛將軍世隆謂慶遠曰
吾夢太尉以褥席見賜吾亞台司適又夢吾以褥席
與汝汝必光我門族至是慶遠亦繼世隆焉
蕭穎達蘭陵人齊光祿大夫赤斧第五子少好勇爲
西中郎外兵參軍高祖起義立和帝於江陵以穎達
爲冠軍隨高祖東下高祖受禪爲前將軍丹陽尹九
年遷衛將軍卒年三十四詔給東園祕器
夏侯詳字叔業譙國人年十六喪父廬於墓側嘗有

三吳崔來集廬戶闢巫關太守壽琰召補主簿宋明帝太始年初琰以兵叛明帝使劉勔兵圍之詳為琰出說劉勔勔退舍琰遂出降累遷至西中郎司馬新興太守高祖起義西臺建以詳為中領軍凡國大事多决於詳高祖圍郢城未下詳獻策略曰量我衆力度賊糇糧窺彼人情觀之形勢若使賊衆食少故宜計月討之若食多力寬宜悉衆攻之若使糧力俱足非國守所屈便宜散金寶反間使彼智者不用愚者日進此魏武所以定大業也天監元年高祖徵為侍中封豐城縣公尋進湘州刺史尚書僕射金紫光祿大夫卒年七十四先是荊州城局參軍吉士瞻

因浚萬人仗庫火防池得金革鈎隱起文曰鈎汝金

鈎既公且侯士瞻妻詳之兄女乃竊與詳詳喜佩之

及是華命詳果封侯而士瞻不錫茅土

蔡道恭字懷儉南陽冠軍人父郴宋益州刺史道恭

累戰功爲南康王中兵參軍義兵起和帝即位遷右

衛將軍天監初論功臣封漢壽侯司州刺史魏攻圍

之相持百日內外相拒道恭疾篤以後事付兄子野

其年五月卒魏攻陷之後詔贖其喪葬襄陽子澹嗣

楊公則字君翼天水人父仲懷豫州刺史公則

爲宋義熙太守氐賊攻陷白馬城公則奔焉遂歸爲

西中郎參軍蕭穎胄協同義舉以公則爲輔國將軍

率衆東下初荆州諸軍皆取其節度與高祖會平建康高祖立進號平南將軍封寧都縣侯假節北討至壽春疾篤卒年六十一諡曰列侯子驃嗣

鄧元起字仲居南郡當陽人少有膽氣膂力過人性任俠好施鄉里多附之以軍功遷武寧太守大破魏軍於義陽高祖起義率衆與高祖會夏口累進破城邑至京師築壘於建陽門外及建康平封當陽侯進號左將軍益州刺史入蜀平成都送益州刺史劉季連歸京師高祖大悅進元起平西將軍元起臨軍並稱善政口不論財色性能飲酒至一斛不亂及是蜀土大治翕然稱之二年以母老乞歸御爲左將軍封

西昌侯救漢中拒魏於南郊魏軍大至以不憂軍事下獄自縊死子斂嗣

張弘策字真簡范陽方城人文獻皇后之從弟弘策幼以母憂三年不食鹽菜兄弟友愛雖各有家室皆常同卧起不歸私室時稱爲姜肱兄弟常從高祖入其室覺有煙雲之氣體輙肅然弘策由此時加敬異建武中弘策因問家國吉凶高祖曰明年都邑亂死人如麻齊之曆數自兹已矣梁楚鄧荊漢有英雄起焉弘策曰聖人何在爲已富貴爲復在草澤中高祖笑曰光武有言安知非僕弘策起曰今夜之言是天意也及高祖代曹武臨雍州事弘策心喜曰昔夜之

言令將驗矣高祖笑曰爾勿多言乃從之雍五年齊
明帝崩初詔高祖爲雍州刺史乃表弘策爲錄事參
軍襄陽令高祖密爲備謀猷唯弘策而已義師起
以弘策爲輔國將軍主領萬人督後部事建康平高
祖使與呂僧珍入清宮掖封府庫遷衛尉卿洮陽縣
侯東昏餘黨因運荻入北掖門至夜亂燒神獸門揔
章觀入衛尉府而害弘策年四十七高祖慟哭贈車
騎將軍子緬嗣

庾域字司大新野人爲梁州錄事參軍華陽太守魏
攻南鄭州有空倉數十間域手自封題指目將士曰
此中粟皆滿可支二年衆心乃安虜退高祖起義兵

書招域爲西臺領行選從高祖東下而和帝加高祖黃鉞天監初爲巴西梓潼二郡守封廣牧縣子卒於郡

鄭紹叔字仲明滎陽開封人少結高祖爲心腹高祖起兵爲冠軍將軍從東下平江州留紹叔督糧運無闕天監初入爲衛尉卿封東興縣侯初戴陽爲魏所陷司州移鎮南鄭以紹叔爲司州刺史至郡創立城郭修兵器開田畝百姓安之入爲左衛將軍司隸大中正疾篤詔還家卒贈東園秘器子貞嗣

呂僧珍字元瑜東平范[illegible]人世居廣陵起自寒賤幼人相之曰此兒有奇聲封侯之相及長身長七尺七

寸容貌甚偉事梁文帝爲門下書佐及高祖臨雍州
命爲中兵參軍委之心膂[illegible]陰養死士歸者甚衆高
祖梭行起造多伐竹木以茅覆之若山焉僧珍獨悟
之私具櫓數千張義兵起召僧珍及張弘策定義明
旦發兵用爲步兵校尉出入卧內宣通意旨及進每
爲前鋒平京邑高祖受禪拜冠軍將軍封平固縣侯
入直中書省總知宿衛天監四年高祖欲賞之使爲
本州持節平北將軍南兗州刺史在任不私親戚從
父兄子先以販葱爲業而欲求官僧珍曰吾荷國重
恩無以報效汝等自有常分豈可妄求叨越但當速
返葱肆姊適王氏住在市西小屋臨路僧珍常導從

鹵簿到其處不以爲耻在州百日徵爲領軍十年
病卒
柳惔字文通河東解人也父世隆齊司空惔仕齊爲
西戎校尉梁秦二州刺史高祖起義舉漢中應之爲
祖遷右僕射湘州刺史曲江侯卒子照嗣
韋叡字懷文京兆杜陵人漢丞相賢之後世爲三輔
著姓祖玄隱長安南山秦顗爲雍州刺史引爲主簿
累遷上庸太守高祖起義督率郡人伐竹爲筏倍道
來赴有衆二千馬二百匹高祖見之喜曰他日見君
面今日見君心吾事就矣及至郢城顧叡曰棄騏驎
而不乘焉遑遑而更索即日拜江夏太守行郢州

事及即位遷輔國將軍豫州刺史封梁都子天監五年魏中山王元英圍北徐州呂義之於鍾離高祖召叡與曹景宗救之叡乘素木輿執白角如意以麾軍軍大破魏兵元英脫身走軍人投水死者十餘萬所獲軍資牛馬不可勝數以功封平北將軍宣武校尉雍州刺史叡初起義鄉里客陰雙光泣以止叡叡還爲本州雙光於道左祇候叡笑謂雙光曰若從公言今乞食於路矣餉牛十頭徵入爲散騎常侍入直殿省居朝廷恂恂未嘗忤視高祖甚禮敬之除護軍居家俸賜悉分親戚卒於家子於嗣

范雲字彥龍南郡舞陰人善屬文能尺牘下筆成文

父抗爲郢府參軍雲起家爲郢州西曹書佐竟陵王爲丹陽用爲主簿與高祖同遇於竟陵西邸及高祖起義定京邑東昏誅雲在城內銜命出高祖留之參帷幄拜黄門侍郎與沈約同心翊贊後遷侍中柴燎南郊還雲參乘高祖昇輦謂雲曰朕之所謂懍乎若朽索之馭六馬雲曰亦願陛下日慎一日高祖善之是日遷常侍吏部尚書以佐命功封霄城縣侯以舊恩見拔初高祖嘗與雲同宿顧嵩高舍嵩妻產有鬼在外曰此中有王有相雲起曰王當仰屬相以見歸因是盡心高祖高祖定東昏納其妃余氏頗廢政事雲與王茂切諫之曰昔漢祖居山東貪財好色及入

關定秦財帛不取子女一不幸范曾已爲其大今明公始定天下海內想風望聲奈何襲昏亂之跡以女德爲累王茂因起拜曰范雲之言是聖明公以天下爲念高祖嘿然雲便疏請以余氏賚王茂高祖意許之後遷左僕射任寄隆重書牘盈案賓客滿門雲皆應對如流無所擁滯官曹文墨遷摘如神及卒高祖[illegible]之有集三十卷子孝才嗣

江淹字文通濟陽考城人少孤而好學沉靜少交遊嘗屬文起家宋南徐州從事宋建平王景素好士淹隨在南兗州廣陵令郭彥文犯罪下獄辭連淹言受金繫之淹自獄中上書曰昔者賤臣叩心飛霜[illegible]於

燕地庶女告天振風襲於齊臺下官每讀其書未嘗
不廢卷流涕何者士有一定之論女有不易之行信
而見疑貞而爲戮是以壯士伏屍而一不顧者以此也
下官聞仁不可恃善不可依始爲徒語今乃知之伏
願大王暫停左右少加矜察下官本蓬戶桑樞之人
布衣韋帶之士退不飾詩書以驚俗進不買名聲於
天下日者謬得陞降承明之闕出入金華之殿何嘗
不局影凝嚴側身扃禁者乎竊慕大王之義復爲門
下之賓備鳴盜淺術之餘豫三五賤伎之末大王惠
以恩光顧以顏色實佩荆卿黄金之賜竊感豫讓國
士之分矣常欲結纓伏劍少謝萬一剖心摩踵以報

所天不圖小人固陋坐貽謗鑠殃墜昭憲身陷幽圄屢影吊心酸鼻痛骨下官聞衛名爲辱虧形次之是以每一念來忽若有遺加以涉旬月迫季秋天光沉陰左右無色身非木石與獄吏爲伍此少卿所以仰天號心泣盡而繼之以血者也下官雖乏鄉曲之譽然學聞君子之行矣其上則隱於簾肆之間卧於巖石之下次則結綬金馬之庭高議雲臺之上退則虜南越之君係單于之頸俱啓丹册並圖青史寧爭分寸之末競錐刀之利哉下官聞積毀銷金積讒磨骨遠則直生取疑於盗金近則伯魚被名於不義彼之二子猶或如是況在下官焉能自免昔上將之恥絳

侯幽獄名臣之羞史遷下室至如下官當何言哉夫以魯連之智辭祿而不反接輿之賢行歌而忘歸子陵閉關於東越仲蔚杜門於西秦亦良可知也若使下官事非其虛罪得其實亦當鉗口吞舌伏匕首以殞身何以見齊魯奇節之人燕趙悲歌之士乎方今聖歷欽明天下樂業青雲浮洛榮光塞河西泊臨洮狄道北距飛狐陽原莫不霑仁沐義照景飲醴而已下官抱痛圓門含憤獄戶一物之微有足悲者仰惟大王少垂明白則梧丘之魂不愧於沉首鵠亭之鬼無恨於灰骨景素得書即日出之尋舉南徐州秀才對策高第少帝即位多失德景素專據上流衆咸勸

因此舉事淹每陳流言納禍二叔所以同亡秖局徇
愍七國於焉俱斃景素不納後高祖輔政聞其才名
召爲駕部郎中時荆州刺史沈攸之作亂兵彊帝憂
悶謂淹曰天下紛紛若是君謂何如淹對曰昔項彊
而劉弱袁衆而曹寡羽令諸侯卒有劍歌之辱紹躋
四州亨爲奔北之虜此謂在德不在鼎公何疑焉且
公雄武奇略一勝寬容仁恕二勝賢能畢力三勝民
望所歸四勝奉天子而伐叛逆五勝彼且志鋭而器
小一敗也有威而無恩二敗也士卒解體三敗也縉
紳不懷四敗也懸兵數千里而無同惡相濟五敗也
雖豺狼十萬而終爲我獲焉帝笑曰君談過矣高帝

相國建爲記室參軍而掌詔册表記典國史少帝即位爲御史中丞多所糾彈内外肅然明帝輔政謂淹曰自宋世已來不復有嚴明中丞今日可謂獨步矣明帝即位遷祕書監及高祖義軍入淹微服來奔高祖遷吏部尚書天監元年爲左將軍封臨沮縣伯謂弟子曰吾平生言止足之事亦已備矣功名既立只欲歸身草莽其年疾遷金紫光禄大夫卒淹以文章名顯晚年才思稍退時人謂之才盡所著述百餘篇自撰爲前後集并齊史十志並行於世淹嘗爲宣城守罷歸舩泊禪靈寺渚夜夢一人稱張景陽謂曰前以一匹錦相寄今可見還淹探懷中得數尺與之此

人大恚曰那得割截都盡顧見丘遲謂曰餘此數尺既無用乞君淹自此文章躓矣又嘗宿冶亭夢一人自稱郭璞曰吾有筆在卿處可相還淹探懷得五色筆以授之爾後爲文不復麗美矣

後梁

中宗宣皇帝諱詧字理孫武帝之孫昭明太子統第三子幼好學善屬文尤長佛義特爲武帝所賞封岳陽郡王知石頭戍事昭明薨武帝捨詧兄弟而立簡文帝綱內常愧之後以會稽人物繁富一郡之會遂以詧爲東揚州刺史用慰其心詧以昆季不得爲嗣常懷不平又以武帝衰老朝夕糠粃有敗亡之漸遂

蓄聚貨財門通賓客招募輕俠折節下士有勇敢者致
多歸焉中大同元年除都督雍梁五州軍事校尉詧以
襄陽形勢之地又武帝創基之所時平足以樹根本戰伐
可以圖霸功遂剋巳勵節樹恩於百姓務修刑政志在
綏養於是境内稱治太清二年武帝以詧兄河東王譽
爲湘州刺史而張纘爲雍州以代詧纘恃其才望志氣
輕驕輕詧少年州府迎候有闕詧銜之及至鎮乃託疾
不與纘相見後聞侯景作亂頗凌蹙纘纘懼爲所擒乃
輕舟夜遁將之雍部復慮詧拒之元帝時鎮江陵與纘
將圖之以襲詧兄弟會元帝與譽各率所部入援京
師至江口屬侯景請和詔止援軍譽自江口將旋湘鎮

緒時在江陵貽梁元帝書曰河東令戴檣上水欲襲江陵岳陽在雍共謀不逞元帝甚懼乃鑿船沉米斬纜而歸令其子方等與王僧辯相繼攻譽譽告急詣詧詧大怒纘將述職至州詧遷延不授替乃以西城居之軍民之政猶歸於詧詧以今上御名其兄弟事始於纘將密圖之其將杜岸招纘出奔纘乃服婦人衣乘青布轝與親信十人出杜岸馳報詧詧遣兵討擒之乃率衆兵二萬騎千匹伐江陵以赴之元帝大懼乃遣參軍庾奐謂詧曰正德以亂天下崩離汝復効尤欲將謂何吾家先宮遺愛故以汝兄弟見囑今以姪伐叔逆道復安在詧謂奐曰家兄無罪屢見攻圍同氣之情豈可坐觀成敗七父若

顧先宮豈應若是如能追兵湘水吾便旋旆襄陽詧攻江陵擱不剋其將杜岸懼詧不振以其屬降於江陵詧衆大駭其夜遁歸襄陽詧既與江陵(今上御名)隙恐不能自固時西魏恭帝二年乃遣人稱藩於西魏請為附庸魏相周國公宇文泰會於丞相府東閤祭酒榮權使焉元帝使柳仲禮率衆圍襄陽詧懼乃遣其妻王氏世子寮為質請救周公遣關麻揚忠等率兵援之楊忠擒柳仲禮於湕頭詧乃獲安周公使詧襲嗣位詧以未有璽命辭不敢周公令常侍鄭穆及榮權持節冊命詧於襄陽陞壇受拜置百官承制恭帝三年三月詧留蔡大寶居守乃自襄陽朝西魏魏相周

公宇文泰薨子覺嗣十二月晦日魏恭帝禪位周王
宇文覺稱後周號元年都長安稱大周天王正月謂梁
王來此欲相見乎遂召見因說周王代江陵周乃使太
尉長孫儉萬紐于謹征江陵戕元帝乃立詧爲梁王
居江陵東城資以一州之地其襄陽之地統歸之于
周詧稱皇帝即位於江陵改年號
大定元年稱後梁追尊父統爲昭明皇帝廟號高宗
統妃蔡氏爲昭明皇后又尊其所生龔氏爲皇太后
立妻王氏爲皇后巋爲皇太子上疏於周明帝毓頻
年稱臣用其正朔爵命服色自依梁典周明帝乃使
梁王立統嗣居於東城號曰助防初平江陵詧將尹

德毅說詧請周太尉長孫儉將軍萬紐于謹等爲歡宴彼無我虞因伏武士執之於是分命果毅掩其營壘斬馘逋周俾無遺類唯江陵百姓撫而安之王僧辯之徒折簡可致然後朝服濟江入踐皇極此萬世一朝也晷刻之間大功可立詧不從之曰卿之此策非不善也然周待我甚厚未可背約若如卿計則鄧祁侯所謂人不食吾餘也旣而闔城長幼被虜入關又失襄陽之地詧乃追悔深恨不用尹德毅之言以至於此又見邑居毀壞干戈日用耻其威略不振常懷憂憤乃著愍耻賦以見意詧在位八年年四十四當後周武帝保定四年薨群臣葬於平陵謚曰宣帝

廟號中宗嘗少有大志不拘小節雖名猜忌而知人
善任撫下將士有恩能得其死力性不飲酒安於儉
素又惡見婦人雖相去之數尺遙聞其臭經御婦人
之衣不復更着又惡見人鬚毛所幸者必方便以避
之著文集十五卷內典華嚴般若法華金光明義疏
四十六卷並行於世疆土既狹居常怏怏每誦老驥
伏櫪志在千里烈士暮年壯心不已未常不盱衡扼
腕歎吒者久之遂以憂憤發背疽而薨

世宗孝明皇帝

世宗孝明皇帝諱巋字仁遠中宗第三子大定元年
立爲太子八年宣帝崩太子即位號

天保元年春正月尊祖母龔氏爲皇太后所生母曹貴妃爲皇太妃至五年春正月陳湘州刺史華皎巴州刺史戴僧朔來附乃請伐陳歸乃求周師勢援大爲陳將吴明徹所破徹進逼江陵引江水灌城明帝出頓紀南王操合周軍共以擊之明徹遂退明帝乃復入江陵六年即陳光太二年陳文帝弟安城王頊廢少帝伯宗爲臨海王自立爲宣帝七年八月陳又遣司空章昭遠來寇明帝與周將陸勝同破之以華皎爲司空以僧朔爲車騎將軍九年十年使華皎入周周以基平都等數州歸於梁是歲周誅宇文護周改元建德十一年十二年周武廢佛道二教着短穿衣

十三十四十五年周高祖武帝平北齊封齊太子高緯爲温國公只得傳國璽入周明帝入周賀平鄴周武帝厚加禮送十六年周武帝崩十七年周宣帝賛禪位於太子衍衍立是爲靜帝十八年十九年周靜帝禪位于隋公楊堅堅封周帝爲介國公二十年是歲隋開皇二年隋朝營新都於隴首川是歲陳宣帝頊崩太子叔寶立隋文帝遣使以禮聘明帝女爲晉王廣妃又以明帝子尚隋蘭陵公主遂通好焉後使隋隋加禮相持待使謂梁主久滯荆楚未復舊都故鄉之念良軫懷抱朕當振旅長江相送旋旆耳二十一年陳至德元年二十二年二十三年五月帝崩

在位二十三年年四十四葬顯陵謚曰孝明皇帝廟
號世宗帝性機辯有文學撫御能得其下懽心孝悌
仁慈有人君之量四季祭享未嘗不悲慕流涕尤儉
約御下旣有方境内共言其治邦國無事所著文集
及孝經周易義記及小大乘幽微並行於世
莒公諱琮字温文性倜儻不羈博學有文義立爲皇
太子天保二十三年五月帝崩卽帝位改號廣運元
年二年率其臣下二百餘人朝隋隋文帝留之使武
鄉公崔弘度將兵攻江陵江陵不守帝叔父巖及弟
瓛等舉居人奔於陳隋拜琮爲柱國將軍封莒國公
自宣帝登卽位大定元年乙亥至琮廣運二年丁未

凡三十三年詧子巋嚴岑俱爲王巋子巘瑑珣瑒瑀
並皆爲王自後梁之興蔡大寶爲股肱王操爲心腹
魏益德尹正薛暉許孝敬薛寅爲爪牙甄玄成劉盈爲
岑善方傳褚珪蔡大榮與衆矛弓紹以舊齒歷顯位
沈重以論學蒙厚禮自餘多所獎拔咸盡其器任及
明帝纂業親賢並用爲將相故保其疆土安於民人

後梁功臣

蔡大寶字敬位濟陽考城人父默梁尚書議曹郎大
寶少孤而篤學不倦能屬文詧初出第徐勉之薦爲
侍讀兼管記室詧莅襄陽遷咨議參軍及元帝代湘
東王譽使大寶於江陵元帝恱之使注所製玄覽賦

三日而畢元帝大奇之及登爲梁王拜吏部尚書當國之事咸委決焉及宣帝即位拜太子少傅明帝嗣位冊司空卒性嚴整文學詞贍内外詔令皆掌之人云宣帝有大寶猶蜀先主之孔明著文集三十卷撰尚書義訓

王操字子高其先太原晉陽人宣帝龔大后之外弟父景休臨川内史操性敦厚有籌略博涉經史初爲帝外曹參軍及即位遷大將軍郢州刺史明帝即位授尚書僕射及陳將吴明徹爲冦帝出頓南紀操巡撫將士莫不用命江陵獲全操之力也及卒明帝舉哀流涕曰天不使吾平蕩江表何奪吾相之速也

宋如周南陽人有才學容止詳雅爲度支尚書如周面狹長宣帝嘗戲之曰卿何謂謗法華經如周踧踖自陳不謗帝又言之如周不悟而出言告蔡大寶大寶知其旨笑謂之曰君當不謗餘經止應不信法華法華云聞經隨喜面不狹長如周乃悟如周素寬雅有才子希顏最知名

袁敞陳郡人祖粲字司空父士俊安城內史敞少大器量博涉經史以吏部尚書使於周初主者以敞班在陳使之下敞固不從命曰昔陳之祖父乃梁朝諸侯之下吏弃忠與義盜有江東今之朝宗萬國以禮若與梁之行人在陳使者之後恐爲辭論失序我使後之

之所望焉周武帝乃詔敞與陳使人異日而進使還稱旨遷侍中後隨琮入隋授譙州刺史

岑善方字思遠南陽人漢征南將軍舞陰侯彭之後祖惠甫齊南彭城太守父昶梁散騎常侍善方少立志操雅重名節爲當世所許拜岳陽王記室參軍及宣帝即位累遷中書舍人與蔡大寶分典機務帝常推心焉拜吏部尚書數使於周稱旨拜驃騎大將軍儀同三司封長寧公卒有子六人元之象之利之仕隋邯鄲令文本最知名

建康實錄卷第十八

建康實録卷第十九　　陳上

高祖武皇帝　　世祖文皇帝

高祖姓陳氏，諱霸先，字興國，吳興長城下若里人，漢太丘長寔之後。寔玄孫晉太尉準，準生庠，庠生達，永嘉初爲丞相掾，隨晉南遷，拜太子洗馬，出爲長城令，悅其山水，遂家焉。常謂所親曰：此地山川秀麗，當有王者興焉。二百年後，我子孫必鍾斯運。達生康，康復爲丞相掾，晉咸帝咸和中土斷，故爲長城人。高祖即康之九世孫也。案陳書：達生康，康生盱眙太守英，英生尚書郎公弼，公弼生步兵校尉鼎，鼎生散騎侍郎高，高生懷安令詠，詠生安成太守猛，猛生太常卿道巨，道巨生皇考文讃。父文纘，不仕。文纘以梁天監二年歲次癸未生高祖。少倜儻，有大志，意氣雄傑

好史籍讀書長於謀策明緯候孤虛遁甲又善武藝
不事產業家貧每以捕魚爲事身長七尺五寸日角
龍顏垂手過膝鬚生連骨普通中嘗遊義興館於許
氏夜夢天開數丈有朱衣四人捧日而至納於高祖
口中驚覺腹內猶熱心獨喜之初仕鄉爲里正後進
於義興吳興太守蕭映過從之建業映遂用爲來岩
吏[illegible]轉爲油庫[illegible][illegible]長既而映鎮廣州奏高祖爲中直兵
參軍從至廣州[illegible]令高祖招集士馬先是武林侯蕭
諮爲交州刺史失德士人李賁連結郡縣反而高新
二州刺史盧子[illegible][illegible]等不進討賊皆伏誅雄子略與孫
冏子孫及杜天合等以兵攻廣州高祖率兵[illegible]破賊

軍虜僧明等曰歲梁大同十年梁高祖聞深本之遣
授直閤將軍封新枋縣子遣使圖其形貌入金闕之既
而蕭暎卒高祖送暎喪至大庾嶺梁帝詔高祖爲交
州司馬領武平太守與刺史楊瞟南討李賁定交趾
初楊瞟委高祖經略衆軍發自番禺蕭勃爲定州刺
史於江西相會勃知軍士憚其遠役陰購誘之因詭
說留瞟瞟問計於高祖高祖對曰交趾叛渙罪由宗
室遂使僭亂數州彌歷年稔定州復欲昧利自前不
顧大計節下奉辭伐罪故當死生以之豈可畏憚宗
室抵拒邦憲今若奪沮其衆何必交州討賊問罪之
師迴則有所指矣於是勒兵鼓行而進梁大同十六

年六月軍次交州賁衆數萬於蘇麻江口城柵以拒官軍驃推高祖爲前鋒所向摧陷賁走曲徹湖於屈獠洞界立砦大造船艦充塞湖中衆憚之頓於湖口不敢進高祖謂諸將曰我師已老將復疲勞歲月相持恐非良計且孤軍無援入人腹心若一戰不捷豈得生全今藉其屢奔人情未固夷獠烏合易爲摧殄只當共出百死決力取之無故停留王事去矣諸將皆默莫有應者是夜江水暴起七丈注湖中奔流迅激高祖勒所部兵衆乘流先進衆軍鼓噪隨之賊衆大潰賁竄入屈獠洞中洞中人斬賁傳首京師李賁兄天寶遁于九真因逼寇愛州梁太清元年高祖討

天寶平之除振遠將軍西江督護高要太守梁太清
二年侯景作亂廣州刺史元景仲謀同侯景高祖知
之擊破之殺景仲而迎定州刺史蕭勃爲廣州刺史
及京師不守高祖遣杜僧明胡穎等將兵二千屯於
嶺上遂厚結始興豪傑同謀義舉以救京師侯安都
張偲等率衆來附將東下蕭勃聞之使鍾休悅留高
祖不許度嶺言侯景驍雄天下無敵援軍前後無敢
當鋒嶺北王侯又已自相屠戮君之疏外豈可暗投
未若且住始興以張形勢高祖泣謂休悅曰君辱臣
死誰敢愛命吾行討逆矣勃既不能止因令蔡路養
等以兵遏高祖軍大寶元年正月庚午高祖於始興

大破蔡養譚遠軍於大庾嶺高祖進鎮南康南康今之虔州乃遣使間道往江陵禀承節度於梁湘東王蕭繹是爲元帝帝承制授高祖持節明威將軍交州刺史改封南野縣伯高祖乃修南康古城居之人常遠望見城上有紫雲氣垂覆左右深結事之尋遷南江州刺史改封長城侯大寶二年六月高祖發自南康下頓西昌案陳書南康贛石水舊有二十四灘灘多巨石行旅爲難自高祖之發水暴漲高數丈三百里間巨石皆沒時有龍見于水濱約高五丈五彩鮮明軍人觀者大歡慶焉時湘東王遣征東將軍王僧辯督衆討侯景師次湓城高祖率杜僧明侯安都等戈甲三萬將往會焉高祖聞西軍乏糧乃分三十萬斛米以資西軍案陳書高祖自下南江有軍糧五十萬石聞西軍乏糧乃分三十萬資之是年侯景廢簡文帝嗣而

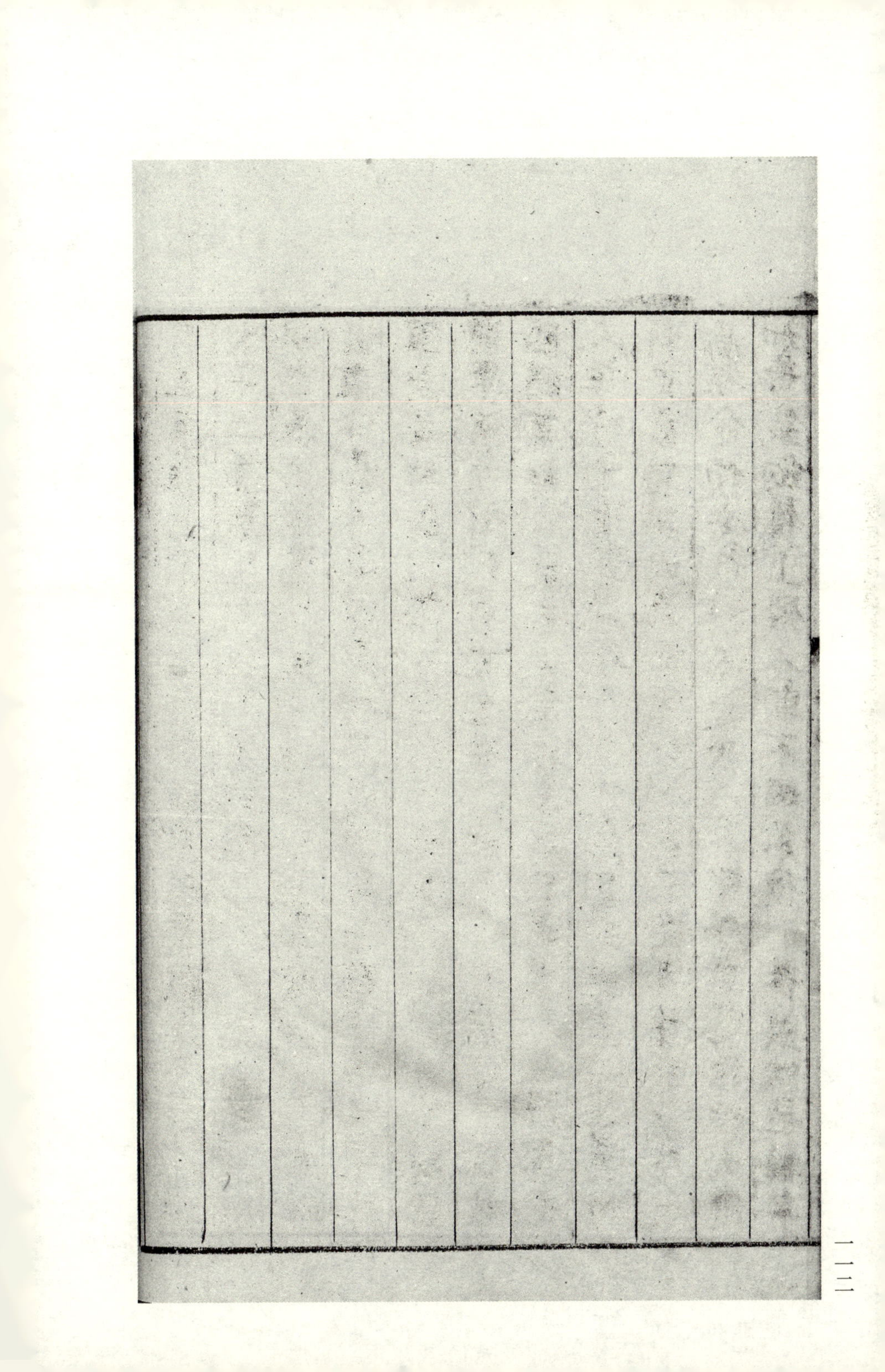

月五日龍見于御路自太社至于象魏
太平二年春正月加高祖班劒三十人置丞相別掾
以近衰坐追贈高祖考侍中加金章紫綬封義興郡
公謚曰恭文追贈高祖兄道談爲散騎常侍平北將
軍封長城縣公謚曰昭烈弟休先侍中使持節驃騎
將軍南徐州刺史謚忠壯各邑二千戸遣侍中僕射
陸繕策拜長城夫人章氏爲義興國夫人追贈章夫
人祖侍中追封高祖母許氏爲嘉興縣君三月廣州
刺史蕭勃反泝流而下江州刺史余孝頃起兵應之
高祖命侯安都討平之秋八月甲午進高祖位太傅
加黄鉞劒履上殿入朝不趨前後羽葆鼓吹皂輪車

九月進加相國封十郡爲陳公備九錫之禮十月戊
辰進爵爲王加二十郡冕十有二旒建天子旌旗出
警入蹕乘金根車駕六馬備副車置旄頭雲䍐樂舞
八佾設鍾簴宫縣陳臺百官一依舊式辛未
梁敬帝禪位于陳王策命曰惟王乃聖乃神欽明文
思二儀並運四節合叙天錫勇智人挺雄傑爰初投
袂日夜勤王王公卿士莫不攸屬敬從人神之願授
帝位于爾躬四海困窮天禄永終王其允執厥中乃
命太保王通太尉長史王瑒奉皇帝璽綬受終之禮
一依唐虞故事是日梁敬帝方智遜位于别宫高祖
三讓群臣固請以梁太平二年冬十月乙亥設壇於

南郊即皇帝位柴燎告天禮畢輿駕旋建康宮臨太
極前殿大赦改梁太平二年爲永定元年丁丑冬十
月乙亥先是氛霧雨雪晝夜晦暝至此日景氣清晏
詔百官文武進位有差先繫囚徒一切釋放奉梁帝
爲江陰王居晉陵行梁正朔車騎服色一依前準宮
館資待務盡優假又降皇太后爲江陰國太妃丙子
輿駕幸鍾山祀蔣帝廟遣使宣勞四方庚辰詔出佛
牙於杜母宅集四部設無遮大齋帝出大司馬門致
禮辛巳追尊皇考爲景皇帝廟號太祖皇妣董氏爲
景太后追謚前夫人錢氏爲昭皇后追謚世子克爲
孝懷太子立夫人章氏爲皇后癸未尊景帝陵爲瑞

陵昭后陵曰嘉陵依梁初園邑故事追封兄道談爲始興郡王謚曰昭烈追封母弟休光爲南康郡王謚曰忠壯乙酉立删定郎刊定律令十一月封兄子蒨爲臨川王遥襲封昭烈王子頊爲始興王祀昭烈後遥襲忠壯王子曇朗嗣南康王後

永定二年春正月王琳立梁永嘉王蕭莊於郢州以奉梁後令兵向建康使招北齊爲援齊乃進兵助之四月甲子駕親祀大廟戊辰重雲殿東鴟吻有紫煙出屬天五月辛酉帝幸大莊嚴寺捨身壬戌王公已下奉表請還宮六月詔司空侯瑱徐度等討王琳七月新作太極殿欠一柱忽有樟木大十八圍長四丈

五尺自流泊陶家後渚監軍鄒子度以聞詔起部尚書蔡儔兼將作大匠取木以（今上御名）之（案梁書侯景作亂王僧辯下平之縱軍士入宮採取火燒宮及太極殿兼西堂省寺陳有天下至此復之耳）冬十二月甲子又幸莊嚴寺設無㝵大會捨乘輿法駕羣臣備禮奉迎還宮

三年春正月丁酉大雪太極殿前有龍跡見甲午廬州有仙人見於羅浮山小石樓長三丈通身潔白衣服麗楚夏四月豫章太守熊曇朗反殺江州刺史周文育育字景德義興陽羨人五月朔日有蝕之有司奏舊儀御前殿合服朱紗袍袞冕之服自今永可為準丙寅扶南使貢方物乙亥周文育喪至帝素服哭于朝堂哀慟甚因發疾六月丁酉帝不和遣太宰尚書左

僕射王通以疾告太廟太宰中書令謝哲告太社及

南北郊祭因夜夢惑在心詔賜尚書令沈衆死　衆

字仲監吴興武康人祖約父琁衆好學頗有文詞起

家南平王參軍高祖即位遷侍中性鄙於財而不澤

於己每於朝會中衣裳破裂或躬提冠履又薄於奉

養在朝常服布袍芒屩以麻繩爲帶及囊橐麦飯食之

朝士咸共笑其所爲性急於忿恨非毀朝廷高祖大

怒因其休假遂賜死帝漸疾甚詔追臨川王蒨入纂

大業丙午高祖崩於璇璣殿秋七月甲寅大行皇帝

還殯于太極西階丙申葬于萬安陵在今縣東南三

十里彭城驛側周六十步高二丈帝年五十五即位

在位三年年五十八謚武帝廟號高祖帝神武英濬

英謀獨斷性貴儉素志賤浮華常膳進不過數品私

饗曲宴皆用瓦器蚌盤肴蔌珍羞纔足而已自總軍

要及即位玉帛子女悉頒將士歌鐘伎樂不列於前

末年躬儉彌篤

世祖文皇帝

帝諱蒨字子華始興昭烈王長子（案陳書曰昭烈王是高祖第二兄子也）少沉

敏有識量美容儀精經史高祖甚愛之常稱此兒吾

家英秀也梁太清初蒨曾夢兩日鬬一大一小大者

光滅墮地蒨取而懷之侯景之亂避地於臨安縣郭

文舉舊宅及高祖與王僧辯東下帝爲侯景所收以

幽禁之數欲加害會景敗乃免［案陳書侯景初聞高祖舉義兵景怒使收世祖及衡陽獻王因之初世祖見收乃密懷一小刀冀因便而害景及至以付郎中王翻幽守故事不獲行高祖既圍石頭欲加害者數矣會景敗乃免］起家爲吳興太守高祖討王僧辯先密令世祖防備僧辯腹心人震州刺史韋載杜龕等據吳興遣使掩襲舊士卒皆惶恐失色而帝獨言笑處分益明及高祖遣周文育討杜龕舊已先攻下之拜爲會稽太守高祖即位進封臨川王拜侍中安東將軍永定三年六月丙午高祖崩遺詔徵帝入纂皇儲甲寅至自南皖辭讓再三群臣內外固請其日入居中書省皇太后令曰昊天不弔上玄降禍大行皇帝奄棄萬國諸孤藐尔反國無期須立長君以寧寓縣侍中臨川王四海宅心

何膺寶籙是日具禮儀即位於太極前殿大赦公卿百官進位一等尊皇后爲太皇后詔封子伯茂爲始興郡王繼昭烈之後賜爲父後者爵一級 伯茂字鬱之初昭烈王仕梁爲東宮直後值侯景亂中流矢卒高祖即位追贈驃騎大將軍太傅揚州牧始興郡王生帝及安城王頊梁江陵陷安城王遷於關右高祖襲封安城王爲始興祀及帝 以本宗之饗詔改封嗣王頊爲安城王封伯茂爲始興王以奉昭烈祀初東征杜龕於丹徒盜發晉郗曇墓大獲晉王羲之書及諸名賢遺跡事覺其書悉入于祕府帝以伯茂好書賜之由是大工草隸秋七月尚書八座奏請立皇后及

諸王太子八月辛酉立皇子伯宗為皇太子立妃沈氏為皇后十一月乙卯王琳進寇大雷前鋒逼梁山詔太尉侯瑱禦之十二月大赦改號天嘉元年正月賜鰥寡孤獨孝悌力田粟各五斛甲寅發使宣勞四方二月辛卯老人星見丙申侯瑱大破王琳於梁山敗齊軍於博望擒王琳下將劉伯球王琳及梁王蕭莊走齊之鍾陵三月丁巳江州刺史周迪追斬賊帥熊曇朗於新塗曇朗豫章南昌人世為郡著姓曇朗跅弛不羈有膂力容貌甚偉侯景之亂因聚少卒據豐城縣多為劫盜梁元帝平侯景拜巴西太守江陵陷後遂劫掠鄰縣縛賣人民山谷之中最為巨患高祖

即位以曇朗南川豪帥拜飆猛將軍桂州刺史與周
文育討余孝勱既而反害文育盡收其衆以應王琳
乃修新塗縣城居之及王琳東下南川兵爲曇朗所
梗江州刺史周迪與高州刺史黄法氍等會兵攻曇
朗曇朗敗走入山村村民斬之傳首京師懸于朱雀
觀於是盡收其宗黨無少長皆弃市是月驃騎將軍
湘川牧衡陽王昌薨於魯山江中夏四月喪至帝親
臨詔謚獻王立第七子伯信爲衡陽王奉獻王祀六
月壬辰葬梁元帝於江寧舊塋車旗禮章並依梁典
帝臨于太極前殿百寮陪哭秋八月戊子詔非兵器
及國容所須金銀珠玉衣服雜玩悉皆禁斷九月乙

夘周將獨孤盛與賀若敦等水陸引軍趨巴湘兩道俱進太尉瑱自尋陽往破盛等於楊葉洲是歲以侍中國子祭酒周弘正使長安迎帝弟安城王頊周人弃留之

天嘉二年正月高麗倭國及百濟並遣使貢方物六月齊人通好冬十月乙夘東夷遣使朝貢乙未領大著作虞荔卒　荔字山披會稽餘姚人祖權父儉荔幼而聰敏年九歲太常陸倕問五經九十條荔隨問應答無遺設及梁末將毋入臺城尋遇城陷情禮不申由是蔬食布衣不聽音樂及陳受禪世祖嗣位除太子中庶子尋領大著作荔第二弟寄寓於閩中爲

陳寶應留連不得還荔每言之流涕帝哀之曰我有弟在遠此情甚切他人豈知乃勑寶應求寄寶應終不遣荔亦感疾年五十九卒柩還鄉里世祖親送人以爲貴子世基世南並知名 寄字次安年數歲有人嘲之曰郎君姓虞必定無智寄應聲曰文字不辯豈得非愚客大慙陳寶應破後乃歸朝拜太中大夫

是歲南安將軍周迪不受徵與留異結今上御名謀逆

天嘉三年正月庚戌設帷於南郊告胡公以配天是月後梁蕭詧死子巋代立二月安成王頊自後周還帝見之大喜以功進周弘正位金紫光祿大夫以安成王頊爲司空閏二月甲子改鑄五銖錢三月周迪

留異等舉兵反令司空侯安都破於桃枝嶺
四年三月甲申留異等走投閩州刺史陳寶應寶應
納之五月己巳太白晝見是日侯安都自盡　安都字成
師姑興曲江人善書能鼓琴好騎射自始興內史主
簿招集兵馬得三千人討侯景與高祖攻破蔡路養
下平侯景有功梁元帝封爲猛烈將軍隨高祖鎮京
口定計入誅王僧辯自石頭北捨舟登岸被甲帶長
刀踰城北女牆而入僧辯卧室以功授散騎常侍南
徐州刺史既而秦郡太守徐嗣徽等引北齊入寇安
都領水軍於中路斷賊糧運并收其家口騾馬驢大
及嗣徽所彈琵琶嗣徽大懼請和時紹泰元年也閏

年嗣徽又入丹陽至姑孰高祖使安都拒之大戰敗
於高橋斬徽生擒齊儀同乞伏無芳追敗於蔣山龍
尾及幕府山累以戰功封曲江公給鼓吹一部世祖
嗣位討留異於桃枝嶺中流矢血流至踝容色不變
收其妻子人馬甲仗振旅而歸自以勳庸漸高驕恣
數招文武之客陰鏗褚才張正見等每有表啓事所
未盡乃開封更自書之云又啓某事及侍宴酒酣或
箕倨傾倚自白帝曰何如作臨川王日帝佯不應乃
再三言之帝曰此雖天命亦明公之力也或坐御牀
賔客稱壽後重雲殿災安都帶甲而入帝惡之出爲
江吳二州刺史征南大將軍自京口還都於石頭世

祖引安都宴于嘉福殿又集會將帥於朝堂坐上收
安都囚之西省出中書舍人蔡景歷表以示於朝數
安都之罪詔速刑書是日安都上表陳謝自殺六月
丁未夜白虹兩道出北斗間秋七月乙未皇太子納
妃朱氏在位文武賜帛有差九月辛丑周迪復寇臨
川詔護軍將軍章昭達討平之十二月昭達軍次建
安討陳寶應丙申大赦誅死巳下
五年四月庚子太白歲星合在奎中十一月章昭達
擒陳寶應留異等　異東陽長山人少豪雄多聚惡少
凌侮貧賤守宰皆患之起家爲梁朝蟹浦戍主紹泰
二年自安固令有應接功領東陽太守封永興縣侯

累遷散騎常侍信威將軍陳文帝長女安豐公主配異第三子貞臣徵異爲南州刺史異不進尋改東陽太守異遣長史王漸入朝還言朝廷虛弱異信之外示臣節内懷兩端遣使自鄱陽信安嶺潛通於王琳分兵戍下淮及建德以備江路帝使侯安都討之異本謂官軍自錢唐江上安都乃密由會稽諸暨步道襲之異聞兵至走桃枝嶺安都進破之異與第二子忠臣及周迪等奔陳寶應寶應晉安候官人世爲閩土四姓多變詐梁朝晉安數爲反叛屢殺守將陳寶應因官軍鄉導討平之由是一郡兵權皆自己出帝嗣位録其功命入宗室并遣使條其子女無大小並加

封爵及安都討留異寶應乃遣兵助異帝大怒命章昭達督衆軍由建安南道度嶺又命余孝頃督會稽東陽臨海永嘉等兵討之詔宗正絶其屬籍寶應遂據建安湖際逆拒王師水陸為柵昭達至深溝高壘不與戰達命軍士伐竹木為筏俄而水盛遂乘流放筏突其水柵而使步騎薄之寶應衆潰追擒於草中并留異等同逆者俱送建康市斬之是日詔討陳寶應將士亡者並與棺木遞還本土

六年正月乙酉皇太子加元服王公已下賜各有差

六月周人來聘七月癸未大風自西南至纔廣百餘步激壞靈臺候館甲申儀賢堂前架無故自壞案儀賢堂[illegible]

造號爲中堂在宣陽門内路西十間亦名聽訟堂每年策舉廳秀才孝廉業歲莫習元會儀於此前在鴻臚寺西南衛尉府南宗正寺太僕寺大府署臨犀庫更南即太史署太府寺東南角逼路宣陽門内過東即客省右尚方並在今縣城東一里二百步玄風觀後隔路儀賢堂更近北也丙戌臨川太守駱牙斬周迪於山穴傳首建康梟于朱雀門迪臨川人少居山谷有膂力能挽彊弩以弋獵爲事梁元帝平侯景以功遷振遠將軍高祖秉政加江州刺史及即位王琳東下至湓城新吳洞主余孝頃相合衆二萬來趣唐連八城以逼周迪迪使周敷率兵頓臨川故郡迪自斷江口與樊猛等戰大破之屠其八城生擒李欽樊猛余孝頃遞送建康市收其器械軍實山積虜其人馬並自納之永定二年以功進迪平南將軍開府儀同三司給鼓吹一部王琳既平帝

徵迪出溢城令子入朝迪乃顧望生疑不至及帝錄破熊曇雲勛功加周敷黃法氍等官賞迪甚不平遂陰與留異相結及王師討異迪疑恐不安乃令弟方興率衆襲周敷於豫章不利而退三年帝使章昭達討迪迪衆潰妻子悉擒乃脫身踰嶺赴晉安依陳寶應寶應使兵助之明年秋復越東興嶺世祖使程靈洗等破之迪竄山穴中日月既久遣人潛出臨川郡買鮭魚使人脚痛舍於邑子邑子告太守駱牙牙執之令取迪自効因使勇士隨入山中誘迪出獵伏兵斬於道傍傳首京師

七年春二月丙子大赦改元爲天康元年三月己卯

進司空安成王頊爲尚書令夏四月癸酉帝崩于有覺殿丙戌葬永寧陵陵在今縣東北四十里陵山之陽周四十五步高一丈九尺帝年四十即位在位八年群臣上謚曰文皇帝廟號世祖帝起自布衣知百姓艱難疾苦國家資用務在儉約常所調斂事不獲已者必咨嗟改色妙識真僞下不容姦一夜内刺閨取外事分判者前後相續每鷄人伺漏傳籤於殿中者令投之於階石上使鏘然有聲云吾雖眠寐亦令驚覺其終始自彊梗槩如此

廢皇帝

帝諱伯宗字奉業文帝嫡子梁承聖三年五月庚寅生永定二年春二月戊辰拜臨川王世子三年文帝

嗣位八月立爲皇太子自梁侯景亂離東宮焚火太子居永福省天康元年四月癸酉文帝崩是日即位於太極前殿大赦内外復職遠方悉停赴喪五月上尊皇太后爲太皇太后皇后曰皇太后以司空安城王頊爲司徒録尚書都督中外諸軍事始興公伯茂爲征東將軍袁樞爲尚書左僕射沈欽爲右僕射七月丁酉立妃王氏爲皇后后諱少姬侍中金紫光禄大夫固之女天嘉四年聘爲太子妃　固字体堅瑯瑯臨沂人祖汾父林固少涉史籍以梁帝外生封莫口亭侯舉秀才起家爲尚書郎太子洗馬高祖即位累遷至侍中禮遇甚厚性信佛法嘗禪坐誦經又沙

於玄言使聘魏國宴饗請救一羊羊於國前跪足而拜又宴昆明池魏朝以國南人嗜魚大設罔罟於水中國以佛法呪之一無所獲冬十月享于太廟十一月乙亥周人來弔

二年春正月改先天元年辛卯祠南郊大赦二月南豫州刺史余孝頃反伏誅五月湘州刺史華皎反引後周爲援六月詔征南大將軍淳于量討平之七月戊子立皇子至澤爲太子九月周將元定入郢州與華皎水陸俱進淳于量吳明徹等逆擊大破之皎單騎奔江陵擒元定送建康

二年春正月以侍中安成王頊爲太傅領司徒揚州

牧加殊禮劒履上殿入朝不趨贊拜不名庚子以淳
于量爲中軍大將軍四月辛巳太白晝見五月丙辰
太傅安成王獻玉璽一紐六月丁卯彗星見九月新
羅林邑狼牙脩國並使朝貢時安成王與僕射到仲
舉中書舍人劉師知等恒在禁中參決衆務而安成
王爲揚州刺史左右甲仗三百人入居尚書省十一
月劉師知到仲舉等見安成秉政惡其權重陰說於
帝矯太后令下詔安成君曰今四方無事可還東府
經治州務安成將出毛喜馳入止之曰王今出外便
受制於他人譬如曹爽願作富家翁不可得也此必
師知等矯太后之令請覆之安成大懼乃稱疾召師

知留與語遂遣毛喜入言白於太后太后曰今伯宗年幼政事並委二郎此非我意喜出以報安成安成因師知自入見后及帝極陳師知之過乃自草勑收師知付廷尉獄賜死自是政事大小皆决於安成王王以上流多反叛乃諷慈訓太后甲寅太后令廢帝爲臨海王送之藩邸詔曰太傅安成王頊固天生德齊聖廣深二后鍾心三靈佇眷自先朝不豫任總宅心威惠相宣刑禮兼設且地彰靈璽天表長彗除舊布新貞祥咸顯文皇知子之鑒事甚帝堯傳弟之懷允符太伯今可崇立賢君内外宜依舊典以輿駕奉迎是日廢帝出居别第乙卯薨年十九帝仁弱無人

君之量世祖每虞不堪繼業既居冢嫡廢立事重是
以依違積年及將大漸召高宗謂曰吾欲遵太伯之
事高宗初未達旨良久方悟乃拜伏流涕固辭其後
宣太后依先帝之旨乃此廢帝焉

建康實錄卷第十九

建康實録卷第二十　陳書下

高宗孝宣皇帝頊　後主長城公叔寶

高宗孝宣皇帝諱頊字紹世世祖母弟始興昭烈王第二子梁中大通二年辛酉生於鄉里產夕有赤光滿室帝少寛大多智略及長美容儀身長八尺垂手過膝有勇力善騎射高祖平侯景梁元帝使徵高祖子姪入侍帝赴江陵累官至直閤將軍中書侍郎忽酒醉假寐於室馬軍主李揔見是大龍乃驚走人密奇之江陵陷帝隨例遷于關右高祖即位永定初遥襲封爲始興郡王文帝嗣位遥改安成王天嘉三年自周還累至侍中廢帝立進驃騎大將軍録尚書尋

轉太傅揚州牧

光大二年十一月甲寅慈訓太后黜廢帝爲臨海王

而召帝入

三年正月甲午改元太建元年即位於太極前殿大

赦進文武位一等復太后尊號曰太皇太后退文皇

太后沈氏爲文皇后后字妙媚吴興武康人建成侯

法深之女永定元年策爲臨川王妃世祖即位爲皇

后廢帝即位尊爲皇太后及安成秉政后憂悶計無

所出乃賂宦者蔣裕令誘建安人張安國使據郡反

因此以圖安成辭而事覺遂誅安國等及帝立乃黜

后爲文皇后（系陳書后傳陳亡入隋大業初自安東歸江南頃之卒）乙未謁太廟立妃柳

氏爲皇后以嫡子叔寶爲皇太子封諸子爲郡
酉使御史出西方觀行風俗以沈欽爲左僕射
爲大僕射辛丑祀南郊七月辛卯太子納妃沈
公已下賜帛有差十月廣州刺史歐陽紇據南海反
詔章昭達討平之　紇字奉聖長沙臨湘人父頠梁
左衛將軍紇隨蘭欽南征東獠擒陳文徹獲輜重及
獻銅鼓累代無此器高祖即位進散騎常侍封陽山
公紇有幹略天嘉四年除黃門侍郎遷安遠將軍襲
封陽山郡公都督交廣越定明新高合羅愛建宜黃
利雙石等十九州軍事廣州刺史在州十餘年威惠
著於百越帝以紇久在南方意疑之大建元年詔

徵還朝之紇懼未敢　左右乃勸令反遂舉兵攻衡
州衡州刺史錢道戰告變帝遣章昭達討擒紇送京
師年三十三家口籍沒案陳書江總紇之故人收其子詢撫養之及長善草隸書博學著藝言百卷皇朝位
銀青光祿大夫也
大建二年春正月丙申太皇太后崩於紫極殿祔葬
萬安陵謚曰宣太后太后字要兒幼爲章氏養因姓
章氏母蘇氏嘗遇道士以龜遺之光彩五色曰三年
有徵及期生后產夕紫光照室因失龜所在后少聰
慧美容儀手爪長五寸紅白每有朞功之服則一爪
先折后善書計能誦詩及楚詞高祖永定元年立爲
皇后及高祖崩后與中書舍人蔡景歷定策秘不發

喪乃詔世祖入纂皇業世祖即位尊爲太后居慈訓
宫光大元年下令黜廢帝命宣帝嗣業至是崩年六
十五四月乙巳太白晝見五月齊人來弔
太建三年辛卯正月癸丑以著作徐陵爲尚書僕射
辛酉祀南郊二月辛巳祀明堂丁酉耕藉田三月大
赦五月丹丹天竺盤盤等國貢方物八月辛丑太子
釋奠於太學十二月壬辰章昭達薨　昭達字伯通
吳興武康人性倜儻輕財尚氣少時嘗遇相者謂達
卿容皃大善須小虧損當富貴耳後因醉墜馬鬢
角小傷相者曰未也及侯景亂昭達慕鄉人援臺城
爲流矢所中眇其一目相者曰卿相善矣侯景平後

與文帝結君臣之分及王僧辯誅後杜龕反遣杜泰攻長城世祖命昭達揔知城内兵士以拒杜龕龕等退走追討平之累戰功拜交州刺史隨侯安都拒王琳於沌口爲前鋒破琳冊勳爲都督巴郢武源四州諸軍事封欣樂縣侯給鼓吹一部天嘉四年陳寶應與周迪等寇臨川詔昭達爲都督討平之進位前將軍開府儀同三司初世祖曾夢昭達升於台鉉及旦以夢告之至是侍宴世祖顧昭達曰卿憶夢不何以償之昭達謝之曰當効犬馬以盡臣節大建初討歐陽紇於嶺南以功拜司空一年率師征蕭歸歸與周軍大蓄舩艦於青泥中昭達分遣偏將錢道戢程文季

乘輕舟襲子焚其舟檝周兵又於峽下南岸築壘名
曰安蜀城兼令於江上引大索編葦爲橋以度軍糧
昭達命軍士爲長戟施於樓船上仰割其索索斷糧
絶因縱兵攻其城降之薨時年五十四
大建四年八月辛未周遣使來聘丁丑景雲見九月
庚子朔日有蝕之詔徐度杜稜程靈洗等配食武帝
廟庭章昭達配食文帝廟庭十一月己亥夜地大震
十二月衛尉卿許亨卒　亨字亨道高陽新城人晉
徵君　詢字玄慶六代孫祖勇惠齊冗從僕射父懋
梁始平天門二郡太守太子庶子散騎常侍以學問
撰毛詩風雅比興義十五卷亨少傳家業有節行博

通羣書多識前代舊事解褐梁安東王行軍參軍兼
太常博士遷太尉從事中郎晉安王承制授給事黃
門侍郎高祖即位拜太中大夫領大著作修梁史初
高祖誅王僧辯父子數人同瘞一穴至是無敢言者
亨以故吏抗表請葬僧辯世祖許之乃與徐陵張種
孔奐等以家財營葬具凡七柩自石頭城改窆於方
山東南亨卒時年六十四所撰齊史五十卷文集六
卷子善心入隋位至尚書度支郎有應對才遷禮部
侍郎有集二十卷後爲宇文化及所害

五年春二月夜有白氣如虹自北斗貫紫微宮三月
丙戌西衡州獻馬生角詔吳明徹爲征討大都督世

伐總軍十萬發自白下四月大破齊師於淮南九月
壬辰晦夜明乙巳吴明徹尅壽陽斬王琳傳首京師
梟于朱雀航王琳太原人少無學業而彊記內敏事
多記識軍中萬人盡記名姓累官梁元帝司空梁敬
帝太平二年見高祖方盛梁祚漸衰懼梁社稷將亡
遂與諸將謀迎梁元帝孫永嘉王莊於北齊歸立爲
主號天啓元年正月設壇於南浦之南備法駕即帝
位幸江夏新宮臨定武前殿以琳爲都督中外軍事
天嘉二年世祖遣侯安都討大破之琳與蕭莊俱奔
齊齊以莊爲楊州刺史與王琳鎮壽春至是吴明徹
破之是歲諸軍略地所在皆尅捷淮南諸郡悉平之

案梁書自侯景亂江右淮北州郡皆没北齊及江陵陷失高祖輔政而徐嗣徽任約等招引北齊軍變江南高祖即位王琳復起上流而敗西據壽陽以歸於齊高宗即位五年大舉始收淮南之地

六年正月壬戌大赦江右淮北諸州甲申周人來聘二月壬辰耕藉田四月庚子彗星見八月尚書右僕射周弘正卒　弘正字思行汝南安成人晉僕射顗九代孫祖顒父寶弘正幼聰惠年十五爲國子生季春入學孟冬應舉解褐梁晉安王主簿累國子博士初梁武帝於城西立士林館延弘正居之以講授聽者傾朝嘗啓梁主決定周易疑義凡五十條性博物善占大同末知天下將亂謂弟弘讓曰國家戹運數年當有義兵起吾與汝何處逃刑及梁納侯景之降

弘正曰亂階此矣梁元帝平侯景徵弘正爲黄門侍郎累遷散騎常侍與王褒論利害諫元帝下都建康荆峽人士皆去周王比是東人恋求東下恐非良計弘正面折曰若東人勸東下謂非良計即西人欲西豈成良策元帝大笑竟不還都及魏平江陵弘正遁歸建康高祖踐祚拜太子詹事天嘉元年遷侍中國子祭酒使長安迎安成王三年還授金紫光禄大夫進右僕射弘正善玄言明釋典雖名僧碩德皆請質疑滯卒時年六十所著易疏十六卷論語疏十卷莊子疏八卷老子疏五卷孝經疏兩卷文集二十卷子墳官至吏部郎案陳書云弘讓亦博學天嘉初以白衣領太常卿金紫光禄大夫猶子確位南平府長史行揚州事代稱良史也

七年春正月己亥衛將軍樊毅剋潼州城辛巳祠南北郊三月詔豫二兗譙徐合霍南司定等九州及所部在北諸郡置雲旗義士往與大軍及諸鎮守備防禦四月庚寅豫州刺史陳桃根獻青牛詔還百姓乙未桃根又獻織成羅文錦被表各二詔於雲龍門外焚之六月丙戌詔北征將士死王事者剋日舉哀乙酉改作雲龍神虎二門案宮殿簿雲龍是第二宮墻東面門晉本名東華門東出東掖門梁改之西對第三重墻西面春門神虎門是第二重宮墻西面門晉本名中華門西出西華門本晉西掖門宋改名西華門東入對第三重宮墻千秋門秋閏九月壬辰吳明徹大破齊軍於呂梁是月甘露三降樂遊苑丁未幸樂遊採甘露宴群臣詔於苑內覆舟山上立甘露亭十一月甲子南康郡獻瑞鍾一口是歲

殷不害自周還優詔拜司農卿尋遷光祿大夫　不害
字長卿陳郡長平人祖汪父高明不害性至孝少知
名家世儉約居甚貧窶年十七事梁累遷平北府咨
議參軍侯景亂臺城陷文帝奔散惟不害與徐摛侍
梁簡文於永福省及簡文幽縶請不害同處侯景許
之不害供侍益謹簡文夜夢吞一塊土意惡之以告
不害不害曰昔晉文出奔野人遺塊卒返其國簡文
曰若神道有知尚冀言之不忘及元帝即位拜廷尉
卿尋又江陵陷因失母所在當甚寒雪凍死者塡滿
溝壑不害涕泣號呼尋見死人在溝者則身自捧視
舉體凍僵水漿不入口者七日始得母屍憑屍而哭

行路爲之悲哀及殯後與王褒庾信等同入長安布衣蔬食至此年方得還累進給事中案陳書後禎明三年隋滅陳又西入隋卒於道弟不疑不占不齊不使

八年春正月庚辰西南紫雲見拜吴明徹爲司空録左僕射王克爲右僕射九月立皇子叔虎爲淮南王叔齊叔文皆爲郡王

九年丁酉春正月後周滅北齊齊主高緯方禪位於其太子恒改元承光周師平鄴緯與恒赴長安齊五帝二十八年二月壬子輿駕耕藉田七月庚辰大風雨震万安陵華表癸卯震瓦棺寺重門一女子死十月吴明徹大破周將梁士彥於吕梁修東宫城十二月移皇太子居新宫案輿地志其地本晉東海王第後築爲永安宫穆章何皇后居之宋文帝元嘉十五年始築爲東宫齊宋爲大

災焚盡梁天監五年更修築於故齋地盛加結飾經侯景亂又燒盡陳初置太子於永福省至此居新宮

十年春正月己巳以中領軍廬陵王伯仁爲平北將軍是月散騎常侍太子右衛率韋載卒　載字德基京兆杜陵人祖叡父正載少聰惠好學年十三沛國劉顯問漢書中十事隨問隨答略無凝滯自歷職位常樂退靜有田十餘頃在江乘縣之白山遂辭疾去官築室居焉屏絕人事吉凶慶弔無所往來不入西籬門或十年年五十八卒於家夏六月大雨震大皇寺刹莊嚴寺露盤重陽閣東樓千秋門内槐樹鴻臚寺府門是月司空吴明徹薨　明徹字通照秦郡人父樹梁右軍將軍明徹幼孤性至孝年十四感墳塋未

脩家貧未辨乃勤力耕種遇大旱苗稼焦枯明徹哀
憤每至田中號哭仰天告愬居數日有自田迴者云
苗已更生明徹疑之及往果如所言至秋大獲足充
葬用有尹生善占墓謂其兄曰君家葬日必有乘白
馬逐鹿者來經墓所是最小孝子大貴之徵也至時
果有應明徹樹之小子也起家梁東宮直後師侯景
亂天下飢明徹有粟麥三千餘斛見鄉里飢乃白諸
兄曰當今草竊人不圖生既有粟麥可與鄉里人共
之於是計口平分同爲豐儉群盜聞而避之高祖鎮
京口深相要結降階執手明徹妙解天文孤虛遁甲
高祖奇之以梁承聖三年請爲戎昭將軍高祖踐祚

拜散騎常侍兗州刺史宣帝大建五年加侍中都督
征討諸軍事北伐賜女樂一部封南郡公摠戎十萬
發自京師所向皆剋捷八月進逼壽陽王琳拒守明
徹乘夜攻之中宵而潰琳等退據相國城及金城明
徹遏肥水以灌之城中苦濕多腹疾手足皆腫死者
十有六七齊遣大將皮景和率兵數十萬來援去壽
春三十里頓軍諸將皆曰計將安出明徹曰兵貴在
速而彼結營不進吾知其不敢戰也於是躬擐甲冑
四面疾攻城中震恐一鼓而剋生擒王琳斬之傳首
京師宣帝優詔襃崇加車騎大將軍豫州刺史就壽
春授冊明徹於城南設壇士卒二十萬陳其旗鼓戈

甲登壇拜受成禮而退士卒無不踴躍六年率諸將渡淮北七年閏九月大破齊軍於呂梁八年進位司空九年詔明徹北侵軍至呂梁周將梁士彥拒戰頻破之會明徹苦背疾拔軍至清口衆軍皆潰明徹窮蹙就執以憂遘疾卒於長安九月乙巳立方盟壇於婁湖臨壇誓衆乙卯分遣大使以盟誓頒下四方上下相警以備周人

十一年己亥春正月龍見于南兖州永寧樓側池中七月辛卯初用大貨六銖錢丁卯於大壯觀閱武十一月戊午周將梁士彥圍我壽陽剋之又剋霍州是月以始興王叔陵爲征討大都督率水步衆軍以拒

周師十二月乙丑南北兖晉三州及盱眙山陽陽平馬頭秦郡歷陽北譙南梁等九郡民並自拔以歸建康周又進剋譙北徐二州乘勝而前自是淮南之地復盡歸于周矣

十二年庚子六月大風吹壞臯門中闥是月黃門侍郎顧野王卒 野王字希馮吴郡吴人也祖子喬父烜野王幼以儒術知名年七歲誦五經略知大旨九歲能屬文十二隨父之建安乃撰建安地記二篇及長遍觀經史精記默識天文地理蓍龜占候玄象奇字無所不通起家梁太學博士中領軍府記室陳有天下遷黃門侍郎光祿卿年六十二卒野王少篤學

在物無過辭失色觀其容貌似不能言及其勵精力行皆人莫及又善丹青曾於東府六齋畫古賢命王褒書讃世人稱爲二絶又撰玉篇二十卷輿地志三十卷符瑞圖十卷顧氏譜十卷分野樞要一百卷通史要略一百卷國史紀傳二百卷續洞冥記一卷玄象表一卷文集二十卷並行於世秋八月乙未周鄖州摠管司馬消難以所統九州八鎮之地來降詔消難爲大都督充九州八鎮諸軍事遷司空給鼓吹女樂一部率衆江北授之大軍北伐是月遣南豫州刺史任忠率衆趣歷陽陳惠紀趣南兗州庚午散騎侍郎淳于陵剋臨江郡癸酉魯廣達剋郭默城甲戌大

雨霖丙子淳于陵剋祐州城九月周臨淮太守劉顯
光率衆來降是月天東南有聲如風水相激三夜乃
上丁亥周將王延貴率衆來援歷陽任忠擊破之
擒延貴以送建康己酉周廣陵義軍主曹藥率衆
來降
十三年辛丑以晉王伯恭爲尚書左僕射袁憲爲右
僕射二月乙亥親耕藉田四月乙巳分衡州始興郡
爲東衡州以本衡州爲西衡州七月徵君馬樞卒
樞字要理扶風郿人寓居京口祖靈慶樞少好學六
歲能誦孝經論語老子及長愽極經史尤善佛經及
周易老子義梁邵陵王綸爲南徐州刺史引爲學士

命講維摩老子周易同日三部一齊發題論者縱橫樞隨問剖判應接如流論者拱默而退綸甚奇之及征侯景留書二萬餘卷與之常閑居喟然歎曰吾聞貴爵位者以巢由爲桎梏愛山林者以伊呂爲管庫束名實則芻狗芥柱下之言翫清虛則糠粃席上之論稽之篤論亦各從其所好乃隱於茅山有終焉之志陳天嘉元年世祖徵爲度支尚書辭不應命每王公大人有饋餉辭不獲免者十分受一屬世亂所居盜賊不入依託者數百家皆得全樞目精洞黃能視暗中物常有白鷰一雙巢其庭樹馴狎欄廡年八十六卒撰道覺論行於世九月癸亥夜大風從西北來發

屋拔樹大雨雹十二月辛巳彗星見西南是歲周靜
帝文衍遜位於隋文帝楊堅改元開皇元年周三代
五帝二十五年
十四年春正月己酉帝不豫甲寅崩于宣福殿二月
癸巳葬顯寧陵帝年四十即位在位十四年年五十
四謚曰孝宣帝廟號高宗有子四十二人遺詔庶事
務從儉約金銀之飾不以入壙盤器皆令用瓦初帝
在田本有恢弘之度及居尊位寔允天人之望于時
國步初弭創痍未復淮南之地並入于齊帝志復舊
境返侵地而彊弱懸絶適足爲禽及周滅齊乘勝而
舉略地又至江際自此懷懼既而力修城隍爲扞禦

之備獲銘曰二百年後當有癡人修吾破城者時莫測所從去

後主長城公叔寶

後主諱叔寶字元秀小字黃奴宣帝嫡長子梁承聖二年十一月戊寅生于江陵天嘉三年立爲安成王世子大建元年正月甲午立爲皇太子十四年正月甲寅宣帝崩乙卯始興王叔陵（今上御名）逆叔陵字子嵩高宗第二子承聖中生於江陵天嘉三年封康樂侯少有機辯徇聲名彊梁無所推屈大建元年封始興王出使江郢晉三州軍事始年十六政自己出寮佐莫敢預焉第叔堅爭寵招致賓客每朝會鹵薄不肯爲

先後必分道而趨高宗不之知與叔堅後主同侍疾便陰有異志乃命典藥吏曰剉藥刃甚鈍可礪之及高宗崩倉卒之際速命左右取劒左右不寤乃取朝服木劒以進叔陵怒叔堅在側聞之知有變伺之翌日少殮叔陵取剉藥刀趨進斫後主中項後主悶絶于地太后與後主乳母樂安君吳媪以身蔽之叔堅自搤叔陵并奪其刀將欲殺之後主不能處分叔陵多力自奮得脱突出雲龍門入東府召左右斷青溪橋道放東城囚以爲戰士遣人往新林追所部兵馬仍自被甲着白布帽登城西門以召百姓太后使太子舍人司馬申以後主命召蕭摩訶討之叔陵又遣記

室韋諒送鼓吹與摩訶仍謂曰事捷必以公爲台鼎摩訶不報當日執將軍戴溫譚騏驎二人送臺斬之叔陵自知不濟乃入內沉其妃張氏及寵妾七人于井中部麾下度小航將趨新林蕭摩訶追擒於白楊路斬首送臺流屍于江中丁巳後主即皇帝位於太極前殿大赦如宣帝故事以丹陽尹長沙王叔堅爲驃騎大將軍尊皇妣爲太后居栢香殿太后諱敬淑姓柳氏河東解人父偃尚梁武長公主拜駙馬都尉大寶中鄱陽太守卒官後高宗赴江陵梁元帝以后配焉生後主江陵陷與後主俱留穰城文帝天嘉二年高宗自周還立爲安成王妃及即位爲皇后后美

姿容身長七尺二寸垂手過膝初錢貴妃甚寵后傾心下之每有供奉之物其上者推於貴妃而自御其次者高宗崩叔陵爲亂後主賴后及吳媼救護得免時際新失淮南之地國遭大喪後主又病瘡不能聽政百司衆務假以後主命實皆決於太后也案陳書后陳亡後入長安隋大業十二年薨於東都年八十三甲戌於太極殿設無礙大齋詔內外百官各薦一人是月右衛將軍秘書監傅縡下獄死縡字宜事北地靈州人父彝梁臨沂令縡幼聰敏七歲能誦古詩賦至十餘萬言長爲世祖撰史學士累遷安成王記室縡篤信佛教從興皇寺惠朗法師受三論盡通其學初有大心寺暠法師著無諍論以詆之

縡乃爲明道論用釋其義後主即位拜祕書監中書
舍人掌詔誥爲文典麗性敏速雖軍國大事下筆輙
成未嘗起草然木彊不持撿操負才使氣凌侮人物
朝士多銜之初施文慶沈客卿便佞親幸而縡益疎
慶等因共譖毀受高麗使金後主收縡下獄縡素剛
因獄中上書曰夫人君者恭事上帝子愛下人省嗜
欲遠諂佞未明求衣日旰忘食是以澤被區宇慶流
子孫陛下頃來酒色過度不虔郊廟小人在側宦豎
弄權惡忠直如仇讎視百姓如草芥公行貨賄衆叛
親離臣恐東南王氣自斯而盡書奏後主大怒頃之
意解遣使謂縡曰我欲赦卿卿能改過否縡對曰臣

之如面臣面可改則心可改後主益怒命宦者李善
度窮治其罪遂賜死獄中年五十五有文集十卷行
世四月丙申立子胤為皇太子賜為父後者爵一級
王公已下賚帛有差七月辛未大赦天下是月自建
康至荆州江水色赤如血八月丁酉天赤如火九月
設無礙大會於太極前殿捨身及乘輿御服又大赦
天下辛亥夜天東北有聲如蟲飛漸移西北乙卯太
白晝見
至德元年春正月大赦改元秋八月丁卯以長沙王
叔堅為司空九月丁巳天東南有聲如蟲飛冬十月
封弟九人為郡王案陳書封弟叔平為湘東王叔敖臨賀王叔宣陽山王叔穆西陽王叔儉南安王叔澄南郡王叔興

元要王叔昭樂山字叔鉉新興王十二月丙辰頭利國遣使朝貢戊午夜天門自西北至東南其內青黃雜色隆隆若雷聲是歲左光祿大夫太子少傅徐陵卒　陵字孝穆東海郯人祖超之父摛梁昭戎將軍太子左衛率母王氏嘗夢五色雲化爲鳳集左肩上已而誕陵年數歲家人携見寶誌上人誌以手摩頂曰天上石麒麟也光宅寺慧雲法師每嗟陵早就謂之顏回八歲能屬文十三通莊老長乃口辯縱橫起家寧蠻府參軍累遷通直散騎常侍使魏魏人館宴之日甚熱魏之主客魏收謂陵曰今日之熱當由徐公陵答曰昔王肅至此爲魏始制禮儀今僕之來聘使卿復知寒暑收大慚

連數年後隨貞陽侯蕭淵明歸陳有天下累官吏部
尚書領大著作尚書僕射自陳創業文檄軍書及受
禪制策皆陵所製而九錫尤美爲一代文宗亦不以
此矜物於後進者接引無倦世以此重之有集三十
卷子四人儉份儀傳皆至班位陵第三弟孝克少通
玄理曉五經正義解褐梁太學博士性至孝值侯景
亂京邑大饑死者十有八九孝克養母饘粥不給其
其妻領軍將軍臧氏女有容色孝克謂妻曰今飢荒
如此交闕供養欲假卿於富家望其彼此俱濟如何
臧氏初不許之孝克乃私與媒者商量嫁與侯景將孔
景行從左右以逼之臧氏涕泣而去所得穀帛悉以

養母孝克乃自剃髮爲沙門名法整兼乞食以充給
焉臧氏猶念舊恩亦數私致餉饋故不之絶後景行
戰死世平臧氏伺孝克於塗中累日乃見謂曰往日
之事非爲相負今既得脫當歸供養孝克嘿然無荅
於是歸俗更爲夫妻天嘉中徵爲剡令累遷散騎常侍
國子祭酒每侍宴會無所噉至席散當其前着膳減
損高宗密記伺之見孝克取珍菓内紳帶中歸以遺
母高宗咨嗟久之自後宴饗孝克前饌並遣將歸餉
母後主即位遷都官尚書陳亡隨例入長安家徒壁
立母患思粳米粥不能辦母亡後遂終身噉麥有遺
粳米者對之而泣開皇十九年卒於長安有子萬載

位至隋太子洗馬

至德二年甲申正月丁卯分遣八使巡省風俗夏四月以江揔爲右僕射七月壬午皇太子加元服在位文武賜帛有差孝悌力田爲父後者爵一級鰥寡孤獨不能自存者人穀五石

至德三年正月戊午朔日有食之三月豐州刺史章大寶舉兵反四月豐州義軍主陳景翔斬大寶傳首京師八月戊子老人星見十一月詔修孔子廟辛巳幸長干寺大赦高麗百濟使來朝貢

至德四年九月辛亥武湖肄艫艦閱武宴群臣賦詩十月以江揔爲尚書令謝伷爲尚書右僕射

御名明元年春正月戊寅大赦改元乙未地震四月光祿大夫毛喜卒　喜字伯武榮陽陽武人好學善草隸書起家爲梁西昌侯參軍高祖鎮京口命喜與高宗俱往江陵謁元帝帝以喜爲尚書及江陵陷高宗遷關右喜走郢州及高宗還喜自郢州奉迎高宗遣入關以家屬爲請周冢宰宇文護執喜手曰能結二國之好者卿也遂將柳皇后及後主還初世祖謂高宗曰我諸子皆以伯爲名汝諸兒宜以叔爲稱高宗以訪於喜喜即條自古名賢杜叔英虞叔卿等二十餘人以啓世祖世祖稱善世祖崩僕射劉仲舉與右衛將軍韓子高等知朝望有歸乃矯太后令遣高宗

遷東府喜入諫高宗曰陳有天下日淺海內未夷[illegible]
邦恐悽皇后深惟社稷之計令主入省共治庶績今
日之言必非太后之意宗社至重伏願三思須臾喜
聞音如其議後主即位山陵未踰年置酒作樂命喜
喜不懌欲進諫及外堦後主已醉喜佯爲心疾仆于
下昇去尋負氣出爲南安內史禎明元年徵還百姓
沐其惠政追送者數百人道卒年七十二秋九月庚
寅梁太傅安平王蕭巖荊州刺史蕭巘以其文武官
寮家屬濟江還十月以蕭巖爲平東將軍乙亥割揚
州吳郡置吳州以錢唐縣爲郡屬焉是歲起部尚書
孫瑒卒　瑒字德璉吳郡吳人祖文惠父[illegible]道[illegible]

侗儻博學經史起家梁臨川王參軍累進平南府司馬陳高祖即位遷散騎常侍都督荆郢武巴湘五州諸軍事安西將軍郢州刺史天嘉初封定襄侯世祖嘗從容謂瑒曰昔朱買臣願爲本郡卿有意乎乃授持節安東將軍吴郡太守給鼓吹一部將辭乘輿幸近畿餞送鄉里榮之宣帝大建四年除安西將軍荆州刺史後主嗣位拜散騎常侍兼起部尚書瑒兄弟篤睦性通泰有財皆散之親友居處奢豪宅在青溪東大路北西臨青溪溪西即江摠宅瑒家庭穿築極林泉之致歌鍾舞女當世罕儔賓客填門軒車不絕及出鎮郢州乃合十餘船爲一大舫於中立池亭植

文尚良庾羨景賓寮集滌長江置淥酒亦一代之勝賞又立山齋設講肆集玄儒之士冬夏資奉而處已率易不以名位驕物又深有巧思多所創立及卒尚書令江總爲之銘誌後主又題銘後四十字遣左户尚書蔡徵就宅宣敕鐫之其詞略曰秋風動竹烟水驚波幾人樵逕何處山阿今朝日月宿昔綺羅天長路遠地久雲多功名未勤此意如何世論以爲榮世子讓早卒 案陳書次子訓知名入隋爲高康太守

御名明二年春正月立皇子恮爲東陽王恬爲錢唐王夏四月戊申群鼠無數自蔡洲岸入石頭緣淮至于青塘兩岸數日自死隨流入江是月郢州南浦水黑

如墨五月甲午東冶鑄鐵有物赤色如火大數外自天墜鎔所隆隆有聲如雷鑄鐵飛出牆外燒人家庚子廢皇太子胤爲吳興王立始安王深爲皇太子丁巳大風自西北激濤水入石頭城淮渚暴溢漂沒船舫己酉帝幸幕府山大獵初隋文帝受周禪甚敦隣好宣帝尚不禁侵掠太建末隋兵大舉聞宣帝崩乃命班師遣使赴弔行敵國之禮書稱姓名頓首而後主益驕怠答書甚慢末云想彼統內如宜此宇宙清泰隋文覽書不悅以示朝臣清河公楊素以爲主辱臣死再拜請罪襄邑公賀若弼等並求致討後主愈驕不虞外難荒于酒色不恤政事左右嬖妾三千[illegible]

者五十人婦人美皃麗服以從者千餘人後主常使
張貴妃孔貴人等八人夾坐江揔孔範姚察等十人
預宴號曰狎客先令八婦人襞彩牋制五言詩十客
一時繼和遲則罰酒君臣酣飲從夕達旦以此爲常
而復盛修造起土功稅市稅舩徵取百端刑罰酷濫
初覆舟山及蔣山松栢林冬月恒出木醴後主以爲
甘露之瑞俗呼爲雀餳前後災異甚多又有神人自
稱老子以遊都下與人言而不見形言吉凶多驗經
三四年乃去舩下有聲云明年亂視之得嬰兒長三
尺無頭又蔣山衆鳥鼓翼拊膺曰奈何帝奈何帝又
建康城自壞又青龍出建陽門井中湧赤霧地生白

黑毛又大風拔朱雀門又臨平湖舊常草塞不通忽然自通此湖孫晧末年已曾開通案吳書江表傳云自漢末年吳郡臨平湖草塞不通吳後主末忽然自開故老相傳此湖開即太平及晉平吳天下一統永嘉初又草穢禎明初又忽開通時後主又自夢黃衣圍城有血霑階至卧床頭而火起又有狐入其床下捕之不見以為妖精後主乃自賣身於佛寺為奴以禳之又於郭內大皇寺造七層塔未畢功而火從中起飛向石頭城燒人家無數又使人採木於湘州栰下至牛渚磯盡沒水中既而漁人見栰浮於海上乃起齊雲觀未就國人歌曰齊雲觀賊來無際畔始北齊末諸省官人皆稱省主未幾而滅至是朝官亦稱省主識者以為省主主將見省之兆也隋文帝謂

高頴曰我爲百姓父母豈可阻一衣帶之水不拯蒼
生塗炭乃命大作戰船群臣曰伐國大事軍宜密之
文帝曰吾將顯行天誅何密之有使投柹流下於江
彼若能改吾又何求後主殊不知悟文帝益怒乃勅
晉王廣爲元帥督八十揔管致討先送璽書暴後主
二十惡又散寫詔書三十萬紙遍諭江外及隋軍繼
下江濵鎮戍相繼奏聞施文慶沈客卿掌機密並抑
而不言及隋軍臨江諸防戍舩艦悉還都下江中無
一鬪艦上流諸軍鎮兵士皆阻楊素軍不得下後主
聞隋軍臨江曰王氣在此齊兵三來周人再至皆並
摧沒今虜雖來必應自敗孔範亦言無渡江之理但

奏伎縱酒作詩不輟有東宫學士張譏因皇太子以
進諫曰彊冦侵境沿江無禦備之敵請停内宴以調
軍事後主大怒　譏字直言清河武城人祖僧寶父
仲悅梁尚書祠部郎譏幼好學愛玄言受業於周弘
正梁大同中召補國子正言生與袁憲侍講於文德
殿勑令論議諸儒莫敢先發譏整容而進咨審循環
辭令温雅梁帝器之賜裙襦絹等曰表卿稽古之力
進位國子博士後主在東宫新造玉柄麈尾成後主
執之曰當今多士如林至於堪捉此者獨張譏耳即
手自授譏乃令於温文殿講莊老後主即位荒殆前
政及隋軍過江孔範等言無渡江之理唯譏知其必

濟又進諫請卹軍士後主大怒收下獄或救者獲
免城陷隨例入長安終不仕識性恬雅所居宅舍營
山池植花果講周易莊老教授門徒年七十六卒所
著書易禮詩莊老等疏共一百卷皆入祕閣子孝
則嗣

御名明三年春正月乙丑朔朝大霧四塞入人鼻皆辛
酸後主昏睡至晡乃醒是日隋將賀若弼從廣陵濟
京口韓擒虎從橫江濟採石南北俱進緣江鎮戍望
風盡走丙辰採石戍主徐子建馳告變是日後主方
下詔曰犬羊陵縱侵竊郊畿蜂蠆有毒宜時掃定朕
當親御六師廓清八表內外並可戒嚴以驃騎將軍

蕭摩訶爲皇畿大都督樊猛爲上流大都督樊毅爲
下流大都督司馬消難施文慶並爲大監軍重立賞
格分兵鎮守要害僧尼道士盡皆執役庚午賀若弼
陷南徐州辛未韓擒虎陷南豫州後主遽詔司徒豫
章王叔英屯朝堂追蕭摩訶屯樂遊苑樊毅屯耆闍
寺魯廣達屯白土崗神武將軍孔範屯寶田寺鎮東
將軍任忠屯朱雀門辛巳賀若弼進白土崗東南大
破陳軍士卒奔北弼乘勝破魯廣達蕭摩訶等於樂遊
苑遊騎次宮城燒北掖門是日韓擒虎率衆自新林
石子整進大將軍任忠出降乃引擒虎徑至朱雀航
趨宮城自南掖門入文武百司皆遁出惟尚書令江

摠吏部尚書姚察侍中王寬度支尚書王援等居省中尚書僕射袁憲後閤舍人夏侯公韻二人居殿中以侍後主俄頃隋兵至憲韻二人勸後主端坐殿上正色待之後主曰鋒刃之下未可交當吾自有計乃將張麗華孔貴嬪二妃入景陽樓井中憲韻等苦諫以身蔽井後主不從與之力爭久之方得入二人拜哭而去　袁憲字德章陳郡人尚書僕射樞之弟幼聰敏年十四召爲國子正言生在學一年博士周弘正深重其才舉高第以貴公子選尚梁簡文女南海公主起家秘書郎累遷南康内史入陳位僕射禎明三年隋伐陳軍人燒北掖門朝士皆散走獨憲與夏

侯公韻入殿侍後主後主謂曰我從來待卿不先他人今日見卿可謂歲寒然後知松栢之後凋及隋兵入閤後主遑遽避匿憲正色曰北軍兵人必無所犯大事如此陛下安之整衣冠御前殿依梁武見侯景故事後主不從因下榻馳去憲從出後堂至景陽殿後主投下井中憲等拜哭而去國陷入隋文帝嘉其雅操授開府儀同三司昌州刺史開皇十八年卒贈大將軍安成郡公謚曰簡長子承家仕隋至秘書丞是日隋軍雖亂沈皇后居處如常太子深年十五閉閤而坐舍人孔伯魚侍側及隋軍叩閤入深安坐勞之曰戎旅在塗不至勞乎既而隋軍來後主不得固

窺井呼之後主初不應欲下石始聞吴人叫聲乃以
繩引之驚其太重佽與張麗華孔貴嬪三人同乘而
上隋文帝聞之大驚開府鮑宏曰東井上於天文爲
秦今王都所在投井其天意耶丙戌隋晉王廣入據
臺城送後主於東宫命斬張貴妃於青溪橋妃姓張
氏字麗華襄陽兵家女素貧賤父兄織蓆爲業後主
爲太子以選入東宫侍龔良娣給使後主見悦之因
得幸生太子深後主即位拜貴妃初始與王叔陵令上御名
亂後主被傷卧於承香閤中諸妃並不敢進唯貴妃
侍焉至德二年於光昭殿前起臨春結綺望仙等三
閣閣高數丈並數十間牕牖户壁欄檻皆以沉檀香

木爲之又飾以金玉珠翠外施珠簾內有寶帳其服玩之屬瓌寶珍麗皆近古所未有每微風一至香聞數里朝日初照光映後庭其下積石爲山引水爲池植以奇樹雜以花果後主自居臨春閣張貴妃居結綺閣龔孔二貴嬪居望仙閣並複道交相往來又有王李二美人張薛二淑媛袁昭儀何婕妤江脩容等七人並有寵遞代以遊其閣上宮人有文學如袁大捨等並爲女學士後主每引賓客同貴妃等遊宴使諸貴人及女學士與諸狎客共賦新詩互相贈答采其尤艷麗者以爲曲詞被以新聲選宮女有容色者以千百數令習而謌之分部迭進持以相樂其玉樹

後庭花臨春樂等大抵所歸皆美張貴妃孔貴嬪之
容色其略曰璧月夜夜滿瓊樹朝朝新皆此之類也
張麗華髮長七尺鬒黑如漆其光可鑑特聰惠有神
彩進止閑華容色端麗每瞻視顧眄光彩溢目照映
左右常於閣上靚粧臨軒檻宮中遥望杳若神仙兼
有才理辯識彊記善候人主顏色薦引宮女假鬼道
以惑後主後主怠於政事百司啓奏並因宦者蔡臨
兒等進之後主置張妃於膝上共決之有不能記者
貴妃並爲䟽條無所遺脱由是益加寵異冠絶後宮
更於閹官便佞之徒内外交結轉相引致賄賂公行
綱紀瞀亂及隋軍陷城與後主俱入井中後爲晉王

慶斬於青溪三月己巳後主與王公卿士內外文武
百司發自建康而入長安隋文詔京城權分人家第
宅以禮接待之遣使迎勞使人還奏曰後主已下在
路五百餘里纍纍不絕文帝歎曰一人無良以至於
此及至京師列輿服器皿等於庭引後主及二太子
諸王弟二十八人及司空司馬消難尚書令江揔僕
射袁憲驃騎將軍蕭摩訶征西將軍樊毅安北將軍
魯廣達鎮東將軍任忠吏部尚書姚察中書令蔡徵
散騎常侍王元規等二百餘人帝使納言宣慰內使
宣詔讓後。主後主伏地雀息不能祇對並赦宥之賜
封長城侯文武皆隨才擢用詔下江南陳文武宣帝

陵各給五戶看守之給賜後主甚厚常引同三公之席勅樂府不奏吳音之樂恐傷其心至仁壽四年冬十一月壬子終於洛陽葬河南之芒山沈皇后自爲哀策詞甚酸楚后諱務華吳興人儀同三司沈君理之女母高祖女會稽公主早亡后年幼哀慟過禮大建三年納爲太子妃後主即位立爲后性端靜好學工書嘗當張貴妃盛寵勢傾後宮澹然居求賢殿未嘗有怨已之容居處儉約衣無錦繡左右近侍纔留五人唯尋閱圖史及佛經陳亡與後主俱入長安及後主薨后感其家國亡滅自爲哀誄詞甚悲切案後主年三十即位立七年年三十七以陳禎明三年當隋開皇九年正月二十日國亡入隋封爲長城侯後十五年年五十二薨有子二十二人初陳高祖即

位日其夜奉朝請史普直宿省中夢有人自天而下導從數十人至太極前殿北面執策策金字曰陳氏五帝三十四年又後主在東宮有婦人突入唱曰畢畢國國主主尋而不見又嘗有一足鳥集於殿庭以觜畫地成文曰獨足上高臺茂草化爲灰欲知我家處朱門向水開解者以爲獨足蓋指後主獨行無衆盛草言荒穢也隋承火運草得火故爲灰矣及後主[illegible]家屬館於都水臺所謂上高臺當水開者其言皆驗初宣帝器宇弘廓有人君之量文帝知冢嗣仁弱早存太伯之心未及而崩既承萎菜之後志纂鴻運拓土開疆晚致呂梁之敗江左日蹙後主

因削弱之餘減亡之運加以荒淫沉敗酒色過度梁末童謠曰可憐巴馬子一日行千里不見馬上郎但見黄塵起黄塵汚人衣皂莢相料理及王僧辯滅群臣以謠言奏高祖曰王僧辯本乘巴馬以擊侯景馬上郎王字也塵爲陳也世不解皂莢之義及陳滅於隋隋氏姓楊楊羊也說者以江東人謂羖羊角爲皂莢言終滅於隋夫興廢之兆其由來定矣

陳朝功臣

江摠字摠持濟陽考城人晉散騎常侍統十代孫宋光禄大夫洪五代孫祖蒨父經皆列職中外摠性至孝少孤養於外家蕭氏好學年十八起家梁武陵王

曹參軍累遷太子洗馬侯景亂隨舅蕭勃在廣州
侯景平後梁元帝徵爲明威將軍入陳累位司徒左
長史太常卿尚書令中權將軍入隋爲上開府開皇
十四年卒於江都

蕭摩訶字元胤南蘭陵人祖靚父諒卒於始興摩訶
少孤姑夫蔡路養收養之少果毅有勇力高祖破路
養摩訶出戰敗歸侯安都常從征伐先登陷陣累至
巴山太守大建五年隨吳明徹北伐濟江攻秦郡齊
軍大至衆十餘萬其前隊有蒼頭犀角大力之號皆
身長八尺膂力絕倫又有西域胡人妙閑弓矢弦不
虛發衆氣甚銳衆軍尤憚之明徹自起酌酒飲摩訶

曰關羽斬顔良正今日矣摩訶飲訖馳馬挺身入齊軍遥擲銑鋧擊中胡人又斬十餘大力者而還齊兵莫不驚慴後從戰呂梁突衆手奪齊軍大旗屢以戰功進驃騎大將軍侍中光禄大夫舊制三公黄閤聽置鶚尾後特詔摩訶開黄閤門施行馬聽事寢堂並置鶚尾仍納其女爲皇太子妃及隋軍來韓擒虎賀若弼進至鍾山龍尾後主謂摩訶曰公可爲我一决摩訶曰從來行陣爲國爲身今日之事兼爲妻子摩訶引兵於賊軍南偏鎮東大將軍任忠次之護軍樊毅尚書孔範又次之衆軍南北亘二十里首尾各不相知遂戰魯廣達率所部俱進陣未合士卒潰散摩

訶無所用力爲隋軍所執及京師陷後主爲隋人守衛於内省摩訶請彌曰今爲囚虜命在須臾願一見舊主死無所恨彌許之摩訶入見後主俯伏號泣仍於舊廚取食進之辭訣而去守衛者皆不能仰視入隋爲開府後同漢王諒反於并州伏誅

樊毅字智烈南陽人祖方興梁同州刺史父文熾梁益州刺史叔父文皎侯景亂戰死於青溪毅陳平入關頃之卒

魯廣達字遍覽吳州刺史悉達之弟廣達少聰悟慷慨愛賓客累至壯武將軍晉州刺史及王僧辯之下平侯景廣達出境候接資奉軍儲僧辯謂沈炯曰[illegible]

晉州亦是王師東道主人進位散騎常侍陳有天下累以功勞至安南將軍侍中轉安北將軍入隋悲憤本朝淪没發疾而卒

任忠字奉誠小名蠻奴汝陰人少孤微不為鄉里所齒多計略膂力兼人善騎射侯景之亂率鄉里少年隨晉熙太守梅伯龍討景累遷蕩寇將軍陳有天下進號征南將軍給鼓吹一部尋加侍中信安郡王出為吳興内史及隋軍到白土崗忠馳入啓白當具舟檝以就上流且以死奉衛後主信之令宫人裝束以待久望不至既而忠已率數十騎往石子崗降於韓擒虎後入隋爲開府儀同三司卒隋文帝嘗因宴集

謂群臣曰我常恨初平陳之日不先斬任蠻奴以懲不忠

蔡徵字希祥侍中中撫軍景歷之子徵幼聰敏累遷吏部尚書爲人清簡無事京城陷入隋爲民部尚書給事中有口辨多所詳究至於仕流官宦皇宗戚屬及朝儀制度憲章軌則户口風俗山川土地問無不對子翼位至司徒

姚察字伯審吳郡武康人六歲誦書萬餘言十二能屬文起家梁朝司文侍郎梁室傾亂崎嶇桒野寶以供給養入於已分減推諸弟妹乃至故舊亦皆相分自甘藜藿雖亂離之中篤學不廢陳有天下遷位

尚書祠部郎中轉祕書監領著作入隋爲祕書郎朝
勑成梁陳二代史隋文帝嘗召察謂朝臣曰我平陳
唯得察一人而已大業二年卒於東都
王元規字正範太原晉陽人祖寶文偉早卒元規八
歲而孤隨母舅氏往臨海郡年十二郡豪劉瑱有財
巨萬欲以女妻之母將許焉元規泣諫曰姻不失其
妻古人所重豈得苟安異壤輙婚非類母感其言而
止梁時山陰縣有暴水流漂居人元規唯有一小船
倉卒引其母妹并姑姪等並入船留其男女三人閣
於樹杪及水退俱獲全濟世人稱其志行少好學起
家爲梁相國左常侍陳有天下累遷散騎常侍南平

王府參軍自梁諸儒傳[illegible]左氏學者皆以賈
虔之義難駮杜預凡一百八十條元規引證通析無
復疑滯御名明三年入隋爲秦王府東閣祭酒年七十
卒於廣陵所著春秋發題辭及義記十卷續經典大
義十四卷孝經義兩卷左傳音三卷禮記音兩卷

建康實録卷第二十

江寧府嘉祐三年十一月日開造建康實録並案三國志
東西晉書并南北史校勘至嘉祐四年五月畢工凡
二十卷總二十五萬七千五百七十七字計一十…

將仕郎守江寧府溧水縣主簿張 庖民 校正

登仕郎守江寧府句容縣主簿錢 公瑾 校正

將仕郎守江寧府右司理叅軍曾 伉 校正

朝奉郎試秘書省校書郎權簽府節推官能 本 校正

宣德郎守大理寺丞致仕充江寧府府學教授趙 真卿 校正

朝奉郎尚書比部員外郎通判軍府騎都尉賜緋魚袋彭 仲荀

龍圖閣直學士朝散大夫右諫議大夫知軍府事兼管內勸農使南昌郡開國侯賜紫金魚袋梅 摯

紹興十八年十一月　日荊湖北路安撫使司重別雕印

監轄下班祗應荊湖北路安撫使司聽候差使韓

點檢下班祗應荊湖北路安撫使司主管文字高

校勘官左從政郎新荊門軍錄事參軍兼安撫使司準備差遣王

校勘官右宣教郎荊湖北路安撫使司幹辦公事張

校勘官右通直郎荊湖北路安撫使司主管機宜文字方

右朝奉大夫添差荊湖北路安撫使司參議官趙

右朝請大夫荊湖北路安撫使司[illegible]周

左朝請郎權[illegible]荊湖北路[illegible]兼[illegible]安撫馬[illegible]劉

龍圖閣學士[illegible]荊湖北路安撫[illegible]王

宋本建康實録

(唐)許嵩 撰

第四册

國家圖書館出版社

第四册目録

魏虜

建康實録卷第十三　　宋下　上

中宗世祖孝武皇帝　　少帝子業

世祖孝武皇帝諱駿字龍休幼名道民文帝第三子六歳以元嘉十二年封武陵郡王自江左已來襄陽未有皇子鎮太祖欲經略關河故以武陵王爲雍秦荆江四州六郡諸軍事撫軍將軍雍州刺史三十年以西中郎將移鎮西陽聞元兇今上御名逆遂舉兵召沈慶之及僚佐等議初慶之統武陵軍事世祖在鎮元兇嘗密與慶之書令致世祖慶之入帝疑之稱疾不敢見慶之突入前以元兇書呈帝帝悲泣求入内與母别慶之曰下官受先帝厚命今日唯力是視殿下何

疑帝前拜曰國家安危在將軍也即日令勒兵屯分
内外軍事一委慶之以主簿顏峻爲諮議掌總文書
議定慶之即戒勒兵峻乃進曰今步兵少力薄宜待
衆軍集慶之怒曰方興大事而黄口小兒參預此禍
至矣宜斬以徇峻懼再拜以謝慶之慶之曰君但知
筆札事庚寅使顏峻馳檄四方言劭兇異殺害君父
毒流王公卿士三月乙未建牙于軍門是日衆軍發
自西陽以寧朔將軍柳元景爲都督前鋒丁酉軍次
尋陽四方征鎮不謀同舉所在雲集是時會稽太守
隨王誕以衆兵次于西陵劉秀之充前軍來會四月
己未武陵軍次于溧洲築壘歸者相屬時帝中風暴

疾殆將數旬顏峻懼聞於衆擁王於滕上親視起居内外軍政室内經略間以文教書檄應接遐邇自舟中甲士亦不知帝之危疾也壬戌柳元景衆軍大破元兇等於新亭退至于澗劭軍人馬投澗死者不可勝數澗水為之不流至今猶呼為死馬澗劭走馬還臺城江夏王義恭自東堂與數十人出奔濟於冶渚菓馬詣新亭於馬上上疏勸進戊辰帝遷營于新亭已百寮奉璽紱帝泣下固辭江夏王再拜三辭因設壇即帝位于營所改新亭為中興亭下詔大赦天下進文武爵位二等賞士卒各有差孤獨不能自存者皆賜穀帛以江夏王義恭領太尉録尚書六條事給

鼓吹班劒黄鉞進顔峻爲侍中五月丙子擒元兇於太倉并庚辰臧質以甲仗百人入守朝堂辛巳車駕幸龍舟還于東府群臣請罪詔曰巨逆作亂人倫道盡王公卿士受制凶威事難勢屈無所追謝甲申尊所生路淑媛爲皇太后詔褒故太子左衛率袁淑和加殊禮贈侍中太尉謚曰忠憲公追死王事贈徐湛之散騎常侍司空謚曰忠烈公江湛散騎常侍左光禄大夫謚曰忠簡公王僧綽謚曰忠愍侯以柳元景爲前鋒軍甲午初謁長寧陵追贈卜之與龍驤將軍六月丙午謁太廟還登太極殿哭盡哀百官陪位莫不下淚初置殿門及上閤門屯兵丁亥詔諸可遣[illegible]

民去煩從簡悉宜施行辛未大紀勳行賞封南譙王
義宣爲南郡王隨王誕爲竟陵王各五千户封臧質
始興郡公沈慶之南昌郡公柳元景曲江公各三千
户宗慤洮陽侯劉延孫東昌侯顔峻建武侯各二千
户徐遺寶益陽侯五百户庚子復置南兖州丙子使
使兼散騎常侍巡行天下蠲尋陽租布三年己亥立
皇后王氏丙申置衛尉官詔使建平王宏迎皇太后
于尋陽庚子上謚太行皇帝廟號太祖秋七月辛丑
朔日有蝕之辛酉下詔任百姓摘貴戚不得競利壬
戌皇太后至自尋陽八月乙亥以王僧達拜護軍將
軍僧達時自負才地不稱所望遂上表陳讓曰臣有

志於學無獨見之敏有道在身無偏監之識固不足以達言治世備辨時宜竊謂當今之務唯在先卹庶心從民之欲如使臣享厚禄居重榮衣狐望熊而無事於世者固不能安也護軍之任不敢處書奏帝帝知其不愜志甲午以僧達爲征虜將軍吳郡太守封營道侯九月壬寅侍中謝莊上疏宜大臣各舉所知以付尚書依分銓用若任得其才舉主延賞有不稱職宜及其坐凡所莅民之職宜遵六年之限初太祖代限年三十而仕郡縣六周及選代刺史或十餘年至是時皆易之仕者不拘長少莅民以三周爲滿故莊復表論衣冬十月癸未聽訟于閱武堂鄉鄉獻白

麗高麗使貢方物十二月罷都水使者置水衡令官
孝建元年春正月乙亥朔拜南郊大赦改元壬寅立
皇子子業爲皇太子賜天下爲父後者爵一級孝悌
力田有差詔長吏勸盡地宜務農食舉孝秀凡棄產
業而竊榮位者皆禁錮還田里尚書百官之本曹爲
事無巨細悉令歸諸令僕詔中書錄事參軍周朗獻
讜言曰男子十三至十七皆令學經十七至二十盡
使修武女子十五不嫁宜坐家人地堪滋養悉種麻
稻巷陌悉樹桑柘列庭皆植竹栗宮掖金翠工人奇
伎淫器皆請焚之錦繡羅縠小民皆不得服帝王子
帝弟何必長史參軍但宜置賓師傅官以輔之是月

新作正光殿詔鑄四銖錢時車騎將軍江州刺史始興公臧質擅疆兵據衝要輒散釣磯倉米心懷不安乃要豫州刺史魯爽兖州刺史徐遺寶司州刺史魯秀等說南郡王義宣曰夫有震主之威能全衆者萬物係心於公聲跡已著見機不作將爲他所先今命徐魯驅西北精兵來屯江上質帥九江樓艦盤據中流爲公前驅天下已半公以八州大衆鳳翔雲動龍舟徐邁虎視川陸雖韓白更生亦不能爲建業之計少主失德天下聞之沈柳小將不足爲意夫不再至者年藍也不可失者徐魯也質常恐先朝露填溝壑不得養其贅力爲公掃除雖悔黃泉復何及也義宣

許之使使報魯爽徐賓於壽陽爽等殺長史韋慶穆登壇自進號征北大將軍戴黄標遣法物命書二札一曰丞相劉令補爲天子名義宣二曰車騎將軍臧令補爲丞相名質使戶曹宋興報歸江陵使使京師誓其親屬二月己巳朔有流星大如月西行辛未丞相荊襄二州刺史南郡王義宣舉兵反自號建平元年乙亥曲赦司豫二州加柳元景撫軍以王玄謨爲豫州刺史輔國將軍師次梁山三月癸亥內外戒嚴假江東王義恭黄鉞都督衆軍辛丑柳元景爲雍州刺史出次櫟石以沈慶之爲鎮軍將軍率安都西討魯爽夏四月丙戌左將軍薛安都等大破魯爽於小

峴斬首傳京師豫州平丙子慶之等還師以益元景
次于南州五月甲辰義宣至蕪湖而藏質逼梁山使
謂義宣曰今日萬人次南州則梁山中絶萬人守梁山
王玄謨必不敢出下官中流鼓棹直趨石頭此上策
也義宣不用質計盡銳攻梁山陷其西壘王玄謨使
崔勳之來救皆沒王師大懼元景聞之欲卷甲赴之
柏護之諫不如分兵爲援將軍自鎮南州元景乃留
老弱自守悉其精卒多張旗幟向梁山甲寅王玄謨
帥衆軍與藏質大戰于梁山質敗走義宣自蕪湖赴
焉玄謨縱兵苦戰薛安都繼出乘之賊等大敗船舫
鱗沓柏護之命火焚之時東風急火猛延燒西屯兵

義宣單舸南走閉航而泣是日栢護之朱脩之等帥
師南定遺寇乙未解嚴六月臧質走歸尋陽焚府舍
盡家西向武昌無所據投於南湖摘蓮實爲食戊辰
追兵至南湖質急投水中折荷蒙首軍士遥射之貫
腸腹出繞藴藻就斬之傳首京師子孫皆棄市而漆
首藏於府庫甲戌大論功討賞進柳元景沈慶之並
大將軍儀同三司進王玄謨前將軍封曲江侯朱脩
之荊州刺史西昌侯庚寅脩之至江陵殺義宣并其
十子餘黨竺超民傅壽之等詔絕義宣屬籍廢爲庶
人癸未分揚州浙江東五郡爲東揚州治會稽而揚
州仍領十五郡又分荊襄江等三州八郡爲郢州治

江夏罷南寧校尉遷之[illegible][illegible]于京都戊子詔罷錄尚書
秋七月丙申朔日有蝕之是月會稽大水平地八尺
冬十月熒惑犯進賢星戊寅褒孔子同諸侯之制寢
廟合祭祀丁丑置安陸郡屬郢州初令王侯內史相
及封內官長不臣於封君罷官不追諸王在鎮常行
不過六隊車輿不得油幢聽事不得南向施帳幡國
臣不得跣登國殿傳命不得朱服郭扇不得雉尾十
一月癸未詔褒侍中張敷孝道淳深改其所居曰孝
張里復置郡都水使者官是月始課南徐州租甲申
甘露降長寧十二月徵朱年爲太子舍人年會稽人
也以孝行聞初母以冬亡殯衣無絮年終身不衣綿

隱居會稽山南以樵採爲事每束柴置路閒隨取者任留價而去

二年春二月婺皇國遣使貢獻丙寅始興公沈慶之請老歸帝聽以公就第月給錢十萬米百碩使何尚之豫往累陳上意慶之笑曰沈公不學何可往而復來尚之有慙色夏四月司馬石亡命反於淮南推立夏方進爲主改姓李名弘以惑衆豫州刺史王玄謨討平斬之懷汝閒壬午以王玄謨爲青州刺史以交州刺史檀和之爲豫州刺史初和之在交州有威名盜賊屛跡獨出獵虎伏不覺起故常畏以鎮懷汝秋七月鎮西將軍郢州刺史[illegible][illegible][illegible][illegible]卒贈開府儀同三司

謚穆侯八月庚申征虜將軍雍州刺史武昌王渾在襄陽與左右戲造讖書自署為楚王號元光年置百官長史王翼之得其檄封奏宣使中書舍人戴明寶往責之有司奏廢為庶人自殺時年十七九月己巳朔齊郡廣饒縣上言嘉禾生異畝同穗丁亥閱武于宣武場詔孝建元年已前罪不放悉聽還本犯釁家子弟隨才置吏十月壬午徵江夏王義恭為揚州刺史以建平王宏為中書令十一月戊子王僧達上表自解帝以辭不遜付門下免官

三年春正月辛丑祀南郊以驃騎將軍建昌公劉彥之衛軍將軍新建文宣侯王華豫寧文侯王曇首配

食大饗壬子皇太子納妃何氏二月辛未策孝秀于
東堂是月丁丑初制朔望臨西堂接群臣受奏事是
月豫州刺史檀和之卒贈安北將軍謚壯侯閏三月
己丑白兎見平原獲以獻癸酉鄱陽王休業薨文帝
第十五子董美人生夏四月初禁民車及酒器用銅
戊戌太白犯輿鬼秋八月甲午太白入心五月辛酉
初令荆雍豫兗徐青冀等六州養馬復其賦役六月
[illegible]聽訟于華林園秋八月太常顔延之卒贈特進
謚獻子九月壬子[illegible][illegible]安右將軍丹陽尹峻固辭表
十奏帝乃許使[illegible][illegible][illegible][illegible][illegible]明堂[illegible][illegible][illegible][illegible]載之郡
舍賜以布衣一襲[illegible][illegible][illegible]月辛亥朔改元爲大明元

年大赦賜高年[illegible]各有差辛未使使巡行賑
貸三月壬戌初令[illegible]班飢者不得入宮城門時
梁獠請内屬以宮[illegible]四月京師疾疫丙申使使
給醫藥死無以殮者[illegible]爲埋殯五月壬子紫氣出景
陽樓狀如煙廻薄久之詔改景陽爲慶雲樓戊午嘉
禾一株五莖生清暑殿鴟物中六月丁亥以顔峻爲
東揚州刺史劉秀之爲丹陽尹案宋略秀之從子瀸性剛猛有才氣素輕易之時仕吴興太守
聞秀之爲尹書與故人曰吾家黑面阿秀乃居劉安泉處朝廷不爲多士庚子白兎見卽墅獲以獻秋
七月京師獲三脊茅江夏王義恭率百官請奏封禪
事奏曰陛下睿孝締基靈武繼業道溢興邦功先復
禹日者河鏡海湛景曜階平祥浹郊林氣凝宫沼伏

願俯藉民心仰協乾意盛風后詔百辟下齊郊掩羸
里壇寘集神光山稱萬歲臣生屬吉辰方待大禮常猶
謙讓辛未以并雍二州三郡十六縣開一郡郡四縣
刺史王玄謨請斷流民當時不願屬籍罷之或謗玄
謨反玄謨馳使白啟帝帝報曰梁山風塵初不分意
君臣之際過足相了聊復作白頭玄謨為人性嚴
少笑眉頭嘗不伸故帝以此戲之八月甲申青州上
言嘉禾生[illegible]戊戌[illegible]郡屬兗州冬十
月丙申詔有[illegible]其[illegible]誘未聞朝
聽者皆[illegible]之[illegible]
二年春正月丙[illegible]九[illegible]祿奉三月丁

未建平王宏薨[illegible]二十人謚曰宣簡乙
未停太官膳[illegible]夏四月辛丑地震五月戊
申吏部尚書何偃[illegible]光祿大夫謚[illegible]六月戊寅
增置吏部尚書一人罷五兵尚書從都官尚書謝莊
爲吏部尚書[illegible]選令權重故分曹以減其勢乙卯
有司奏晉陵余齊民少倰孝行改所居爲孝義里秋
七月甲辰彭城民高闍自云見龍出于井中當貴謀
反爲天子事覺伏誅己酉太白入東井八月丙戌帝
以高闍事詔收王僧達下獄賜死九月庚戌置武衛
將軍武騎常侍官
三年春正月夜通天薄雲四方生赤黄氣長三四尺

作見尋皆滅二月乙亥以揚州六郡為王畿并東揚州治會稽將置司隸以元凶嘗置故止甲子復置廷尉監官三月土守牽牛己亥司空竟陵王誕殺兗州刺史桓閬據廣陵城反己巳內外戒嚴以車騎大將軍開府儀同三司沈慶之為南兗州刺史帥師北伐豫州刺史宗慤徐州刺史劉道隆並引軍來會司空參軍何康之棄母踰城出降案宋略康之為竟陵王府參軍聞沈慶之之逼[illegible]曰事必不振子將行乎義曰子不可以背母義不可以背君二者若何康曰吾不為己遂棄母出降誕聞之[illegible]而死辛亥誕燒郭邑驅居民於城內[illegible]長圍誕遣之戰敗乃自登城[illegible]白之年何吾來此慶之曰朝廷以君不足勞少壯故老夫來耳

帝乃封送章及二[illegible][illegible][illegible][illegible]一曰晉(?)陵(?)縣使千戶
募擒劉誕二曰建[illegible][illegible][illegible][illegible][illegible][illegible]充(?)[illegible]詔慶之立
烽於桑里苑外城[illegible][illegible]一烽剋[illegible][illegible][illegible]二烽擒誕舉三
烽甲子帝[illegible]六師出宣城[illegible][illegible][illegible][illegible]城侯顏峻一死於
獄中七月己巳沈慶之[illegible][illegible][illegible][illegible][illegible]誕傳首京師
殺城中男口五千餘人爲[illegible][illegible][illegible]實其六刑者皆先鞭
其面乃斬其首歸淮濱以築京觀貶誕族爲留氏誕
字休文文帝第六子歷郢脩華壽(?)遷驃騎將軍都督南
兗州諸軍事以好士見疑心不自安遂據廣陵反誕
初脩武城自出巡撿功人或大呼曰大兵將至何以
爲王苦百姓執而問曰廣陵人姓夷名孫去大[illegible][illegible]

至何不立六順門誕曰六順門何也答曰古語有之
禍不入六順之門誕殺之將舉兵兵士初夢人告之曰
取宮髮爲稍毦既覺聞如是數十人誕又經自夜坐
有光滿室誕深惡之而不自免辛未大赦天下解嚴
王畿內貧者蠲租布一年八月丙戌分淮南北復置二
豫州九月月在胃而蝕己巳詔[illegible][illegible]獄壬辰初築上
林苑于玄武湖北令縣北十三里見有古池南俗呼
爲飲馬塘其西見有望宮臺冬十月詔來歲可使六
宮嬪妃脩親桑之禮十一月[illegible]慎重譯獻楛矢石砮
西城獻舞馬十二月辛未初置謁者僕射官
四年春正月乙未祀南郊[illegible]大赦天下逋租

宿債一切原除孝悌力田詣寺縣鰥寡孤獨賜穀有差三月庚申皇后親桑于西郊夏四月癸卯以南瑯琊郡隸王畿五月月入太微丙申尚書左僕射褚湛之卒贈特進謚曰敬侯庚寅以南下邳郡併入彭城六月太白犯井秋七月甲戌左光祿大夫開府儀同三司何尚之薨贈司徒謚簡穆公十月流前廬陵內史周朗于寧州道殺之朗字義利汝南人少愛奇以江夏王太尉府參軍累遷廬陵內史因獵火逸燒郡廨屋以私財償之初朗奏讜言忤帝銜之及丁母憂使誣朗失喪禮遷之將行朝無送者唯侍中蔡興宗獨往造別帝怒左遷興宗十二月戊辰改細作署令

爲左右御府令丙戌復置大司農官丁未倭國遣使
貢獻
五年春正月雪戊子花雪降江夏王衣散爲六出有
司奏以爲瑞帝悦之庚寅彭城民孫薛亡軍當斬其
兄棘詣郡請身代弟曰棘爲家長弟之逋逃罪由棘
也且亡母遺命以薛最小爲屬今〻與身代薛〻亦
請曰薛三歲喪父所恃者兄〻雖怜薛〻何忍兄弟
二人爭死未定刑[illegible]曰君當門〻豈可委
罪季叔且兄[illegible]未婚立家道君今
已有二兒[illegible]太守張[illegible]帝詔
原薛罪加[illegible]二月閱武

子玄武湖[illegible]太保華容公
王弘寧文[illegible]夏五月壬[illegible]
瓜生建康蔣陵里丹陽尹王僧朗表獻之癸酉初制
宗室春覲見[illegible]是月新
作明堂于丙巳之地以宗祀皇考太祖文皇帝於明
堂以配上帝六月赤烏見蜀郡益州刺史劉思孝獲
以獻壬子分廣陵置沛郡省東平郡併入廣陵八月戊
子封皇子爲郡王乙丑詔來歲可脩葺庠序旌延國胄
庚辰初令方鎮所假白板郡縣依臺除食祿三分之
一九月甲寅日有蝕之丁卯幸瑯瑯郡訊獄甲戌
南豫州于淮南庚戌河濟清閏月戊子皇太子妃

氏薨丙申初築馳道自閶闔極大航北自承天門抵
玄武湖冬十一月丁酉增置少府丞一人己巳甘露
降新安王第甲戌初令民户輸布四疋是歲始懷士
族雜婚者補將吏於是民多逃亡土役弗增而盜賊
代起侍中沈懷文固諫不聽
六年春正月辛卯祀南郊一大置五官中郎將左右
郎將官是月策秀孝子于中堂揚州秀才顧法秀對
制問曰源清則流潔神勝則形全躬化易於上風體
訓甚於草偃上覽之惡其諒也熒惑太蒐二月犯左
角戊午甘露降於京師乙未復百官禄正月改豫州
之南梁郡為淮南郡以淮南故郡併入宣城于姑孰

丁未侍中廣陵太守沈懷文下獄死丙午
青雀見華林園夏四月[illegible]淑妃殷氏卒贈
貴妃謚曰寧班亞皇后丙戌初置凌室于覆舟山修
藏冰之禮六月辛酉劉延孫卒贈司徒給班劍三十
人謚文穆公秋七月甲申地震有聲如雷八月辛未
青冀二州刺史劉道隆表嘉禾生樂陵縣界乙亥置
青臺令初武帝自永初迄于元嘉多爲經史之學自
大明之代好作詞賦故置此官考其清濁冬十月壬
申葬宣淑妃殷氏于龍山十一月己卯會稽太守張
暢卒謚宣子初暢愛其弟子輯臨死欲與合葬論者
謂張少微於是乎黷至愛莫若父子同穴可乎

七年春正月癸未詔於玄武湖大閱水軍并巡江右
講武校獵時常多狎遊置酒高會酣適之間多詬辱
朝士嘗嘲王彧以其父諱吏部郎江智淵正色曰陛
下進人以禮無宜此戲帝怒曰卿江僧安兒居然相
惜智淵伏涕自是詬之無度智淵不堪其恥退而自
殺癸巳以王畿之內郡爲南徐州二月甲寅車駕西
巡濟江立行宮于歷陽蠑石浦丙辰詔使使祭南嶽
霍山大蒐于烏江縣榜口登木栗[illegible][illegible]山庚申分秦
郡歷陽置臨江郡即所在[illegible]士女饗于行宮大赦天
下行李所經免今年租布賜民男子爵一級女子一百
戶牛酒巡問疾苦如有一介之善隨才銓用癸亥辛

尉氏縣觀温泉二月汝南獻白烏夏四月詔非臨軍陣不得專殺人是月大風折孝寧陵華表秋七月乙酉高麗王高璉為車騎大將軍開府儀同三司八月南徐州獻白龜時大旱自四月不雨至于是月詔太官徹膳大赦天下自大明七年巳前一切放免親幸秣陵訊獄囚冬十月壬寅太子子業冠于太極前殿賜王公巳下帛有差丁未車駕南巡百姓有寃厄屈滯皆聽自面陳許自江寧縣南登山及陵望臺甲子館行宮于南豫州城丙寅聽政于行所十一月丙子小會行所登白紵山使使祭晉大司馬桓温毛璩等墓置守塚三十戶訊溧陽獄囚於行所戊子幸梁

山詔爲山下征元兇軍士戰死者舉哀加賞賜三世
後除癸巳登梁山大閱水軍於中江二白雀集于華
蓋十二月立雙闕于梁山
八年春正月宗祀于明堂[illegible]將軍雍州刺史劉秀
之卒贈侍中謚忠誠公二月辛丑領軍朱脩之卒贈
侍中特進如故謚貞侯特大旱七年不雨迄乎是歲
三吳尤甚[illegible]本有資無糴所富人賣珠玉錦繡相交枕
死於道路建康秣陵兩[illegible]爲[illegible][illegible]之前年會稽兩
績於[illegible]一澤續初[illegible][illegible][illegible][illegible]以是[illegible]是飢人將拾死
不能[illegible]横屍原野女亂[illegible][illegible]巳[illegible]詔公卿致祭山嶽
祈雨[illegible]務穀樓村以東諸郡縣四月雨雹荊州獻白

雞詔揚州立左學召生徒置儒林祭酒各一人壬子以吳郡太守顧愷之為吏部尚書加給事中乙卯帝寢疾顧命江夏王義恭為中書監柳元景為尚書令事無巨細悉關二公其典師旅委沈慶之尚書事委顏師伯外監事委王玄謨五月庚申帝崩于玉燭殿秋七月丙午葬景寧陵在今上元縣南四十里巖山之陽帝年二十五即位立十一年年三十五謚曰孝武皇帝廟號世祖

少帝

少帝諱子業字法師孝武長子也元嘉二十六年月甲申生三十年元兇今上御名逆世祖討之被囚于侍中

下省江夏王義恭保護之世祖即位爲太子大明二
年始出居東宮八年夏五月庚申世祖崩是日即皇
帝位大赦天下文武進位有差六月有流星大如斛
赤色有光照見人面尾長一丈從參北出東行直下
經東井通南河沒戊寅復分宣城爲淮南郡復淮南
爲梁山郡七月癸酉尊皇太后爲太皇太后皇后曰皇
太后居永訓宫乙卯罷南北二馳道丙辰追崇獻妃何
氏爲獻皇后己丑皇太后崩于含章殿九月乙卯祔
葬文穆皇后于景寧陵冬十一月太白守房十二月乙
酉復王畿爲揚州浙江已東爲東揚州
永光元年春正月乙未朔大赦改元二月己巳初減

郡縣祿秩之半戊午詔賜沈慶之執仗三望車給親信三十人甲申月入南斗庚寅初鑄二銖錢夏六月庚午熒惑入東井光祿大夫宗慤卒贈征西將軍謚肅侯秋七月己酉有星入紫微經北極八月辛酉誅越騎校尉戴法興壬戌帝始親政事狂暴益甚内外危懼柳元景顏師伯等欲廢帝而立江夏王以告沈慶之慶之與王素不叶遂發其事於帝癸酉帝自率宿衛兵殺太宰江夏王義恭於第及諸子義恭高祖第四子姿質端麗高祖特愛之帝即位封為江夏王出為荊湘等八州刺史性褊急朝廷為書誡之曰拘忌褊心魏武之類豁達大度漢祖之德元嘉十六年進

位司空録尚書二十一年入爲太尉元兇今上御名遂進位太保世祖討元兇至新亭元兇殺其子十二人世祖即位拜太傅兼尚書令性嗜不恒奢侈無度曾市百姓物無錢可還有通辭求錢者輒題後作原字及帝無道㭬元景等欲立王帝知自率兵殺之時年五十三使使杖出義恭睛漬於蜜中謂之鬼目召㭬元景以兵殺於都街又殺顏師伯於路案宋略初世祖性急朝臣不敢妄相從既崩之後江夏王與顏㭬私相賀曰無横禍矣及山陵後王公大臣舉酒馳逐不捨晝夜及少主兇悖內外憂懼人不自安不能輔之德義而欲謀之廢立語有之曰君不君臣不臣世祖之朝見之矣

景和元年文武各進位二等乙亥詔天下秀孝臨軒權用帝繹素服御錦衣庚辰罷東揚州以石頭城爲

長樂宮東府城爲未央宮甲戌以北邸爲建章宮南第爲長陽宮乙未復南北馳道九月丁卯幸湖熟縣始奏鼓吹甲辰廢撫軍將軍南徐州刺史新安王子鸞爲庶人發宣貴妃殷氏墓追憾世祖將掘景寧陵太史奏於帝不利乃止（案宋書新安王子鸞爲殷淑妃所生世祖盛寵貴妃素疾帝帝欲廢之故帝追恨矣）是日詔收吏部尚書謝莊初貴妃薨世祖詔莊爲誄曰贊軌堯門方漢鉤弋帝在東宮怨之及此下獄謂曰卿當彼時知有東宮否戊申徐州刺史義陽王昶聞江夏王之誅恐舉兵將襲帝帝聞喜曰自我即位未曾以令人悒悒己酉内外戒嚴御兵北伐以沈慶之爲前驅昶聞王師來内無親附遂棄家而載愛妾出

彭城北門奔後魏戊午詔親往彭城將耀威宋野是日於白下濟江幸瓜步城初聽民私鑄錢沈慶之請也十月丙寅帝旋于京師庚辰爵宫人謝氏爲貴妃夫人加虎賁鉞戟鑾輅龍旗出警入蹕實帝姑新蔡公主也出嫁何邁帝召還宫僞稱主薨官婢殯之歸於何[illegible]邁見公主納心不安恐禍及乃結惡少伺帝出入將執廢之謀泄十一月帝自率兵誅之案宋書于時帝室子女淫蕩率多剛躁尚高祖女廣陵長公主下獄死藻父偃初亦尚世祖少女永嘉公主公主[illegible]偃縛之庭樹時天寒夜雪噤凍久之偃兄排閤詬主得免于時貴門子弟咸[illegible]以主爲憂何邁素豪俠好鬬士出入從者滿路及主被納故懼而見害癸巳始興公沈慶之薨贈侍中太保給鑾輅轀輬車前後部羽葆鼓吹謚忠信公甲戌進帝姊山陰公主主性淫泆無禮甚嘗謂帝曰

妾與陛下男女雖殊俱託體先帝陛下六宮萬數妾唯一駙馬事不均平乃何如此帝爲主置面首左右三十人朝士袁愍孫吏部褚淵等美於皃公主嘗請帝求十夕淵等奉詔往而終不渝帝促愍孫迫之使走愍孫雖步如常顧而言曰風雨如晦鷄鳴不已公主出就淵淵竦立主曰觀君鬚髯乃丈夫何無男子之氣淵曰不敢以爲亂階時少主凶悖多殺害喜怒不恒于時通官大臣日被今上御名成朝廷危懼内外騷然東海建安湘東山陽等四王皆帝叔也嘗被拘録號建安曰鍛王山陽曰賊王湘東尤肥曰猪王鑠而籠之湘東嘗失旨帝勅左右屠猪建安王紹護之曰猪未

可殺帝曰何對曰應待太子生取其肝肺帝喜勑付
廷尉壬寅立皇后路氏（案宋書路道慶女也）始用金石之樂十一月
丁未太白犯哭星皇太子生是月大赦天下（案宋略太子少傅劉蒙之
子也聞蒙之妻在坐召入宫既生子男將立爲太子）太史始奏湘東有天子氣帝將南
巡以猒之刻取明旦誅四叔乃行諸王見幽日久計
無所出乃與阮佃夫李道兒等陰謀執帝時直閤將
軍柳先世與姜產亦有此謀未知所立及聞佃夫所
說遂告中書舍人戴明寶明寶鄉食應誣言華林後堂
有鬼十一月戊午夕帝同建安王山陽王山陰公主
向華林後堂自射鬼直閤將軍宗越童太一譚金乃
帝腹心也並宿于外主衣壽寂之姜產乃懷刀𨓜入

弑帝帝驚引弓射叔不中寂乃刃帝而死時年十七即位一年見殺既而殿省倉卒未知所爲建安王休仁就秘書省延湘東王湘東王蹝至西堂升御座召朝臣稱太皇太后令數少帝子業忍酷害大臣不堪君臨萬國以衛軍湘東王體自太祖可繼宗廟社稷庚辰葬少帝于南郊壇誅同産豫章王子尚出山陰公主初王太后疾篤遣呼帝帝曰病人間多鬼那可往太后聞之語侍者曰將刀來破我腹腸那得生如此兒既居尊位凶狂非分每召諸王妃主列於前以配左右南平穆王敬猷江氏不受命帝怒殺其三子而鞭妃一百

建康實録卷第十三

太宗明皇帝　廢帝諱昱

順帝諱准

太宗明皇帝諱彧字休炳小字榮期文帝第十一子也元嘉十六年十月戊辰生二十五年封淮南王二十九年改封湘東王孝武踐祚累遷鎮軍將軍景和中位雍州刺史即本號開府儀同三司是歲入朝時廢帝誅戮大臣疑畏諸父並收之一付廷尉將加禍害者數十既而上意定明旦應戮禍上先已與腹心阮佃夫王道隆等密謀廢帝左右常慮禍人人有異志唯直閤將軍宗越譚金童太一等數人爲其腹心並有幹

力在廄省莫敢動是夜撫等並外宿佃夫道兒因結
壽寂之等殞廢帝於後堂時十一月二十九日也事
定尚未知所爲建安王休仁便稱臣奉引上西堂登
御座召見諸大臣于時事出倉卒上失履跣至西堂
猶着烏帽座定休仁呼主衣以紗帽代引備羽儀雖
未即位凡衆事悉稱令書己未司徒豫章王子尚山
陰公主並賜死宗越譚金童太一謀反伏誅十二月
庚申以司空東海王禕爲中書監太尉進鎮軍將
軍江州刺史晉安王子勛車騎將軍開府儀同三司
癸亥以新除驃騎將軍建安王休仁爲司徒尚書令
揚州刺史乙丑改封安隆王子綏爲江夏王

泰始元年冬十二月丙寅皇帝即位于太極前殿大
赦改元賜人爵二級辛未改封臨賀王子産爲南平
王晉熙王子輿爲廬陵王壬申以尚書右僕射王景
文爲尚書左僕射癸酉詔分遣大使廣求人瘼乙亥
追尊所生母沈婕妤曰宣皇太后戊寅改太皇太后
爲崇憲太后立皇后王氏壬戌罷二銖錢江州刺史
晉安王子勛舉兵反鎮軍長史鄧琬爲其謀主雍州
刺史袁顗赴之壬申謁太廟甲申郢州刺史安陸王
子綏會稽太守尋陽王子房臨海王子頊並舉兵同逆
二年春正月乙未晉安王子勛僭即僞位于尋陽年
號義嘉壬辰徐州刺史薛安都反甲午内外戒嚴司

徙建安王休仁都督征討諸軍事統衆軍南討丙戌徐州刺史申令孫司州刺史龎孟虯豫州刺史殷琰青州刺史沈文秀冀州刺史崔道固湘州刺史行軍何慧文廣州刺史袁曇遠益州刺史蕭惠開梁州刺史柳元怙並同逆丙午車駕親御六軍於中興堂辛亥南豫州刺史山陽王休祐改爲豫州刺史統諸軍西討吴郡太守顧琛吴興太守王曇生義興太守劉延熙晉陵太守袁標山陽太守程天祚等並舉兵反鎮軍將軍巴陵王休若統衆軍東討壬子崇憲皇太后崩二月乙丑曲赦吴興晉陵義興山陽郡以吏部尚書蔡興宗爲右僕射以吴興太守蕭道成東討平晉陵

癸未曲赦江南五郡丁亥建武將軍吴嘉公率諸軍
破賊於吴興會稽平定三郡同逆皆伏誅輔國將軍
蕭道成前鋒東討輔國將軍劉勔前鋒西討賊劉胡
衆四萬據赭圻三月庚寅撫軍將軍殷孝祖攻赭圻
死之以輔國沈攸之代爲南討前鋒賊稍盛袁顗頓
鵲尾連營至蕪湖衆十餘萬丙申南徐州刺史桂陽
王休範總統北討諸軍事戊戌駁尋陽王子房爵爲
松滋縣侯癸卯令人入米七百碩除郡減此者差壬
子斷雜錢專用古文錢癸丑原赦揚徐二州囚繫凡
逋亡一無所問夏五月丁酉曲赦豫州甲寅葬崇德
皇太后於脩寧陵秋七月丁酉以仇池太守楊僧嗣

爲秦州刺史封武邵王八月己酉司徒建安王休仁帥衆軍大破賊斬僞尚書僕射袁顗進討江郢荊襄雍五州平之晉安王子勛安陵王子綏臨海王子頊邵陵王子元並賜死同黨皆伏誅諸將帥封賞各有差九月乙酉曲赦江郢荊湘雍五州守宰不得離職癸巳六軍解嚴大赦賜文武爵一級戊戌以車騎將軍江州刺史王玄爲左光祿大夫開府儀同三司鎮軍將軍冬十月乙卯永嘉王子仁始安王子真淮南王子孟南平王子產廬陵王子輿松滋王子房並賜死丁卯以郢州刺史沈攸之爲中領軍與張永俱北伐戊寅立皇子昱爲皇太子曲赦揚南徐二州十二

月壬辰立建平王景素子延年爲新安王薛安都要
引魏軍張永沈攸之大敗於是遂失淮南北四州及
豫州淮西地是歲即魏天安元年
三年春正月庚子以農役將興詔太官停宰牛癸夘
曲赦揚豫二州庚午都下大雨雪遣使巡行賑貸各
有差二月甲申爲戰亡將士舉哀丙子赦青冀二州
夏四月丙戌詔以故丞相江夏文獻王故太尉巴東
忠烈公柳元景故司空始興襄公沈慶之故征西將
軍陽肅侯宗慤陪祭孝武廟庭庚子立桂賜王休範
第三子德嗣爲廬江王立侍中劉韞第三子欽爲南
封王以奉廬江昭王南哀王南豐哀王祀五月丙申

詔宣太后崇陵禁内墳瘞遷徙者給葬直蠲復其家壬戌以太子詹事袁粲爲尚書僕射秋八月壬寅以中領軍沈攸之行南兗州刺史率衆北侵癸卯大赦景午遷吏部尚書褚彦回慰勞緣淮將帥隨宜量賜九月戊午以皇后六宮已下雜衣千領金釵千枚賜北伐將士甲子曲赦徐兖青冀四州冬十月壬午改封新安王延年爲始平王戊子蠕蠕國遣使朝貢辛丑復郡縣公田進鎮西大將軍西秦河二州刺史吐谷渾澤拾寅爲征西大將軍十一月立建安王休仁第二子伯仁爲江夏王高麗百濟等並遣使朝貢是歲魏皇興元年

四年春正月丙辰朔雨草于宫己未祀南郊大赦乙亥零陵王勖薨二月乙巳光禄大夫王玄謨薨三月交州人李長仁據州叛引妖賊攻廣州殺刺史羊希龍驤將軍陳伯紹討平之夏四月己卯復減郡縣田禄之半丙申 改封東海王褘爲廬陵王山陽王休祐爲晉平王辛丑蠕蠕國河南國遣使朝貢五月乙巳曲赦廣州秋七月戊辰詔定黥刖之制有司奏自今凡劫竊執官仗拒戰邏司攻剽亭寺及傷害吏人并監司將吏自爲劫皆不限人數悉依舊制斬刑若遇赦黥額及兩頰劫字斷去兩脚筋徙付交梁寧州戍五人已下止相逼奪者亦依黥作劫字斷去兩脚筋

徙赴遠州若遇赦原斷徙猶黥面依舊移家口應及坐悉依舊結讁及上崩其例乃寢庚午上備法駕幸東宮小會赦揚南徐兖豫四州冬十月癸酉日有蝕之發諸州兵北伐

五年春正月癸亥親耕藉田大赦賜力田爵一級乙丑魏剋青州執刺史沈文秀三月庚申以太尉廬江王禕爲車騎將軍開府儀同三司南豫州刺史三月己巳河南國遣使朝貢六月辛未立晉平王休祐子宣曜爲南平王癸酉以軍興已來百官斷奉以給生食秋七月壬戌改輔國將軍爲輔師將軍九月甲寅立長沙王纂子延之爲始平王冬十月丁卯朔日有

蝕之十一月丁未魏人來聘十二月庚申分荆益二
州五郡置三巴校尉
六年春正月辛未祀南郊乙亥初制二年一祭南郊
一年一祭明堂二月甲寅大赦夏四月己亥立皇子
嶷爲晉熙王六月癸卯以鎮南將軍江州刺史王景
文爲尚書左僕射揚州刺史以尚書僕射袁粲爲右
僕射己未改臨賀郡爲臨慶郡追東平王休倩爲臨
慶王秋七月丙戌臨慶王智井薨九月戊寅立摠明
觀徵學士充之置東觀祭酒訪舉各一人舉士二十
人分爲儒道文史陰陽五部學言陰陽者遂無其人
冬十月辛卯立皇子贊爲武陵王十一月高麗遣使

朝貢十二月癸巳以邊難未息制父母隔在異域者
悉使婚宦
七年春正月甲戌置散騎奏舉郎二月癸丑征西將
軍荊州刺史巴陵王休若進號征西大將軍及征南
大將軍江州刺史桂陽王休範並開府儀同三司甲
寅南徐州刺史晉平王休祐薨三月辛酉魏人來聘
壬戌蠕蠕國遣使朝貢四月辛丑減天下死罪一等
凡劫繫滯悉遣之五月戊午鴆司徒建安王休仁庚
午以袁粲爲尚書令褚彥回爲右僕射丙戌追免晉
平王休祐爲庶人秋七月丁巳罷散騎奏舉郎乙丑
江州刺史巴陵王休若賜死八月戊子以皇子躋繼

江夏文獻王義恭庚寅帝疾間大赦戊戌立皇子準
爲安誠王冬十一月戊午百濟國遣使朝貢是歲魏
獻文帝禪位于太子爲孝文皇帝改元曰延興
泰豫元年春正月甲寅朔上以疾未瘥改元丁巳巨
人跡見西池冰上會皇太子文貢計於東宮三月癸
丑朔林邑國遣使朝貢夏四月己亥上疾大漸加江
州刺史桂陽王休範位司空以中領軍劉勔爲尚書
右僕射鎮東將軍蔡興宗爲征西將軍開府儀同三
司荊州刺史郢州刺史沈攸之進號安西將軍袁粲
褚彥回劉勔蔡興宗沈攸之入問疾被顧命是日上
崩于景福殿時年三十四五月戊寅葬臨沂縣幕府

山高寧陵帝少而和令風姿端雅少失所生養於路
太后房内大明中諸弟多見猜忌唯上見親常侍太
后醫藥好讀書愛文義在藩時撰江左已來文章志
又續衛瓘所注論語行於世及即大位四方反叛以
寛仁待物諸軍有父子兄弟同逆者並授以禁兵委
任不異莫不盡力及平定天下逆黨多被全宥有才
能者並見拔用如舊目才學之士多蒙引進於華林
園茅堂講周易常自臨聽末年好鬼神多忌諱言語
文書有禍敗凶喪及疑似言應迴避者數百千品犯
者必加罪戮改騧馬字爲馬傍作瓜以騧似禍字故也
又嘗以南苑借張永云給三百年期滿更啓復命問

曰永不以爲少乎其事類如此宣陽門聞人謂之白
門上以白門之名不祥甚諱之尚書左丞江溢嘗誤
犯上變色曰白汝家門溢頓首謝罪久之方釋路太
后停屍漆牀移出東宮上嘗幸宮見之怒甚免中庶
子職局以之坐死者數十人内外常慮所犯人不自
得宫内禁忌尤甚移牀修壁必先祭神使文詞呪策
如大祭饗阮佃夫楊運長王道隆皆擅威權言爲詔
勑郡守令長一歎十除内外渾然宫以賄進王阮之
家富於公室中書舍人胡毋顥者亦專所通奏無不
可時人語曰禾絹閉眼諾胡毋大張橐禾絹謂上也
及泰始泰豫之際更忍虐好殺左右失旨忤意往往

有剢斮斷截者孝建中濟陽蔡君殘刀劒夜夢人曰豫章太守劉愔又遣使就郡斬之經略淮泗軍旅不息荒弊積久府藏空虛內外百官並斷俸祿又令小黃門於殿後埋錢以爲私藏性嗜味以蜜漬鱁鮧一食數外噉猪肉炙嘗至二百臠奢費無度預爲服侈每乃造製必爲正御三十副御次副三十須一物輙造九十枚天下擾然人不堪之其餘事跡别見衆篇

後廢帝

後廢帝諱昱字德融明帝長子也大明七年正月辛丑生於衛尉府明帝諸子在孕皆以周易筮之即以所得卦爲小字故帝小字慧震其餘皇子並如之秦

始二年立爲皇太子三年始制太子改名石山安車
乘象輅六年出東宮又制太子元正朝貢兗冕九章
衣泰豫元年四月己亥明帝崩庚子太子即皇帝位
大赦以尚書袁粲爲護軍將軍褚彥回共輔朝政班
劒依舊入殿六月壬辰詔遣大使分行四方觀採風
謠問其疾苦求政善惡乙巳尊皇后曰皇太后立皇
后江氏秋七月戊辰崇拜帝所生陳貴妃爲皇太妃
八月戊辰新除祕書監左光祿大夫開府儀同三司
蔡興宗薨冬十一月乙亥新除郢州刺史劉彥節爲
尚書左僕射蠕蠕國高麗國並遣使朝貢
元徽元年春正月戊寅大赦壬寅詔自元年以前徙

放者並聽還本土魏人來聘六月乙卯壽陽大水遣
使賑卹秋八月都下旱庚子陳留王曹銑薨九月丁
亥立衡陽王休業子伯玉爲南安王冬十二月癸卯
朔日有蝕之乙巳進司空江州刺史桂陽王休範位
太尉癸卯立前建安王世子伯融爲始安王是歲扶
南遣使朝貢
二年夏五月壬午太尉江州刺史桂陽王休範舉兵
反庚寅內外戒嚴以中領軍劉勔右衛將軍蕭道成
爲前鋒南討出屯新亭征北將軍張永屯白下前南
兗州刺史沈懷明戍石頭衛將軍袁粲中軍將軍褚
彥回入衛殿省壬辰賊奄至攻新亭壘蕭道成拒擊

大破之越騎校尉張敬兒斬休範黨杜黑蠡丁文豪分兵向朱雀航劉勔拒賊賊縊死之尤將將軍王道隆奔走遇害張永潰于白下沈懷明自石頭奔散甲午護軍典籤蕭恬開東府納賊入屯中堂羽林監陳顯達擊大破之丙申張敬兒等又破賊進平東府城梟群賊黨賜封爵各有差丁酉詔鏖戰敗亡者大赦解嚴文武俱進位一等荆州刺史沈攸之南徐州刺史建平王景素郢州刺史晉熙王燮湘州刺史王僧虔雍州刺史張世興並舉義兵赴建業己亥蠕蠕國遣使朝貢六月癸卯晉熙王燮遣軍剋尋陽江州平丙午改輔師將軍還爲輔國將軍秋七月庚辰立皇

弟友爲邵陵王乙酉徐州刺史建平王景素進號征北將軍開府儀同三司九月丁酉以尚書新除衛將軍袁粲爲中書監即本號開府儀同三司加護軍將軍褚彥回爲尚書令冬十一月丙戌帝加元服大赦賜人爵一級爲人後及三老孝悌力田者爵二級大酺五日賜王公已下各有差十二月癸亥立皇弟躋爲江夏王贊爲武陵王

三年春正月辛巳祠南郊及明堂三月己巳都下大水六月魏人來聘秋七月庚戌以魚司徒袁粲爲尚書令九月景辰征西大將軍河南王吐谷渾拾寅進號車騎征西大將軍是歲浮南國高麗國並遣使朝貢

四年春正月己亥耕籍田大赦賜力田爵一級六月
乙亥加領軍蕭道成尚書左僕射秋七月戊子征北
將軍南徐州刺史建平王景素據京城反乙亥內外
纂嚴遣車騎將軍任農夫冠軍將軍黃廻北討護軍
將軍蕭道成揔統衆軍曲赦南徐州始安王伯融都
鄉侯伯猷並賜死乙未剋京城斬景素同逆皆伏誅
是日解嚴丙申大赦封賞各有差八月丁酉立皇弟
翽爲南陽王嵩爲新興王禧爲始興王九月戊子驍
騎將軍高道慶有罪賜死乙丑車騎將軍楊州刺史
安成王準進號驃騎大將軍開府儀同三司冬十月
辛酉以吏部尚書王僧虔爲尚書左僕射是歲魏承

明元年太上獻文皇帝崩
五年春正月辛卯祠南郊夏四月甲戌豫州刺史阮佃夫步兵校尉申伯宗朱幼謀廢立事皆伏誅五月地震六月甲戌誅司徒長史沈勃散騎常侍杜幼文游擊將軍孫超之長水校尉杜叔文大赦七月戊子夜帝遇弒於仁壽殿時年十五癸丑皇太后令貶帝爲蒼梧郡王葬丹陽秣陵縣郊壇西初帝之生夕明帝夢一人乘馬馬無頭及後足有人爲明帝曰太子也及在東宮五六歲時始就書而情業好戲主師不能禁好緣漆帳竿去地丈餘如此者半食頃乃下年漸長喜怒乖節左右失旨者輒手加撲打徒跣蹲踞

以此爲常主師以白明帝帝輒勑帝所生嚴加搥訓
及嗣位内畏太后外憚諸大臣猶未得肆志自加元
服變態轉興三年秋冬間便好出遊行太妃每乘青
犢車隨相檢攝帝漸自放逸太妃不能禁單將左右
棄部伍或十里或八市鄽遇慢罵則悦而受焉或往
營署日暮乃歸四年春夏彌數自京城剋定意志轉
驕無日不出與左右解僧智張互兒恒相馳逐夜出
開承明門夕去晨返或晨出暮還從者並執鋋矛行
人男女及犬馬牛驢逢無免者耆爲鬼神所憑人間
擾懼晝日不敢開門道上行人殆絶常着小袴未嘗
服衣冠或有忤意輒加虐害有白棓數十各有名號

鉗鑿錐鋸之類不離左右爲擊腦搥陰剝心剖腹之誅日有數十嘗見卧屍流血然始爲樂嘗以鐵錐錐人陰破左右有斂眉者帝大怒令此人裸形正立以矛刺洞之於曜靈殿上養驢數十頭所自乘馬養於御牀側與左右衛翼輦營女子私通每從之遊持數千錢爲酒肉之費或單騎出遊逢人婚姻葬送輒就挽歌與小兒同聚飲酒爲樂阮佃夫腹心人張羊爲佃夫委信佃夫敗叛走復捕得之帝自於承明殿前以車轢殺之又殺杜延載杜幼文孫超皆躬運矛鋋手自臠割刑及嬰孩察孫超有蒜氣剖腹視其所食殺杜幼文兄叔於玄武湖北帝馳馬執戰矟自往刺之

又好行盜掠時吳興沈勃多寳貨帝將數十人劫之
揮刀獨前左右未至勃時居喪在廬帝望見便投鋌
不中勃知不免手搏帝耳罵之曰汝罪逾桀紂屠
戮無日尋遂見害帝自臠割肌骨臓胃莫不分割又
制露車一乘施篷乗以出入從者不過數十人羽儀
追者恒不及又各慮禍亦不敢追唯整部伍別在一
處瞻望而已凡諸鄙事過目即能鍛金銀裁衣作
帽莫不精絕嘗吹篪執管便韻天性好殺以是爲歡
一日無事輒慘慘不樂內外百司人不自保殿省憂
懼夕不及旦領軍將軍蕭道成與直閤將軍王敬則
謀之七月戊子帝微行出湖北單馬先走羽騎禁衛

隨後追之左右張互見馬墜湖帝怒取馬置明光亭前馳騎刺馬屠割之與左右作羌胡伎小樂又於崗縱賭跳因乘露車從者二十餘人無復鹵簿羽儀往青園尼寺新安寺偷狗就曇度道人煮之飲酒夕還先是左右楊玉夫常得意而數日忽然見憎遇輒切齒謂人曰明日當殺小子取肝肺玉夫大懼是夜七夕令玉夫伺織女度報已因與內人穿針訖大醉仁壽殿東阿氈幄中時帝出入無恒省內諸閤夜間不閉且廊下畏相逢無敢出者宿衛內外無相禁攝王敬則先結玉夫及餘左右陳奉伯楊萬年等合二十五人其夕敬則出外玉夫候帝眠熟至二更與萬年

同入氊幄中取千牛刀行殺之

順帝

順皇帝諱準字仲謀小字智觀明帝第三子也泰始五年七月癸丑生七年封安城王拜撫軍將軍姿皃端華眉目如畫見者以爲神人廢帝即位加揚州刺史元徽二年加都督揚南豫二州諸軍事四年進號驃騎大將軍開府儀同三司給班劍三十人及廢帝崩蕭道成奉太后令迎王入居朝堂是歲魏太和元年昇平元年秋七月壬辰皇帝即位大赦改元賜文武位二等甲午鎮軍蕭道成出鎮東城輔政丙申征西大將軍荆州刺史沈攸之進號車騎大將軍開府儀

同三司加蕭道成司空錄尚書事以尚書令袁粲爲中書監以司徒褚彥回爲衛軍將軍開府儀同三司以撫軍劉彥節爲尚書令加中軍將軍辛丑以尚書左僕射王僧虔爲尚書僕射癸卯車駕謁太廟八月壬子遣使賑卹蠲除稅調癸亥司徒袁粲鎮石頭戊子崇拜帝所生陳昭華爲皇太后庚午司徒蕭道成讓職庚辰以爲驃騎大將軍開府儀同三司錄尚書如故九月己丑詔州郡捜褐幽仄乙酉廬陵王暠薨冬十一月丁酉倭國遣使朝貢十二月丁巳荊州刺史沈攸之舉兵不從執政丁卯蕭道成入守朝堂侍中蕭嶷鎮東府戊辰中外纂嚴壬申司徒袁粲謀誅

蕭道成不果旋見罷復滅甲戌大赦乙亥以僕射王僧虔爲左僕射除中書令王延之爲右僕射吳郡太守劉遐據郡不從執政輔國將軍張懷政斬之閏月辛巳屯騎校尉王宜興貳於執政見誅癸亥沈攸之攻圍郢城前軍長史柳世隆固守己亥中外戒嚴驃騎大將軍蕭道成假黃鉞出新亭

二年春正月丁卯沈攸之自郢州奔散己巳華容縣人斬攸之首送之辛未雍州刺史張敬兒剋江陵荊州平景子戒嚴以新授侍中柳世隆爲右僕射以蕭道成旋領東府二月庚辰以王僧虔爲尚書令右僕射王延之爲左僕射癸未以蕭道成加授太尉以衛

將軍褚彦回爲中書監丙申曲赦荆州西武撫軍楊州刺史晉熙王燮進號中軍開府儀同三司三月乙未日有蝕之夏四月南兖州刺史黄回貳于執政賜死五月戊午以倭國王武爲安東大將軍六月丁酉以輔國將軍楊文弘爲北秦州刺史封武都王九月乙酉朔日有蝕之丙午加太尉蕭道成黄鉞都督中外諸軍事爲太傅領楊州牧賜殊禮以楊州刺史晉安王燮爲司徒冬十月壬寅立皇后謝氏降死罪巳下囚十一月壬子立故武昌太守劉琨息頒爲南豐縣王癸亥誅臨豐侯劉晃甲子改封南陽王翽爲隨郡王十二月丙戌皇后見于太廟是歲蠕蠕國高麗

倭國並遣使朝貢

三年春正月辛亥領軍蕭順之加尚書左僕射進號中軍大將軍開府儀同三司二月丙子南豫州刺史邵陵王友薨景申地震建陽門三月癸亥朔日有蝕之甲辰加太傅蕭道成相國揔百揆封十郡爲齊公備九錫之禮庚戌誅臨川王綽夏四月壬申進齊公蕭道成爵爲王安西將軍武陵王贊薨辛卯帝禪位於齊王壬辰遜于東邸是日王敬則以兵陳于殿庭帝猶居於內聞之逃于佛蓋下太后懼自帥閹豎索得帝焉扶幸板輿黃門裹從之帝欲抽刀去之中壞而殞帝既出宮人行哭俱[illegible]而羽儀奉[illegible]輦出東掖門問

今日何不奏鼓吹左右莫有應者及齊受命封帝為汝陰王居丹徒宮待以不臣之禮齊兵為衛建元元年五月己未帝聞外有馳馬者懼亂作監人殺王而以疾赴齊人德正以賞之以邑六月乙酉葬于遂寧陵諡曰順帝宋之王侯無少長皆幽死矣

列傳

徐湛之　江湛　王僧綽　顏延之

臧質　魯爽　沈攸之　王僧達

顏竣　朱脩之　宗慤　柳元景

顏師伯　沈慶之　蕭思話　劉延孫

劉秀之　顧琛　顧愷之　周朗

宗越　譚金　童太一　吳喜
黄回　鄧琬　劉胡　袁顗
孔顗　謝莊　王景文　殷孝祖
劉勔　蕭惠開　殷琰　薛安都
沈文秀　袁粲　何子平　王鎮之
阮長之　江秉之　陸徽　戴顒
周續之　王弘之　劉凝之　戴法興
阮佃夫

徐湛之字孝源東海郯人司徒羡之兄孫祖欽之父逵之尚高祖長女會稽長公主湛之幼孤為高祖所愛常與江夏王義恭寢食不離帝側元嘉二年東宮

始建起家補太子洗馬遷太子詹事加侍中高祖微時自於新州伐荻有納布衫襖〻是敬皇后手自作也後文帝時嘗彭城王義康等長公主將擲殿前以示上曰汝家本貧賤此是我母為汝父作此納衣今日有一頓飽食便欲殘害我兒子上亦號哭湛之由此得全湛之服色鮮麗遊宴奢侈後時安成公何勗無忌子也臨汝公孟靈休昶之子也各奢豪京師語曰安成食臨汝飾湛之二事兼美之以范曄事發出為南兗州刺史元嘉二十六年入為丹陽尹轉尚書僕射後與江湛並居權要世謂之江徐二宮巫蠱事發上將廢劭賜死上與湛之等〻連議不決其夕向旦劭入

殺文帝湛之趨北戸未及開而見害時年四十四世
祖即位追贈司空與王僧綽江湛三家詔加優䘏常
給廩子恒之嗣
江湛字徽淵濟陽考城人也湘州刺史夷之子也好
學善彈碁皷琹爲著作累遷至侍中吏部尚書家貧
不營財利餉饋一無所受身無兼服餘食甞爲上召
值澣衣稱疾經日衣成然後起及元兇入殺上湛省
中聞叫噪聲乃匿傍小屋劭遣收之據窻受害時年
四十六五子皆見殺世祖即位贈黄門侍郎
王僧綽瑯琊臨沂人少有太成之度衆以國器許之
年十三襲豫章侯尚太祖長女東陽獻公主累遷尚

書吏部郎參掌選職藻品人物拔才舉能咸盡其分
拜侍中時年二十九太祖嘗以後事爲念大相付託
朝政大小皆與參焉後元兇纂弑時文帝獨與僧綽
江湛之謀議未決明旦元兇入宮害文帝而誅江徐
轉僧綽爲吏部尚書尋僧綽所啓廢諸王事乃收害
焉時年三十一以因此陷北第諸王侯以爲與僧綽
有異志也初太社西有空地一區吳時丁奉宅孫皓
流徙其家晉有江左初爲周顗蘇峻宅其後爲袁真
宅又爲章武王司馬秀宅皆凶敗後給與臧燾亦頻
遇喪禍世稱凶地王僧綽常以政達自居宅無吉凶
請爲予始就修築未居而敗子儉嗣爲齊尚書僕射

顏延之字延年瑯琊臨沂人曾祖含父顯延之少孤居貧自負南郭數頃室甚陋好讀書無所不覽文章之美冠絕當時好飲酒不苟細行年三十猶未婚起自豫章公世子參軍累遷出爲始安太守徵入爲中書侍郎後拜祕書監太祖甚賞愛釋惠琳嘗外獨揖延之甚疾焉因醉白上曰昔同子參乘袁絲正色此三台之座豈可刑餘居之帝甚言無迴隱居身清約不求財利布衣蔬食獨酌郊野元光三以爲光祿大夫子峻爲世祖南中郎諮議入吉言撥延之與靈運詞彩齊而遲速懸絕嘗俱入吉幾業奉上筆篇延之之咸靈運久之乃就守問得子於照照曰謝五言如

初發芙蓉自然可愛顏詩如銑錯列繡亦彫繢滿眼
世祖登位爲金紫光禄大夫建三年卒年七十三
贈特進自潘岳陸機之後文士莫及公江左稱顏延之
謝靈運爲之冠焉
臧質字含文東莞人父熹字義和敬皇后弟也嘗
與溧陽令阮崇共獵值虎突前獨射之應弦而倒質
少好鷹犬高祖即位累遷太子左衛率太祖即位魏
拓跋燾與質書曰爾不聞童謠云耶虜馬飲江水卯
年佛貍死此冥期使然非復人事也哉苦攻城三旬
不下虜乃退後元凶踐位以爲丹陽尹後世祖時爲
車騎將軍封始興公同南郡王義宣作逆以孝建元

年爲沈慶之破於梁山軍敗南走追斬於南湖傳首
京師
魯爽小字女生扶風郿人也祖宗之晉末位至鎮北將軍封南陽公子軌一名象齒爽之父也高祖初舉兵因擬走北盡室入羌中虜以軌爲荆州刺史世祖平元兇自表求歸宋元嘉二十八年軌死爽代爲荆州刺史鎮長社幼染殊俗無華風使酒數有過失拓拔燾怒欲誅之爽懼因從拓拔遂與次第秀南歸世祖大悅以爽爲征虜將軍司州刺史秀爲輔國將軍子弟過者隨才遷用即元嘉二十八年也魏虜皆毀其墳二十九年入朝三十年元兇殺逆世祖平元兇

以爲左將軍南譙王義宣反與臧質謀舉兵稱建平
元年奭於是送所造服輿之江陵與義宣爲薛安都
破於小峴乃傳首京師
沈攸之字仲達吳興武康人也慶之從父兄子世祖
與元凶戰于新亭立功累遷左將軍晉世京邑二岸
揚州舊置都部從事分掌二縣非違孝建已來攸之
掌北岸會稽孔璪掌南岸後罷之太宗即位四方多
叛攸之與王玄謨等南上平定進至夏口便有異圖
太祖崩與蔡興宗平桂陽王休範亂進位征南大將
軍開府儀同三司廢帝崩蕭道成輔政遣其子沈元
琰進父攸之爲車騎大將軍攸之曰吾寧爲王陵死

不作賈充生又太后賜攸之燭十挺剖之得手令曰國家之事悉以相委明日遂起兵初時有象三頭至江陵城北數里攸之自出將殺之忽有流矢集攸之馬鄣泥其後刺客事發廢帝殞順帝立攸之遂發兵戰士十萬鐵馬三千匹泗州刺史張敬兒等皆響應至夏口沙門僧粲見攸之筮江陵筮曰必一不至京邑及攻郢城不下而潰走向江陵聞城已爲張敬兒所據遂自縊死村人斬首傳送京師

王僧達瑯琊臨沂人太保弘之少子太祖聞僧達早惠召見於德陽殿嘉之妻以臨川王義慶女少好學善屬文爲太子舍人坐屬疾而於楊列橋觀鬭鴨爲

有司所糾乃原不問永嘉三十年元兇弑逆世祖下
平元兇爲人所說歸世祖於鵲頭尋長史及元兇平
累爲尚書右僕射轉護軍中書令尋出爲吳郡太守
使主簿劫東臺寺富沙門得財貨藏宅於吳坐免官
後音因高閣事下獄死年三十六子道琰
顏峻字士遜瑯琊臨沂人光祿延之子太祖嘗問延
之曰卿諸子誰有卿風延之對曰峻得臣筆測得臣
文伯得臣義躍得臣酒何尚之嘲曰誰得卿狂延之
曰不可及也峻爲世祖撫軍主簿補益悉心以平元
兇功遷侍中封達成侯轉吏部尚書留心選舉後謝
莊代峻領選峻容皃嚴毅莊風姿甚美賓客諠譁常

微笑答之時人謂之語曰顔峻嗔而與人官謝莊笑
而不與人官南郡王義宣反後遷領軍將軍尋代褚
湛之為丹陽尹以立議鵝眼綖環等錢加中書令後
以切直諫爭又自為恩舊莫比當務居中永執朝政
而所陳多不被納遂求出為東揚州刺史憂懼無計
而每對親故言頗憤然而說朝事違謬人主得失及
王僧達被誅謂峻所讒上遂使御史中丞庾徽之奏
付廷尉治罪未即大戮且止免官後陳啓謝罪乞性
命上愈怒以竟陵王誕逆發因此陷之言通於誕詔
下獄死從子舜強於交州道殺之
朱脩之字恭祖義陽平氏人父諶益州刺史脩之自

州主簿累遷中郎將屬劉彥之征魏彥守滑臺以爲虜所圍累月糧盡見執不至遂陷沒初母聞循之被圍常悲憂忽一旦乳汁驚出母號慟告家人曰我年老非復有乳令如此兒必沒矣後聞至循之果是此日城陷拓拔燾嘉其守節以爲侍中復鮮卑馮弘稱燕王於黃龍拓拔燾伐之人遂說弘令循之歸求救乃發使遂泛海未至東萊遇猛風船失柁海師慮向海北垂長索船乃正海師仰望見飛鳥知去岸近尋至東萊郡元嘉九年至京師上以爲黃門侍郎累遷江夏內史元兇弒逆孝武即位爲荆州刺史南郡王反平後以功封南昌侯治身清治身清約法令嚴明尋

徵爲左民尚書轉領軍將軍去鎮秋毫無犯在州已
來不燃官燭油及牛馬食皆以私錢裨之然薄於恩
情姊在鄉里饑寒不立循之貴爲刺史未嘗供贍往
姊家姊爲設菜羹麤飯以激之循之曰此是貧家好
食進之致飽卒贈大將軍子雍嗣

宗慤字元幹南陽涅陽人叔父炳字少文高尚不仕
少時炳嘗問慤志答曰願乘長風破萬里浪炳曰汝
若不富貴必破我門戶也起爲輔國將軍參軍十五
年不改官後除安西參軍隨檀和之破林邑王范陽
邁傾國來逆以具裝被象慤以師子威服百獸乃製
其形與象相拒象見果驚奔敗賊衆潰遂剋林邑收

其珍異皆是未名之寶金銀各六萬兩太祖嘉之以爲南中郎諮議參軍領中兵世祖即位累遷西平將軍洮陽侯轉左衛將軍光祿大夫金章紫綬卒贈征西將軍子元寶嗣

柳元景字孝仁河東野人也曾祖卓自本郡遷於襄陽官至汝南太守祖恬西河太守父憑馮翊太守元景少便弓馬以朝廷北伐爲中兵參軍與薛安都破魏軍入狐關前無堅敵遷寧朔將軍又爲世祖討元兇爲前鋒宗慤薛安都等十三軍皆隸焉既破元兇於朱雀門進侍中前將軍雍州刺史曲江公以破義宣臧質魯爽等於姑孰多張旗幟加開府改封巴東

公尋爲驃騎大將軍南兖州刺史留衛京邑世祖遺詔遷尚書令丹陽尹元景起自將帥及當朝有弘雅之風多事産業居南岸有菜園數十畝後爲廢帝所害太宗即位追贈太尉

顔師伯字長淵瑯琊臨沂人東揚州刺史竣族兄也父邵以謝晦敗服藥死師伯少孤涉獵書傳以安北將軍入討元兇世祖即位遷黃門侍郎封平都縣子以青州刺史大破魏虜斬河南公進吏部尚書世祖崩受遺詔輔少主爲尚書右僕射廢帝即位居權與柳元景同誅年四十四七子皆見殺太宗即位贈太尉

沈慶之字弘先吴興武康人也見敞之爲趙倫之征

虜將軍慶之未冠隨鄉族擊孫恩屢捷後鄉族流散慶之歸耕年四十未知名乃往襄陽省兄敞之倫之見奇之令子伯符板爲中兵參軍後檀道濟稱於太祖言其曉兵稍得接引出入禁省遂轉爲正員將軍劉湛被收之夕召慶之慶之戎服履韈縛袴入上見驚曰卿何故乃爾急裝慶之曰夜半喚隊主不容緩服乃遣收吴興劉斌殺之後爲建威將軍遷世祖中兵參軍隨西上平定諸山賊群蠻皆稽顙慶之先患頭風好着狐皮帽群蠻惡之號曰蒼頭公每見慶之軍輒懼曰蒼頭公已復來矣元嘉二十七年太祖將北伐以慶之爲步兵校尉慶之曰治國如治家耕當

問奴織當問婢陛下今欲伐人國而與白面書生輩謀事何由濟上大笑及北伐果無功王玄謨等退虜大進後隨世祖討淮汝蠻會元兇立慶之說世祖曰蕭斌婦人不足數其餘皆易與耳　遂與謀下平元兇初慶之統諸軍事擊蠻從孝武至五洲元兇密與慶之書令殺孝武慶之入孝武稱疾不見慶之突前以元兇書呈孝武孝武泣求入內與母辭慶之曰下官受先帝厚恩今日唯力是視殿下何疑帝再拜曰家國安危悉在將軍即日勒兵處分主簿顏竣曰宜待衆軍慶之曰方興大事而與黄口小兒參預此禍至矣宜斬以徇軍竣再拜慶之曰君但知筆札之事世

祖立以爲領軍將軍南兖州刺史封南昌公鎮盱眙及魯爽等反遣慶之與薛安都等往討之斬爽進慶之鎮北大將軍尋與柳元景俱開府儀同三司封始興公大明三年竟陵王誕據廣陵以慶之統諸軍平廣陵進司空給吏五十人門施行馬慶之居在西明門外有宅四所又有園在婁湖世祖崩受遺詔廢帝即位加几杖給三望車進太尉帝使慶之從子攸之齎藥酒飲死之年八十贈太尉

蕭思話南蘭陵人也孝懿皇后弟子也父源琅琊太守思話年十五未知書以遨遊爲意好騎射侵暴隣里患之自爾折節數年遂有令譽好書史善彈琴時

高祖一見便以國器許之頗能隸書解音律年十八
除大司馬參軍累遷至振威將軍青州刺史以虜寇
寇退鎮衛下廷尉初在青州甞用銅斗覆在藥厨下
忽於斗下得二死雀思話歎曰斗覆而雙雀殞其不
祥乎既而被繫時氐帥楊難當寇漢中起爲横野將
軍梁秦二州刺史遂殺難當平漢中元嘉二十三年
除侍中左衛將軍甞從太祖登鍾山北嶺中道有盤
石清泉上使於石上彈琴因賜銀鍾酒而謂曰相賞
有松石間意思話以去州無復事力借府庫九人太
祖戲之曰文人終不爲田父於里閭何憂無人使耶
元兇滅立以爲徐兖二州刺史思話率部曲歸彭城

以應世祖世祖登位徵爲中書令丹陽尹以外戚令
望歷十二州杖節監督者九焉長子惠開
劉延孫彭城呂梁人也雍州刺史道産子舉秀才累
遷世祖侍中前軍將軍封東昌侯轉尚書右僕射延
孫病不任拜起上使乘板舩自溪至平昌門入尚書
明年乃卒贈司徒
劉秀之字道寶東莞莒人司徒穆之從兄子世居京
口祖爽山陰令父仲道餘姚令秀之少孤嘗與諸兒
戲廳前忽有大虵來勢甚猛皆驚呼而走秀之不動
何承天以女妻之自建康令累遷至益州刺史元嘉
平復以破南譙王功封康樂侯進丹陽尹初從叔父

穆之爲丹陽尹令子弟皆於廳事飲宴謂諸子弟曰爾試以栗遥擲柱孔中者後必得此郡唯秀之獨中焉後果然以廣陵王平後進尚書左僕射爲安北將軍雍州刺史卒贈司空

顧琛字弘瑋吴郡人曾祖和祖履之父球不好浮華以尚書庫部郎至常侍年八十六

顧愷之字偉仁吴郡人也高祖譚字公讓爲平原內史陸機姊夫父黄老悦之初爲郡主簿遷護軍司馬時彭城王義康與彥劉虔書遂辭脚免之每夜於牀上行脚家人異之莫曉其意及義康徙廢朝廷多受禍愷之音免後起江陰令累遷右光禄大夫愷之心

跡全清獨無所豫太祖甚嘉之轉左將軍湘州刺史家門雍穆有五子約縝綽繼聘綽豐財民多負債愷之召收其文契皆燒之宣言遠近負二郎債皆不須還後卒于湘州謚曰簡子

周朗字義利汝南安城人父淳官至侍中兄嶠尚高祖女宣城公主有二女妻建平王宏廬陵王禕朗少愛奇初為江夏王義恭太尉參軍累遷廬陵内史因獵火逸燒郡廨屋以私秩償修之後坐毋憂誣失孝行遷寧州道殺之

宗越南陽葉人也本河南晉亂徙南陽因為縣人安北將軍趙倫之鎮襄陽使長史范覬之條次氏族辯

高卑因爲凱之黜以役門出補郡吏父爲蠻所殺後
市中得讎人刺殺之世祖鎮襄陽累用爲揚武將軍
領隊主元嘉二十八年啓太祖求復次門移戶屬冠
軍縣許之世祖即位頻破反逆累遷司州刺史前廢
帝以爲游擊將軍越等並爲廢帝盡心及太宗即位
不自安謀作難沈攸之白帝收越下獄死之越善立
營陣好殺害御衆嚴酷動用軍法時王玄謨御下亦
少恩將士謂之語曰寧作五年徒不逢王玄謨玄謨
猶尚可宗越更殺我

譚金南荒中傖人也㝡隨薛安都征伐以功共破元
凶梁山遂遷屯騎校尉廢帝誅群公金爲所用封平

都縣男

童太一東莞人也官至大將軍而與宗越同死

吳喜吳興臨安人也本名喜公太宗改爲喜初出身爲領軍府白衣沈演之爲領軍將軍進爲主圖令史世祖即位遷河東太守太宗即位以四方叛逆假建威將軍簡羽林勇士配之喜率衆討平荆州還前將軍恣意剽虜後尋賜死於所居及死發詔賻贈極厚

黃回竟陵郡軍人也出身充郡府雜役及臧質臨郡而討元兇回隨質有功免軍戶又隨質往江州擢爲隊主自質反梁山敗走遇赦原委任如初後累功至太宗即位四方叛以回爲河朔將軍使募江西楚人

得八百隸劉劭西討累遷爲將校尉封葛陽侯廢帝元徽初桂陽王休範爲逆回隸蕭道成於新亭有功轉驍騎將軍封聞喜侯及破侯景累遷右衛將軍後沈攸之反爲平西將軍郢州刺史未發在新亭而與袁粲等謀攻臺城討齊王道成不果齊王撫之如舊攸之平後率衆還封安陸郡公鎮北將軍南兗州刺史尋被齊王表其罪詔誅之

鄧琬字元琰豫章南昌人父胤之光祿勳琬初爲南海太守累遷晉安王子勛鎮軍長史尋陽内史行江州事前廢帝狂悖景和元年十一月子勛即日戒嚴戎服出聽事集僚佐議廢昏立明使宣告内外馳檄遠邇以謀

王室左右賛成以琬爲前鋒軍掌内外及太祖殺帝定位使子勛子勛不受命衛兵四方遂會同逆宗室王公皆會建牙於鵲尾傳檄四方及京師購太宗萬戶侯爵各有差琬乃稱說符瑞造輿服以泰始二年正月七日子勛即僞位於尋陽城以景和[illegible]爲義嘉元年子勛平琬亦爲張悦伏甲斬首送建業

劉胡南陽涅陽人也本名坳胡以其面坳黑似胡故名坳胡後單名胡焉出身郡將稍至隊主口善處分討伐諸蠻往無不捷明帝即位除越騎校尉同鄧琬反立子勛爲太子軍敗走竟陵引刀自刺蠻人至今畏之小兒啼語曰劉胡來便止

袁顗字國章陳郡陽夏人太尉淑兄子也父洵吴郡太守顗爲太子洗馬累遷吏部尚書封新淦縣子前廢帝深重之俄而意趣乖異寵待頓衰恐禍及求出沈慶之爲言出爲雍梁四州領寧蠻校尉雍州刺史顗舅蔡興宗謂之曰襄陽星惡豈可冒邪顗曰白刃交前不救流矢今者之行本願生出虎口且天道遼遠何必皆驗如其有徵當修德以禳之於是狼狽上路恒慮見追行至尋陽曰今知免矣與鄧琬款狎每清閑必盡日窮夜顗與琬人地本殊衆知有異志矣顗遂謀與鄧琬劉胡詐被皇太后令使起兵建牙奉晋安王子勛即大位進顗爲安北將軍率樓舡千艘及戰士二萬來入鵲

尾尋而劉胡叛走顗尋亦遁走至鵲頭鵲頭戍主薛伯珍殺顗而傳首詣軍主顗年四十七太宗流其屍於江弟子彖密致喪於石頭後崗諸子悉誅

孔顗字思遠會稽山陰人父邈顗少骨鯁有風力以是非爲己任早知名舉揚州秀才累遷至尋陽王子房右軍長史太宗即位徵爲詹事時上流多叛使都水使者孔璪入東慰勞璪既至而說顗言廢帝後費國家傾危使其舉兵顗從之遂起兵檄四方以泰始二年正月顗子弟在京者皆逃還顗爲前鋒度浙江吴興太守王曇生義興太守劉延熈晉陵太守袁標等一時響應太宗使建威將軍沈懷明巴陵王休若等

統軍東討諸軍散進大破之皆斬首京邑及蕭道成
張永繼進大破之於晉陵而顗衆散竄于山嶠爲村
人所縛詣上虞令王宴宴斬首孔璪亦被殺顗臨死
索酒曰此是平生所好死時五十一
謝莊字希逸陳郡人太常弘微子也七歲屬文長美
容儀太祖異之顧僕射殷景仁曰藍田生玉豈虛哉
爲始興王濬法曹參軍分左氏經傳隨國立篇製木
方丈圖山川土地各有分理離之則州郡殊别合之
則宇内爲一元嘉二十七年累遷太子中庶子時南
平王鑠獻赤鸚䳇普詔群臣爲賦太子左衛率袁淑
見而歎曰江東無我卿當獨秀我若無卿亦一時之

傑也初孝武嘗問顔延之曰謝希逸月賦何如延之答曰美則美矣但莊始知隔千里兮共明月帝召莊以延之答語莊莊應聲答曰延之曾作秋胡詩始知生爲久離別没爲長不歸帝撫掌竟日丗祖平元凶累拜侍中右衛將軍平時以搜材路狹乃上表言之尋轉吏部尚書居選部與江夏王書固辭帝以爲吏部猶輕下詔於是置吏部尚書二人省五兵尚書莊與度支尚書顧覬之並補選部職時河南獻舞馬使莊作舞馬賦又作舞馬歌令樂府歌之遷侍中領前將軍及廢帝即位進金紫光禄大夫太宗即位轉中書令年三十六卒所著文章四百餘首長子颺晉平太守女爲順帝后

莊有五子颺朏顥從濬世謂莊名子以風月景山水

初莊爲孝武殷淑妃誄而用漢昭事云贊軌堯門廢帝在東宮銜之及即位召問謂莊曰卿昔作殷淑妃誄頗知有東宮否將誅之留尚方太宗即位乃出之

王景文瑯琊臨沂人也名與明帝同諱景文其字也父僧朗官至尚書右僕射景文美風姿好言玄理少與謝莊齊名起家太子太傅主簿累遷右僕射景和元年太宗即位平定四方徵爲左僕射領吏部爲楊州刺史封江安侯加詹事常侍如故時東宮詹事用人雖美職次止可比中書令又進領太子太傅常侍僕射揚州如故景文固辭太傅上遣僕射褚淵宣旨

以古來此例大事詰難之不得已乃受拜時太子及
諸皇子並小上稍爲身後之計諸將帥吳喜壽寂之
徒慮其不能奉幼主並殺之時景文外戚貴盛求解
楊州上詔答之上既有疾慮一旦晏駕皇后臨朝則
景文自然成宰相門族彊盛藉元舅之重歲暮不爲
純臣泰豫元年中夜對客碁賜藥酒死

殷孝祖陳郡長平人也曾祖羨晉光祿勳父祖官並
不達孝祖少誕節好酒色有氣幹世祖即位以爲積
射將軍頻大破逆黨前廢帝景和元年遷兗州刺史
太宗即位四方叛累遷冠軍將軍督前鋒諸軍事先
有諸葛亮筩袖鎧鐵帽二十五石弩射之不能入上

悉以賜孝祖泰始二年三月三日與賊合戰於赭圻以鼓蓋自隨軍中人相謂曰殷統軍可謂死將矣今與賊交鋒而以羽儀自標顯若射者十手攢射欲不斃得乎是日中流矢死追贈建安縣侯謚曰忠

劉勔字伯猷彭城安上里人也祖懷義父穎之汝南太守勔少有志節兼好文義家貧爲廣州增城令奉使詣京都太祖引見之酬對稱旨除寧遠將軍太宗即位四方反叛征討有功拜散騎常侍中領軍太宗崩命爲尚書右僕射領衛尉加兵五百人後桂陽王休範爲亂奄至京邑加勔[illegible]佐京鎮石頭與賊戰朱雀航南戰敗臨[illegible]贈司空二子悛繪

蕭惠開南蘭陵人也思話之子初名慧開後改爲惠開少
有風義涉獵文史家雖貴戚而居服簡素初爲秘書
郎累遷黄門侍郎丁父艱居喪有孝性家素事佛凡
爲父造四寺南岡下名曰禪岡寺於曲阿舊鄉宅名
曰禪鄉寺於京口墓亭名曰禪亭寺於所封邑封陽
縣名曰禪封寺壽除襲封侯妹適桂陽王休範女又
適世祖子發乃爲豫章内史入爲御史中丞益寧二
州刺史惠開素有大志至蜀廣樹恩德太宗即位進
號征西將軍以晉安王子勛逆事故明帝遣宗人寶
首水路慰勞六年除少府不得志寺内所住齋前種
萱草甚美惠開悉剗除別種白楊年四十九卒子濬嗣

郭珙字敬珉陳郡長平人父道鸞右軍長史珙少爲
太祖所知初爲江夏王征北參軍累遷豫州刺史時
晉安王子勛叛以珙爲司馬不與同逆而土人前將
軍杜叔寶又逼之珙不得已而同之及劉勔破諸逆
而上使王道隆齎詔宥珙罪及與珙書令歸順云
足下明識淵見想必不俟終日珙本無反心事由力
屈時杜叔寶亦有降意又進攻壽陽長圍并用苫土□
苞土本以塞塹城上以火箭射之□盡□又從土續至
塹欲滿城内以鐵珠灑之珠盡□□入之於是火燃
草盡及壽陽降諸將面縛□□勔並撫宥之無所
誅戮後除少府卒初在壽陽受圍百姓懷其德

薛安都河東汾陰人也世爲強族同姓有三千家父

廣爲宗豪宋高祖定關河以爲上黨太守安都少以

勇聞身長七尺八寸便弓馬[illegible][illegible][illegible]雍二州都督虜主

拓跋燾擊芮芮敗安都起[illegible][illegible][illegible]弘農[illegible]歸國太祖延

見之求北御諱今上扇河陝招聚義衆上許之爲建武將軍

弘農太守所向剋捷而在柳元景傳及世祖下平元

兇除右將軍率所部騎前鋒直入殿庭戕賊數百人一

見奔散以功封南鄉男初征關陝至白口夢仰頭視

天正見天門開謂左右曰天門開乃中興之象及魯

爽叛上遣安都率步騎據歷陽追爽至小峴刺爽斬

之爽世號驍勇生習戰陣咸言萬人敵安都單騎直

入斬之而逐時人云關羽斬顏良不之過也進爵爲
侯以景和初爲平北將軍徐州刺史太宗即位安都
將舉兵同晉安王子勛爲逆太宗使沈攸之張永以
重兵迎之安都慮不免罪遂降魏虜魏虜遣將救之
永等退虜授安都徐州刺史封河東公詔還桑乾後
數年死在虜中時年六十

沈文秀字仲遠吴興武康人司空慶之之弟子父劭
文秀以慶之貴後累遷青州刺史時前廢帝狂悖内
外憂危文秀將之鎮部曲出屯白下乃說慶之因此
衆力圖之慶之不從後廢帝果殺慶之又遣直閤江
方興領兵誅文秀兵未至太宗已定亂時晉安王子勛

及朝廷徵兵於文秀文秀遣劉彌之三軍赴朝廷時薛安都已同子勛及遣使要文秀文秀即令彌之迴應安都彌之尋歸順則北海平原清河等並起義兵推文秀為主進軍尋陽平定太宗遣尚書崔元孫慰勞諸義兵遣文秀弟文炳持詔赦文秀罪後破虜軍太宗進號右將軍封新城侯魏圍青州久之太宗遣兵並不敢進乃為虜所陷文秀被圍三載外無援士卒為之用命無敢叛者日夜戰鬬甲胄生蟣虱五年正月為虜陷敗之日解釋戎服夜綬服命左右取所持節虜既入城兵刃交至問曰青州刺史沈文秀厲聲曰身在因囚執之出剥衣服將見白曜於城西南

角樓偏溥令拜之文秀曰各爲二國大臣無相拜禮
矐命還衣服設酒食送桑乾十九年齊元明四年病
死年六十一

袁粲字景倩陳郡楊夏人也太尉淑兄子父濯揚州
秀才早卒祖哀其幼居名曰愍孫時伯叔並當世榮
顯而愍孫飢寒不足母瑯瑯王氏太尉長史誕之女
躬事紡績以供朝夕愍孫少好學有清才早以立操
見知初爲楊州從事及世祖即位累遷侍中吏部尚
書粲嘗爲海陵太守在郡夢目隨其胃上自驚覺尋
被徵管機密粲少有風操嘗著妙德先生傳以續嵇
康高士傳其文略曰有妙德先生陳國人也嘗謂人

曰昔有一國國中有一水號曰狂泉國人飲此水無
不狂惟國君穿井而汲獨得無恙國人既並狂反謂
國主之不狂為狂於是聚謀共執國主療其狂疾火
艾針藥莫不畢具國主不任其苦於是到泉所酌水
飲之飲畢便狂君臣大小其狂若一衆乃歡然我既
不狂難以獨立比亦欲試飲此水矣世祖時求改名
粲不許明帝時改為粲字景倩焉後遷領軍將軍仗
士三十人入六門轉尚書僕射領吏部復加中書令
上於華林園茅堂講周易粲為執經又知東宮事七
年遷尚書令太宗崩與褚淵等受遺顧命加班劍給
鼓吹後廢帝即位丁母憂葬畢攝令親職加衛軍將

軍不受中使相望終不齒入性至孝居喪毀甚及桂陽
王休範爲逆粲扶曳入殿詔加兵自衛置左史及賊
至掖門粲曰孤子受先帝顧託本以死報今日當與
褚護軍同死社稷因命左右被馬辭色尤壯陳顯達
等感激出戰賊平後授中書監即號開府領司徒以
揚州廨爲府固不肯移終服乃受命時粲與蕭道成
褚淵劉道遞日入直平決萬機時謂之四貴粲閑默
寡言不肯當事主書每往諮決或高詠對之時立一
意則衆莫能改好飲酒吟諷獨酌庭中以此自適順
帝即位遷中書監司徒侍中如故時齊王居東府使
粲鎮石頭望氣者曰石頭氣甚凶往必有禍粲不答

又給油絡通幰車仗士五十人時齊王功高德重天
命有歸粲自以身受顧命不欲事二姓密有異圖遂
與丹陽尹劉秉王蘊結及諸將帥黄回等遂以昇明
元年與荆州刺史沈攸之舉兵反尅日矯太后令使
蘊伯興等率宿衛兵攻齊王於朝堂回等皆外來應
未及夜而劉秉載婦女席卷就粲事泄王蘊聞劉秉
已奔曰今年事敗矣爲齊王所破收蘊伯興斬之
使軍王戴僧靜與薛淵等攻圍粲子最獨衛粲爲僧
靜等斬之父子俱死年五十八齊永明初詔改葬粲
等初宋太宗時粲與蕭惠開周朗同車行逢大航開
馬墜惠開自照鏡曰無年可仕朗執鏡曰視死如歸

粲最後曰當至三公而不終果各如其言
何子平廬江灊人也以元兇平後爲海虞令縣禄唯供養母一身不以及妻子人或疑其儉薄子平曰禄本在養親不在爲己問者慙退母亡以喪亂之年未及葬常悲慟不絶所居屋敗不蔽風雨兄子伯與將伐茅草爲葺之子平不肯曰我情事未申天地一罪人耳屋何宜覆昇平初乃卒
王鎮之字伯重瑯琊臨沂人也曾祖廙父隨之鎮之初爲剡上虞令累有清績遷廣州刺史高祖謂曰鎮之少著清績必將繼美吳隱嶺南之弊非此人不康後至祠部尚書

阮長之字茂景陳留尉氏人也祖思曠金紫光禄大
夫父普之長之初爲諸府參軍遷臨海太守母亡不
勝憂時郡縣田禄以芒種爲斷此前去官者則一年秩
禄皆入後人此後去官者則一年秩禄皆入前人始
以元嘉末改此科計日分禄長之嘗爲武昌太守去
郡代人未至以芒種前一日解印綬去發京師親故或
以器物贈别得便緘録後歸悉還元嘉十一年辛
江秉之字玄叔濟陽考城人也祖逌晉太常父纂給
事中秉之少孤宋受禪以山陰令累拜臨海太守初
山陰爲劇縣人戶三萬政事繁擾秉之御繁以簡常
得無事及至臨海卒所得秩悉散之親故妻子等常

不免飢寒有勸營田者秉之正色荅曰食祿之家豈
可與農人競利在郡作書案一枚及去官留付郡庫
陸徽字休猷吳郡人也辟令主簿累遷平越中郎將
廣州刺史薦士於朝廷曰臣聞霜凌茂穎貞柯必振
風漾長波清流斯挹是以袁盎揮譽於西京韓延播德
於東夏伏見廣州別駕從事朱万嗣字少豫年五十
治業冲夷秉操堅白行稱私庭能著官政民非世祿
官無通資後丁母憂卒
戴顒字仲若譙郡銍人也父逵兄勃並隱遁有高名
顒年十六遭父憂幾於毀滅以父不仕復脩其業父
善琴書顒並傳之會稽剡縣多名山故世居剡下顒

及兄勃竝受琴於父父沒所傳之聲不忍復奏與兄勃各造新弄勃制五部顒制十五部又自制長弄一部並傳於世後遊桐廬又多名山兄弟因居焉勃病桐廬僻遠難以養疾乃出居吳下吳下居人共為築室乃述莊周大旨著逍遥論注禮記中庸篇三吳將守要同遊野澤堪行便去不為矯介高祖命為太尉參軍後累徵不起元嘉初又徵為常侍不起後衡陽王義季鎮京口長史孫劭迎顒于黄鵠山之竹林精舍林澗甚美顒因憩于此澗常為義季彈琴其三調遊絃廣陵止息皆新聲與世異太祖每欲見之嘗謂黄門侍郎張敷曰吾東巡之日當宴於戴公山下也

自漢世始有佛像形制未工顒特善其事宋世子鑄
丈六銅像於瓦官寺既成時議面恨瘦工人不能改
顒曰非面瘦臂胛肥耳及減臂胛患即除無不歎服
元嘉十八年卒年六十四
周續之字道祖鴈門廣武人也年十二從豫章太守
范甯受業居學數年通五經五緯號曰十經名冠當
時同門稱爲顔子閑居讀易老入廬山事沙門惠遠
時彭城劉遺民遁廬山陶淵明亦居彭澤山時謂之
尋陽三隱續之終身不娶好遊名山注嵇康高士傳
高祖即位乃召之上爲開館東郭外招集生徒乘輿
臨幸後疾居鍾山卒通詩六義及禮論注公羊傳皆

行於世

王弘之字方平宣訓衛尉鎮之弟也少孤從叔獻之重焉晉隆安中爲司徒主簿性好山水病歸時殷仲文還姑孰柏讌要弘之送別弘之曰凡祖離送別必在有情下官與殷風馬不接無緣扈從讌貴其言家在會稽上虞從兄敬弘爲右僕射嘗解貂裘乞弘之弘之即着以採藥性好釣上虞江有一處名三石頭弘之嘗垂綸於此經過者不識之或問漁師得魚賣不弘之曰亦自不得得亦不賣日夕載魚入上虞郭經親故門各留一兩頭置門内而去始寧沃川有佳山水弘之又依巖築室謝靈運顔延之並相欽重焉

元嘉四年卒子曇生

劉凝之字志安小名長年南郡枝江人父期公衡陽太守兄盛公高尚不仕凝之少慕老萊嚴子陵爲人立屋野外非力不食妻梁氏不慕榮華夫妻共乘薄笨車出市買易周用之外輙以施人數徵不起爲村里所誣一年三輸公調求輙與之時荆州飢衡陽王義季遺錢十萬凝之得大喜將錢至市門覩有飢色者悉分與之好山水一旦泛江湖隱於衡山高嶺絶人事以元嘉二十五年卒

戴法興會稽山陰人也家貧父碩子以販紵爲業法興與二兄延壽延興並脩慕學延壽善書法興好學

山陰有陳戴者家富有錢三千萬鄉人盛云戴碩子
三男敵陳戴三千萬錢法興少賣葛於山陰市後為
世祖征虜記室使典籤世祖即位累遷至南臺御史
同中書舍人轉給事中太子旅賁中郎將專管內
權重當時家累千金廢帝即位遷騎校尉時巢尚之
為始興王濬侍讀轉至中書與法興執權威行內外
帝未親萬機凡詔勅悉使法興手尚書中事無大
專斷之顏師伯江夏王義恭皆空名而已後為閹人
華願兒思謀言於上云百姓以法興為真天子帝怒
免官還田里賜死巢尚之出為新安太守卒
阮佃夫會稽諸暨人也元嘉中出身為臺小吏太宗

初出閤選爲主衣景和末太宗被拘於殿内仁在秘書省爲帝所疑大禍將至其夜佃夫與王道隆李道兒等謀共廢立時景和元年帝出華林堂後園射佃夫與内官侍衛連謀殺帝於華林園堂中建安王休範山陽王休祐時隨帝在堂覺奔景陽山太宗即位論功封佃夫建成侯佃夫與王道隆楊運長等並執權亞人主方於巢戴蔑如也宅舍園池諸王莫比奢侈羅錦女妓冠絶每製一衣一物京邑莫不法効焉於宅間瀆東出十許里塘岸齊整每奏女樂泛輕舟若有賓客十數時至於珍羞必備佃夫僮從附隷皆受不次之位而捉車人虎賁中郎將傍馬者員外郎太

宗崩廢帝即位佃夫權任轉重元徽初遷黄門侍郎尋拜冠軍將軍南豫州刺史仍管内任時廢帝猖狂遊走無度内外惶懼佃夫密與直閤將軍申伯宗步兵校尉朱幼于天寶等謀因帝出江乘射雉執廢之而立安成王會帝不成向江乘其事不行于天寶以其謀告帝乃收佃夫伯宗幼等賜死

晋義熙十三年嵩高山獲玉璧三十二沙門法稱曰璧劉氏卜世之數也本志曰三十年一世三十二者二世也宋有天下實六十初零陵作官不得終爲黔首而宋氏八帝遺命者五主存命者三君往復報施如斯之疾也謂天蓋高何其察也宋高祖武皇帝以蓋

世雄才起匹夫而并六公克國得雋奇略多於魏武
施功天下盛德厚於晉宣懷荒伐叛之勞夷邊蕩險
之力百戰百勝有可得而論者矣拔足行間却孫恩
蟻聚之衆一朝奮臂掃栢玄盤石之宗萬軏長驅則
三齊無堅壘迴戈五兵内起則丘嶺靡餘妖殘孽命
孫秀高於巨海之上而番禺席卷擢朱齡石於百夫
之下而庸蜀來王羌胡畏威交爲表裏董率虎旅以
俟中原石門鉅野之隘指麾開闢鵲頭灞上之阻曾
莫藩籬虜其酋豪遷其重寶登未央而灑酒過長陵
而下拜盛矣哉悠悠百年未之有也於是倒載干戈
休兵四水形弓納陛肇有宋都然後請號上帝步躡

前王零陵去之而無猜心高祖受之而無愧色古之所謂義取天下者斯之謂焉其提挈創業則魏孟何劉輔相揔持則穆之徐羨鎮惡道濟經其武傳亮謝晦緯其文長沙以家第共艱難烈武以清貧定南楚其他脊附奔走雲霏霧集若榱椽之今上御名大厦衆星之仰河漢或取之於民譽或得之於未名群材必呈智能咸効爵不妄加官不私謁晉末以荒溪混亂阿黨容縱莫不掃蕩革易與之更始君行早而咸不爲奢民勤庶而下無怨讟品令宥密賞罰端平遠無不懷邇無不附屬爲郡縣者則南過交趾西苞劍閣北劃大江而境東海七分天下而復其四永初未歲一天子

眷豪矜懷以燕代戎幄岐梁重梗將誓六師屠桑乾
而境北狄三事大夫顧相謂曰待夫振旅凱入乘轅
南返請具銀繩瓊檢昭告東嶽既而洮頮不興即年
厭世滎陽狎子不訓以敗皇輿與太祖寬肅宣惠大成
先志表越二昆來膺寶命沉明內斷不欲由甯氏竟允
權逼使芒刺在躬親臨朝政率遵恭法斟酌先王之
典弘宣當世之宜民樂其生鮮陷刑辟仁厚之化既
以播流率土欣欣無思不悅每車駕巡幸簫鼓所聞
百姓皆扶老攜幼想望儀形愛之樂之孜孜如不足
爾初徐傅伏誅纖求內相王弘覈之而思降彭城欲
之而不違王華劉景仁以中興帝載謝弘微王曇首

以沉密贊極機徐湛之江湛王僧綽以體國彰義正
謝方明劉道産以德愛稱良能高閒則王全明清貴
則方續文章則顔延之謝靈運有命世之巨才儒雅
則裴荀何傅爲師表之高學則徐亮骨鯁則袁粲髮
子廣建言忠益則范泰何尚之其宗室藩翰帝弟帝
子江夏衡陽南平廬陵隋王建平臨川新渝或倩令
夷實或文敏沾洽皆博愛以禮率土明美流譽三四
十年爲多士矣上亦藴藉義文思弘儒術庠序建於
國都四學分於家巷天子乃殺蹕下輦以從之東皋
宴語以觀之莫不敦閱詩書沐浴禮義淑慎規矩斐
然向風其行脩言道者然後登朝受職威儀輕佻者

不齒於鄉閭公宫非儐羽不來庭私家非軒蓋不逾
國冠冕以之雍容如也於是文教既興武功亦慕令
將受律指日如期檀蕭薄伐則南澄象酒劉裴爰整
則四踐仇池良駒巨象充塞外廐奇琛寶貨下建百
寮禽獸草木之瑞月有六七繩山航海之譯歲且十
餘江東巳來有國有家豐功茂德未有如斯盛者也
然值北方彊周韓歲擾金墉虎牢代有得失二十七
年偏師剋復河南横挑彊胡百萬之衆匈奴遂跨彭
澤航淮浦設穹廬於瓜步請公主以和親于時精兵
猛將嬰城而不敢鬬謀臣智士折撓而無所稱天子
三朝燕饗單于臨江高會於是起盡室之財軸艫千

里緣江而陣我守既嚴胡兵亦怠且知大川所以限南北也疲老而歸退我追奔之師橐弓裹足係虜之民流離道路江淮已北蕭然矣重以含章巫蠱始自三逆殷殺酷帝史之手聞仲尼以為非一朝一夕之故其所由來者漸矣由辯之不早辯也世祖率先九牧大雪冤恥身當歷數正位震居聰明徇達博文藴識威可以整法智足以勝姦人君之略幾殆備矣時之風流領袖則謝莊何偃王元長蔡興宗袁顗袁㚟無侮將則沈慶之柳元景宗慤朱循之或清華以秀雅或驍果以生類固以軌道廊廟之中方駕向時之盛矣至於經綸忠烈乃躬諒直雖晉之祁趙無以尚

焉帝即位二三年間方逞其欲言拒諫違天下失望
而有世祖　才明少以禮度自肅思武皇之節儉追
太祖之寛恕則漢之文景曾何足論景和申之以淫
虐太宗易之以昏縱師旅荐興邊鄙蹙迫人懷苟且
朝無紀綱内寵方議其安外物已覩其敗矣世祖登
遐既委重於二戴太宗晏駕亦託孤於王阮滿近之
道歸沖人之釁如一然宋祚未絶於永光重以宗之
見窘水德遂亡實由彊臣之受辱且顧命群公從容
自若懦伊霍之機倚靡唐虞之際於是蔚炳胃纘命
就遷俯仰之間興衰易覩之矣周自平王東遷崎嶇
河洛其後二十四世而赧始亡之漢自章和既降頼

覆閹豎其後百有餘載而獻始禪之何則周漢靈長如彼難拔近代脆從若此易崩非徒天時有人事矣聞鴻荒者難爲慮因感事者易爲力曹馬規模懸乎前載苟有斯會實啓英雄而況太宗爲之驅除先顛其本根既蹙枝葉自摧斯則始於人事者昔二代將亡殷辛夏癸相去數百年間異代而復出宋自景和元徽首尾不能十載而除過於兩君斯則天之所棄於前三也天意人事其微如是雖欲勿喪其可得乎若乃極厥塗炭馭逆取欲者湯武之功也鋤當路節揖讓之名者近代之事也豈應天從民道有優劣故宗廟社稷修短有數乎不然何則殊途緬邈如斯之遠

也夫山嶽崩頹必有朽壞之隙春秋迭代必有去故之悲是以臨危亡而撫運不有不扼腕留連者也古之弊化薄俗行乎宋氏宋氏成敗得失驗乎行事設而言之載于篇籍矣繫敘其所創業垂統而懷其舊俗遺風餘烈將不嘗然建乎賢人君子莫聲餘論以附于茲子野祖宋中大夫西鄉侯以文帝十二受詔撰起居注十六年重被詔續成何承天宋書其年終于位書則未遑述作齊興後十餘年定之新史既行於世子野生乎太始之季長於永明之間家有舊書聞見交接是以不量深淺因宋之新史以爲宋略二十卷篇翦裁繁文刪撮事要即其簡冊宣志以爲名者

夫黜惡彰善藏否與奪則質以先達格言不有私也豈以勤成一家貽之好事蓋司典之後而不敢忘焉

裴子野曰余齊末無事聊撰此書近史易行頗見傳寫比更尋讀繁穢猶多微重刊削尚未爲詳定

建康實錄卷第十四

建康實録卷第十五　齊上

太祖高皇帝

太祖高皇帝姓蕭諱道成字紹伯小名鬬將漢相國何二十四代孫何初居沛何孫侍中彪免官居東海蘭陵縣中都里晉元康元年乃分東海為蘭陵郡中朝亂帝四世祖淮陰令整過江居晉陵武進縣僑置本上加以南名於是為南蘭陵人也皇考承之字嗣伯少有大志而才力過人初為宋建威大將軍府參軍累遷漢中太守追破主帥楊難當於峨山乃平梁州入為右軍將軍元嘉二十五年梁土思之為於峨山立廟太祖以宋元嘉四年丁卯歲生姿表英異龍

顙鍾聲鱗文遍體年十三從雷次宗學於雞籠山受禮及左氏春秋二十三年隨戍沔口初為左軍中兵參軍二十九年領偏軍征仇池破二壘文帝崩累遷自建康令為右將軍大破薛索兒於石梁明帝即位授南兗州刺史冠軍將軍而明帝常嫌太祖非人臣相且民間流言蕭姓當為天子明帝愈以為疑泰始七年徵赴京師拜散騎常侍太子左衛率明帝崩詔為右衛將軍加兵五百人與尚書令袁粲褚淵等共掌機事及蒼梧王立元徽二年江州刺史桂陽王休範舉兵叛於尋陽衆二萬溢口太祖議分軍屯守出鎮自新亭單車白服宋天子加太祖持節都督征討

諸軍事平南將軍築新亭城未畢賊前驅已至太祖方解衣高卧以安衆心乃索白虎幡登西垣使將軍高道慶陳顯達泝舸與賊水戰自新亭北至赤岸大破之燒其船艦賊上新亭休範乘肩輿率衆至而太祖大破之張敬兒斬休範首而賊將丁文豪仍設伏破臺軍於皂莢橋至朱雀航而太祖使陳顯達任農夫張敬兒周盤龍等散討諸賊時休範與籤許公與等許稱休範在新亭士庶惶懼詣壘期赴休範投名者千數太祖得而燒之俞遣還乃振旅凱入百姓聚觀曰全國家者此公也遷鎮軍將軍兗州刺史進爵爲公邑三千戶休範平後蒼梧王既暴猜忌欲加太

禍陳太妃罵之曰蕭道成有功於國今若害之後誰爲汝着力也乃止太祖如憂懼後常欲以太祖臍爲射的僅得免乃與二十五人謀又與楊玉夫等同謀殺蒼梧王而迎立汝陰王其夜王敬則馳蒼梧首於太祖太祖夜入承明門衆所騎赤馬入殿内及太祖踐祚号此馬爲龍驤將軍世謂龍驤赤色也及沈攸之之矯太后令下都京師恐懼太祖入居朝堂命諸將西討之袁粲劉彦節等謀於石頭皆殺之彦節走領擔湖王蘊走鬭場追擒斬之粲無繼世之調而流放好酒步屧白楊郊野間道遇士大夫便呼與酣飲明日謂攸知兹到門求通粲曰昨飲酒無偶聊相邀爾竟不

相見初蒼梧之廢也彦節於集議路逢弟韞曰今日之事故當歸兄耶彦節曰吾等以讓領軍矣韞自搥胸曰君肉中詎有血乎詔假太祖黄鉞率大衆出新亭中興壘以拒攸之攸之敗傳首京師進太祖太尉都督徐兗等十六州諸軍事己酉增班劒四十人甲仗百人入殿加羽葆鼓吹自大明太始已來相承奢侈百姓成俗太祖輔政罷御府省二尚方諸飾翫集無不得以金銀錦繡爲緣器等九月進位領揚州牧劒履上殿入朝不趨贊拜不名置左右長史司馬從事中郎將掾屬各四人三月甲辰詔進位相國揔百揆封十郡爲齊公備九錫之禮加璽紱遠遊冠位在

諸王公上加相國緑綟綬三讓公卿敦勸乃受宋帝策命詔齊國初建給錢帛萬四月癸酉進齊公爵為王衛將軍褚淵奉策授璽紱金虎符第一至第五錫茲立土苴以白茅改立王社丙戌命齊王冕十有二旒建天子旌旗出警入蹕一依天子儀辛卯宋帝禪位便遜位別宮詔依唐虞魏晉故事是日宋帝遜位府郎備羽儀出東掖門曰何不進鼓吹左右無有答者壬辰策命齊王遣使持節兼太保雩都縣侯褚淵兼太尉王僧虔奉皇帝璽綬受終之禮一依唐虞故事太祖三辭宋帝王公已下固請太史令將作匠文建陳符命曰六九位也漢建武至建安二十五年一

百九十六年而禪魏魏自黄初至咸熙二年四十六
年而禪晉晉自泰始至元熙二年一百五十六年而
禪宋宋自永初元年至昇明三年九六十年咸以六
終六受右僕射王儉奏被宋詔遜位臣等參議宜剋
日輿駕受禪撰立儀位太祖乃許之
建元元年夏四月甲午上即皇帝位於南郊設壇柴
燎告天禮畢車駕還宮臨太極前殿大赦天下改昇
明三年爲建元元年封宋帝爲汝陰王築宮丹陽故
縣行宋正朔車旗服色一如晉宋故事上書不爲表
答表不稱詔宋諸王降爲公公主爲縣君詔封降有
差有司奏除元嘉暦爲建元暦木德盛卯終未以正

月卯社十二月未臘丙辰詔遣大使巡行[illegible]方己未
汝陰王薨諡為順帝追尊皇考曰宣皇帝妣曰孝皇
后追尊兄道度道生為王庚辰七廟立未備法駕即
于太廟甲申立皇太子賾見刑人重者降一等立皇
太子嶷等為王乙酉葬順帝于寧陵秋七月詔南蘭
陵桑梓本鄉長蠲租南武進王業所基復十年丙子
立彭城劉胤為汝陰王奉宋帝後
二年三月己亥高麗吐谷渾遣使貢獻進高麗王高
璉為樂浪公九月葬皇太子妃穆氏休安陵時議欲
立石誌不出禮典起宋元嘉中顏延之為王球石誌
素族無銘策故以紀行自爾已來共相祖習儲妃之

舉體生毛至元徽四年沈攸之事起上以中流可以待敵據湓口城爲戰守之備太祖聞喜曰真我子也齊國建爲齊世子以石頭爲世子宮太祖即位爲皇太子建元四年三月壬戌太祖崩上即位大赦征鎮州郡令長軍屯部伍各行喪三日不得離任乙丑以司徒褚淵録尚書事左僕射王儉爲尚書令車騎將軍張敬兒開府儀同三司六月立皇太子長懋丙寅立皇太子妃王氏八月褚淵薨

永明元年正月辛亥車駕祠南郊大赦改元內外羣僚各舉所知而隨分登敘下詔改葬袁粲劉秉之名節襃贊前功而沈攸之得送喪還舊墓[illegible]月[illegible]人宋元徽時中書

舍人各住一省時謂之四[illegible]推重權而勢傾天下

茲象失度時吏官請有[illegible]二十餘日天文乖忤

此禍由[illegible]乃[illegible]會[illegible]中書權上納而不敗

二年秋七月[illegible]幸[illegible]宮[illegible]金石樂在位者賦

詩戊申[illegible]湖[illegible]

三年八月乙未幸中堂聽訟

四年春正月甲申藉田禮畢車駕幸閱武堂勞酒小會

五年三月戊子幸芳林園禊宴九月九日登高[illegible]館

詔所立在孫陵崗世呼爲九日臺也

六年春正月聽覽京師二百獄囚

七年五月王儉薨

八年六月大雷而有黃光竟天照地狀如金色王融
上金天頌二王擒曰此熒惑光非金也十月桃李再花
古曰人君妃妾過制虛飾無實今則桃李再花時後
宮萬餘人宮內不容太樂內茅室皆暴露
九年十年十一年春正月丙子皇太子長懋薨夏四
月甲午立皇孫昭業爲皇太孫而妃何氏賜天下爲
父後者爵一級七月上不豫徙御延昌殿車輿始登
階而殿屋鳴吒上惡之戊寅大漸詔曰太孫進德日
茂社稷有寄子良善相輔尚書中務悉委王晏徐
孝嗣等軍旅捍邊委王敬則陳顯達王廣之沈文季
等又詔不得賣系入樂官是日上崩年五十四廟号

世祖謚武皇帝上剛毅有斷治總大體以富國爲先頗好遊宴九月葬景安陵初十一年秋七月月入太微先是匈奴中謡言去赤火南渡衰南國於是匈奴始視爲寇帝方患而憂之是歲果有沙門從北來齎此火而至火色赤於常火而微云以治疾貴賤爭取之多得其驗二十餘日京師咸云聖火詔使吏澆滅之而民亦有竊畜者治疾先齋戒以火炙桃板七炷而疾愈吳興丘國賓好事士也竊還鄉邑邑人楊道慶虛疾二十年間形容骨立依法炙板一炷能坐即全瘥是月帝崩

史臣曰齊高帝基命之初武功潛用泰始開運大拯

時艱及蒼梧暴虐釁結朝野而百姓懔懔命縣朝夕權道既行無濟天下元功振主利器難以假人群方勠力實懷尺寸之望豈惟天厭水行固已人希木德歸功與能事極乎此武帝雲雷伊始功參佐命雖爲繼體事實艱難御袞垂旒深存政典文武授任不革舊章明罰厚恩皆由己出外表無塵內朝多豫機事平理職貢有常府藏內充鮮人勞役宮室苑囿未足以傷財安樂延年衆庶所同幸亦有齊之良主也

廢帝鬱林王

鬱林王昭業字元尚文惠太子長子也小名法身文惠薨立昭業二十歲爲皇太孫居東宮世祖永明十

一年七月崩太孫即帝位辛酉追尊文惠爲世宗文
皇帝尊太妃爲皇太后立何氏爲皇后初昭業年五
歲戲高帝床前方捉白鬚召問太孫曰我誰耶荅曰
太公高帝笑曰豈有爲人曾祖拔白鬚乎即擲鏡鑷
隆昌元年春正月丁未改元大赦詔百寮陳得失各
舉所知七月癸巳皇太后令廢帝爲鬱林王昭業美
容止好隸書世祖勑皇孫手書不得妄出以重之出
入常禁其起居節其用度昭業曾謂豫章王妃庾氏
曰阿婆佛法言有福德生帝王家今日見作天王便
是大罪左右主帥動見拘縶不如作市邊屠沽富兒
百倍矣及即位極意賜與動百數十萬未朞之閒世

祖庫儲錢億數無盡而開主衣庫與皇后寵觀之人
人恣意所欲取之諸寶器以相擊剖破碎之以爲笑
樂居常裸袒着紅縠褌雜綵袒服好鬬鷄密買鷄至
千價世祖御物甘草杖宮人寸斷用之與文帝幸姬
霍氏淫通長留宮内聲去度霍氏爲尼以餘人代之
何皇后亦亂齋閤通夜洞開内外混雜西昌侯鸞爲屢
諫不納乃疑鸞有異志鸞懼變先謀廢帝二十二日
使蕭諶坦之等於省誅帝羽翼曹道剛朱隆之等率
兵自尚書省入雲龍門戎服加朱衣於上比入門三
朱廢帝在壽昌殿聞外變走向愛姬徐氏房拔劍自
刺不中以帛綿纏頸輿接出延德殿諶初入宿衛將

士皆執弓楯相拒謂曰所取自有人卿等不須動宿衛信之及見帝出各欲自奮帝竟無言及被殺時年二十三輿屍出徐龍駒殯葬以王禮餘黨亦見誅明日乃宣令而立海陵王

廢帝海陵王

海陵王昭文字季尚文惠太子第二子也鬱林即位封為新安王其年鬱林廢尚書令西昌侯鸞議立昭文為帝

延興元年秋七月丁酉即皇帝位以西昌侯鸞為錄尚書事揚州刺史宣[illegible]郡公大赦天下改元九月癸未誅司徒鄱陽王鏘大將軍隨王子隆南兗州刺史

安陸王子敬江州刺史晉安王子懋於是三王遂起兵遣中護軍王玄邈討誅之己未鸞假黃鉞内外纂嚴丁酉進宣城公鸞爲太傅加殊禮進爲王而盡誅諸王爲藩鎮者以宣城王輔政帝起居皆諮而後行常思蒸魚菜太官令答無録公命竟不獻十月辛亥皇太后令以嗣主幼沖庶政多失宗王四海藩戚外叛自非樹長君無以鎮淵器太傅宣城王胤體宜皇鍾茲太祖宜入承替命帝降海陵王建武元年詔海陵王依漢東海王故事十一月稱王有疾遣御師占視乃殞之時年十五謚曰恭王先是寶志沙門往東宫常從平昌門入忽去門限上血汙人衣褰裳走過

俄而載帝屍自此門出帝頸血流于門限

史臣曰郭璞稱永昌之占二百之象而隆昌之号亦同焉案漢靈帝中平六年四月崩辯太子十歲即位改光熹元年張讓段珪誅後改爲昭寧董卓輔政改爲永漢卓廢帝爲弘農王一百七十日鴆之九月立靈帝子協却号中平一年四号也晋惠帝太平二年長沙王乂事敗成都王潁改元爲永安潁自鄴奔河間王復改元爲永興一歲三号也隆昌延興建武亦二号故知喪亂之軌適千載而必同之矣

高宗明皇帝

高宗明皇帝諱鸞字景栖始安貞王道生之子也小

名玄慶少孤太祖撫育過於諸子宋太豫元年爲安
吉令有嚴能之名累遷輔國將軍淮南太守太祖踐
祚遷侍中封西昌侯世祖即位爲度支尚書轉左衛
將清道而行遷左僕射海陵王立爲録尚書事鎮東
府加黄鉞班劒進爲宣城王太后廢帝海陵王以上
入纂太祖爲第三子也群臣三請乃受命冬十月癸
亥即皇帝位大赦改元
建武元年大司馬王敬則等十三人並進封邑户詔
省尚方雕刻新林苑地悉以還百姓追尊始安貞王
爲景皇帝妃爲懿皇后戊子立皇子寶卷爲皇太子
賜天下父後者爵一級自輔政所深十八王是月復

屬籍冬封子爲侯

二年夏六月誅西陽南海邵陵等三王而殺蕭諶八月納皇太子妃褚氏大赦王公已下賜有差十二月詔晉宋諸陵悉加修理

三年冬十月皇太子冠賜王公已下帛有差

四年春大赦庚辰詔人産子者蠲父母役一年新婚者蠲夫役一年

永泰元年春正月朔大赦丁未誅河東臨賀西陽永陽南康衡陽湘東南郡巴陵桂陽等十王子皆死之四月甲寅改元大赦丁未大司馬會稽太守王敬則舉兵反夏五月使輔國將軍劉山陽東討斬敬則秋

七月己酉帝崩于正福殿時年四十七遺詔以沈文季爲左僕射江祐爲右僕射封江祀侍中劉暄衛尉御軍政大事內外皆委徐孝嗣遥光蕭坦之等爲心膂之任葬興安陵謚明皇帝廟号高宗帝明審有吏才持法無所借制御親幸臣下肅清驅使人夫存其儉約輿輦舟乘剔去金銀還主衣庫太官進食有裹蒸帝曰我食此不盡可四片破之餘充晚食而世祖掖庭中官服御一無所改性多猜慮故亟行誅戮而出入互唱南出唱北東行唱西而示簡於出入竟不南郊上初有疾信道術身衣絳衣服飾皆赤以厭之巫云後湖水頭經入宮內致帝有疾乃自至太官行水

溝左右啓太官若無此水則不立帝意塞之欲南引淮流會帝崩事寢

廢帝東昏侯

東昏侯寶卷字智藏高宗第二子也本名賢高宗輔政改焉建武元年立爲太子

永泰元年七月高宗崩太子即位改元

永元元年十一月立皇子誦爲太子賜爲父後者爵一級丙辰揚州刺史始安王遥光據東府反遣領軍蕭坦之討平之傳首九月壬戌以頻誅大臣大赦天下十一月太尉江州刺史陳顯達反十二月顯達至京師乙酉斬首餘黨盡平

二年三月詔使崔惠景討豫州刺史裴叔業及兄子
植惠景時為平西將軍於廣陵起兵反襲京師徐州
刺史江夏王寶玄以京城納之乙卯帝使領軍王瑩
屯北籬門惠景破之遂入京師豫州刺史蕭懿起義
兵大破惠景詔曲赦京邑江夏王寶玄伏誅十月害
尚書令蕭懿十一月甲寅蕭穎胄起兵於荆州十二
雍州刺史梁王蕭衍起義兵於襄陽
三年二月詔羽林兵征雍州中外纂嚴三月丁未衍
立南康王寶融即皇帝位於江陵癸丑遣平西將軍
陳伯之西征八月以光禄張瓌鎮石頭以太子左衛
率李居士總督諸軍屯新亭是日義軍至南州李居

士敗新亭降義軍將軍徐元瑜以東府城降義軍十二月王琊國侍中張稷率兵入殿廢帝時年十九帝在東宮便好弄不喜書常夜捕鼠達旦爲樂高宗臨崩屬以隆昌爲戒曰作事不可在人故數誅大臣委任群小性訥澀少言唯親閹竪及左右自江祐始安王遥光等誅後騎馬日夜於後堂戲叫呼倡伎以五更就卧至晡方起王侯朝臣節朔朝見晡後方前或時遣出臺閤奏案月數十日不報初二年元會食後方出朝賀纔竟便還殿西序寢自巳至申百寮陪位皆僵仆菜色比起就會怱遽便罷陳顯達平後出遊走遂居民于郊外數十里皆空家盡室巷陌縣幔高爲

隨役入防守謂之屛除或周環京邑是時一月二十餘出三四更中鼓聲四出幡戟橫路百姓喧走士庶不辯出不言定所夜出夜返火光天鼓吹鳴鈸聒地置射雉場二百九十六所郊郭帷鄣四民皆廢業雉蘇路斷又於後宮起仙華神仙玉壽諸殿盡用雕彩以麝雜香塗壁時世祖興光樓上施青漆世謂之青樓帝曰武帝不巧何不純用瑠璃貴妃潘氏服御極選珍異主衣庫舊物不復充用琥珀釧一隻直一百七十萬京邑酒租皆折使輸金又立紫閣諸樓壁上盡男女私褻之像種好樹美竹微求民家望樹便取朝栽暮拔道路相繼又於宮立市太官乃朝進酒

㕣肴莫使宮人闌與共爲稗見潘妃爲市令帝爲市
魁將鬭者就潘氏判决苑中作土山築渠立堰以新
蔡人徐世摽爲直閤將軍殺戮皆用其黨茹法珍梅
虫兒等專權内外緘口及義師至近郊乃聚兵爲固
守之計而信鬼神迎拜蔣子文爲相國楊州牧封鍾
山王時范雲謂朱光尚曰卿是天子要近人當思諫
諍光尚曰至尊不可諫正當以鬼神達意後帝馬驚
光尚曰先帝瞋不許數出帝大怒乃拔刀與光尚尋
覔不見乃縛草作高宗形北面斬之懸首苑門上潘
妃生女百日死帝斬衰絰杖群臣來吊盤地坐舉手
受執毅將軍孫豪死於是閉城自守城内軍事一委任

王珍國而聞外鼓吹叫聲披大紅袍登景陽樓屋上
望弩幾中之士卒怨之不爲致力募兵出戰至城門
皆坐甲自守恐城外有伏乃燒城旁府署六門之內
皆盡於西掖內相聚爲市販牛馬肉及義師至便勑
太官備百日糧而惜金錢不肯賞賜茹法珍等叩頭
請之帝曰賊來獨取我耶而就我求物後堂儲數百
具榜板啓爲防城之具帝曰擬脩殿竟不與故王珍
國張稷等見不能用計懼禍及故反率兵入殿是夜
帝在含德殿吹笙歌作女兒子卧未熟聞兵入起出
北戶欲還宮閹人黃泰平以刀傷其膝仆地顧曰奴
反耶直後閤張齊遂斬首送梁王宣德太后令言其

党惡追封爲東昏侯法珍等伏誅初義師築長圍帝乃着五色衣服登城望賊還輒與六宮御刀在華光殿共立單壘別制鎧仗多用金玉親自攻壘詐作戰敗被瘡板擱將去將來相對爲樂

和帝

和帝諱寶融字智昭明帝第八子也建武元年封隨郡王永元元年改封南康王出爲西中郎將荊州刺史督九州軍事二年十一月甲寅長史蕭穎胄奉王舉兵其日太白及辰星俱見西方乙卯教纂嚴景辰以雍州刺史蕭衍爲使持節都督前鋒諸軍事戊午衍表勸進十二月乙亥羣僚勸進竝不許壬辰驍騎

將軍夏侯亶自建鄴至江陵稱宣德太后令西中郎將南康王宜纂承皇祚光臨億兆可且封宣城王相國荆州牧加黄鉞置僚屬三年正月乙巳王受命大赦唯梅蟲兒茹法珍等不在例是日長星見竟天甲寅建牙于城南二月己巳群僚上尊號立宗廟及南北郊中興元年春三月乙巳皇帝即位大赦改永元三年爲中興文武賜位二等是夜彗星竟天以相國左長史蕭穎冑爲尚書令加雍州刺史蕭衍尚書左僕射都督征討諸軍以晉安王寶義爲司空廬陵王寶源爲車騎將軍開府儀同三司是年有司奏封庶人寶卷爲零陵侯詔不許又奏爲涪陵王詔可夏四月戊

辰詔凡東討衆軍及諸向義之衆普復除五年秋七月丁卯魯山城主孫樂祖以城降己未郢城主薛元嗣降八月景子平西將軍陳伯之降九月己未詔假黄鉞蕭衍若定京邑得以便宜從事冬十一月壬寅尚書令鎮軍將軍蕭穎胄卒十二月景寅建康城平己巳宣德皇太后令以征東大將軍蕭衍爲大司馬録尚書驃騎大將軍楊州刺史封建安郡公依晉武陵王遵承制故事壬申改封建安王寶夤爲鄱陽王癸酉以司徒楊州刺史晉安王寶義爲太尉領司徒乙酉以尚書右僕射王瑩爲左僕射

二年春正月戊戌宣德皇太后臨朝入居内殿壬寅

大司馬蕭衍都督中外諸軍事加殊禮己酉以大司馬長史王亮爲守尚書令甲寅加大司馬蕭衍位相國梁公備九錫禮二月壬戌誅湘東王寶晊景戌進梁公蕭衍爵爲王三月辛丑鄱陽王寶夤奔魏誅邵陵王寶攸晉熙王寶貞庚戌車駕東歸至姑孰景辰遜位于梁丁巳廬陵王寶源薨四月辛酉禪詔至皇太后遜居外宮梁受命奉帝爲巴陵王宮于姑孰戊辰巴陵王殂年十五追尊爲齊和帝葬恭安陵初梁武帝欲以南海郡爲巴陵國邑而遷帝焉以問范雲雲俛眉未對沈約曰今古殊事魏武所云不可慕虛名而受實禍梁武頷之於是遣鄭伯禽進以生金帝

曰我死不須金醇酒足矣乃引飲一升伯會就加搯焉先是文惠太子與才人共賦七言詩句後輒云愁和帝至是其言方驗又永明中望氣者云新林婁湖青溪並有天子氣於其處大起樓苑宮觀武帝屢游幸以應之又起舊宮於青溪以弭其氣而明帝舊居東府城西延興末明帝龍飛至是梁武帝衆軍城於新林而武帝舊宅亦在征虜百姓皆著下屋白紗帽而反裙覆頂東昏曰裙應在下今更在上不祥命斷之於是百姓皆反裙向下此服袄也帽者首之所寄今而向下天意若曰元首方爲猥賤乎東昏又令左右作逐鹿帽形甚窄狹後果有逐鹿之事東昏宮囊

又作散叛髮反髻根向後百姓爭學之及東昏狂惑
天下散叛矣東昏又與群小別立帽騫其口而舒兩
翅名曰鳳度三橋帬向後總而結之名曰反縛黃麗
東昏與刀敕之徒親自著之皆用金寶鏤以璧璫又
作著調帽鏤以金玉閒以孔翠此皆天意梁武帝舊
宅在三橋而鳳度之名鳳翔之驗也黃麗者皇離爲
日而反縛之東昏戮死之應也調者梁武帝至都而
風俗和調先是百姓及朝士皆以方帛填胷名曰假
兩此又服袄假非正名也儲兩而假之明不得真也
東昏誅其子廢爲庶人假兩之意也
史臣曰鬱林地居長嫡瑕釁未彰而武皇之心不變

周道故得保茲守器正位尊極既而禍鄗內作兆自宮闈雖爲害不遠而足傾社稷郭璞稱永昌之名有二日之象隆昌之號實亦同焉明帝越自支庶任當負荷乘機而作大致殲夷流涕行誅非云義擧事苟非安能無内愧既而自樹本枝根亂孤弱貽厥所授屬在凶愚用覆宗祊亦其理也夫名以行義往賢垂範備而之禪術士讖之東昏以卷矣藏以終之其兆先徵蓋亦天所命矣

列傳

柳世隆　張瓌　栢崇祖　張敬兒

王敬則　陳顯達　劉懷珍　李安民

王玄載　崔思祖　劉善明　蘇侃

桓榮祖　周山圖　呂安國　周盤龍

王廣之　薛淵　戴僧靜　桓康

焦度　庚杲之

高帝十九男

柳世隆字彦緒河東解人也祖憑世隆少有風器伯父元景爲宋尚書令愛賞之言於宋孝武召見帝曰此兒將來復是三公也宋累遷虎威將軍上庸守帝謂元景曰卿昔以虎威之號爲隨郡今復以授世隆使卿門世不絶公也以沈攸之叛守郢城有功事定徵爲侍中遷尚書右僕射貞陽侯齊太祖踐祚自毋憂起爲平南將軍豫州刺史進爲公帝問褚淵曰向

見御世隆毁瘠過禮使人惻然淵曰世隆至性天深
喪過乎禮事陛下在危盡忠喪親居憂杖而後起立
人之本二理同極加榮增寵足以勵風俗世隆性好
書啓太祖借秘閣書上給二千卷轉尚書令常自云
馬矟第一清談第二彈琴第三在朝不干世務垂簾
鼓琴風韻清逸甚得世譽以疾遜位永明九年卒詔
給東園秘器朝服贈司空班劍鼓吹葬於倪塘著龜
經秘要二卷見行於世
張瓌字祖逸吳郡吳興人也祖裕父永爲晉左光祿
曉音律宋孝武問永太極殿前鍾聲嘶永答鍾有銅
滓乃扣鍾求其處鑿而去之聲遂清越瓌解褐江夏

王太尉府叅軍以遭父喪還吴初劉彦節有異圖弟遐爲吴郡守聚師三千太祖密遣瓌取遐瓌領兵直入吴郡斬遐郡内莫敢動太祖以告張沖沖曰瓌以百口一擲出手得盧矣即授吴郡太守封義成侯世祖即位爲左尚書領右軍及鬱林之廢見朝廷多難恒卧疾而居室妓妾盈房生子十餘人嘗云中應有好者梁天監中卒

桓崇祖字敬遠下邳人也族姓豪強石季龍時自洛陽徙鄴曾祖敞爲慕容吏部尚書祖苗自宋武征廣固率衆歸降仍家下邳官龍驤將軍父詢之宋冀州刺史崇祖年十四有幹略伯父豫州刺史護之謂門

宗曰此兒必大吾門汝等不及也太祖在淮陰崇祖時戍朐山既受都督祗奉甚至及平沈攸之復遷冠軍將軍兗州刺史初下邳見太祖謂妹夫皇甫肅曰此真吾君也太祖亦曰韓白不及太祖踐祚爲豫州刺史鎮壽春盡力奉邊建元二年虜遣劉昶馬步號二十萬寇壽春崇祖著白紗帽肩輿登城指揮大破虜軍啓至上笑曰今真得其人矣進平西將軍崇祖聞陳顯達增給軍儀乃啓上求鼓吹上勑曰韓白何可不與遂給鼓吹一部世祖即位徵還爲五兵尚書永明元年詔稱與荀伯玉今上御名扇邊荒誅之時年四十四子惠隆徙番禺卒

張敬兒南陽冠軍人也本名狗兒宋明帝以其名鄙改之父醜爲蜀郡將軍敬兒年少便弓馬有膽氣射猛獸發無不中以補府將擊蠻賊累功爲南陽太守後佐太祖大破桂陽王於新亭親詐降斬休範首以功遷爲雍州刺史驍騎將軍以平沈攸之封襄陽侯太祖即位爲中軍將軍太祖崩遺詔加開府儀同三司將拜謂其妻曰我拜後府開黄閤因口自爲鼓吹聲其妻謂曰吾嘗時夢一手熱如火而君爲南陽郡元徽中夢半身熱而君得本州今復夢舉身熱矣有閹人聞之以事達世祖世祖疑有異志使收之敬兒脱冠投地曰用此物誤我於是伏誅子道慶見宥

王敬則晉陵南沙人母爲女巫敬則生而胞紫色謂
人曰此兒必有鼓角相人笑曰得爲人吹角可矣及
年長兩腋下生乳各長數寸夢騎五色獅子年二十
餘善拍張好刀劍補刀戟跳高與虎幢等宋明帝即
位爲直閤將軍封重安縣子敬則少於草中遇虫如
烏豆集其身摘去乃脫其處皆流血敬則惡之詣道
士卜云此封侯之瑞也果如其言出補暨陽令性倜
儻不羈初屠狗商販徧於三吳嘗與暨陽縣吏鬭曰
我得暨陽當鞭汝小吏背吏唾其面曰汝得暨陽我
亦得司徒公矣及作暨陽召吏謂曰汝何時得司徒
公耶音善遇之及佐破桂陽王遂盡力於太祖太祖

即位以殺蒼梧功遷安東將軍吴興太守封潯陽郡公世祖十一年累遷司空出爲會稽太守初在吴興出行市見屠肉枅歎曰吴興昔無此枅是我少時在此所作也海陵王立進位太尉敬則名位雖達不以富貴自遇初爲散騎使虜於北館種楊柳後員外郎虞長曜北使還敬則曰我昔種楊柳今若大小長曜曰北人以爲甘棠敬則從世祖嘗宴於華林群臣各出伎敬則脱章服袒裼以片絹紥髻奮臂拍張叫動左右上不悦曰豈聞三公爲此對曰臣拍張故得三公而拍張當時以爲名譽明帝即位爲大司馬臺使拜授日而雨大洪注敬則不悦及使蕭坦之將齋仗五

百人行武進陵敬則憂惶上知使敬則世子仲雄入
東安慰其父雖然愈益猜忌高宗疑焉後竟起兵反
過浙江帝諸子在京者盡殺之遣將軍左興盛等討
之敬則遇興盛遥告敬則曰公兒死已盡公如許作
底官軍不敵欲退馬軍主胡松領馬軍突之敬則大
敗興盛軍容袁文曠斬之傳首京師時年七十初敬
則東起高祖疾篤朝廷倉卒東昏侯在東宫議欲叛
使人上屋望見征虜亭失火謂敬則至急裝欲走或有
告敬則者敬則曰檀公三十六策走是上策汝父子
唯應急走耳蓋謗云檀道濟避虜也
陳顯達南彭城人宋以勞驅使累遷濮陽太守桂陽

王叐大敗賊丁豪等於杜姥宅矢中左眼拔而鏃不出
地黄村潘嫗者善禁先以釘釘柱嫗禹步作氣釘即
出乃禁顯達目中鏃出以功封彭城侯再遷平越中
郎將廣州刺史太祖即位爲安西將軍益州刺史山
夷震服永明八年徵征南大將軍江州刺史給鼓吹
顯達性謙厚多智計有子十人誡之曰我本不及此
汝勿以富貴陵人高宗立進位太尉封鄱陽公常不
自安每自卑下及其對[illegible]等軍圍馬
圍城四十日入豫[illegible]年十[illegible]歲[illegible]自立齊
軍敗顯達走以主[illegible]而僅免以爲江州
刺史鎮湓城[illegible]顯達之[illegible]禍十二

月遂舉兵朝廷遣胡松等拒於采石大破之松軍敗
京邑震駭遂發新林[illegible]十二月潛軍夜
渡取石頭入宮城與官軍戰於西州顯達敗走西州
烏榜村騎官趙潭注槊刺落馬斬於籬門側血灑湔
籬似淳于伯之被刑也時年七十三諸子皆伏誅
劉懷珍字道玉平原人漢膠東王後伯父奉伯爲宋
陳郡太守懷珍幼隨奉伯在壽陽時刺史出獵百姓
觀之懷珍獨避不視伯父異之曰此兒方興吾宗也
本州辟主簿自宋文以來數有軍功遷至將軍封中
宿侯太祖輔政以布衣之舊徵爲相國左司馬建元
初改封宣城侯而尋轉光祿大夫子靈哲字文明累

遷至前將軍兗州刺史母病晢躬自祈禱夢見黃衣
公曰可取南山竹笋食之靈晢覺如其言乃立愈
李安民蘭陵承人也父欽之殿中將軍隨父沒虜率
部曲自拔南歸累遷冠軍司馬廣陵太守初討晉安
王子勛事平明帝大會新亭勞諸軍主摴蒱官賭而
安民五擲皆盧帝大驚帝自謂安民曰卿面方如田
封侯相也及太祖即位爲中護軍封康樂侯家國密
事太祖唯與安民論議每謂曰署事有卿名我便不
復細覽也世祖即位遷尚書僕射以疾辭退爲安東
將軍吳興太守吳興有項羽神護郡廳事太守至必
先殺軛下牛祭安民奉佛不與牛祭而設八關齋儀

而卒死埋於廟側今呼爲李公子冢也
王玄載字彥休下邳人也建元二年爲梁秦二州刺史兄弟同時爲方伯封河陽侯永明四年卒
崔祖思字敬元清河東武城人也魏中尉琰七世孫父僧護祖思少有志氣好讀書史爲都昌令隨青州刺史垣護之入堯廟廟有蘇侯像偶坐護之曰唐堯聖人而與雜神爲列祖思曰使君若清蕩此坐則是堯廟重去四凶之伍也遂相與除雜神太祖在淮陰祖思聞風自從之及宋初議封太祖爲梁公祖思啓太祖曰讖云金刀利刃齊刈之今宜稱齊實應天命從之太祖即位遷征虜將軍青冀二州刺史因啓陳

犬羊乎宋孝建中爲後軍參軍事太祖累遷寧國將軍東海太守榮祖善彈登西樓見海鵠群翔謂左右當生取之於是彈其兩翅毛脱盡墜地無傷養毛生後飛去其妙如此佐命勳封將樂縣子永明二年遷冠軍兗州刺史九年卒

呂安國廣陵人也宋大明末以將領見任隱厚有幹局副劉勔破殷琰於壽春與功第一封彭澤男累以軍功遷金紫光祿大夫領軍永明八年卒

周山圖字季寂義鄉人也貧微於書題亡甚不事產業有氣幹以軍功累遷左中郎將衆綏其男呼爲武原將以佐太祖歷戎出征有功封晉興縣男世祖即

位遷之晉發王鎮北[illegible][illegible]及疾上手敕問疾尋卒

周盤龍北蘭陵人也盤龍膽氣過人尤便弓馬隨軍討擊陷陣先登累遷龍驤將軍封晉安子建元二年助栢崇祖拒魏大破之上聞大喜送金釵二十枝與盤龍愛妾杜氏手敕曰餉周公阿杜轉太平子敕令助成買與虜拒戰於淮陰角城父子二人衝突出入縈擾數萬衆還平北將軍兗州刺史後為光祿大夫世祖戲之曰卿著貂蟬何如兜鍪對曰此貂蟬從兜鍪中出病卒子奉叔勇力絕人少隨父征討得直閤將軍善騎馬鬱林從其學騎後遷冠軍將軍青州刺史後為高宗所殺

王廣之字士林沛郡相人也少好弓馬有勇力初爲馬隊主累遷左衛將軍世祖見其子珍國異之曰珍國大堪事卿可謂老蚌卒於江州刺史進應城公

薛淵河東淮陰人也宋州刺史安都從子本名道淵避太祖偏諱改焉安都降虜而親族皆入北太祖鎮淮陰淵來奔委身事太祖隆昌元年封司州刺史卒

戴僧靜會稽永興人也少有膽力便弓馬初祖飾謀亂伏法家口徙青州僧靜自歸太祖爲北徐州刺史從高平太守卒

桓康北蘭陵承人也勇而凝果宋末隨太祖及世祖起義爲郡所錄衆皆散康裹擔一頭貯穆后一頭

貯文惠太子及竟陵王子良自負置山中與門客蕭
欣祖四十餘人相結破郡迎世祖郡兵追急康死
戰破之隨世祖起義[illegible]膂力絕人所經村邑恣其
行暴江南人畏之以其名怖小兒畫其形而辟瘧無
不立愈建元元年封吳平縣伯後軍將軍明年大破
魏虜為持節都督青州刺史卒
焦度字文績南安平人也祖文珪避難奔襄居仇池
元嘉中僑立天水郡洛陽縣乃屬焉度少有氣幹便
弓馬孝武初青州刺史顏師伯出鎮滑臺差度領幢
主送之後破虜有功拔為輔國府參軍孝武見而謂
師伯曰真健物也補晉安王子勛夾轂隊主子勛起

兵以慶爲龍驤將軍事敗逃於宫亭湖中爲賊江州刺史王景文誘降之沈攸之事起拒攸之於郢城登樓罵辱攸之攸之攻不能下至今呼此樓爲焦度樓事寧後以功爲直閤將軍封東昌縣子

庾杲之字景行新野人祖深之雍州刺史父粲司功參軍杲之幼有孝行起家奉朝請累至王儉衛軍府長史蕭緬與儉書曰盛府元僚實難其選景行汎緑水依芙蓉何其麗也世呼儉府爲芙蓉池故緬書美之也轉黄門侍郎杲之風範和潤善音吐世祖令對虜使歎其風姿之美王儉在坐曰杲之爲蟬冕所照更生光彩遷左衛率上表退蟬冕及章上不許杲之

從孫曾家富於財狀貌豐美頤頰開張人皆以為有
方伯之[illegible][illegible]凍餒之憂後江陵亂竟饑死又有都督
褚蘿云[illegible][illegible][illegible]從理入口竟不之衣食而終
高帝十九[illegible][illegible]昭皇后生武帝及豫章文獻王嶷謝貴
嬪生臨川獻王映長沙威王晃羅太妃生武陵昭王
曅任太妃生成恭王暠高陸脩容生丹陽王鏘何太妃
生始興簡王鑑宜都王鏗歐貴人生鈞張淑妃生江
夏王鋒河東王鉉李美人生南平王鋭第九第十二
第十四第十七皇子早亡

建康實錄卷第十五

建康實録卷第十六　齊下　列傳

裴叔業　陸厥　崔慰祖　祖沖之
賈淵　傅琰　虞愿　劉懷慰
裴昭明　沈憲　孔琇之　褚伯玉
明僧紹　顧歡　臧榮緒　宗測
吴苞　杜京產　徐伯珍　邵榮
吴遠之　樂頤之　江泌　紀僧真
茹法亮　吕文顯　魏虜

王琨琅琊人祖薈父懌以侍婢生琨初名崑崙懌後娶南陽樂玄女無子故名琨立爲嗣少謹篤爲從伯父司徒謐愛重官至尚書初爲吏部郎不受私囑出爲建威將軍平越中郎將廣州刺史宋順帝即位進

右光祿大夫順帝遜位百僚陪列琨攀畫輪獺尾慟
泣曰人以壽爲歡老臣以壽爲戚既不能先驅螻蟻
頻見此事嗚噎不自勝百官人人雨淚齊高帝即位
領武陵王師加侍中時王儉爲宰相屬琨用東海郡
迎吏琨使謂曰語郎三臺五省皆是郎用人外方小
郡當乞寒賤省官何容復奪之遂不過其事尋解王
師及高帝崩琨聞國諱牛不在宅去臺數里遂步行
入宮朝士皆謂曰故宜待車有損國望琨曰今日奔
赴皆自應爾遂得病卒贈左光祿大夫年八十四琨
謙恭謹慎老而不渝朝會必早起簡閱衣裳料數冠
幘如此數四或爲輕薄所笑

何戢字慧景廬江灊人祖尚之宋司空父偃金紫光
祿大夫戢尚宋孝武山陰公主主就帝求褚淵内侍
淵乃與戢同居餘終不從主意由是厚申情好累至
吏部尚書戢美容儀動止與褚淵相慕時人呼爲小
褚公初孝武賜戢蟬雀扇善畫人顧景秀所畫時吳
郡陸探微顧彥先日能畫嘆其巧絕戢因王晏獻之
上令晏厚酬其意 年三十六
王延之字希季瑯 人父昪之宋都官尚書延之出
繼伯父粲之從少靜默不交人事舉秀才累至吳郡
守公爲左僕射宋祚衰太祖輔政朝野之情人懷彼
此獨延之與王僧虔中立無所去就世人語曰二公

治平不送亦不迎太祖〻吾之出爲安南將軍江州刺史
與阮韜俱是宋領軍劉湛外甥並有才譽湛愛之曰
韜後當爲第一延之次焉延之甚不平遷中書令轉
特進卒子綸之　至侍中
阮韜字長明陳留人也晉散騎常侍金紫光祿大夫
裕玄孫也初宋孝武選侍中四人須有風貌王彧謝
莊一雙韜與何偃爲一雙常充兼假至始興王師卒
張緒字思曼吳郡人　祖茂度會稽太守父演太子中
舍人緒少知名叔父鏡謂人曰此兒今世樂廣也舉
秀才袁粲言於明帝曰臣觀思曼有正始之遺風宜
爲宮職拜侍中中　齊建元元年轉中書令王儉嘗

謂人曰此都中百[illegible]緒過江未有也不知陳仲弓黃叔度能過之否初[illegible]爲益州刺史獻蜀柳數株枝條甚長狀若絲縷[illegible]植於太昌雲和殿前因宴翫賞咨嗟曰此柳風流[illegible]爲人甚似思曼少年以緒爲太常卿國子祭酒用王延之代緒爲侍中中書令世人以此選得人比晉朝用王子敬代王季琰也世祖位爲吏部尚書初緒每朝見太祖目送之謂王儉曰緒以位尊我我以德貴緒緒口不言利家不蓄財不受私囑若清淡端坐或竟日不食卒年六十八遺命作蘆葭轜車靈床置杯水香火從弟融敬重事之如親兄置酒於靈前酌酒慟哭曰阿兄風流頓盡子克阿

虞阮之字茂瑤會稽人祖宗晉庫部郎父玫通直常侍玩之少閑刀筆涉書史官至左丞上表陳府庫錢帛器械用度虛不支月太祖輔政鎮東府朝廷致敬玩之猶躡屐造席太祖取屐視之訛黑斜銳蔑斷以芒接之問曰卿此屐已幾載玩之曰三十一年矣初拜征北行佐所買貧士未辦易之太祖善之因賜新屐不受曰著猶已久弊不可捐所以不當殊賜累位驍騎將軍黃門侍郎世俗多巧僞玩之請置校籍官以防之年老有疾請退表曰四十仕進七十懸車壯即驅馳老宜休息知足不辱自知足 授命於道消之辰効節於百揆之日忠之勿也慶隆於文明之初

荷洿汸龍飛之運命之偶也不謀巧宦而位至九卿
德慚李陵而忝居門下堯舜無窮民臣亦通矣年過
六十不爲夭矣榮期之三樂東平之一善臣俱盡之
矣上省表許之東歸王儉不出送朝廷無祖餞者歸
鄉造大宅數年後卒貞外郎孔瑄就儉求會稽五官
儉方與渡投皂莢於地曰卿鄉俗惡虞玩之至死煩人
劉休字弘明沛郡人父超九真太守休初爲宋明帝
湘東常侍轉征北參軍頗有好尚尤嗜飲食休多藝
能爰至鼎味問無不解遂見親賞長直殿内帝素肥
痿不能御内諸王妓妾懷孕者密使獻之入宫生子
乃幽其母順帝是桂陽王休範子蒼梧王亦非帝子

乃陳太妃先爲李道兒妾故後蒼梧王微行每自稱
曰李將軍帝憎婦人妬忌朝官妻有妬者必爲鞭
休妻王氏亦妬帝使人就宅鞭二十後令開小店亻
王氏賣掃箒皂莢以辱之休卒豫章太守
謝超宗陳郡夏人祖靈運父鳳宋元嘉中因事徙廣
州超宗元嘉末方還好學有文章與惠休道人往來
孝武出策秀孝格五問並得上上作郡淑儀誄孝武
見歎曰超宗殊有鳳毛靈運再出爲太祖長史坐公
事免自詣東府門通謝其日風寒慘厲太祖謂四坐
曰此客至使人不衣自煖矣超宗既坐飲酒數甌辭
氣橫出太祖對之甚懽太祖即位轉黃門侍郎在直

省常醉上忽召見語及北方事超宗曰虜動來二十年佛出亦無奈何以失儀出為南郡王司馬後以怨望免官十年禁錮後司徒褚淵送湘州刺史王僧虔閣道壞墜水僕射王儉牛驚跳下車超宗撫掌笑曰落水三公墜車僕射前後言誚布在朝野及淵出水沾濕超宗又笑曰有天道焉天所不容地所不受投畀河伯河伯不用淵大怒曰寒士不遜超宗曰不能賣袁粲焉得免寒士以張敬兒女為子妻帝甚疑之及收下廷尉一宿鬚盡白詔從越州自盡

劉祥字顯徵東莞莒人父敳太宰從事祥為宋巴陵王參軍少好學性剛疎輕言肆行不避高下建元中

司徒褚淵入朝以腰扇鄣日祥從側過曰作如是舉止羞面見人扇障何益撰宋書譏斥之爲臨川王驃騎從事初王奐爲僕射與奐子融同載行至中堂見路人驅驢祥曰驢汝好爲之如汝人才皆可爲令僕矣著連珠詞十五首以寄懷云希世之寶違世必賤偉俗之器無聖則淪是以明璧黜於楚岫章甫窮於越人上令御史任遐奏付廷尉徙廣州不得意縱酒而卒

虞琮字景豫會稽餘姚人父秀之黃門侍郎琮有謹行初世祖始爲從事家甚貧薄琮推國士之眷數相分與行必呼帝同載上甚德之昇明中爲世祖中兵諮

議家富奴婢無游手者雖在南土而會稽滋味無不畢至及明帝即位琮乃辭疾不陪位帝使尚書令王晏齎廢立事示琮以琮舊德引參佐命琮謂晏曰主上聖明公卿勠力寧假朽老臣贊惟新乎不敢聞命徐孝嗣曰此亦古之遺直也衆議乃止稱疾篤求東歸轉光祿大夫卒

蕭赤斧南蘭陵人太祖從祖弟父始之冠軍參軍赤斧歷官謹慎爲太祖所知太祖輔政順帝遜位于丹陽故所立宮上令赤斧監送至薨乃還遷雍州刺史在官勤奉公事封南里伯永明三年卒家貧無絹爲衾上聞之轉賻錢五萬材一具布百匹子穎冑字雲長

弘厚有父風起家太子舍人從太祖登石頭烽火樓賦詩稱旨和帝出荆州以潁胄爲冠軍將軍行荆州事初雍州刺史梁王起義書與潁胄勸同舉兵潁胄未決而朝廷使巴西太守劉山陽領兵三千上荆州就潁胄謀襲雍州梁王又使王天虎等揚聲云劉山陽上并襲荆雍遂與梁王定謀斬天虎首送山陽發兵及百姓車牛往襄州山陽上就潁胄潁胄使岷山太守劉孝慶伏兵斬山陽首送梁王梁王發兵留潁胄知後事檄告京師永元三年東昏年号正月立和帝於荆州初荆州大風雨龍入栢齋中柱壁上有爪足處刺史蕭遥欣恐不敢居至是南康王寶融立爲和帝遂以

爲嘉瑞殿中興元年三月遷頴胄爲中書令領吏部監八州軍事荆州刺史八月魯休烈蕭璝破汶陽至上明荆土尚振頴胄遣軍主蔡道弘上明拒璝十二月頴胄憂慮發氣卒和帝密詔梁王報頴胄凶秘不發喪始年四十及平定聞者天命之有在矣梁天監元年追封巴東郡公

劉瓛字子珪沛國相人晋丹陽尹惔六世孫父惠治書御史瓛初舉秀才丹陽尹袁粲坐於後堂指庭前柳樹謂曰人謂此是劉尹時樹每想高風今復見卿清德可謂世不衰矣薦爲秘書郎太祖即位累至揔明觀祭酒會稽郡丞從學者數百人瓛姿狀纖小而

名觀當朝京師士子莫不下席受業瓛性謙下不以高名自處居住檀橋有屋數間上皆穿漏學徒不敢指斥呼爲清溪焉竟陵王子良親往謁之表世祖爲立館以楊烈橋故主第給之生徒皆賀瓛曰室美豈爲人哉華宇豈吾宅也未徙居遇疾卒年五十六瓛有至性年四十未有婚對後娶王氏尋又出之梁天監中武帝爲立碑謚曰貞簡先生

弟璡字子敬性方軌正直初爲武陵王曅參軍曅與寮佐飲自割鵞炙璡曰殿下親執鸞刀下官未敢安席因起請退嘗與友人孔徹同舟徹留目觀岸上女子璡舉席自隔不與同坐兄瓛嘗夜隔壁呼之璡初

不應答方下床着衣行及簾外然後應之獻恠其父
璡曰向者束帶未竟恐乖禮也卒射聲校尉
陸澄字彦淵吴郡人祖劭臨海太守澄少好學行坐
眠卧手不釋卷起家太學博士以評議經典遷秘書
監初竟陵王子良得古器小口方腹而底平可容七
八勝以問澄澄曰此名服匿昔單于以與蘇武子良
復細視器底有字髣髴可識如澄所説以老疾轉光
禄大夫卒年七十世稱碩學讀易三年不解文義欲
撰宋書竟不成王儉戲之曰陸公書厨也
張融字思光吴郡人父暢宋會稽太守融年弱冠同
郡道士陸脩靖以白鷺羽麈尾扇遺融曰此既異物

以奉異人仕宋爲封溪令被獠賊執將欲殺之[illegible]神色不動方作洛生詠賊異之而不害甞泛海至交州於海中遇風終無懼色方詠曰乾魚自可還其本鄉肉脯復何爲者哉又作海賦還示顧愷之愷之曰此賦實超玄虛但恨不道鹽耳融立取筆注之曰漉沙全上御名白熬波出素積雪中春飛霜著路此四句後足也融嘗與王僧虔書曰融天地之逸民也進不辨貴退不知賤允然造化忽若草木每自歎曰不恨我不見古人恨古人不見我善草隸書自號其能太祖尤善之見融常笑曰此人不可無一不可有二與何戢善嘗往詣戢爲從者誤通尚書劉澄宅融入門乃曰非是

至戶外望澄又曰非是既造席熟視澄良久曰都不是乃出其為異如此遷司徒從事中郎假東出世祖問所住止曰臣陸居無屋舟居無水上問融從兄緒緒曰融近東出未有居處權牽小船於岸上住上大笑北虜聞融名上使融往對北使李道固曰張融是宋彭城長史張暢子否融嚬蹙久之曰先君不幸名播六夷豫章王大會賓寮融食炙始行畢行炙人便去融欲求鹽蒜口終不言方搖食指半日乃息出入朝廷皆拭目觀之性孝義母忌月三旬皆不聽音樂司馬竺超民嘗救其父暢之難後超民有孫徵冬月遭母喪家貧融往弔之悉脫身上衣以贈之披牛衣而

還建武四年卒
周顒字彦倫汝南安城人晉光禄大夫顗七世孫祖虎頭員外散騎常侍父珣顒少爲族祖朗所知府臺立爲殿中郎音辭雅麗出言不窮尤長佛理著三宗論嘗於鍾山西立隱舍休沐則歸之清貧寡欲終日長蔬雖有妻子獨處山舍甚機辯衛將軍王儉謂顒曰卿山中何所食顒曰赤米白鹽緑葵紫蓼文惠太子問顒菜食何味最勝顒曰春初早韭秋末晚菘轉國子博士兼著作太學諸生慕其風爭事華辯始著四聲切韻行於時後卒於官
蕭坦之南蘭陵人也父欣有勳於世祖至武進令坦

之與蕭諶同族初為殿中參軍以文惠見用累位侍中領軍高宗崩東昏立而始興王遥光謀反坦之自淮南岸夜踰墻科頭著褌走歸宫城假節督衆軍討遥光屯湘宫寺事平遷尚書左僕射丹陽尹進封公二十餘日帝使延明主帥黄文濟領兵圍其宅誅之坦之肥黑無鬚語聲嘶時人号蕭啞剛佷専執群小畏而憎之

謝瀹字義潔陽夏人祖弘微宋太常父莊金紫光禄大夫瀹七歲王彧見而異之言於宋孝武褚淵以女妻之初兄朏為吴興郡瀹送别朏指瀹口曰此唯宜飲酒故建武朝専以長酣為務方得壽終瀹拜車騎

參軍以明帝廢鬱林即位宴群臣尚書令王晏等興席瀹獨不起曰陛下受命應天從人王晏以爲己力獻觴遂不見報上大笑解之及王晏初得班劒瀹謂之曰身家太傅裁得六人君亦何事一朝至此晏甚憚之謂江祏曰彼上人者難爲詶對帝起禪靈寺敕瀹爲碑文永泰元年卒

徐孝嗣字始昌東海郯人父聿之著作郎並爲宋元凶所殺初孝嗣在孕母年少欲更嫁不願有子自牀投地及服藥令胎墮而更堅及生小字遺奴而挺立風儀端簡王八歲襲爵枝江縣侯尚孝武樂康公主除著作太祖建元初兼侍中王儉目之爲宰相才轉

御史中丞累至吏部尚書臺閣事悉以委之王儉卒後爲五兵尚書明帝謀廢鬱林孝嗣奉旨即還家草太后令戎服隨入殿庭於袖中出太后令明帝大悅即位後加中軍大將軍定策元勳進爵爲公孝嗣性好學器量弘雅不以權勢自居建元之世恭己自保朝野稱之孝嗣初在率府晝卧齋北壁下夢兩童子遽去移公床驚起走數步壁忽崩壓床建武四年加開府儀同三司明帝崩受遺託輔幼主東昏即位多失德孝嗣不敢諫之江祏見誅内懷憂懼進拜司空初虎賁中郎將許準有膽力領軍隸孝嗣陳說事機勸行廢立孝嗣不能決群小返憎惡遂勸帝除之其

冬被召之華林省遺茹法珎賜藥酒孝嗣容色不變
少能飲酒飲酒至斗餘卒年四十七長子尚世祖女康
公主第三子尚明帝女山陰公主並同見殺中興元年
元年和帝詔贈孝嗣太尉
嗣子琨字君舊仕梁湘東王嘗出軍有人將婦從役
王曰才愧李陵未能先誅女子將懃孫武遂欲驅戰
婦人君舊應聲曰項籍壯士猶有虞兮之歌紀信成
功乃資婣人之力竟卒於官
沈文季字仲達吳興武康人父慶之宋司空孝建三
年文季家辟州主簿景和之難兵人圍宅文季揮刀
馳馬而去收者不敢逼遂得免明帝立遷黃門侍郎

文季飲酒至五斗妻王錫女亦飲三斗對飲竟日而
視事不廢風彩稜岸善於進止昇明元年沈攸之反
文季爲冠軍將軍督錢塘軍事文季殺攸之弟及宗
族盡滅之銜景和之害也齊建元初爲太子右衛率
封南豐侯世祖即位轉太子詹事世祖謂文季曰南
土無僕射多歷年所文季對曰南風不競非復一日
左善應對能塞及彈碁塞用五子也遷中護軍以家
爲府延興元年遷左僕射明帝加尚書令東昏即位
多行殺戮方知世亂乃辭以老病後與徐孝嗣見害
於華林省年五十八朝野冤之和帝中興追贈司空
兄子昭略至冠軍將軍與文季同召入省例賜藥酒

昭略罵徐孝嗣曰廢昏立明古今令典宰相無才致有今日即以甌投其面曰使作破面鬼死時言笑自若年四十餘弟昭光亦見殺

王慈字伯寶瑯琊人司空僧虔子年八歲外祖宋江夏王義恭於內齋施寶物恣任所取慈乃取素琴古硯義恭善之累位侍中以脚疾齊武帝勅聽乘車在仗後自江左以來少此例也子觀尚世祖女吳縣長公主慈至冠軍將軍東海太守有女爲江夏王鋒妃謝鳳子超宗嘗候僧虔仍往東齋詣慈慈正學書超宗曰卿書何如虔公慈曰我不及有如鷄之比鳳超宗狼狽而退永明九年卒贈太常

陸慧曉字叔明吳郡吳人晉太尉玩之玄孫也自玩至慧曉祖萬載世爲侍中皆有名行慧曉伯父仲元又爲侍中時人方之金張二族父子真仕宋爲海陵太守慧曉清介正直不雜交遊張緒常曰此江東裴秀樂廣輩秀才歷諸府參軍世祖輔政除尚書殿中郎鄰族來賀慧曉舉酒曰陸慧曉年踰三十婦父領選始作尚書郎卿等以爲慶耶自太傅祭酒出爲武陵王征虜將軍與劉璡行至吳璡謂人曰吾聞張融與慧曉並宅其間有水必應異味遂命駕往酌而飲之曰飲此水則鄙吝之萌盡矣慧曉後遷晉陵王長史或謂曰長史貴重不宜妄自謙退答曰我性惡人

無禮不欲以無禮處人又曰貴人不可卿而賤者乃可
卿人生何用立輕重於懷抱終身常呼人官位以吏
部爲輔國南交州刺史何點常云陸惠曉心如照鏡遇
形觸物無不朗然王思遠恒如懷冰暑月亦有霜氣
世人謂之實録初欲用惠曉爲侍中以形短小乃止
有三子僚任倕各有美名

王融字元長瑯琊人祖達父道琰廬陵内史融少而
神明警惠博涉有文才舉秀才自晉安王參軍遷祕
書監中書郎永明末世祖欲北伐使毛惠秀畫漢武
北伐圖融因此上䟽開張北侵之議圖成上置琅琊
城射堂壁上遊幸觀焉初世祖宴芳林園禊飲令融

爲曲水詩序舉世稱之後遷中書郎嘗撫心歎曰爲
爾寂寂鄧禹笑殺人及北虜動竟陵王子良拔融平
朔將軍以文藻捷速子良特相友善融躁於名位自
恃人地三十内望爲公輔嘗詣王僧祐遇沈昭略素
未相識昭略顧眄謂主人曰是何年少融殊不平謂
曰余出於扶桑入於濛谷照耀天下何人不知而卿
有此問昭略曰不知許事且食蛤蜊融曰方以類聚
物以群分君長東隅居然應嗜此族其高自標置如
此世祖疾篤子良侍醫藥在殿内太孫未入融乃戎
服坐省閤口斷東宮仗不得進欲矯詔立子良上既
蘇召太孫入殿朝事委高宗融乃去戎服坐省中歎

曰公誤我鬱林即位十數曰使中丞孔稚珪奏收下廷尉誅之年二十七文集行於世

謝朓字玄暉陳郡陽夏人祖述吳興太守父偉散騎侍郎朓有美名文章絕世起家豫章王東閤祭酒累至吏部郎善草隸長於五言詩沈約常云二百年來無此作也敬皇后遷祔山陵朓撰哀策文齊世莫有及者後江祏與弟祀及劉渢劉晏同候朓朓曰可謂帶二江之雙流以嘲弄之祏轉不堪至是今上御名而害之誣暴其過惡收付廷尉又使御史中丞范岫奏收朓下獄死時年三十六

孔稚珪字德璋會稽山陰人祖道隆位侍中父靈産

晉安太守罷歸奉道於禹井山中立館明解星文太
祖問沈攸之事言其必敗還爲光祿大夫餉白羽扇
素隱机曰君性好古故遺古物稚珪少好學有美譽
起家太祖記室與江淹對掌辭筆初江左用晉世張
杜律二十卷稚珪删注修改與竟陵王議務在從輕
曰仲尼有言古之聽獄者求所以生之今之聽獄者
求所以殺之與殺不辜寧失有罪則斷獄之職古所
難矣珪表上律文二十卷國學置律助教依五經例
策試上高第便擢用之稚珪風韻疎清不樂世務居
宅營小山憑机獨酌多飲七八斗旁無雜事門庭之
內草萊不剪而多蛙鳴人問之曰欲爲陳蕃乎稚珪

笑曰我以此當兩部鼓吹何必効蕃王晏嘗鳴鼓吹候之聞群蛙鳴曰此殊聒人耳珪曰我聽鼓吹殆不及此晏甚有慚色永元二年起爲都官尚書珪疾東昏屛除以床轝走乃疾甚而卒

崔惠景字君山清河武城人也父系之司州別駕惠景爲國子生仕宋至寧朔將軍齊受禪封樂安侯世祖即位進冠軍將軍東昏立遷輔國將軍初徐世標專權惠景備員而已及東昏誅舊臣宿將不得自安明年裴叔業以壽陽降魏 即授惠景平西將軍往壽春軍頓白下將發帝幸園屛除出琅邪城送之帝戎服坐城樓上召惠景惠景單騎進圍內繞交數言拜

[illegible][illegible]七[illegible]既出去城數十里召會諸軍頓軍廣陵
[illegible]三日便濟江將衆襲京口江夏王寶玄內應之合
二[illegible][illegible][illegible]奉寶玄向京師軍到查硎竹坎人萬副兒
[illegible][illegible][illegible][illegible]說慧景曰今者路皆爲全軍所斷宜
[illegible]蔣山龍尾上出其不意慧景從之遣人自西巖夜
[illegible][illegible]叫中臺軍驚散帝遣將軍左興盛率軍拒北籬
門便退走慧景引軍入樂遊苑突進北掖門長圍逼
內東府而石頭白下新亭皆奔慧景使擒興盛於淮
渚荻舫中殺之燒蘭臺府署爲戰場稱宣德太后令
廢帝爲吳王帝密召豫州刺史蕭懿軍主胡松李居
士數千人自採石濟岸過頓越城舉火臺城中鼓叫

稱慶惠景使子覺將兵渡南岸合戰覺軍大敗赴淮死覺乃馬退皆詣城降惠景乃與腹心人潛至蠏浦爲漁人所斬以頭内鰌藍中擔送京師年六十三先是東陽女子婁逞變服詐稱丈夫粗知圍棊解文義徧遊公卿門仕至揚州議曹從事事方泄明帝令東還始作婦人服歎曰有如此伎還爲老嫗豈不惜哉此人妖也陰而欲爲陽事不果故泄敬則遥光顯達惠景之應也

丘靈鞠吴興烏程人祖系祕書監靈鞠少好學善屬文舉上計爲東州辟從事累至東觀祭酒參軍掌國史靈鞠曰人居官願還使我終身爲祭酒不恨也永

明二年爲驃騎不樂武弁改爲常侍性好酒及臧否人物在沈淵坐見王儉詩淵曰王令文章大進靈鞠曰何如我未進時也靈鞠宋時文名甚盛入齊拜車騎長史卒又著江左文章録序起元興訖元熙文集行於世

檀超字悦祖高平金鄉人祖弘宋琅琊太守超少好文學放誕任氣解褐爲西州曹掾累至國子博士自比晉郗超言高平有二超又謂人曰猶覺我爲優也建元二年初置史官以超爲驃騎記室江淹掌史職上表立條例開元紀號不取宋年天文以建元爲始帝女體自皇宗立傳以備甥舅之重又立處士列女

等傳超史功未就而卒官江淹成之撰猶不備也時
豫章熊襄著齊典上起十世其序曰尚書堯典謂之
古書則附所述通謂之齊書名爲河洛金匱
衡陽王元道度太祖長兄與太祖同受業於雷次宗
宣帝問二兒優劣次宗曰其兄外朗其弟內明皆良
璞也爲安定太守卒於宋太祖即位追封無子以太
祖第十一子鈞爲後
鈞字宣禮好學常手細字書五經一部爲一卷置之
巾箱中侍讀賀玠問曰殿下家有墳素何須此蠅頭
細書別藏巾箱答曰巾箱五經檢閱且易一更手寫
則永不忘諸王聞而爭效之爲巾箱五經巾箱五經

自此始也

始興王道生太祖次兄宋奉朝請太祖即位追封爲

王建武元年追封爲景帝妃江氏爲景皇后立寢廟

於御道西陵曰脩安子鳳鸞爲即明帝

鳳字景慈宋正直郎卒追謚始安靖王改華林鳳莊

門爲望賢門

子遥光字元暉嗣生有躄疾高宗崩遺詔輔東昏爲

侍中中書令明於吏事見東昏虐害乃與江祏兄弟

謀自樹立弟遥欣擁兵上流死荆州還喪停東府遥

光見江祏遇害憂懼遂收集二州部曲於東府門召

丹陽尹告以討劉誼爲名破東冶出囚上方取器仗

謂之屍解仙化焉還葬舊墓連理生其側世祖語歡
諸子撰歡文義三十卷佛道二家立教無異而學者
互相非毀歡著夷夏論又著三教論注王弼易二繫
及孝經老子等

臧榮緒東莞莒人也父庸國子助教緒幼孤躬自灌
園以供祭祀純篤好學括東西二晉爲一書紀録志傳
一百一十卷隱居京口著五經序論常以宣尼生於
庚子日其日陳五經以拜之自號披褐先生初與關
康之俱隱京口四十年不出門世號京口二隱

宗測字敬微南陽人宋徵士少文之孫少靜退家甚
貧豫章王嶷徵爲參軍不起測荅府云何爲謬傷海

鳥橫斤山木母喪身負土植松柏嶷復遣書請之
辟爲參軍測答曰性同鱗羽愛止山壑眷戀松雲輕
迸人路縱宕巖流有若狂者忽不知老至而今鬢已
白豈容課虛責有限魚鳥慕哉永明三年詔徵太子
舍人不就欲游名山乃寫祖少文所作尚子平圖於
壁上測長子賓官在都知父此旨便求祿還爲南郡
丞付以家事刺史安陸王子敬長史劉寅以下皆贈
送之測無所受齎老子莊子二書自隨子孫拜辭悲
泣測長嘯不視遂往廬山止祖少文舊宅建武二年
徵爲司徒主簿不就卒
吳苞亦隱士常以一壺自隨一旦謂弟子曰吾今夕

當死壺中大錢一千以通九泉之路臘燭一挺以照
七尺之屍遂亡
杜京產字景齊吳郡錢塘人杜子恭玄孫父道鞠州
從事京產好恬靜專學黃老以潔淨爲心廉虛成性
通和發於天挺敏達表於自然隱太平山徵爲員外
散騎常侍京產曰莊叟持釣豈爲白璧所回辭疾不
就年六十四卒
徐伯珍東陽人少孤貧學書無紙常以竹葉及以鐵
釘畫地學書兼明道術宅南九里有高山班固謂之
九巖山後漢龍丘萇隱處也山多龍鬚檉栢望之五彩
世人呼爲婦人巖伯珍居之兄弟四人皆白首世呼

作四皓俱年八九十卒

武陵邵榮興八世同居建武三年明帝表其門閭

義興吳達之嫂亡無以葬自賣爲力夫以營棺椁建元三年詔表門閭

樂頤之字文德南陽人世居南郡少性至孝養母甘厚湘州刺史王僧虔引爲主簿聞僚佐非人棄官而去初吏部郎庾杲之常候頤之爲設食唯枯魚菜葅杲之曰我不能食此母聞之自出常膳魚羹數種杲之曰卿過於茅季偉我非郭林宗仕至郢州中從事

江泌字士清濟陽考城人父亮之員外郎江泌少貧晝日則斫𣟪爲業夜乃讀書隨月光光斜則握卷升

屋性行仁義衣弊虱多以綿裹置壁上恐虱飢死乃復置衣中食菜不食心以其有生意也為國子助教牽車至染烏頭見一老翁步行下車載之自徒步而歸建武中卒

紀僧真丹陽建康人因蕭慧開之言故請事太祖太祖用為冠軍參軍僧真夢蒿艾生滿江驚覺以白太祖太祖曰詩人採蕭蕭艾也蕭生斷流卿勿言也其見親如此太祖初在淮陰治城得一錫趺長數尺下有篆文莫能識之僧真曰何須更辯文字久遠之物九錫之徵也太祖在淮陰令僧真視上手跡學署之至是報答書疏皆付僧真上觀之笑曰我亦不能辯

太祖拜中書舍人封新陽縣男上臨崩令與遺詔爲
人有雅士之風世祖甞目送之笑曰人生何必計門
戶紀僧真堂堂貴人所不能及於諸權要最得顧聘
母葬開基得兩頭蛇五色明帝即位以僧真歷朝驅
使出爲廣陵内史卒

茹法亮吳興武康人宋大明中出身爲小吏齊太祖
用爲冠軍府參軍世祖即位爲中書通事舍人與呂
文顯並以姦佞諂事武帝東昏立出法亮爲大司農
中書勢利之職法亮不樂去固辭不受旣而代人已
到法亮垂涕而去卒官

呂文顯臨海人與茹法亮等迭出入爲舍人並見親

幸建武永先之世至尚書右丞少府卿卒

魏虜

魏虜匈奴種也姓拓拔氏披髮左衽亦呼之為索頭虜魏自什翼圭始治平城猶逐水草無城郭末始土著立居處至佛狸破涼州黃龍徙其居民大築郭邑截平城四角起樓女墻不施屋城又無壍南門外立二十一闕闕內立廟四門各隨方色凡五廟二十一間瓦屋其西立土社佛狸所居塞居等殿又立重屋居其上太子宮在城東亦開四門妃妾住土屋婢使千餘人織綾錦販賣逐利太官八十餘窖窖貯四五千斛城郭繞宮悉築為坊大者四五百家城西有祠

天壇立四十九木人長丈許白幘練裙常以四月四日殺牛馬祭於城西三里刻石寫五經及國記也佛貍置三公太宰尚書令僕射侍中與太子決國事諸曹軍府悉置官員皆使通知虜漢語以爲傳譯蘭臺置中丞御史知城內事

泰始五年萬民禪位子宏自稱太上皇宏立號延興元年至六年萬民死謚獻文皇帝故號丞明當此即宋元徽四年也丁巳歲以太和元年宏聞齊太祖受禪其冬使丹陽王劉昶爲太師來寇司州齊使車僧朗使北虜虜問僧朗曰齊輔宋日淺何故促登天位僧朗曰虞夏登庸親當革禪魏晉匡輔貽厥子孫豈

宋本建康實錄

（唐）許嵩　撰

第三册

國家圖書館出版社

第三册目録

建康實録卷第十　　晉下

安皇帝　　恭皇帝

安皇帝諱德宗[illegible]太元十二年八月辛巳立爲皇太子二十一年秋九月庚申烈宗崩辛酉太子即位癸亥以司徒會稽王道子爲太傅攝政冬十月大雩隆安元年春正月己亥朔帝加元服大赦改元增文武位一等是月太傅歸政二月歲星熒惑皆入羽林甲寅尊皇太后李氏爲太皇太后追尊所生陳淑媛爲安德皇太后后諱歸女松滋尋陽人父廣平昌太守后以美色入宫寵幸生帝及瑯琊王德文安宗晉書皇后以太元十三年崩戊午立皇后王氏夏四月甲戌兖州刺史王恭

豫州刺史庾楷等舉兵以討尚書左僕射王國寶爲
名國寶乃坦之中子少無士操不脩廉隅貪縱無足
妓妾珍玩充滿後堂其婦謝安女安當朝惡其傾側
每抑而不用國寶自以中興膏腴之族甚怨望從妹
既爲會稽王道子妃由是與道子遊處而間毀安焉
及道子專朝累遷中書令遂持威權扇動内外及弟
忱卒乃表自迎母并忱喪詔許之而盤桓不進爲御
史中丞褚粲所奏國寶懼罪衣女子衣託爲王家婢
詣道子告其事道子爲言於烈宗故得原國寶性既
驕蹇舉動不遵法度起齋侔清暑殿烈宗惡其僭侈
國寶懼復詣於烈宗及帝即位進從祖弟緒爲琅邪

内史緒亦佞邪見道子皆惑之倚爲心腹共參管朝
政威振内外遷尚書左僕射加後將軍悉配東宫兵
仗時人咸嫉之時王恭殷仲堪皆以才器各居名藩
惡道子與國寶等亂政屢有憂國之言道子亦深忌
憚之將謀去其兵未及行而恭檄至以討國寶等爲
名國寶惶遽不知所爲緒説國寶令矯道子命召王
珣車胤殺之以除群望因挾主相以討諸侯國寶許
之珣胤既至而未敢害反問計於珣珣勸國寶放兵
權以迎恭國寶信之又問於胤胤曰南北同舉而荆
州未至若朝廷遣軍恭必城守昔桓温圍壽陽彌時
乃克若京城未拔而上流奄至君將何以待之國寶

尤懼遂上疏解職詣闕待罪旣而悔之詐稱詔復其
本官欲收其兵拒諸侯之兵乃委罪於國寶甲申使
譙王尚之收國寶付廷尉殺之并斬王緒以謝王恭
恭悅乃罷兵戊子大赦天下
二年春三月龍舟二災秋七月兗州刺史王恭豫州
刺史庾楷荆州刺史殷仲堪廣州刺史桓玄南蠻校
尉楊佺期等復舉兵反八月丙戌慕容盛僭即皇帝
位癸酉黃龍九月使右將軍謝琰前將軍王珣南討己
亥破庾楷于牛渚丙子會稽王道子屯于中堂會稽
王世子元顯守石頭己酉召王珣入守北郊謝琰入
備宣陽門王恭以司馬輔國將軍劉牢之爲前鋒次

竹里元顯密以重利啗牢之牢之歸降引軍屯新亭使子敬宣迎擊恭敗之　恭字孝伯光禄大夫藴之子武定皇后兄少有美譽清操過人門地高華深以自負常有宰輔之望與王忱齊名謝安常曰王恭人地可以爲將來伯舅嘗從父自會稽至都王忱訪之見恭所坐六尺簟忱謂其有餘因求焉恭輒以送之遂坐薦上忱聞而大驚恭曰吾平生無長物起家佐著作郎歎曰仕宦不爲宰相才志何足以騁因以疾辭太元中累遷丹陽尹中書令會稽王道子嘗集朝士置酒於東府尚書令謝石因醉爲委巷之歌恭正色曰居端右之重集藩王之第而肆淫聲欲令羣下

何所取則時淮陵内史虞珧子妻裴氏有服食之術道子悦之引與賓客談論恭抗言曰未聞宰相之坐而有失行婦人道子甚愧之後烈宗擢恭望以爲藩屏以恭爲都督青兖等州諸軍事平北將軍兖青二州刺史假節鎮京口尋改前將軍帝即位會稽王執政寵任王國寶委以機權恭每正色直言道子深憚而忿之及赴山陵罷朝歎曰榱棟雖新便有黍離之歎矣時王緒與國寶謀欲因恭入覲相王伏兵殺恭說於道子道子亦以恭不可和協王緒之說遂行於是國難始結或勸恭因入朝以兵誅國寶而庾楷黨於國寶士馬甚盛恭憚之不敢發恭遂還鎮臨別謂道

子曰主上諒闇冢宰之任伊周所難願大王親萬機
納直言遠鄭聲放佞人辭色甚厲至鎮遂遣使與郗
仲堪桓玄相結謀誅國寶仲堪僞許之恭大喜乃抗
表京師論國寶與緒不忠之罪道子懼故收國寶及
緒誅之以謝恭初譙王尚之因說道子以宰相權弱
樹黨自衛以司馬王愉爲江州刺史割庾楷豫州四
郡使愉督之由是楷怒遣子鴻說恭言尚之兄弟專
弄相權貶削方鎮宜早圖之恭以爲然謀告郗仲堪
桓玄等推恭爲盟主剋期同赴京師而恭悞先期舉
軍遂敗與弟履單騎奔曲阿恭久不騎乗髀肥生瘡
曲阿人郗確以私船載恭藏於葦席之下將奔桓玄

至長塘湖爲商人錢彊密於長塘捕尉因擒恭送之
至倪塘而桓玄殷仲堪已近朝廷聞玄等逼懼甚有
變就殺之恭美姿儀人多愛悅或目之云濯濯如春
月柳嘗冬月披鶴氅裘涉雪而行孟昶見之歎曰此
真神仙中人也初見執屬一庶子於湖孰令戴耆之
以託桓玄玄養之案晉書列傳王恭性雖抗直而闇於機會自矜貴不閑用兵尤信佛道臨刑猶誦佛經自理鬚鬢神無懼容謂監刑者曰我闇於信人所以致此原其本心豈不忠於社稷耶庚申遣太常鄭殷茂以王恭
死喻殷仲堪及桓玄玄等走尋陽冬十月新野言騶
虞見壬午仲堪與桓玄等盟于尋陽推玄爲盟主十
二月己丑後魏拓拔圭僭即皇帝位於平城號天興
元年己酉南涼禿髮烏孤自稱武威王於金城號太

初元年是歲吴興長城夏架山石鼓自鳴聲如金鼓古老云此石鼓鳴則三吴有兵明年孫恩作亂（案晉書夏架山石鼓長丈餘面徑三尺許其下盤盤石爲之）三年春二月建康太守段業自稱涼王號天璽元年是月仇池公楊盛遣使稱藩獻方物夏六月戊子南燕慕容德陷青州害龍驤將軍辟閭渾德遂僭即皇帝位于廣固冬十月後秦姚興陷洛陽執河南太守辛恭靜十一月甲寅妖賊孫恩自入上虞攻陷會稽殺内史王凝之凝之羲之第二子攻草隸晉家世事張氏五斗米道凝之篤信焉孫恩之攻會稽僚佐請爲之備凝之不從方入靖室請禱出語諸將佐曰吾已請

大道許鬼兵相助賊自破矣既而無備遂爲恩所害恩既自稱征東將軍據會稽號其黨爲長生人分遣寇吴興永嘉殺太守謝邈司馬逸等而吴國臨海義興等官守皆遁走朝廷震懼内外戒嚴詔衛將軍謝琰輔國將軍劉牢之東討　邈字茂度父鐵太傅安之宗邈性剛鯁無所屈撓頗有理識累遷侍中烈宗晉讌樂之後賜侍臣文詔辭義有所不雅者邈輒焚毁之論者多之帝即位遷爲吴興太守孫恩之亂東破州郡執邈逼令北面邈厲聲曰我不得罪天子何北面之有遂害之　案晉書初邈妻郗氏甚妬邈在吴先娶妾郗氏怨懟與邈書聲絶邈以其書非婦人作疑門下生仇玄達爲之遂斥逐玄達玄達怒投孫恩及此并害邈兄弟殆至滅門　甲戌謝琰劉牢之進至義興吴

是果臨荆州自在荆州連年水旱百姓飢饉仲堪常
食五椀盤無餘肴飯粒落席間輒拾以噉之雖欲率
物亦緣其性真素也及與桓玄應王恭後不受詔命
朝廷憚之然與桓玄素不穆司馬楊佺期屢欲攻玄
玄知遂舉兵攻仲堪仲堪急召佺期赴戰俱為玄所
破追殺之案郭氏家傳從兄覬為南蠻校尉有疾仲堪往省焉曰只病可憂覬曰可憂不至滅門業已病深可憂也
四年春正月乙亥大赦三月彗星見于太微以桓玄
為後將軍荆州刺史夏四月孫恩復入寇浹口轉破餘
姚使帳下督張猛別攻殺内史謝琰琰字瑗度太
傅安之子與從兄玄破苻堅封望蔡公進衛將軍討
孫恩鎮會稽為張猛所殺并二子肇峻同見害於塘

路宋書後劉裕弑零陵王遣張猛送珠子琨琨到房共食之六月庚辰朔日有蝕之秋七月壬子皇太后李氏崩於含章殿八月壬寅葬簡文太后于脩平陵　后諱陵容出自賤微始簡文為會稽王時有三子及道生廢後獻王早世諸姬絕孕十年無子乃令卜者扈謙筮之曰後房有一女當育二貴男其一終盛晉室時徐貴人美寵帝異之久無子[illegible]士許邁者朝臣時望多稱其得道帝從容問焉邁曰臣好山水本無道術斯事豈所能判願陛下當從扈謙之言以存廣接之道帝然之數年乃令善相者遍召諸愛妾示之皆云非其人時后在織坊中形長黑色宮人皆謂之崑崙既至相者驚曰此其人也

帝園召侍寢后嘗夢兩龍枕厀日月入懷意爲吉祥太宗聞之異焉遂幸生烈宗及會稽文孝王崩時年五十（案后傳后少時善相者云終斃於虎及是見畫虎於屏風模之因有疾而終）冬十一月以司馬元顯爲後將軍開府儀同三司都督楊豫徐兖青幽冀并荆江司雍梁益交廣十六州諸軍事揚州刺史封其子彦璋爲東海王是月元顯遷吏部尚書車胤自裁而使讓御史中丞江績爲朋黨績憂卒 江績字仲元陳留圉人護軍灌之子有志氣累遷南郡相時荆州刺史殷仲堪舉兵應王恭以要績與殷覬同行屢言績不從覬慮績及禍於仲堪坐中和解之績曰大丈夫何至以死相脅江仲元行年六十但未知獲

死耳一坐皆懼仲堪憚其堅正以楊佺期代之朝廷聞徵爲御史中丞司馬元顯專政夜開六門績密啓會稽王時車胤亦言元顯驕縱宜禁制之欲連表奏道子未許元顯聞而謂衆曰江績車胤間我父子遂令責績而害胤　胤字武子南平人父郁爲郡主簿太守王胡之見胤於童幼謂其父曰此兒當大興卿門可使專學及父卒家貧勤學不倦乏油夏月則以練囊盛螢火以照書冬月躬自燃薪葦及長風姿美茂機悟敏速桓温辟爲從事累遷征西長史其時唯吴隱之與胤以寒素博學知名顯於朝廷性多給善於賞會每有盛坐車胤不在皆云無車公不樂謝安

遊集輒開筵待之拜中書侍郎領國子博士除護軍
將軍時王國寶諂於會稽王道子諷尚書八座以道
子爲丞相加殊禮胤不許曰此成王所以尊周公也
今主上當陽非成王之地相王在位豈得爲周公道子
乃稱疾不署其事及國寶等號奏帝帝大怒而嘉胤
公正遷吏部尚書及元顯擅權矜慢遂與江績密言
於道子事泄遇害十一月段業燉煌太守李暠背業
自稱秦涼二州牧涼公號庚子元年
五年春三月衆星西流經牽牛歷太微紫微夏五月
孫恩轉破以東諸郡吳國內史袁山松死之沮渠蒙
遜殺段業自號大都督北涼州牧六月甲戌孫恩奄

至丹徒遣軍襲破廣陵京師大震乙亥内外戒嚴百
官入居于省詔冠軍將軍高素等守石頭游擊將軍
毛邃屯白石輔國將軍劉襲柵斷淮口領軍將軍孔
安國入次中堂皇御鎮北將軍劉牢之使冠軍將軍
桓不才及劉裕擊孫恩裕等大破恩於蒜山恩退走
劉牢之令子敬宣與劉裕并軍海道窮追再破恩於
扈瀆恩遂迸入海　恩字靈秀瑯琊人世奉五斗米
道叔父　泰字敬遠好術幻狡詐人多惑之太元末
爲新安太守見天下兵起以爲晉祚將終乃聳動三
吳會稽道子誅之而恩逃于海島衆聞泰死皆謂蟬
蛻登仙爭往海中資給恩恩因聚合亡命志欲爲亂

復讎旣破州郡衆數十萬至是討破之案晉書孫恩傳泰師事錢塘杜子恭有術嘗就人借得割瓜刀其主求之恭曰當即相還至嘉興有魚躍入舟中因破魚得瓜刀子其爲神效往往如此子恭死泰傳其術秋七月以輔國司馬劉裕爲建威將軍癸丑大角星散搖五色

是歲大飢禁酒

六年春正月庚午朔大赦改元元興元年荆州刺史桓玄舉兵反於江陵因孫恩亂託爲勤王移檄京師罪狀司馬元顯案晉書帝紀朝廷初聞令司馬元顯西討桓玄以劉牢之爲先鋒玄聞大懼謀保江陵長史卞範之說於玄曰公振威名於天下所司馬元顯口尚乳臭劉牢之又失人情若以兵臨土崩之勢可翹足待也玄信遂舉兵東下詔以後將軍元顯爲驃

騎大將軍征討大都督遣處書桓玄丙子建牙于東府持牙者良久乃正持黃鉞騎馬倒丁酉以鎮北將軍劉牢之為前鋒屯于溧洲二月帝戎服餞元顯于西池賦詩者九十八人丁巳詔兼侍中齊王柔之以騶虞幡宣告荊江二州丁卯桓至敗王師于姑孰齊王柔之譙王尚之皆遇害三月劉牢之在溧洲與親信密議曰桓玄少有雄名今仗全楚之衆懼不能制又慮平玄後功蓋天下必不為元顯所容且如何玄知牢之疑阻遣何穆來說牢之牢之自謂握彊兵才能筭略足以經綸江表既見譙王等敗遂遣使與玄交通外生何無忌與劉裕固諫不從已巳遣子敬宣

降于立立大喜置酒出法書名畫共歡宣觀之立佐
吏莫不相視笑於坐辛未劉牢之衆進破王師於新
亭大將軍元顯及世子彦璋冠軍將軍毛泰毛邃等並
遇害　元顯字朗君會稽王世子以父故年十六任侍
中累轉中書令時會稽王作相荒醉每爲長夜飲不
悉朝政衆望去之元顯知謀奪其父權諷天子解道子
楊州司徒而道子不之覺元顯領楊州刺史以瑯瑘王
德文領司徒既而道子酒解見幕下非楊州執吏方
知去職大怒而無如之何元顯性苛刻生殺自己及孫
恩作亂加録尚書事政無大小一委之時謂道子爲東
録元顯爲西録西府車騎塡湊東第門下可設雀羅

東第即今東府城也于時軍旅荐興國用虛竭而元
顯聚歛不已富過帝室然復無良師正言不聞諂譽
日至或以爲一時英傑或謂風流名士由是自謂無敵
天下驕侈日增帝以其有翼戴之功加都督十六州諸軍
事孫恩破後而桓玄稱兵上流用司馬張法順計發
兵南討差池未進而桓玄奄至新亭遂退次國學是
敗於宣陽門使人收之并其六子同斬於市時年二十
八（案晉書義熙中有稱元顯子秀熙避難蠻中而至者太妃請以爲嗣劉裕意其詐而案驗之果散騎郎滕羨奴芍藥也誅之太妃不悟哭之甚慟）壬
申桓玄頓新亭自稱侍中丞相錄尚書事假黃鉞羽
葆鼓吹還會稽王道子爲安城王遣之國以劉牢之
爲會稽內史　牢之字道堅彭城人楚元王交之

後曾祖義父建世有勇德牢之面紫赤色鬚目驚人
而沉毅多計畫謝玄北鎮廣陵舉牢之爲參軍時堅
人寇玄以牢之爲前鋒百戰百勝號爲北府兵敵人
畏之累以功遷龍驤將軍進平河南城堡皆承風歸
順尋爲慕容垂破於鄴東五橋津牢之窘急策馬跳
五丈澗獲免轉爲兖州刺史王恭府司馬及王恭舉
兵向京師牢之背恭歸朝廷詔以牢之代恭都督兖
青冀幽等軍事既而又背國依桓玄玄得志用爲會
稽内史牢之怏怏不平欲自班瀆走據江北拒玄諮
議參軍劉襲進曰事不可者莫大於反而將軍往年
反王兖州近日反司馬郎君今復欲反桓公一人而

三反豈得立也遂趨而出佐吏多散走牢之乃自縊新州長子敬宣至不遑哭奔于高雅之俱投慕容超牢之喪歸至丹徒玄令斲棺斬屍夏四月玄矯詔大赦改元大亨元年庚子出鎮姑孰諷朝廷以誅元顯功別封豫章郡公自稱太尉楊州牧捴百揆以從兄謙爲尚書僕射朝事大政皆諮玄而小事决於謙子弟皆封公又矯詔爲桓温諱姓名同者並改之五月玄欲簡汰沙門非明至理者悉罷之又議令沙門致敬王者庐山惠遠法師諫止之（案惠遠集隆安六年桓公遣書於惠遠言沙門令致敬王者惠遠答書論不可致之意又言袈裟非朝會之服鉢盂非廊廟之器軍國沙門之像竊所未亡遂著沙門不敬王者論五篇一論　二論出家三論求宗不順化四論體不兼應五論形盡神不滅著是五論以明出家之法不合同俗以致敬於王者）孫恩復寇臨海臨海

太守辛景破恩追斬萬之計恩窮蹙乃赴海自沉妖黨
及妓妾謂之水仙投水然死者百數徐道覆率餘衆
推恩妹夫盧循爲主一六日禿髮利鹿孤死弟傉檀嗣
僞位秋八月庚子尚書令舍冬十月有客星色白
如粉絮在太微西至後月入太微十二月玄就殺會
稽王司馬道子於安城烈宗即位改封會稽國進位
丞相都督中外諸軍事時烈宗不親萬機與道子長
夜飲酣歌爲務好學浮圖法親暱僧尼並竊弄權所
親皆是小豎官以賄遷朝政謬亂左衛將軍王榮上
疏論得失四事諫之極陳禍福不從委任姦人王國
寶王緒等及王恭稱兵乃殺國寶等以悅于恭孽人

趙牙茹千秋皆諂佞進任之心腹牙爲道子開東第築
山穿池列樹竹木功用鉅萬又使宮人爲酒肆沽賣
水側道子與親昵乘船就之飲宴爲笑樂烈宗嘗幸
其宅謂道子曰府內有山因游矚甚善也然修飾太
過非示天下以儉帝去道子謂牙曰上若知山是板
築爾必死矣牙曰公在牙何敢死遂道子既恃寵乘酒
多失烈宗稍惡之更得博平令聞人奭上疏言專恣
任用姦人益不平出王恭郗仲堪王珣等爲外任以
彊王室而潛制道子道子又收心腹由是朋黨競扇
時尚書令陸納望宮闕而歎曰好家居纖兒欲壞之
及帝即位進太傅揚州牧子元顯爲侍中及元顯奪

權公卿皆去道子唯尚書車胤往來問訊元顯聞之
使收胤道子入□門奴□□斷我與士大夫語耶桓玄
既棄輿分而馴下之喔元□□□潰奔入相府問計於道
子道子無他言對泣之士□秦道子酣縱一小孝常盤禾市
詔徙安城立使御史杜竹林□酖殺之晉書桓玄嘗候道子正遇其醉賓客盈坐道子張目謂人曰桓溫晚塗欲作□□云何玄伏地流汗不得起長史謝重舉板答曰故宣武公黜昏登聖□□□□□之議宜裁聽覽道子頷曰儂知儂知因舉酒屬玄玄乃得起由是益不自安切齒於道子也
是□□廣陵彭城大逆已下
無麥禾天下大飢
二年春二月丁卯桓玄矯詔自爲大將軍夏四月癸
巳朔日有蝕之六月殺□將軍劉松彭城內史人秋
八月玄又自號相國加九錫備輿物諷帝御前殿禁

授之封南平王都督十州爲楚王殷仲文卞範之促

成篡奪事冬十二月丁丑帝下詔加天子禮樂使王謐

兼太保奉皇帝璽綬遜位於楚是夜熒惑犯東上相

壬午遷帝于永安宮癸未移太廟神主于瑯瑯國十

二月壬辰玄篡即帝位於姑孰城南九井山百寮陪

列玄稱萬歲又不易帝諱昕爲文告天於是大赦改

元自永始元年國號大楚始登壽儀仗而龍旂竿折

癸巳以南康平固縣奉帝爲平固王遷居尋陽追尊

父溫爲宣武皇帝廟稱太祖封子昇宗室爲王進

封功臣以王謐爲武昌公殷仲文爲東興公卞範之

爲臨汝公戊戌入于建康宮逆風迅激旌旗傾偃將

外太極殿御牀忽陷群臣失色郝仲文進曰良由聖德隆重厚地所不能載玄大悅乙巳月奄軒轅第二星辛亥帝蒙塵于尋陽是冬酷寒過甚以爲朝政失在舒緩而桓玄苛酷之應也案劉向云周衰無寒歲秦滅無燠年此之謂也

三年春正月玄築别苑於冶城案地志其城本吴冶鑄之地因名焉王導寢疾作因徙移冶出石頭城西以地爲西園故晉書成帝幸司徒府游觀西園即此處也太興初王導請郭文舉居之爲築臺今見在城内近東北角大元十五年武帝爲江陵沙門法新於中立寺以冶城爲名至是桓玄盡移僧出居太后寺以寺爲苑在今縣城西墻西廢城也覆起樓榭飛閣複道延屬於宫城也戊戌熒惑逆行犯太微西上相二月帝在尋陽庚寅夜濤入石頭漂毁大航殺人其聲動天玄大懼乙卯建威將軍劉裕帥劉毅何無忌孟昶檀憑之等起義兵於丹徒丙辰斬徐州刺史桓脩于京口脩字承祖温弟沖

子也尚簡文帝武昌公主及玄篡位用爲鎮軍將軍徐
州刺史以劉裕爲中軍參軍裕起義斬之梟首立以
京口不守一不悦召左右議或勸出逆待勞使其宂立行
二百里卒過大泉下蔡之栢謙等吾孚乃還遣將吳甫
之進拒使皇甫敷以精兵三千繼之敗劉裕前軍殺
檀憑之　憑之字慶子高平人少有志力閨門雍睦
爲世所稱從兄子韶兄弟五人皆幼弱而孤憑之撫
養若己所生與劉裕州閭之舊以寧遠將軍數與裕
同東征情好日甚密義旗建憑之有私艱墨絰而赴
以建武將軍爲前鋒而陷於羅落橋劉裕聞憑之陷
急馳進戊午大破吳甫之於江乘而遇皇甫敷於羅

落橋憑恣之既死裕獨倚大樹敷縱兵圍之前問曰你欲何死裕怒叱之數人馬皆仆裕遂斬敷秦三十國春秋云皇甫人爲既倒仰謂裕曰君有天分願以子孫相屬裕殺敷而善待其子孫初義兵舉也劉裕嘗與何無忌魏詠之同會檀憑之舍時相者晉陵韋叟遍相諸公皆吉而目憑之曰有急兵厄其候不過三日宜深避之不可輕出而果羅落橋之所書也玄聞吳甫之及敷等二軍皆沒大懼使桓謙次陵口卞範之次覆舟山多張旗幟己未裕率衆乘勝進破因北風放火煙塵翳天玄衆大潰輕舟南走庚申劉裕入京師鎮東府置留臺具百官以司徒王謐領揚州刺史録尚書事裕都督揚徐等州諸軍事鎮軍將軍徐州刺史餘並假進軍號壬戌焚桓温神主于宣陽門辛未桓玄至尋陽逼帝西上丙戌密詔以幽逼於玄萬機虛曠令武陵王

遵依舊典承制居東宮搃百揆加王侍中乃大赦誅亥已下惟桓玄一祖不宥劉毅於衆問王謐曰璽綬何在謐大懼奔曲阿劉裕使孟昶追宥令復位夏四月武陵王遵稱制行天子事庚寅帝至江陵庚戌輔國將軍何無忌振武將軍劉道規等進軍躡玄後追破玄將庾稚何澹之於湓口玄復逼帝東下五月癸酉冠軍將軍劉毅大破玄於崢嶸洲己卯帝又幸江陵殷仲文自巴陵奉二后來歸辛巳荊州別駕王康產南郡太守王騰之奉帝居于南郡壬午益州都護馮遷斬桓玄於貊盤洲　玄字敬道一名靈寶溫之孽子也其母馬氏嘗與同輩夜坐月下流星墜銅盆

水中如二寸火珠囧然明淨競以瓢接取馬氏得而吞之遂有娠生玄及產夜光照室占者奇之故小名靈寶妳媼每抱詣温輒易人而後至玄其重兼常兒温甚愛異之臨終年尚幼弟沖命以爲嗣襲爵封南郡公及長形皃瓌奇風神踈朗博綜文武常負其才地以雄豪自處衆憚之年二十三始拜太守鬱鬱不得志甞登高望震澤歎曰父爲九州伯兒爲五湖長遂棄官歸國時議請温有不臣之迹故折玄弟兄而爲素官玄自以元勳之門而負謗於世乃上疏自理寢不報在荆楚積年優游無事及王國寶用權內外騷動玄因說荆州殷仲堪舉兵與王恭同斥朝政朝

廷乃殺國寶以謝乃罷兵時會稽王道子秉政以玄爲廣州刺史隆安初王恭又起兵討江州刺史王愉仲堪給玄兵五千人以應恭尋詔玄爲江州刺史玄始得志襲破江陵殺仲堪於冠軍城遂收羅荆雍廣樹腹心兵馬日盛屢上疏求討孫恩朝廷知其志乃内外爲備玄遂舉兵下破王師頻矯詔自改進爵位殺害朝權而擁彊兵出鎮姑孰本無資力好爲大言乃詐表請平姚興又諷朝廷作詔不許衆切笑之謀欲篡奪以爲代謝之際宜有符瑞遂僞云江州甘露降王成基家竹上又以歷代咸有肥遁之士而已世獨無乃徵皇甫謐六世孫希之爲著作郎而密令讓

給其乘輿器用兵刀郭仲文自後至望見玄備帝者
之儀歎息曰敬道敗中復振故可也玄挾帝西上至
江陵更署置百官以奔敗之後嚴肅法令劉裕使劉
道規何無忌等追玄破郭昶之於桑落洲尋令鄱陽
太守徐放下說解義軍放對曰劉裕為唱義主劉毅
兄為陛下所誅並不可說也玄率舟艦將出而劉毅
與道規等破之玄衆大潰僅得走追船時益州刺史
毛璩弟子脩之為玄屯騎校尉誘玄入蜀玄從之至
枚回璩參軍費恬與毛祐等迎擊之矢若雨有箭子
昇輒拔去之馮遷抽刀而前玄曰何人敢殺天子遷
曰欲殺天子之賊爾遂斬之時年三十六子昇曰我

是豫章王諸軍莫見殺遂送江陵斬於市初安帝元
興中衡陽有雌雞化爲雄八十日而冠萎及玄建國
於楚衡陽屬焉自篡至敗凡八旬矣時又有童謠云
長竿巷巷長竿今年殺郎君明年斬諸桓毅等傳玄
首梟於大桁　卞範之字敬祖濟陰宛句人也識悟聰
敏有玄爲江州刺史範之爲長史委以心膂玄將篡
位範之爲侍中其禪詔文皆範之辭也後進尚書僕
射玄平斬於江陵癸巳乘輿反正于江陵甲申詔曰
姦兇篡逆自古有之朕不能式遏杜漸以至播越賴
鎮軍將軍裕英略奮發忠勇絶世冠軍將軍毅等誠
心宿著協同嘉謀義旗既振士庶効節社稷再安四

海齊慶其大赦天下凡諸遇脅一無所問戊寅奉神
主入于太廟閏月己丑桓玄楊武將軍桓振又陷江
陵劉毅何無忌退守尋陽帝復蒙塵于賊營秋七月
戊申永安皇后何氏崩八月癸酉祔葬穆章皇后于
永平陵　后諱法倪廬江潛人也父準后無子哀帝
立稱穆皇后居永安宮桓玄篡位移居入司徒府路
經太廟后停輿慟哭玄聞怒曰天下禪代常理何預
婦人之事乃降爲零陵縣君與帝西上劉裕平桓玄
迎后還屬戎華之後與百姓同其豐儉年六十六崩
在位凡四十八年　準字幼道高尚寡欲州府交辟
不起時兄充勸令仕準曰第五之名何減驃騎準兄

弟中第五故有此言充居宰輔散帶衡門不及人事年四十七卒升平初追贈金紫光祿大夫封晉興縣侯子愷以父志表讓不受冬十月盧循寇陷廣州執刺史吴隱之而表朝廷以隱之黨附桓玄宜加顯戮詔不許

四年春正月帝在江陵南陽太守魯宗之起義兵襲破襄陽進逼江陵桓振以帝次于江津辛卯宗之破振將温楷于柞溪進次紀南爲振所敗桓振復襲江陵荆州刺史司馬休之奔于襄陽建威將軍劉懷肅等討振戰于沙橋振中流矢廣武將軍唐興臨陣斬振

振字道全奮威將軍石虔子少果鋭無行玄篡以爲

江夏相揚武將軍及玄敗挾帝上江陵振率兵隨之
玄死後遂逼帝於行在諸桓從之將欲肆逆桓謙止
之乃命進辭以楚祚不終百姓之心復歸於晉謹奉
璽綬以瑯琊王德文領徐州刺史振自爲都督八州
諸軍事鎮西將軍荊州刺史多選腹心爲帝左右以
帝居江陵遂爲玄舉哀立喪庭僞謚武悼皇帝既而
歎曰公昔不早用我故見此敗若使公在我爲前鋒
天下不足定今獨作此安歸乎遂肆意酒色多所殘
害尋而魯宗之劉懷肅等破振軍於沙橋振時醉見
殺於陣何澹之桓謙等走投姚興　謙字敬祖溫弟
沖次子詳正有器望桓玄用事累遷侍中衛將軍開

府録尚書事與卞範之拒義軍於蔣山敗隨玄之江陵及桓振作亂逼帝謙每保護乘輿及振敗謙奔後秦（案晉書後譙縱反據蜀遣使稱藩於姚興聞桓謙在秦請謙共順流東討劉裕興問謙謙因言臣門素著恩荊楚今與縱東下百姓必駭動興曰水小不容大舟若縱才力足以濟事亦不假君爲鱗羽宜自求多福謙因請行遣謙至蜀人士多歸之縱乃置謙於龍格使人守之謙泣曰秦王神矣後與縱將譙道福俱下至江陵人庶投者二萬爲荊州刺史劉道規破斬之）丁酉乘輿反正與瑯琊王德文幸劉道規舟戊戌詔曰逆臣桓玄乘釁肆亂誣罔天人簒據極位幸天祚社稷義旗載捷狡徒沮潰朕獲反正斯寔宗廟之靈勤王之勳豈朕一人獨享斯祐恩與億兆幸茲更始其大赦天下改元爲義熙元年唯玄振一祖不在原例其賜百姓爵二級鰥寡孤獨穀人五斛二月丁巳留臺備法駕乘輿迎帝於江陵是

月益州刺史毛璩使將軍譙縱侯暉等討時延祖於
白帝城暉等因梁州兵不樂東征遂謀衆立縱爲主
以叛還攻璩弟於涪剋之進破城都王三月甲午帝
至自江陵百官望拜于新亭乙未群臣詣闕請罪詔
慰曰此非諸卿之過也庚子詔曰朕以寡昧遭家不
造逆臣桓玄乘釁縱慝窮兇恣虐滔天泯夏誣罔人
神肆其篡亂祖宗之基既湮七廟之饗斯殄若墜淵
谷未足斯譬皇厤有晉固縱英輔鎮軍將軍青徐二
州刺史裕忠誠天發神武命世義聲一唱二湏波卷
英風振路宸居清蹕冠軍將軍毅輔國將軍無忌振
武將軍道規舟旗遄邁而元兇傳首迴戈疊揮則荆

漢霧廓俾宣元之祚永固於嵩岱而宗廟命德聖哲攸先鎮軍可進位侍中車騎將軍録尚書事毅進號左將軍無忌右將軍會稽内史道規輔国將軍荆州刺史戊戌劉裕何無忌等抗表遜位詔不許加裕都督中外諸軍事夏四月戊辰劉裕旋鎮京口帝餞于東堂壬申以盧循爲平越中郎將廣州刺史循遣使遺劉裕益智粽子裕答以續命湯五月癸未詔禁絹扇及樗蒲秋七月庚辰太白比晝見於翼軫是歲凉王李暠奉表稱藩

二年夏四月無錫献白龜冬十月論匡復功進封劉裕豫章公邑万戸劉毅南平公五千戸何無忌安城

公劉道規華容公追封檀憑之曲江公各三千戶孟昶臨汝公劉蕃安陸公諸葛長民新淦公魏永之江陵公各二千五百戶餘封賞並有差

三年春二月劉裕入朝誅東陽太守殷仲文及弟叔文道叔等三人仲文陳郡人南蠻校尉覬之弟有美才容皃從兄仲堪薦於會稽王道子累遷至新安太守妻即桓玄姊也聞玄平京邑棄郡投玄玄將篡九錫文仲文辭也及玄篡位總領詔命以元勳爲玄侍中極奢侈家累千金及玄敗因奉二后歸義遷尚書郎帝反正仲文〻〻素來自解不行劉裕引爲長史望因是進覽不得志居常怏怏有不滿心因月朔與

衆至大司馬府中府中嘅共顧之衆曰此橋婁婆生
意盡益矣人尋遷爲義陽太守意亦不平然於何無忌至
郡不詣無忌以爲輕己言之及於劉黎系壽一冬下獄
送令冰辭引仲文兄弟劉裕以前黨稱至因收八之并
桓胤卞承之等同下獄伏誅[illegible]仲文初在東陽照鏡不見其面數日遇害晉書云殷仲文讀書半袁豹而文才不減班固言其少天分多而學問少也己田大赦除[illegible]等六月辛卯
熒惑犯辰星在翼是月後秦姚[illegible]僭稱
天王于朔方國號夏秋九月彭[illegible]辭職而歸
作歸去來一首以叙其志冬[illegible]月[illegible]僭[illegible]王
位於洛都後燕高雲殺慕容熙雲僭位是歲龍驤將
軍朱繇戍壽陽婢炊飯忽有群鳥集竈競來啄噉婢

驅遂不去有獵狗咋殺兩烏餘烏因共啄殺狗又噉
其肉唯骨在
四年春正月甲辰詔劉裕爲楊州刺史自丹徒入居
東府輔政庚申侍中太保武陵王遵薨　遵字茂遠
元帝孫年十二襲封武陵受拜流涕桓溫死後右將軍
桓伊造遵遵大怒曰何故通桓氏左右對曰桓伊與
桓溫疎屬無嫌也遵曰我聞人姓木邊字便欲殺之
況諸桓乎夏四月丙午進孟昶尚書左僕射仍領吏
部尚書冬十月雷大風拔樹
五年春正月辛卯尋陽地震二月南燕慕容超寇淮
北執我平陽太守劉千載濟南太守趙元三月乙亥

大雪平地數尺劉裕表伐南燕甲午建牙誠嚴四月
帝餞裕於西堂巳巳舟師發京邑自淮入泗五月次
下邳捨舟步進所向無前六月震太廟丙寅裕大破
燕軍於臨朐秋七月姚興將乞伏乾歸僭稱西秦王
於苑川九月戊辰後燕離班殺其主高雲雲將馮跋
殺班自立爲燕王
六年春正月盧循爲始興太守徐道覆自番禺說循
曰本倖嶺外豈爲子孫實以劉裕難與爲敵今頓兵
燕城下未有還日以我思歸衆掩何劉如反掌耳既
剋京師挾天子誅執政改鎮守傾根本劉裕縱還無
能爲也循從之二月劉裕剋南燕獲主慕容超歸斬

建康市盡平齊地三月廣州刺史盧循舉兵反過寇
南康破廬陵長沙遍江州刺史何無忌死於豫章無
忌東海郯人也少有大志忠亮任氣人有不稱其心
者輙形於言色起家爲太學博士時鎮東將軍劉牢
之即其舅也在京口每有大事常與參議之元顯子
彥璋封東海王以無忌爲國中尉及桓玄害彥璋於
市無忌慟哭而出時人義焉玄既篡逆劉毅家居京
口與無忌素善焉言及興復之事無忌曰桓氏彊盛
其可圖乎毅曰天下自有所歸雖彊易弱正患事主
難得耳無忌曰天下草澤中非無英雄也毅曰唯有
劉下邳無忌笑而不答還以告裕裕初爲劉牢之參

軍與無忌相親結至是因密謀共圖玄遂要毅等同舉義兵襲破京口案三十國春秋義起衆令無忌作檄文無忌重燭爲之其母劉牢之姊伺於屏風上見之喜曰我不如東海呂母明矣汝能如此吾讎雪矣　玄聞劉裕及無忌等起兵甚懼其黨曰劉裕烏合之衆勢必無成願不爲慮玄曰劉裕勇冠三軍當今無敵劉毅家無儋石之儲樗蒲一擲百萬何無忌劉牢之外生酷似其舅三人共舉大事何謂無成玄敗後武陵王承制以無忌爲輔國將軍與劉道規追桓玄大破玄將何澹之義熙初遷都督荆江二州刺史進鎮南將軍盧循作寇使徐道覆順流而下舟艦皆重樓彊弩無忌拒之爲循所敗無忌厲聲曰取我節來躬執節以苦戰遂握節而死詔贈司空

以輕鋭而没朝野痛之百叉四月劉裕自廣固留左將軍劉敬宣爲青州刺史癸未裕至京師甲申劉毅表南征發自姑孰大風折旆戊子衛將軍劉毅與盧循戰于桑落洲王師敗績丙辰尚書左僕射臨汝公孟昶懼賊盛不敵上表曰中軍北伐衆並不同贊成此役唯臣而已今狂寇乘間宗廟危逼臣之罪也臣請引分以謝天下封表畢歸自殺　昶字彦遠平昌人爲桓弘兗州主簿劉邁與昶不善每譖於桓玄昶懼乃與劉裕等同謀起義尅日共劉毅率六十人入廣陵城斬桓弘即日以其衆過江會劉裕於京口累遷位丹陽尹尚書左僕射及盧循寇逼何無忌劉毅相

次敗而劉裕北伐新還恐不能敵與諸葛長民議權奉帝過江避賊劉裕不許曰今兵雖少猶可拒戰大丈夫終不能草間求活昶策其弗剋請前死以謝朝廷裕怒曰卿且用一戰死復何晚昶遂上表自縊而死案晉列女傳昶初起義謂其妻周氏曰劉邁毀我於相玄便一生淪陷決當作賊卿幸可早離絕脫得富貴相迎不晚也周氏曰此非妾所離自君二親在堂欲建非常之謀豈婦人所敢諫事之不成當於奚官奉養大家義無歸志昶愴然久之不言而起妻追昶還坐曰觀君舉止非謀及婦人不過欲得財物耳指抱所生女示昶曰此兒可賣亦當不惜況貨財耶遂傾資產以給軍事又語叔覬妻云昨夜夢殊爲不佳在於赤色先不宜也有此物可悉藏之覬妻大懼以爲然所有絳贈悉斂付之周氏乃置帳中潛制軍服軍儀獲舉周有力焉己未大赦以劉裕爲太尉乙丑內外戒嚴詔太尉裕出屯石頭從南岸居民渡淮北發材板柵石頭使築柤浦藥園建尉三壘以大司馬瑯琊王德文都督宮城諸軍事屯中堂皇冠軍

冠軍劉敬宣屯北郊輔國將軍孟懷玉屯丹陽郡建
武將軍王仲德屯越城廣武將軍劉懷默屯建陽門
六月循軍次三山先鋒度新亭劉裕登石頭城而望
之曰賊若新亭直上須避之如迴泊蔡洲此成擒
耳循將徐道覆請於新亭焚舟而戰循曰不然我大
軍未至而孟昶自殺觀其形勢不戰而破不如按甲
蔡洲以待之初劉裕望見船向新亭有懼色及見迴
泊蔡洲喜曰賊落吾下也使寧遠將軍索邈領鮮卑
紫虎班突騎千餘匹皆被練五色自淮南岸耀兵至
于新亭循軍聚而觀之憚於陸戰乃引艦攻石頭柵
城神弩亂發引退設伏於南岸列陣裕率毅諸葛長

民拒戰縛以大筏因風逼之大破循軍於江中循遁走案三十國春秋時有童謠云官家養蘆化作荻蘆生不止自成積又曰蘆荻泛泛逐水流東風吹耳起那能入石頭丙寅震太廟鴟吻秋七月詔解嚴持水軍於東府庚申遣將軍孫季高潛自東洛浮海取廣州甲子使河澗內史蒯恩王仲德爲前鋒追盧循劉裕自總大軍繼之盧循上寇荆州軍敗走尋陽冬十二月壬辰裕率諸將大破盧循於豫章無錫人年八歲一旦㬥長八尺鬚髯蔚然三日而死

七年正月乙未劉裕還軍京師進大將軍加班劒二十人二月壬午右將軍劉藩追斬徐道覆于始興循走交阯　循字子先小名元龍范陽人司空從事中

郎諶之曾孫雙眸冏徹瞳子四轉善草隸書沙門惠
遠見而謂之曰君雖體涉風素而志存不軌孫恩死
後統衆入東陽劉裕討之循走泛海因奔廣州襲破
刺史吴隱之自行州事號南平將軍遣使貢獻朝廷
以新定桓氏中外多虞未遑討伐因乃假盧循征虜
將軍廣州刺史義熙中劉裕伐慕容超循姊夫徐道
覆説循舉兵度嶺掩襲京邑既聞劉裕還衆懼勸循
還軍上據荆湘以割天下之半循自新亭上軍循又
不聽道覆歎曰我爲盧公所誤也事必無成使我得
遇英雄主驅馳天下不足定也及劉裕破循循單舸
走還欲保廣州而孫季高潛以浮海襲陷番禺收其

家執其父母等循既度嶺聞廣州已平遂進交阯至龍編夏四月交阯刺史杜慧度誅而敗之循勢屈知不免先鴆其妻子及妓妾數十人而捨其樂從死者遂自投水而死慧度取其屍斬之傳首京師梟於大航八年春三月甲寅山陰地陷四尺有聲如雷夏五月乞伏公府殺乞伏乾歸乾歸子熾盤誅公府僭即僞位秋七月庚子征西大將軍劉道規卒 道規字道則太尉裕少弟性倜儻平桓玄累以功封華容公都督荆益江雍等六州諸軍事荆州刺史蜀譙縱使大將軍譙道福與桓謙下寇江陵江陵吏卒皆桓氏義舊咸懷異心道規乃會將吏告之曰桓謙今在近畿風

聞爾等頗懷去就之計吾東來文武足以濟事若有去者本不相禁因夜開城門達曉不閉衆咸憚服莫有去者所得飛書不視皆焚之將士大安及徐道覆率衆二萬奄至破冢人情感禁書之恩皆無二志賊平進征西大將軍卒時年四十四八月戊申月犯歲星庚戌皇后王氏崩於徽音殿九月葬僖皇后于休平陵　后諱神愛瑯琊人父獻之以太元二十一年納爲太子妃帝即位立爲皇后后在位十五年年二十九崩無子　獻之字子敬羲之之第七子少有盛名而高邁不羈雖閑居終日容止不怠風流爲一時之冠嘗其兄徽之操之詣謝安二兄多言俗事獻之唯寒暄

而已既出客問安王氏兄弟優劣安曰小者佳客問其故安曰吉人之辭寡躁人之辭多故知之每與徽之同在一室忽火發徽之走出不遑取履獻之神色恬然徐呼左右扶出夜卧齋中而有偷人入室盜物都盡獻之徐曰青氊是我家舊物可特置之群偷驚走少工草隸書并丹青七八歲時學書父密從後掣其筆不得歎曰此兒後當復有大名嘗書壁爲方丈字義之甚以爲能時觀者日數百人桓温曾使書扇筆誤落因畫作烏駮牸牛特妙起家爲州主簿數轉祕書丞選尚新安公主遷謝安衛將軍府長史太元中新起太極殿欲使獻之題牓而難言之因說魏使韋

仲將懸虛橙書陵雲臺額事以謂獻之獻之揣知其旨乃正色曰仲將魏之大臣寧有此事使其若此有以知魏德之不長安遂不之逼安又問曰君書何如家公答曰固當不如安曰外論不爾答曰人那得知論者以羲獻之草隷江左中朝莫有及者獻之書骨力遠不及父而頗有媚趣尋除建威將軍吳興太守徵拜中書令謝安薨後議贈同異獻之上䟽稱安功德忠誠實大晉儁輔烈宗乃加殊禮獻之後遇疾家人爲上章道家法令自首過良久對曰不知餘事唯憶與郗家離婚耳前妻郗曇女也卒於官安僖皇后立贈侍中無子以兄靜之爲嗣位至義興太守 案獻之列傳首

經吳聞顧辟彊有名園先不相識乘平肩輿徑入時辟彊方集賓友獻之遊歷旁若無人辟彊勃然數之曰傲主人非禮也以貴驕士非道也失是二者不足齒之傖耳便驅出門獻之傲如也不以介意焉　乙卯太尉劉裕害右將軍兖州刺史

劉藩尚書左僕射謝混　混字叔源太保安之孫尚書僕射琰之子少有美譽善屬文初孝武為晉陵公主求壻謂王珣曰但如劉真長王子敬便足對曰謝混雖不及真長不減子敬帝曰足矣未幾帝崩袁山松欲以女妻之珣曰卿莫近禁臠案中興書初元帝出鎮建鄴屬永嘉喪亂天下分離公私窘罄每得一㹠為珍膳項上一臠尤美輒將薦帝群下未嘗敢食于時呼為禁臠或云薦炙也故珣以為謔　混竟尚公主婦玄得志嘗欲以安宅為營混曰邵伯之仁猶惠及甘棠文靖之德更不保五畝之宅耶玄聞慙而止後累遷中書令左僕射領選部時劉裕拜太尉既拜朝賢

畢集混後來衣冠傾縱有傲慢之容裕不平乃謂曰謝僕射今日何謂傍若無人混對曰明公將隆伊周之禮方使四海開衿謝混何人而敢獨異乎乃以手披撥其衿領悉解散裕大悅之至是黨劉毅見殺案晉書劉裕將受禪具大閱禮謝晦謂高祖曰陛下應天受命登壇自恨不得謝益壽奉璽紱裕曰吾甚恨使後生不得見其風流益壽混小字也庚辰劉裕表罪劉毅包藏禍心今上御名逆南夏以藩混助亂志肆姦宄己丑裕將討毅於江陵以參軍王鎮惡為前驅

毅字希樂彭城沛人少有大志不修家人產業桓弘在兗州辟為中軍參軍及桓玄簒位毅與劉裕魏詠之等起義兵斥復晉室以功拜撫軍將軍初毅丁憂在家義旗將興遂墨絰從事既而上表乞終喪

禮不許進爲都督楊豫二州之淮南歷陽安豐堂邑等五郡諸軍事初桓玄於南州起齋悉畫盤龍於其上號盤龍齋毅小字盤龍至此乃居之及盧循反乘虛而進毅將南征劉裕乃遣毅從弟藩送書往上毅毅大怒曰我以一時之功相推耳汝便謂我不及劉裕耶遂投書於地率軍發自姑孰爲循所敗於桑落僅而獲免深不自安劉裕使慰諭之及循平後知物情不在已請解軍府出鎮裕表爲荆州刺史既至江陵聚兵萬餘乃告疾篤表請藩爲副裕知其貳於已故誅藩混率衆西討使王鎮惡破之毅單騎而走去江陵北二十里自縊於牛牧寺經宿居人以告乃斬

屍於市毅性剛猛好陵傲不遜每讀史至藺相如屈
於廉頗歎其不可能也曾於東府聚摴蒱大擲一判
應至數百萬時餘人並黑犢毅次擲得雉大喜褰衣
繞牀叫謂同坐曰非不能盧不爲此耳裕惡之因挼
五木久之曰老兄試爲卿答既而四子俱黑其一子
旋轉未定裕厲吒之即成盧焉毅意殊不快然素黑
其面如鐵色焉既而曰亦知公不能以此見借既西
出藩因欲圖裕時丞相參軍胡藩知毅終不爲下因
隨裕出江寧餞毅於倪塘勸裕殺毅裕不納至是謂
藩曰前從卿言無今日之舉也辛亥以司馬休之爲
平西將軍荆州刺史冬十一月乙酉裕至江陵誅郗

僧施毅嘗薦之僧施高平人太尉郗鑒曾孫少好文辭宅
於青溪每清風美景泛舟溪中吟咏一曲作詩一首謝益
壽聞之曰青溪中曾何嘉豈是年加裕太傅揚州
牧劍履上殿入朝不趨讚拜不名是月沮渠蒙遜僭
號河西王於姑臧十二月以西陽太守朱齡石為建
威將軍益州刺史率蘭陵太守蒯恩臧熹等舟師二
萬伐蜀分荊州十郡置湘州東陽人黃氏生女不育
埋之數日於土中啼取養之遂活是歲於石頭東城
內起高樓加累入於雲霄連堞帶於積水署曰入漢樓
九年春二月盜開故尚書卞壼墓剖棺見屍殭須鬢
蒼面白如生人兩手拳爪甲穿達手背詔給錢十萬

修復之三月丙寅太尉劉裕殺前將軍諸葛長民及弟輔國將軍黎民從弟寧朔將軍秀之於東府初裕西討劉毅也以長民監太尉府留後事長民驕縱貪侈不卹政務既聞劉毅被誅謂所親曰昔年醢彭越前年殺韓信禍其至矣因謀欲為亂遂問劉穆之曰人間論者謂我與太尉不平其故何也穆之曰相公西征老母弱弟委之將軍何謂不平長民弟黎民輕狡好利固勸因裕未還以圖之長民猶豫未發既而歎曰貧賤常思富貴富貴必履危機今日欲為丹徒布衣豈可得也時裕深疑之駱驛繼遣輜重兼行而下前剋至日百司於道候之輒差其期既而輕舟徑

進潛入東府長民驚出迎之旣入坐進語素所未盡皆諮焉長民悅乃使壯士丁旿於幕後潛人拉殺之時人爲之語曰莫跋扈付丁旿黎民驍勇絕人與捕者苦戰而死　長明字長之瑯琊陽都人有文武幹用然不持行無鄉曲之譽初爲桓玄參軍後與劉裕謀斥晉室累遷晉陽太守盧循之逼勸劉裕權移天子過江裕不從循平轉豫州刺史領淮南太守尋加前將軍　案晉書長民傳初長民富貴時多有異每臥夜中輒驚起跳踉與人相敵毛脩之曾見問其故長民曰見一物甚黑而有毛脚不分明奇健非我無以制之又屋中柱及椽桷間悉見有蛇頭令人以刀懸斫應刃隱藏隨復却出又擣衣杵相與語如人聲不可解又於壁中見巨手長七八尺臂大數圍令斫之豁然不見未幾被誅　戊寅劉裕奏請依庚戌土斷帝從之夏四月壬戌罷臨沂湖熟皇后脂澤田四十頃以賜貧

人施湖池之禁秋七月朱齡石克成都斬譙縱益州
平縱巴西南充人也少謹慎好學蜀人愛之起家累
遷平西府參軍毛璩爲益州刺史縱與侯暉東伐時
延祖白帝暉等因梁州兵不樂東征遂與巴西陳昧
謀立縱爲主迴兵圖璩破益州自號秦涼二州刺史
以義熙元年二月僣號蜀主於成都遣使稱藩於姚
興乞師以討劉裕是年裕定劉毅上至荆州使朱齡
石與寧朔將軍臧熹等率衆自江陵討縱日夜進軍
大破侯暉於平模縱聞暉敗走馬出奔投譙道福於
涪道福怒曰大丈夫居如此功業安可棄哉人誰不
死何懼之甚因以劍投之中其馬鞍縱去之乃自縊

其僞尚書令馬耽封倉庫府以待王師初縱之走也
先如其墓縱女年數歲謂縱曰走如不免死只取辱
耳一等死死於先人墓可也縱不從冬十月論平齊
及破盧循功封劉裕諸子皆爲郡公餘各有差光祿
大夫吴隱之字處默濮陽鄄城人也魏侍中質六代
孫美姿容善談論弱冠而介立年十餘歲丁父母憂
號泣行人爲之流涕每至臨時常有雙鶴叫及祥練
之夕復有群鴈集庭時人以爲孝感所至嘗食鹹葅
以其味甘輟而棄之與太常韓康伯隣居伯母殷浩
姊賢明每聞隱之哭聲輟飡投筯爲之悲泣旣而謂
康伯曰若居銓衡當舉如此輩人及康伯爲吏部尚

書隱之乃歷階清級解褐輔國功曹遷尚書郎出爲晉陵太守在郡清儉妻自負薪入爲中書侍郎烈宗即位欲用爲黄門侍郎以隱之貌類文帝乃上轉祕書監御史中丞居官祿賜皆頒親族冬月無被嘗澣衣披絮勤苦同於貧下廣州近海出珍異前後刺史多黷貨賄朝廷欲革嶺南之弊隆安中以隱之爲龍驤将軍廣州刺史未至二十里地名石門有水曰貪泉飲者懷無厭之欲隱之至語其親人曰不見可欲使心不亂乃至貪泉所酌飲之因賦詩曰古人傳此水一飲直千金若使夷齊飲終當不易心及在州清操食不過菜乾魚始終不易帳下人進魚每去骨存

肉隱之覺見其用意去其魚不食及盧循冦逼攻繫百餘日因陷爲循所得劉裕與循書令遣之久方得還裝無餘資小宅數畝地籬垣仄陋内外茅屋六間不容妻子尋拜度支尚書太常卿以蓬爲屏風不坐氊席所得俸禄纔留身糧餘分親族貧者恒自布衣以老請致仕許之授光禄大夫加金章紫綬錢十萬米三百斛案晉書初隱之爲謝石主簿隱之將嫁女石知其貧素令移廚以助其經營使者至方見婢牽犬賣此外蕭然無辦後至自廣州妻劉氏有沉香一斤隱之見遂棄官亭之水子延之亦清操官至鄱陽太守十二月高句麗倭國及西南夷銅頭太師並獻方物是歲移秣陵縣於鬪場柏社之地案圖經在今縣東南八里鬪場村名也

十年六月西秦乞伏熾盤滅南涼秃髮傉檀爲左南

公秋九月丁巳日有蝕之〻〻城東府案圖經今縣城東七里清溪橋東南臨淮水周三里九十步今太宗舊第後爲會稽文孝王道子宅謝安薨道子領揚州刺史於此理事時人呼爲東府至是築城以東府爲名其城東北角有靈秀山即道子宅内嬖臣趙牙所築也

十一年春正月荆州刺史司馬休之雍州刺史魯宗之並舉兵内向以討劉裕爲名辛卯左將軍府參軍司馬道賜害北青州刺史劉敬宣道賜自立爲齊王據廣固以應司馬休之　敬宣字萬壽鎮北將軍牢之子少有孝行累遷官寧朔將軍驃騎府參軍時桓玄今上御名逆逼京師父牢之出鎮將謀同玄敬宣苦諫不止遂質於玄及牢之反謀襲玄敬宣奔南燕劉裕定京邑手書招之敬宣馳還遂拜輔國參軍晉陵太守尋

轉江州刺史隨討慕容超遷征虜將軍鎮北青州至是遇殺案宋書劉毅少時曾爲敬宣寧朔參軍時人皆以雄傑許之敬宣謂不然曰此子外寬而內忌自伐而尚人若一旦遭遇亦當陵上取禍耳毅聞恨之後毅爲荊州刺史謂敬宣曰吾忝西任欲屈卿爲長史豈有意乎敬宣大懼白高祖高祖曰但使老兄平安無慮耳庚午大赦裕自表西伐三月大破司馬休之於江陵宗之於襄陽初魯宗之自負才氣常恐不爲執政所容欲謀不汰乃自爲讖曰魚登日輔帝室司馬休之聞而招焉時劉裕又使召宗之宗之怒曰劉公遇我如三歲小兒往年殺韓彭無厭反我乃執裕使送江陵而同舉兵夏四月劉裕追破司馬休之魯宗之等於襄陽休之與魯軌俱奔後秦五月甲午論平蜀功封劉裕子義隆彭城公朱齡石豐城公己酉霍山崩出銅鍾

六放秋七月京師大水壞太廟八月以劉穆之爲尚
書左僕射
十二年春正月後秦姚泓使魯軌寇襄陽二月詔劉
裕中外大都督加羽葆鼓吹置左右長史司馬官秋
七月裕與瑯琊王德文伐後秦以冠軍檀道濟王鎮
惡等爲前鋒造許洛中兵叅軍沈林子等以舟師通
石門寧遠將軍嚴綱朱超石等開鉅野秦之屯戍皆
望風奔散冬十月丙寅尅洛陽秦將姚洸降表修五
陵置守備威儀巳丑使兼司空高密王恢之修謁五
陵十一月北涼沮渠蒙遜使上女請率河西戎旅爲
前驅効力

十三年春三月大軍進破秦將姚紹于潼關四月魏遣軍十萬救秦劉裕使朱齡石敗魏將鵞青于河曲斬青裨將阿薄干六月癸亥林邑獻馴象白鸚鵡秋七月劉裕率檀道濟王鎮惡等入關別遣鎮惡舟師泝河入渭破姚泓收其彝器歸京師斬泓於建康市遷姚宗於江[illegible]春秋王鎮惡既破秦軍於横門泓奔石橋[illegible]降劉裕裕送泓於建康斬之建康百要内北平木堆死又安晉書劉裕宋洛陽[illegible]長安盡收漢魏儀服樂器十圭指南車記里鼓秦漢大鐘蟠螭等冬十一月左僕射劉穆之卒　穆之字道和一名道民東莞莒人也漢齊王肥之後世居京口好學博覽多通嘗與劉裕俱泛海忽值大風驚懼俯視船下見二白龍夾舫既而至一山山峯聳秀樹木繁密意甚悅之及劉裕討

桓玄剋京城急須一主簿何無忌舉穆之穆之負素壞布帷為袴往見裕裕曰能自屈吾事濟矣從平京邑諸大處分皆倉卒立定並穆之所建也斟酌矯正旬日風俗頓改及揚州刺史王謐薨時劉裕在京口劉毅孟昶甚不欲裕入輔穆之密言於裕曰揚州根本所係若忽假他便受制於人也劉孟諸葛等與公同起事必不為公後勢理豈得居謙自弱裕從之由是入輔政穆之好賓游廣布視聽朝野同異莫不必知巨細一白於裕故裕聽察聰明皆由穆之力出征則幕府謨策留鎮權掌後事舉動一委任之劉裕素不閑書穆之勸令縱筆為大字一字徑尺無嫌大既

足有所包亦其名且美裕從之每紙不過四五字凡所薦達不納不止每曰我雖不及荀令君舉善然不舉不善性能尺牘嘗於裕坐與朱齡石共答書自旦至日中穆之得百函齡石得八十函而穆之應答不廢累遷太尉司馬丹陽尹諸葛長民死後事無大小內外一決穆之及北征留府內摠朝政外供軍旅決斷如流事無擁滯賓客輻湊求訴百端遠近諮訪盈堦滿室目覽辭訟手答牋疏耳行聽受口並酬對不相參涉悉皆贍舉裁有閑暇手自寫書尋覽篇章校定墳籍食必方丈未嘗獨飡案穆之列傳少時家貧誕節嗜酒食其妻江嗣女也常乞食妻家多見辱不以為恥其妻每禁不令往江氏後有慶會屬令勿來穆之又往食訖求檳榔江氏兄弟戲之曰檳榔消食君乃常飢何須此也其妻乃截髮市餚為其兄

弟以餉穆之及穆之爲丹陽尹乃表安家令斫人以金柈貯檳榔一斛與
之卒時年五十八劉裕在長安聞之舉軍驚惋表贈司徒進封南昌侯

十二月劉裕還自長安

十四年春正月辛巳大赦青州刺史沈田子害龍驤將軍王鎮惡于長安鎮惡北海劇人祖猛爲秦符堅相父休河東太守鎮惡以五月五日生家人以俗忌欲令出繼疎宗猛見奇之曰此非常兒興吾門矣故名鎮惡年未弱冠以符氏亂流寓客居荊州意略縱橫而無弓馬性果決能斷劉裕征廣固或薦之召爲青州從事隨破盧循劉毅累以功封漢壽子將從北征臨出謂劉穆之曰不定咸陽誓不濟江而還也入賊力戰無不剋捷摠狀軍泝渭所乘皆蒙艟小艦行

舩者皆在艦內見艦泝流而進艦外不見人北土素不解舟皆驚愕為神既至食畢棄舩登岸誓衆而進士卒爭先遂定長安撫慰百姓號令嚴肅迎劉裕於灞上裕勞之曰成吾霸業者真卿也鎮惡曰此明公之威諸將之力鎮惡何功之有裕笑曰卿學馮異耶既而還軍以鎮惡本號領安西司馬佐桂陽公義真鎮長安赫連勃勃來寇遣中軍參軍沈田子拒之不進鎮惡曰公以十歲兒付吾等西權彊兵不進寇何由平田子怒反相圖鎮惡出軍北地為田子所殺時年四十六同死者兄弟七人劉裕表贈右將軍子靈嗣夏六月以劉裕為相國進封宋公加九錫之命冬

十月赫連勃勃寇長安敗王師於青泥雍州刺史朱齡石焚長安宮殿奔于潼關勃勃追破齡石死之齡石字伯兒沛郡人也家世爲將齡石少好習武常使舅卧聽事下剪紙方寸帖舅枕自以刀子懸擲相去八九丈百發百中起家爲桓脩參軍歸劉裕從征桓玄篡劉裕曰世荷桓氏重恩不忍白刃向之裕義之累遷西陽太守以元帥平蜀封侯尋代義真鎮關中死時年四十弟超石同没于寇是月赫連勃勃僭帝位於長安十二月戊寅帝崩于東堂明年正月庚申葬於休平陵鍾山之陽今縣城東北十五里不起墳帝年十五即位立二十二年年三十七謚曰安

帝少不慧口不能言雖寒暑之變無以辨也凡所動止皆非己出故桓玄之篡以此獲全初有讖云昌明之後有二帝劉裕將欲禪代乃密使王韶之縊帝而立恭帝以應之

恭皇帝

恭皇帝諱德文安帝母弟也初封琅琊王歷中軍將軍領司徒録尚書事桓玄執政進太宰侍中袞冕之服玄篡位以帝為石陽縣公與安帝俱之尋陽玄敗西奔脅上江陵及桓振陷江陵躍馬奮戈直到階下瞋目謂帝曰臣門戶何負國家而屠滅若是帝乃下牀為振曰此言豈我兄弟意也振乃下拜復為琅琊

瑯瑘王領大司馬劉裕北代　上疏請率所莅啓
行戎路修敬山陵朝廷許之乃與劉裕俱發有司以
即戎不得奉辭陵廟又上疏曰臣推轂閫外將革寒
暑不獲展情延遂私心罔極伏願天慈特垂聽許使
臣微誠粗申即路無所恨也十四年歸京師冬十一
月戊寅安帝崩劉裕矯稱遺詔曰惟我有晉誕膺明
命業隆九有光宅四海朕以不德屬當多難幸賴宰
輔拯兹六合方憑阿衡惟新洪業而遘疾大漸將遂
不興仰惟祖宗靈命親賢是荷咨爾大司馬瑯瑘王
體自先皇明德光懋屬惟儲貳衆望攸集其君臨晉
邦奉係宗祀是日即皇帝位改元爲元熙元年

元年春正月壬辰朔以山陵未厝不朝會癸巳立妃褚氏爲皇后　后諱靈媛河南陽翟人義興太守爽之女生海鹽富陽二公主甲午徵劉裕還朝戊戌有星孛于太微西藩夏五月丙戌秋八月進劉裕爲宋王移鎮壽陽九月裕自解揚州牧冬十二月己卯太史奏黑龍四見于東方是歲建安人陽道無頭正平本下作女人形體是歲省揚州府禁防參軍移秣陵縣於其地在宮城南八里一百步小長干巷案地志在今瓦官寺東北百餘步西出是

二年夏四月詔徵宋王入輔加殊禮六月壬戌劉裕至京師傅亮承裕密旨諷帝禪位草詔以請帝書之

帝欣然謂左右曰桓玄之時天命已去重爲劉公所延將二十載今日之事本所甘心乃書赤紙爲詔甲子帝遜位于瑯琊第祕書監徐廣獨哀感涕泗交流謝晦見之謂曰徐公將無小過乎廣收淚而言曰君爲宋朝佐命吾乃晉室遺老憂喜之事固不同時乃歔欷因辭衰老乞歸桑梓　廣字野民東莞姑幕人侍中邈之弟也世好學至廣尤爲精純百家數術無不研覽起家爲祕書郎遷中軍長史大將軍文學祭酒義熙初奉詔撰車服儀注轉員外散騎常侍領著作撰國史經一十二年勒成晉紀四十六卷遷祕書監封樂城侯初桓玄之簒安帝出宮廣既陪列悲慟

左右及宋受禪不勝哀感遂去職卒於家時年七十
四秋七月宋封帝爲零陵王居于秣陵行晉正朔車
騎服色一如舊典有其文而不備其禮降后褚氏爲
零陵王妃帝自是之後深慮禍及褚后常在帝側飲
食所資皆出褚后故宋人莫得伺其隙永初二年九
月丁丑裕使后兄叔度請后有間兵人踰墻入弑帝
于内房帝年三十四即位立二年年三十六見弑謚恭
帝葬沖平陵在蔣山之陽安帝同處帝幼時性頗忍
急自在藩國曾令善射者射馬爲戲既而有人云馬
者國性而自殺之不　　帝亦悟之其後深信浮
圖道鑄貨千萬造丈　　親於瓦官寺迎之步行

十許里安帝既不惠帝每侍左右消息溫凉寢食之節以恭謹聞於時初王子年著讖云帝諱昌明運當極特中一期延其息諸馬渡江百年中當值卯金折其鋒至是果爲劉氏所代自東晉子孫相承四代十一帝起戊寅終于己未凡一百二年並都臺城之建康宮始元帝初過江稱晉王置宗廟使郭璞筮之云享二百年自元帝稱晉王元年丁丑歲至禪宋之年庚申歲實一百四年而丁丑尚繼於西晉庚申終入于宋年唯一百二年郭言二百蓋倒其言爾初秦望氣者云五百年後金陵有天子氣故秦皇東遊以厭之塹北山改爲秣陵及孫權稱號自謂當之孫盛以

爲始皇逮于孫氏四百三十七年矣其曆數猶爲未也及元皇之過江也乃五百二十六年真人之應其在此矣

案東晉元帝即位太興元年至唐至德元年合四百四十年

建康實録卷第十

奉史所謂曲阿丹徒間有天子氣者也時有孔子恭者善占墓帝嘗與經墓問之曰此墓何如子恭曰非常地也帝由是益自負行止時見兩小龍附翼之樵漁山澤同侶亦或覩焉困於貧賤不修廉隅小節時人莫能識唯鄉邪王謐獨深敬重之帝嘗負刁逵社錢三萬經時無以還之遂被逵執謐密以己錢代償以此得釋嘗於下邳逆旅會一沙門謂帝曰江表方亂能安之者其在君乎既而忽失僧所在帝驚而異之晉隆安三年冬十一月妖賊孫恩寇會稽殺內史王凝之三吳亦應賊所在蜂起遣衛將軍謝琰前將軍劉牢之東討請帝爲參軍事自丹徒往盡平定

郡縣四年春牢之還鎮丹徒以謝琰鎮山陰五月恩又入山陰琰戰死冬十一月牢之又東討帝衆嚴肅百姓賴之五年春孫恩又寇海鹽帝翼之而進築壘於海鹽故治與賊相拒城内兵少戎備不足帝選敢死士百人去介冑持短兵突賊兵賊棄甲走收其器仗皆以給兵士戰雖連勝終慮賊衆我寡乃一夜偃旗卧鼓若巳宵遁旦使一童子開門賊問主將安在曰巳走矣信之無備帝㑹將士出其不意復攻賊恩乃大敗邑潰高祖追之海鹽鮑陋遣子嗣之以吳兵一隊爲前驅帝曰吳人不習戰今賊方盛若前軍失利必喪我師翌日將戰帝夜設伏兵四至皆立旗鳴

鼓賊言四面有兵一時走散嗣之追奔深入爲賊所
敗帝且戰且退死傷略盡懼不免至初戰地令左右
解死人衣但示閑暇賊言有伏兵以誘我乃不敢進
帝乃得徐歸夏四月恩浮海入江至京口鋭卒十萬
舟船千餘自丹徒至于建業百姓荷擔而至時劉牢
之尚在山陰帝與四百人晨夜兼行與賊俱會京口
恩率大衆登山帝至逆擊破之投山巘赴水者不可
勝數恩以棚柵自衛僅得免猶恃其衆欲犄京師進
及白石聞牢之還京口遂退散歸秋八月以帝爲建
威將軍下邳太守冬十一月又追破孫恩於扈瀆恩
走臨海元興元年春荆州刺史桓玄舉兵東下楊州

刺史司馬元顯南討以劉牢之爲前鋒次栗洲帝以
參軍從事屢諫牢之令擊玄牢之不從使其子敬宣
詣玄請和入京師牢之鎮廣陵怏怏曰人情去矣牢
之竟自縊於新洲玄以從兄脩爲撫軍大將軍鎮京
口帝爲中軍參軍太守如故孫恩投水死餘衆推恩
妹夫盧循爲主元興二年春正月玄使帝討孫恩餘黨
帝大破盧循於東陽追之永嘉循逸于海六月進帝
彭城内史冬十二月桓玄篡位司徒王謐爲丹陽尹卞
範之爲鎮軍將軍謝混爲侍中遷天子於尋陽明年
春帝隨桓脩入朝玄妻劉氏謂玄曰昨見劉德輿龍
行虎步視瞻不凡恐非人下者也宜早爲其所玄曰

方欲北清中原非劉裕莫足以委者關隴平定徐思其
宜三年二月丁酉帝還建康徙潛暨所復乙卯帝因遊獵
會何無忌魏詠之檀憑之劉毅毅弟藩檀韶韶弟祗
孟昶昶弟懷玉劉道規諸葛長民同謀者二十七人願
從者百十人丙辰平旦城門開馳入稱有詔遂擒桓脩
斬之以徇脩弟弘青州刺史鎮廣陵道規爲弘中兵
參軍孟昶爲主簿昶勸弘其日出獵未明開門昶道
規毅等率壯士五六十人直入弘正噉粥稱有詔晉
帝已復正斬桓玄首訖遂斬弘收其衆濟江義軍
將剋京城初王元德率邑興等亦預參議謀是日陰
據石頭毅兄邁有寵於桓玄玄以爲襄陽太守尚在

建業帝使陳留人周安穆告之使爲内應去天文巳著而土木之工不息此而不乘宜復何待邁甚懼安穆慮事發馳歸是夜玄與邁書曰北府人情去何卿近見劉裕何所道邁將謂玄巳知其謀晨起白之玄驚封邁爲重安侯又以不執安穆故殺之乃誅元德等召群臣廷論衛將軍揚州刺史桓謙請北拒玄曰不然此兵輕狷皆出萬死若我偏師失利則更成其氣今不如屯兵覆舟使其空行二百里地無所措手卒遇大衆莫不振懼我按甲堅陣勿與爭鋒彼請戰不得勢將自走此謂不戰而屈人兵者也謙固諫不然乃遣其將吳甫之皇甫敷等相繼拒義軍先是帝

造游擊將軍何詹之左右見帝光耀滿室以告澹之
澹之以告玄玄不以爲意及帝義兵起方懼或曰裕
等甚弱陛下何慮之深玄曰劉裕足爲一世之雄劉
毅家無儋石之儲樗蒲一擲百萬何無忌劉牢之外
甥酷似舅共舉大事何謂無成時推帝揔徐州府事
孟昶爲長史居守檀憑之爲司馬劉穆之爲府主簿
帝率二州之衆一千七百人進及竹里移檄京師三
月戊午逆破皇甫敷等於羅落橋進敗桓謙將於覆
舟山玄出自西掖門棄馬石頭城輕舟南逸王謐率
百辟推高祖領揚州帝固讓以王謐爲揚州刺史留
臺朝廷肅然各守職王謐命尚書以帝爲使持節都

晉徐兖青冀幽并八州諸軍事鎮軍將軍徐州刺史
鎮石頭劉毅冠軍將軍青州刺史廣陵相何無忌輔
國將軍瑯琊内史魏詠之建威將軍豫州刺史鎮歷
陽孟昶建武將軍丹陽尹劉道規振武將軍先率兵
千人追躡桓玄

裴子野曰桓敬通有文武奇才志雪餘耻校動離亂
之中掩天下而不血刃既而嘯命六合規謀凌取未
及踰年坐盜社稷自以名高漢祖事捷魏晉思專其
侈而莫已知王謐以民望鎮領王綏謝混以後進光
輝諸從兄弟方州連郡民駭其速而服其强無異矣
高祖是時殊方一疋夫也無千百之衆糾合同盟雷

擊三州曾未及旬蕩清京邑號令群后長驅江漢拯士楚於已拔拯晉於已顛自義軒已來用兵之速未始有也自非雄略蓋世天命至止焉能若此者乎於是民知攸暨而王迹興

刁逵為桓玄西中郎將鎮歷陽玄敗逵歸請罪初逵與高祖故數窘高祖王謐嘗救脫之既而族滅刁氏

裴子野曰刁逵玄之爪牙王謐楚之上相論逆則王重定罪則逵輕稚遠以舊德録萬機長民以宿憾夷七族以為晉政偏頗甚矣且神龍伏於罟網漁者安知其靈化霸王匿於人庶庸夫何以悟其英雄苟在不悟則驕之者衆可勝哭乎是知宋高祖之非弘亮

也同盟多貳宜乎哉
丁卯帝遷鎮南府焚桓温神主于宣陽作晉主于太
廟命劉穆之斟酌憲章旬日而典禮畢舉既以之嚴
簡又躬自儉素貴賤莫敢犯者夏四月戊子帝旌晉
武陵王遵爲大將軍承制居東宮[illegible][illegible]致敬[illegible][illegible]天
子爲從父以孔靖爲會稽太守靖[illegible]征盧循謂季恭
議欲往會稽收其兵討桓玄靖以千里之外難用急
未若畿內動可集事帝然之亥至江陵[illegible]置群官增
法峻刑遣何澹之庾頤助郭銓[illegible]湓口壬辰以劉毅
爲西討都督統何無忌等四千人發京師庚戌大破
澹之於桑落洲是月[illegible][illegible]宣自[illegible]里來歸五月桓謙

據歷陽魏詠之破之追敗於芍陂歆走渡淮癸酉劉毅等追及桓玄戰于崢嶸洲破之玄走己卯桓玄自江陵逃漢中荆州別駕王康產南郡相王騰之奉天子入南郡時益州刺史毛璩遣從孫祐之與費恬送弟璠喪下璩弟子脩之時為玄校尉引入蜀至枚回洲益州督護馮遷斬玄於貊盤洲傳首京師玄從弟謙走荒中桓振逃于華容尋而振又襲陷江陵追謚玄為武悼皇帝送璽紱於天子稱楚祚不終百姓之心復歸于晉丙午劉毅何無忌追及桓振劉毅等敗績六月丁未退屯尋陽使弘德請罪於是免毅青州刺史無忌琅琊太守

裴子野曰善乎宋高之能法也不先峥嵘遽議靈溪之罰使擾攘之時無苟免之志恩不及私黨法不屈勳民使知攸憲示之以整不亦可乎故能使功著而費不煩威申而將不拔終靜四方用此道也

十一月桓振遣馮該守夏口東岸桓仙客守偃月壘孟山圖守魯山連艦夾江以待劉毅十二月壬戌毅三城進剋巴陵是冬盧循盜據廣州以其將徐道覆守始興郡義熙元年正月己丑毅次于馬頭桓振挾天子出營江津癸巳衆軍進次中夏大破桓謙等振走狷川謙逃長安天子反正戊戌劉毅言於天子令大赦天下可改元是為義熙元年二月甲子天子發

自江陵何無忌翊衛劉毅停夏口是月益州民譙縱殺刺史毛璩于成都三月栢振又襲荆州襄陽太守劉懷肅討之大破振於沙橋臨陣斬振振勇冠三軍每一合戰瞋目横矛衆不敢逼時醉中流矢乃擒之甲午天子至自江陵庚午詔進帝侍中車騎將軍都督中外諸軍事錄尚書帝固讓抗表辭歸藩是月旋鎮京口夏六月宥栢胤子新安胤祖冲克讓於晉故也秋九月戊戌以征北將軍魏詠之爲荆州刺史頃時殷仲堪爲荆州刺史詠之爲其客不出十年踐其位談者偉之十月以劉藩爲輔國將軍青州刺史鎮廣陵義熙三年二月帝入朝乙卯旋鎮丹徒秋七月

加孟昶吏部尚書八月遣冠軍將軍劉敬宣毛循之率衆五千伐蜀國子博士周祇上書諫於帝曰自義旗之建所征必克可謂天人交助和順之徵也今大難既夷君臣俱泰此誠漸無事宜大寧治民然蜀賊宜平六合宜一非不然也古人有言天時不如地利地利不如人和今往伐蜀萬有餘里泝流天險動經時歲來往艱阻雨雪連降驅三州三吳之人而投三巴三蜀之土其中疾病死亡豈可稱計且泝萬里所在無儲若連兵不解運漕不繼雖韓白之將何以成功今言可征者皆云彼親離衆叛愚謂不然以一介之匹夫而能致今日之事若衆力離散亦何以至此

官所遣兵皆烏合應募之人必無千人一心有前無退者矣夫爲治國先言其內而治其外先安其近而懷其遠頃狂狡不息誅戮相繼未可謂人和也天險如彼未可謂地利也帝不從明年敬宣至黄武果無功而還中流接得毛璩喪而及家口歸之冬十二月戊子司徒王謐薨孟昶使尚書右丞皮沉言於帝以謝混爲楊州刺史劉穆之說帝曰古有挾天子而令諸侯今其時也如公勳德豈可爲守藩將者乎劉孟諸人與公俱起布衣以取富貴位有先後一時相推非有委體心腹宿昔定分也楊州治本豈可假人大事草創用王謐爲神州王綏爲分陝以安當時之心

耳豈是經遠大計理盡於此哉一失權柄雖悔無及今答玄已往於辭實害宜報昶玄須入朝量之大旨可見帝納焉四年春正月詔高祖入輔中前命且爲揚州刺史録尚書事解兖州以劉藩爲刺史四月丙寅進孟昶爲尚書左僕射五年春正月乙未夫人臧氏薨

僞燕王慕容超大掠淮北孟昶曰師往必剋公其行四月己巳帝抗表北伐舟師發自京師從淮入泗次于下邳捨舟步進燕將公孫五樓説慕容超曰吴兵輕鋭難與爭鋒請斷大峴使不得入上策也堅壁清野芟其穀麥中策也據城待戰下策也超曰引使過

峴我出鐵騎躪之成擒耳何遽淸野自取慼弱初謀是役諫者曰賊若不出嚴守大峴不則堅壁廣固守而不出軍無資何能自返帝曰不然鮮卑性貪畧不及遠既幸其勝且愛其穀謂我孤軍將不能久必將引我且出輕戰師一入峴吾何患焉及師踰峴虜軍未出帝喜曰天賛我也衆曰未見敵帝何悦焉帝曰師既過險士有必死之志餘糧栖畝無遺乏之憂虜墮吾計勝可必矣六月燕主令賀賴盧等拒臨朐去城四十里先據巨蔑水超曰吾軍得水即難敗也高祖遣先鋒孟龍符爭先據之大軍有車四千兩分兩翼方軌徐行車悉張幔御者執矟輕騎為游軍軍

令嚴肅相戒以整未及臨朐賊至遂大戰超自往臨朐留寡弱居守悉令士卒前拒官軍大戰向日昃戰猶酣帝命叅軍檀韶胡藩等曰虜之精兵悉於是矣必留寡弱居守子以潛軍而翕其後往必剋城多易旗幟此乃韓信所以剋趙也且吾前去兵海道往必聲之韶等鼓行而登曰海軍至超棄城走軍聞城陷陣恐而動帝親鼓擊之臨陣斬大將叚暉獲超豹尾玉璽等歸于京師超等奔廣固衆軍逼之剋其大城超嬰小城於是設長圍守之館穀於青土停江淮轉輸撫納降附蒐才任使華夷響悦牛酒日至秋七月加帝北青冀二州刺史或薦北海王鎮惡召入與語

悦因留宿旦日辟爲青州從事初超使尚書郎張綱乞師於姚興綱歸太山守申宣獲之送帝帝知綱有巧思令造攻具超黨初未知乘城曰汝非張綱無能爲也及知綱爲軍所獲超大懼求割大峴獻馬千疋稱藩以和帝不許姚興旣不能救使使來言曰今率步騎十萬屯于洛陽晉人若不退將涉淮左帝謂曰爾爲我報姚興我定青州將過函谷虜能自送今其時也參軍劉穆之遽入曰此言不足威敵容能怒彼若鮮卑未拔西羌人至公何以待之帝曰此兵機也非子所及羌若來救不有先聲今遣詐言是自彊也晉師不出日久矣羌見伐齊始將內懼自保不暇何

能救之力[illegible]進帝太尉十月張綱治攻具成飛樓懸梯大幔板屋冠以牛皮火石不能害攻城之士得肆力焉時劉毅遣上黨太守趙恢千餘人來援帝夜潛遣軍益會之明旦恢衆五千方道而至每晉使將到輙復如之去者數十來者數千虜謂我師方益愈恐六年春二月夜有鳥如蒼鵝飛入帝帳坐者咸愕胡蕃獨賀曰蒼者胡也鵝者我也虜將歸我之徵也既旦悉衆攻城城陷慕容超踰堞走追騎獲焉送京師斬於建康市徐道覆以帝北伐也自往番禺說盧循今襲京師是月盧循舉兵過嶺寇諸郡何無忌起尋陽之師南救諸鎮鎮南將軍劉閭進說無忌曰盧循

有大志所經必不傷人其三吳舊賊百戰餘勇始興溪子拳捷善鬬未易輕也將軍且留屯豫章徵兵城守分軍石頭彼若圍城攻守者百倍告我而下畏吾躡其背比爾相持已數十日荆豫兵可以大至而合戰亦未晚也若以此軍輕進獨剋殆難濟乎無忌不聽戰敗握節而死之贈侍中司空謚忠肅公帝發自廣固將鎮下邳以經營司雍盧循寇逼朝廷徵還次山陽聞無忌敗卷甲兼行與數十人造江山上問行人知賊未到喜濟于京口夏四月乙未至京師戒嚴息甲劉毅表南征帝止之毅不從果敗於桑落洲衆皆没毅登岸走免盧循聞帝之歸恐欲以董兵尋陽

西取荆雍道覆遣衆勝乃下賊衆十餘萬舳艫且千里樓舩百餘隻敗軍歸尤言其盛丙辰尚書僕射孟昶以賊内逼曰臣之罪也是夜飲藥自殺

裴子野曰劉毅北伐先求南征非有料於勝敗大懼以威之不立古人度德而居相時而動故能舉無悔吝定霸取威若毅爲之不量力也覽則以甚何以能振夫左道佐民幻俠調誕足以動衆不足以濟功何哉國之將亡必隆妖孽不有悖主則有亂臣若天欲蕩覆斯疾使之不殄盡亂極凶然後王者興焉故其始也若夜火之集飛蟲雖死不悔及其末也如朝陽之照積雪一旦消除故有彊若盧循猛如徐道覆

基於邪蠱何以從彥遠之議遷都爲不知矣從之以死婦人哉昔有懼弱而自沉汨之徒也

丙寅劉毅歸自桑落洲者十三人詔還節鉞降爲後將軍戊午帝移鎮石頭守乙丑賊大至帝籌之曰賊若新亭直上且將避之若回泊蔡洲成擒耳六月進帝太尉中書監加授黃鉞餘如故辭秋七月諸軍大破盧循循自蔡洲退奔尋陽遣王仲德追之帝歸東府治水軍使建威將軍孫處率衆三千自海路襲番禺戒之曰我十二月必破妖寇卿亦足至番禺先傾其巢窟使奔散之日無所歸初盧循既下使荀林寇江陵桓謙譙道福率蜀兵爲應謙及枝江荆人皆謙

舊也並懷二心刺史劉道規會衆夜開城門衆莫有
去者冬十月高祖遣劉藩檀韶等舟師南伐盧循留
別將范崇戍南陵王仲德破之十一月孫處至番禺
攻陷其城循父嘏奔始興處撫其人以守十二月己
卯朔大軍次大雷築壘循揚聲不攻雷池中流而進
帝分步騎登西岸遣水軍與戰參軍庾樂生乘艦在
後斬以厲衆士卒乃爭破賊賊泊西岸步騎飛炬焚
其舟水軍乘流逼之賊退走豫柵左里甲申大軍至
左里將戰帝麾之麾竿折幡沉于水衆咸懼帝笑曰
昔覆舟之役亦如此今勝必矣乃大破循軍士卒皆
降盧循單舸走徐道覆留始興帝自左里旋師天子

遣侍中黃門勞師于行所七年春正月乙未振旅而
歸京師進大將軍楊州牧給班劒二十人三月循走
番禺既無所止乃走愛州徐道覆自始興赴其妻子
而後自殺勦曰我不信英雄主爲盧公所誤夏五月
交州刺史杜慧度斬盧循於龍編及父子函七首于
京師梟於大航八年四月以劉毅爲衛軍將軍開府
儀同三司荆州刺史毅改易官守請丹陽尹郗僧施
爲南蠻校尉將有異志州病甚表請劉藩省疾高祖
知之自收其黨謝混獄死而表西伐藩妻毅之妹也
帝將圖毅而收之以諸葛長民爲豫州刺史留監府
事劉穆之居東府長史貽書劉敬宣曰盤龍狼戾專

恣自取夷滅世路尅清異端將盡富貴之事相與共
之敬宣懼以戕示帝盤龍劉毅也元興中敬宣曽言
盤龍自伐一旦遭遇必凌上取禍故長民見伐毅以
敬宣言感動宣欲與謀高祖乃引為喻也故敬宣以
示帝甲申大軍次南州以參軍王鎮惡為前鋒冬十
月鎮惡及豫章口拒江陵二十里捨舟步進誡守船
者江津遇衛軍朱顯之乃戰船人嚴鼓大發大破城
内其夜毅自北門走出自縊死十一月乙卯大軍至
江陵下書勞百姓曰夫弘獎拯民必存閎恕捨網循
綱去煩易理九年春以西陵太守朱齡石為益州刺
史帥寧朔將臧熹及下邳太守劉鍾等衆二萬自江

陵伐蜀初謀元帥難其人齡石資名素淺帝違衆拔之授麾下之半臧熹夫人弟也位出其下亦隸焉識石曰劉敬宣往至黃武無功而退今者師出應道青衣賊判由其不意復從內水如是涪城之戍必有重兵若道黃武正墮其計今軍自外水取成都疑兵向黃武此制敵之策也書函署曰到白帝發之諸將雖行未知所適乙丑帝至自江陵初諸葛長民貪淫驕横帝每優容之劉毅既誅長民謂所親曰昔年醢彭越今年殺韓信禍其至矣欲謀爲亂又常謂人曰貧賤常思富貴富貴之後身履危機今日欲爲丹陽布衣不可得也及帝西歸甚慮之輔國將軍王誕求先

下帝曰長民似有疑心卿詎宜便去詎曰長民蒙公垂盼今輕身單下必當無慮乃可少安其意高祖笑曰卿勇過賁育矣於是先還帝乃至期剋日奄至東府而誅長民兄弟等是時民多遠本僑雜者衆帝上疏曰臣聞先王制治九土披序分疆畫境各安其居在昔盛世民無遷業故有井田之制三代以降秦革斯政漢遂不改富彊兼并於是爲弊然九服不擾所託咸舊在漢西京大遷田景之族以實關中即以三輔爲鄉閭不復係之於齊楚自永嘉播越爰托淮海朝有匡復之算民無思本之心經略之圖日不暇給是寧民雖治猶有未遑及大司馬桓温以民爲政本

傷治爲深故庚戌土斷以一其業于時財阜民豐實
由於此自茲迄今彌歷年載畫一之制漸用頽弛離
居流寓閭伍不脩王化所以未純民瘼所以猶在自
負荷重任恥責實深自非改調解張無以濟治夫人
情滯常難與慮始所謂父母之邦爲桑梓者戒以生
焉終焉愛敬所託今所居里也墳隴成行敬恭之誠
豈不與事而至請舉庚戌土斷之科庶存所弘稍與
事著然後率之以仁義鼓之以威風超大江而跨黄
河撫九州而復舊土則返本之制乃速申於當年於
是依界土斷從之上又令豪彊不得固其湖澤税民
爲利是月朱齡石次白帝乃發書書言衆軍悉由外

出臧壽自中水取廣漢使羸弱乘高艦十餘造廣武
譙縱果遣道福董兵守涪城六月癸未朱齡石次平
模距成都二百里譙縱遣大將侯暉僕射譙詵等至
平模夾岸連城層樓重柵衆未能攻朱齡石謂鍾曰
天方暑熱賊今固險攻之難拔只困我師吾欲蓄銳
息兵伺隙而進卿謂何如鍾曰不然前揚聲言衆軍
由內水故譙道福不敢捨涪出其不意侯暉之徒已
破膽矣暉之阻兵非堅壘也因其懼而攻之其勢必
尅尅平模則鼓行而前成都不能守必矣若緩兵相
持虛實將見涪兵復來難爲敵也若進不能戰退無
所資二萬人同爲蜀子虜耳石從之攻皆尅斬侯暉

進次成都秋七月戊辰譙縱將家出奔其尚書馬耽封倉庫以待王師壬申朱齡石入成都縱之走也如其墓乃自縊死齡石戮其屍傳首京師十年夏五月乙酉夜河間王司馬國璠帥百餘人踰廣陵城登廳事太守檀祗驚出箭及其股祗語士衆曰賊以暗來非多也行五鼓必散矣賊聞鼓果遽而走於是悉降祗是歲城東府築廨舍十一年春正月盜殺左將軍北青州刺史劉敬宣初敬宣夜飲之夕有芒屨長三尺橦其食盤須臾難作初謝混負地矜才罕所容好雖劉穆之不能下也遇敬宣而盡歡或以譏混混曰孔文舉禮太史義耒下豈有非之邪平西録事韓延

之司馬休之故吏也帝招以位延之之報書曰司馬公
體國忠貞款誠待物今得罪宰相加之以討能無辭
乎席上無款懷之士閫外無自信諸侯良可恥也伐
人之君啗人以利五尺童子孰不知君之心請以藏
洪游於地下耳帝省書歎左右曰事人當如此初雍
州刺史魯宗之負力好亂懼不容於時嘗爲讖曰魚
登日輔帝室司馬休之聞乃引焉是月荆州刺史司
馬休之雍州刺史魯宗之舉兵內向以討劉裕爲名
庚午大赦帝白衣西討三月軍次江津司馬休之阻
岸置陣帝欲自登謝晦抱止帝帝抽劍擬晦晦曰天
下可無晦不可無公此曹洪所以濟魏武也乃止疾

召胡蕃人來至將斬以勵衆蕃謂使者曰正欲擊賊
不得奉命因以刀頭穿岸傍劣容脚指乃騰而上岸
衆從之大破賊五月雍州刺史趙倫之破魯軌於石
城休之來援不戰而走

裴子野曰書曰慮善以動動惟厥時若司馬休之動非
其時也天方厭晉罔敢知吉已雖欲得無乃違天乎五
運無不亡之國爲廢姓受朝賢若三仁且猶顚沛而況
豪俠哉昔中原殄寇道盡于時四海爭奔豈徒繫晉得
實存乎大義故能遂荒南土廿六與也勃然至義熙不異
於是矣而宋家支離未忘前書淩逆越逸禍將日尋
豈戡黎之伐弘少將咎周之徒[illegible]識興廢何其歎歟

進帝太傅揚州牧劒履上殿入朝不趨贊拜不名加
前後部羽葆鼓吹置左右長史從事中郎四人論平
蜀功以朱齡石爲豐城公秋八月甲子以中書侍郎劉
穆之爲尚書左僕射領吏部尚書十二年春正月以帝
領兖州刺史加平北將軍增都督南秦二十二州諸軍
事三月僞秦姚興死子泓新立兄弟相殺關中擾亂乃
言於天子戒嚴北伐夏五月盧江霍山崩獲六鍾癸
巳詔帝受雍州刺史前後部羽葆鼓吹班劒爲四十人
秋八月乙巳大軍進發奉帝弟瑯琊王德文以行劉義
府爲中軍將軍監留府事鎮石頭以劉穆之爲領監
軍中軍二府軍司入居東府揔攝内外光祿大夫孔

季恭先告老居家室於是願從以爲軍謀祭酒寧州刺史獻帝琥珀枕命擣碎付征士療金瘡九月軍次彭城以冠軍檀道濟龍驤王鎮惡及龍驤王敬爲前驅造許洛寧朔劉遵考中兵沈林子舟師通石門寧朔朱超石寧朔參軍胡蕃趨半城龍驤朱才寧遠竺秀寧遠嚴綱開鉅野皆受督於王仲德北方屯戍緣道降伏十月衆軍會洛陽圍金墉姚銑請降執歸京師洛陽平命脩五陵置守衛十一月癸巳天子使冊帝曰朕以寡昧仰纘洪基賊臣乘釁蕩覆王室越在南鄙遷于九江宗祀絕饗人臣無位提挈群凶寄命江浦則我祖宗之業奄墮于地七百之祚翦焉傾覆若涉

淵海罔知攸濟天未絕晉誕育英輔振厥頽維再造
區宇興亡繼絕俾昏作明元勳至德朕實攸倚今將
授公典策其敬聽朕命乃者桓玄肆僭滔天泯夏拔
本塞源顛蹶六位庶寮倪眉四方莫恤公精貫日月氣
陵雲漢奮其靈武大殲群慝剋復王室奉歆神祇此公
之大節始於勤王者也授律群后順流長鶩薄伐崢嶸
獻捷南郢大憝折首群逆畢夷三光旋彩舊物反正此
又公之功也出藩入輔弘茲保弼阜財利用繁殖生
民編戶歲滋疆宇日啓導德明刑四海有截此又公之
功也鮮卑負衆僭盜三齊狼噬舊青虎視沂岱介恃遐
阻屢爲邊毒公蒐乘秣馬夐入遠疆衝擣四臨萬雉

俱潰竊號之虜顯戮司寇拓土千里申威隴漢此又公
之功也盧循妖凶伺隙五嶺乘虛肆逆侵覆江豫旌
拂宸內矢及王城朝野喪沮莫有固志家獻從卜之計
國議遷都之規公秉轅南濟義形于色嶷然內湛視
險若夷妙略奇軍淵謀不世殘寇窮窘喪旗遁跡俾我
纖甸拯於將墜此又公之功也劉毅叛換負疊西夏
凌上罔主肆志姦暴附麗協黨扇蕩王畿公御禀軌以
刑消之不日大軍電掃神兵風拂罪人斯得荊衡晏
清此又公之功也追奔逐北揚旍江濆偏旅浮海指
日遄至番禺之功涉無萬頃左里之捷魚潰鳥散元
兇遠迸傳首萬里南海肅清荒服來洎此又公之勋

也譙縱恃亂冠竊一隅王化阻關三巴淪溺公指命偏師授以良圖陵波憑湍致届井絡僣豎伏鑕梁岷草偃此又公之功也永嘉不競四夷擅威五都傾蕩園陵幽辱祖宗懷没世之憤遺甿有匪風之思公遠齊伊宰納隍之仁近同小白滅亡之恥鞠旅陳師赫然大號分命群帥北徇司雍許鄭風靡鞏洛載清僞牧逆藩交臂請罪百年榛穢一朝掃滌此又公之功也公有康宇宙之勳重之以明德爰初發跡則奇謀冠古電擊強祅則鋒無前對聿寧東畿大造黔首若乃草昧經綸化融於歲計扶危靜亂道固於包桑辨方正位納之軌道蠲削煩苛較茲畫一淳風美化盈塞區宇

是以絕域獻琛遐夷納貢王略所亘九服率從雖文命之東漸西被咎繇之邁子種德何以尚茲朕聞先王之宰世也庸勳尊賢建侯胙土褒以寵章崇其徽物所以協輔王室永隆藩屏故曲阜光啓遂荒徐宅營丘表海四履有聞其在襄王亦賴匡霸又命晉文備物光錫惟公道冠前賢勳高振古而殊典未飾朕甚恧焉今進授相國以徐州之彭城沛郡之蘭陵下邳淮陽山陽廣陵兗州之高平魯國之泰山十郡封公爲宋公錫茲玄土苴以白茅爰定爾居用建冢社昔晉鄭啓藩入作卿士周邵保傅出揔二南内外之任公實兼之今命使持節兼太尉尚書左僕射晉寧

縣五等男堪授相國印綬宋公璽紱使持節兼司空
散騎常侍尚書陽遂鄉侯泰授宋公茅土金虎符第
一至第五左竹使符第一至第十左相國位無不總
禮絕朝班居常之名宜與事革其以相國總百揆去
錄尚書之號上送所假節侍中貂蟬中外都督太尉
太傅印綬豫章公印策進揚州刺史為牧領征西將
軍司豫北徐雍四州刺史如故公綱紀禮度萬國是
式秉介蹈方罔有遷志是用錫公大輅戎輅各一玄
牡二駟公抑末敦本務農重稼采藝宣是稼穡惟阜
是用錫公袞冕之服赤舃副焉公閑邪納正移風改
俗陶鈞品物如樂之和是用錫公軒縣之樂六佾之

舞公宣美王化導揚休烈華夷企踵遠人胥萃是用
錫公朱戶以居公官方任能網羅幽滯九皐辭野髦
士盈朝是用錫公納陛以登公當軸處中率下以義
式遏寇讎清除荒慝是用錫公虎賁之士三百人公
明罰恤刑庶獄詳允放命干紀罔有攸縱是用錫公
鈇鉞各一公龍驤鳳矯咫尺八紘括囊四海折衝無
外是用錫公彤弓一彤矢百玈弓十玈矢千公温恭
孝思致虔禋祀忠肅之志儀形四方是用錫公秬鬯
一卣圭瓚副焉宋國丞相已下一遵舊儀欽哉其祗
服往命茂對天休簡卹庶邦敬敷顯德以終我高祖
之嘉命加宋公遠遊冠相國緑綟位在諸侯王之上

十三年春正月追贈高祖靖太常父翹特進左光祿大夫紋綬軍次陳留城經張良廟下令曰夫盛德不泯義存典禮微管之歎撫事彌深張子房道亞黄中照鄰殆庶風雲玄感蔚爲帝師可改今上御名楝宇修飾丹青蘋藻行潦以時致薦王鎮惡軍次潼關檀道濟過蒲坂羌并州刺史尹昭據險道濟攻之未能下沈林子謂濟曰蒲城堅卒未可下攻之傷衆守之引日王鎮惡孤軍無依勢危力少潼關天險必爭之地若姚紹據之則難圖也不如棄蒲坂并力潼關若捷尹昭不攻自服矣濟從之二月甲戌沈林子檀道濟王敬等大破姚紹於潼關紹之長史姚伯子屯九原

將憑河津以絶糧道道濟爭赴之斬伯子虜其率武
謂濟曰高梟之以築京觀濟曰不可師入敵境於我
觀義懼之以威力則人自爲守且固及伐其人何罪
食而遣之於是周秦保壁襁負而至朱齡石率丁旿
等爲却月陣大破祐跋圭等數軍於河北五月戊午
帝次洛陽七月癸未步軍入關八月衆軍破姚泓於
青泥走霸上辛丑大軍次關頭丁未王鎮惡舟師泝
河入渭食畢登岸斥舟誓衆大破姚平等横門匡敬
自平朔門入泓與數百騎奔石橋明日將妻子詣壘
門降泓子年上謂泓曰晋人將逞其欲不如早自引
泓不答其子登橋自投而死於是君臣面縛以詣壘

門王鎮惡執泓屬諸吏長安六萬餘家宮殿壯麗財寶盈積王師號令嚴整士民悅服相附自滋九月甲子大軍次灞上王鎮惡道迎帝勞之曰成吾霸業者卿也鎮惡拜曰明公之力鎮惡何勁之有帝笑曰欲効馮異耶是日帝入長安收其彝器渾天儀土圭指南車記里鼓秦漢洪鐘魏銅蟠螭等獻于天子其餘珍寶頒賜將帥拜漢長陵大會文武於未央殿執姚泓歸詣京師斬于建康市遷姚宗於江東天子使使勞師于咸陽冬十一月進帝爵為王增國十郡帝讓不受以桂陽公義真行安西將軍雍州刺史鎮京兆以王循為長史王鎮惡為司馬留兵萬人以傅弘

之領之將班師長安父老謂帝曰殘民不見王師百年於茲矣始覩衣冠人人相賀長安十陵是公家墳壟千門萬戶是公家府殿捨此欲安歸乎帝爲之憫然鎮惡五月五日生故名鎮惡嘗客於澠池澠池人李方厚遇之後入關拔方爲澠池令初謂方曰吾忽值英雄主取萬戶封侯當厚報卿十一月丁亥尚書左僕射丹陽尹中軍西華子劉穆之卒贈衛將軍開府儀同三司以左司馬徐羨之領丹陽尹帝聞穆之卒哭之慟上疏於天子曰臣聞崇賢旌善王教所先念功簡勞義深追遠故司勳秉策在勤必書德之休明沒而彌著故尚書左僕射臣穆之忠規遠畫潛慮

密謀造膝詭辭莫見其際於是重贈侍中司徒南昌侯封一千五百戶謚文宣公穆之旣貴食必方丈嘗白帝曰穆之本貧賤贍生多闕比者所資微為豐泰自此之外無一毫負公帝亦推心委賴如左右手爾穆之外所知聞無不踐白雖同閭里戲謔道途細事皆具聞帝多識情僞穆之之由也及居東府副上相帝任內則穆之外則謝晦然二人素不相叶及穆之卒謝晦喜形於色自是朝廷大政皆諮受帝小事則決之於徐羨之十二月旋長安自洛入河開汴河以歸十四年正月師次彭城解嚴息甲後沈田子自與王鎮惡爭功自王猛之孫有將世其人以比諸葛亮

入關之功下人鎮惡為[illegible]門[illegible]者深憚焉故田子因
衆懼龍驤殺鎮惡於傅弘之壘弘之奔告義真義真率王
智王脩被甲登橫而田子[illegible]王脩乃執田子專戮
斬之自是胡馬[illegible]威關[illegible]矣二月嵩山獲玉璧三
十二黃金一餅漢中成故縣水岸崩獲鐘十二枚鞏
縣民宗曜獲嘉禾九穗同穎獻諸天子詔歸于帝帝
固辭以中軍將軍劉義符爲荊州刺史中軍議郎張
節諫曰儲貳至重四海所繫古來冢子在外未有爲
國福者乃止夏六月庚寅始詔受相國九錫之命引
晉使陳備物於庭帝顧寮佐曰孤本布衣始願不及
此衆人歛袵將軍王弘率爾而言曰此之謂神物求

十二月戊寅天子崩瑯琊王德文即位改號元熙元年春正月甲子詔徵帝入輔又申前命進爵爲王以徐州之海陵北東海北譙北梁豫州之新蔡兗州之北陳留汝南潁川滎陽十郡以增宋國庚申葬安帝于休平陵秋八月丁巳遷都壽陽始受王爵赦國内五歲刑以傅亮爲中書令九月帝解揚州牧冬十月以劉義真爲揚州刺史十二月天子命帝冕十有二旒建天子旌旗出警入蹕乘金根車駕六馬備五時副車置旄頭雲罕樂舞八佾設鐘簴宮懸進王太妃爲太后王妃爲王后世子爲太子王子王孫爵命之號一如舊儀二年正月帝表讓殊禮是月黃龍見廬陵郡江濱

臣開出古銅禮器十餘字帝獻之天子謙不受歸諸
瑞物藏於相府二年夏四月天徽入輔五月己亥[illegible]
自壽陽六月壬辰舟輿泊于石頭達渚恭帝詔曰夫
天造草昧樹之司牧所以闡鈞三極統天成化故大
道之行選賢與能隆替無常期禪代非一族貫之百
王其來尚矣晉道凌遲仍屬多故安皇播越宗嗣墜
泯則我宣元之祚永墜于地顧瞻區宇蕩焉已傾相
國宋王天縱聖德靈武秀出一匡頹運再造區夏固
已興亡繼絕拯淪溺矣故四靈効瑞川岳啓圖玄象
表革命之期華裔注樂推之願代德之符著乎幽顯
瞻烏爰止爰集明哲夫豈延康有歸咸熙告謝而已

昔漢德既微魏祖繼其緒黃運不競三后肆其勤
故天之曆數定有攸在敢忘四代之高蹤橫作天人
之至望于其遜位別宮歆禪于宋草詔既成請帝書
之帝欣然操筆謂左右曰桓玄之時天命已改重爲
劉公所延二十載今日之事本所甘心甲子遣使奉
策曰咨爾宋王夫玄古權輿悠哉邈矣其詳靡得而
聞爰自書契降逮三五莫不以上聖君四海以止戈
定大業然則帝王者宰物之通器君道者天下之至
公在昔上葉深鑒茲道是以天祿既終唐虞不得傳
其嗣符命來格舜禹不得全其讓所以經緯三才澄
序彝化作範振古垂風萬葉莫尚於茲昔我宗祖欽

明扆居其極而明晦代序盈虧有期翦商兆禍非唯
一世惟王體上聖之姿包二儀之德明齊日月道合
四時豈伊博施於民濟茲黔庶固已化洽四海道備
八荒圖緯之文既明人神之望已改百工歌於朝庶
民誦於野億兆抃蹈傾貯惟新自非百姓樂推天命
攸集豈伊在予所得獨專是用仰應皇靈俯順群議
敬禪神器授帝位于爾躬天祚告窮天祿永終於戲
王其允執其中敬遵典訓副率土之嘉願恢洪業於
無窮時膺休祐以答三靈之眷命是日使持節兼太
保散騎常侍光祿大夫謝澹兼太尉尚書劉宣範奉
皇帝璽綬受終之禮一如唐虞漢魏故事帝奉表陳

譲晉帝已遜于瑯琊王第百辟拜辭祕書監徐廣獨流涕歔欷謝晦止之廣曰君爲宋朝佐命吾乃晉室遺老憂喜之事固不同時抗表陳讓表不獲通群臣上疏勸進不許太史令駱達奏曰自晉義熙元年至元熙元年太白晝見經天凡七占曰太白經天民更主異姓興焉義熙七年五虹見于東方占曰五虹見天子黜聖人出十三年鎮星入太微有立王徙主之兆元熙元年冬有黑龍四登于天易傳曰冬龍見天子亡社稷大人受命冀州道人釋法稱告其弟子曰嵩高神言江東有劉將軍漢家苗裔當受天命吾以璧三十二鎮金一餅與之劉氏卜世之數也後漢建武至建安末

一百九十六年而禪魏魏自黄初至咸熙末四十六年而禪晋晋自太始至今廿五十六年三代揖讓咸窮於六於是群公卿士固請乃從之初漢光武立社于南陽漢末而其樹死劉備有蜀乃應之而興及晋末年舊根復萌至是而茂盛乃受法駕於南郊壇柴燎祭于上帝禮畢嚴駕還宫御太極殿大赦改元

永初元年封晋帝為零陵王食邑一郡載天子旌旗乗五時副車行晋正朔郊祀天地禮樂皆用晋典上書不言表答表不稱詔居于秣陵封道憐及義慶等五王

二年以義真為司徒以盜侯射徐羨之為尚書令聽訟

華林園禁溪祀九月晉零陵王殂上舉哀率百寮臨于
朝堂三日葬以晉禮以梁州胡帥大沮渠蒙遜爲鎮
軍大將軍梁州刺史尚書令司空以太子詹事傅亮
爲僕射上不豫以道濟徐羨之傅亮檀道濟入侍醫
藥群臣請祈禱上不許以義真爲侍中豫州刺史上
瘳封仇池公楊盛爲武都王
三年五月上疾甚召太子誡之曰檀道濟雖有幹略
而無遠志非如兄韶有難禦之氣徐羨之傅亮當無異
圖謝晦數從征伐頗識機變若有異同必此人也朝廷
不須復有別府大臣中亦宜有爪牙以備不祥後起
若有少主朝事一委宰相母后不煩臨朝癸亥上崩

于西殿時年六十七葬丹陽建康縣蔣山初寧陵在縣東北二十里周回三十五步高一丈四尺謚曰武皇帝廟號高祖上清簡寡欲嚴整有法度未嘗視珠玉輿馬之飾後庭無紈綺絲竹之音初朝廷未備音樂殷仲文言之帝曰日不暇給且所不解仲文曰屢聽自然解之帝曰政以解則好之故不習耳寧州嘗獻琥珀枕光色甚麗價盈百金時將北征或曰療金瘡上大悅命碎之分賜諸將平關中得姚興從女有盛寵以之廢事謝晦諫之即時遣出財帛皆在外府内無私藏宋臺建有司奏東西堂施局脚牀銀塗釘上不許用直脚牀釘用鐵廣州嘗獻入筒布一端上惡其精麗勞人即付所司彈太

守以布還之帝素有熱疾并風痾金瘡末年尤極坐卧常須冷物後有人獻石牀寢之極以爲佳乃歎曰木牀且費而況石乎即令毀之制諸主出適不過二十萬無錦繡金玉性尤簡易嘗著連齒木屐好出神武門逍遥左右從者不過數十人時徐羡之住西州嘗思羡之便步出西掖門羽儀絡繹追之已出西明門外矣諸子旦問起居入閤脱公服止著裙帽如家人之禮焉帝微時躬於丹徒業農及受命後耨耜之具頗有存者皆命藏之留於後及文帝幸舊宫見而問焉左右以實對帝有慙色有近侍進曰大舜躬耕歷山伯禹親事土木陛下不覩列聖之遺物何以知稼

穡之艱難何以知先帝之至德乎及孝武大明中壞
上所居治室於其處起玉燭殿與群臣觀之牀頭有
土障壁上挂葛燈籠麻繩拂侍中袁顗稱上儉素之
德武帝不答獨言曰田舍翁得此已過矣故能光有
天下克成大業盛矣哉

廢帝滎陽王

廢帝諱義符小字車兵武帝長子也晉元熙元年進
爲宋王太子武帝受禪立爲皇太子永初三年五月
癸亥武帝崩是日太子即皇帝位大赦制服三年六
月壬申以尚書僕射傅亮爲中書監尚書令司空徐
羨之領軍將軍謝晦及亮輔政以永初四年春正月

巳亥朔大赦改元爲景平元年文武各賜位二等乙
巳虜將達奚印破金墉進圍虎牢毛德祖於城内掘
地深七尺旁穿二道出城外又分爲大道出賊後募
敢死士數百人隨參軍范通基出自圍外鼓譟斬虜
虜陣擾亂斬首數百級燔其攻具虜雖暫退衆還復
合拓跋圭又遣平安涉歸寇青州己未詔徵豫章太
守蔡廓爲吏部尚書廓至謂尚書傅隆曰選皆出我
乎隆言執政徐羨之云黄門已下專以委蔡已上衆
參也廓曰我不能爲徐干木署紙尾遂不就二月丁
丑太皇太后崩遺令曰先皇棄世載五十古不封樹
漢亦異陵今將外營别壙亦無不可十二月大沮渠

蒙遜吐谷渾阿豺遣使貢獻庚辰爵蒙遜爲河西王
以阿豺爲安西將軍封澆河公辛未富陽人孫法光
宗親反自號冠軍大將軍冠山陰山陰令陸劭拒之
戰柯亭賊敗走甲子豫州刺史劉粹遣將軍龔許昌
殺西潁川太守庚龍乙丑虜騎掠高平初虜自河北
之敗請修和親及聞高祖崩因喪來寇河北騷然矣
夏四月檀道濟北征次臨朐虜焚攻具去青州孫琳
爲御史中丞以事忤徐羡之羡之遣琳弟璩自釋琳
曰我觸忤宰相罪止一身差不及爾無忙懼遂劾免
羡之雖不獲命朝廷憚之己未虎牢城陷虜執司州
史王德祖歸初虎牢圍急城內無水士馬皆渴皮膚

黑爆人皆患瘡至死無血城潰左右扶德祖使逃德曰義不使城亡而身存與衆俱執七月癸酉尊帝所生張夫人曰皇太后宮曰永樂丁丑以旱故詔赦五歲刑已下罪人冬十月己未有星孛于天指尾貫攝提向大角仲月在尾季月掃天倉而後滅帝既即位多不率禮范泰上封事深言其不道及多言曰王言如絲其出如綸下觀而化疾於影響臣蒙先朝厚遇思竭狂瞽陛下若能留心覽察則臣無恨九泉輔國將軍交州刺史龍編侯杜惠之卒贈左將軍惠之爲刺史也布衣蔬食治國如家歲荒民飢以私祿賦十城門夜不閉道不拾遺海表大治十二月丙寅省寧

州之江陽為建安郡是歲索虜太守死子熹代立
二年春正月癸巳朔日有蝕之徐羨之傅亮謝晦奏
曰先朝不豫已至大漸車騎將軍義真酗酒日夜不
輟兼惡言訕主謗朝并輒匿甲卒請遵武陵王故事
廢為庶人流于新安郡前吉陽令魏郡張約上書訟
之曰臣雖草介備先黔首少不自量頗為高荊懾伏
惟高祖武皇帝挺器神武撫運龍躍仰清天步則齊
德有虞俯廓地基則侔功大夏故虔順天人享有萬
國雖靈祚攸長而聖躬不永陛下繼明紹統遐邇一
心藩王義真天姿夙茂素有卓然之美宜在容民接
暇宥過訓以之方伏思大宋之興雖叶應符律而開

基遣次根條未豐宜廣藩屏使兄弟盛比媚氏伏願

上考前代興亡之由中存武皇締今上御名之業下顧蒼生顒

顒之望時關內田宥冒死詣闕帷願丹誠一經天聽退

就斧鑊無媿地下執政徙約之梁州道追殺之初高

祖既締今上御名而副貳未育帝始義熙二年生于京口及封

王恣其志欲膂力絕人解音律善騎射於是群小左

右多進異端義真好文愛士而性又浮躁謝晦嘗言

於高祖曰陛下春秋既高宜思存萬世神器至重不可

使負荷非才高祖曰廬陵何如晦曰臣請觀之晦造

義真義真盛欲與談晦不甚答還言德輕於才非人

主也由是出居于外及羨之等尊政王德不悅與前太

子左衛率謝靈運散騎常侍顔延之昵狎過甚故吏范晏戒之義真曰靈運空踈延之隘薄魏文帝云鮮能以名節自立者但情性所得未能忘言於悟當政與遊耳矣及主無謀定故先黜義真乙未以皇弟義恭爲冠軍將軍南徐刺史丁未大風夫有五色雲占曰天錦有兵高麗國使貢獻發使誅皇弟義真于新安夏五月江州刺史王弘南兖州刺史檀道濟來朝執政諷之乙酉皇太后令曰王室不造天禍未悔先帝創業不永棄世登遐義符長副屬當大位窮荒極悖一至於此大行在殯幸災肆於悖辭嘉容表於在戚至三后樂府鳩集伶官倡優管絃靡不備發珎羞甘膳有

加平日採擇媵妾産子就宮覘然無怍醜聲四遠臣
寸痛心及懿后崩背重加天下親與左右執紼歌呼
手推梓宮撫掌笑謔殿省備聞加復日夜媟狎群下
慢戲興造萬計費用萬端帑藏空虚人力殫盡刑罰
苛酷幽囚日增居帝王之位好皁隸之役處萬乘之
尊悦厮養之事親執鞭朴歐擊無辜穿池築觀朝成
暮毁徵發功匠疲極兆民遠邇嗟歎人怨神怒社稷
將墜豈可嗣守洪業君臨萬邦可廢爲滎陽王一依
漢昌邑晋海西故事鎮西將軍宜都王仁明尤篤孝
悌自幼及長德業冲粹識心明允宜纂承皇統光臨
億兆主者詳行舊典以時奉迎未亡人嬰此百罹雖

存若隕永悼怯事撫心崩寒徐傳等將廢帝諷王弘檀道濟求赴國許弘等來朝謝晦移家出鎮軍府將治府舍而實仗甲士出于外屋以謀告中書舍人邢安泰潘盛等為內應夜邀道濟謝晦領兵居前羨之等隨後因東掖門開入自雲龍門盛等先戒宿衛莫有禦者時帝於華林園為列肆親自沽賣又開瀆聚土以象破岡埭與左右引船唱呼以為歡樂夕遊天淵池即龍舟而寢其朝未興兵士進殺二侍人於帝側帝傷指扶出東閣就收璽紱群臣拜送辭于東宮遂幽於吳郡是日赦死罪已下檀道濟入守朝堂六月傅亮率臺迎宜都王于江陵徐羨之使邢安泰殺

滎陽王於金昌亭王有勇力不即受制突走出昌門追者以門關踣之致殞乃加刑時年十九南郡太守江夷臨哭盡哀

裴子野曰昔漢武爲衛武太子置博望園延異能之士而長安闕下竟有流血之釁高祖寵樹滎陽恣其嗜欲群小競進亦有金昌之禍苟不納於義方必異世而同失古者人君養子能言而師授之辭能行而傅相之禮其衣服飲食則保節其身三師並輔其志進退俯仰如值繩準驕奢淫佚無自入矣故以儀形四海君臨萬國弈世休嘉不隕令問宋氏失教誨則異於斯居中則任僕妾處外則近趨走太子皇子有師傅

二職者皆臺錄也制其行止授其禮法則導達臧否
罔弗由之言不及於禮義識無近於今古謹敕者能
訓之以嚚傴愚戇者又誘之以凶慝與置太子太傅
而無師保其他職掌率由舊章諸王無復置師一人
多耆大夫領之王臨州則長史行宣通教令又師傅
之流甚有專恣獨擅威權由是而言君子勿用老成
碩德多見嚴疏是以本枝雖茂而端莊實寡嗣君幼
主世淫姦回雖惡物醜類天然習則生常其[illegible]遂矣
夫來擊折軸水戾破舟不以水木而過工匠者何本
其所以然也降及太宗舉天下而棄之亦昵比之患
爲家以此終焉嗚呼有國有家其鑑之矣

先是有龍見西方中天騰上上蔭五色彩雲太史奏西
方有天子氣秋七月丙寅法駕自江陵至行宮傅亮率
百官奉璽紱詣天門上疏伏惟陛下君臨自然聖明在
御孝悌著於邦家風猷宣於藩牧宗廟神靈乃眷西
顧臣奉荷朝列再覩太平行臺至止瞻望城闈不勝
喜悅鳧藻之情謹詣閤門拜表以聞王答書使召見
傅亮哭甚哀既而問二主薨廢本末悲感嗚咽左右掩泣莫
能仰視亮流汗不能答既出布腹心於鎮西司馬王
華南蠻校尉劉彥之于時權要用命人懷疑懼議者
謂有異圖王華進說曰先帝有大功於天下四海所服
雖嗣主不綱而人望未改徐羨之中才寒士傅亮布

衣諸生非有言宣王敎之心明矣且盧陵嚴斷將來

必不見容陛下寛恩仁慈衆所知也是以越次奉迎

冀以見聽悠悠之論必不然矣羨之亮晦王弘道濟

五人同功孰肯相讓就懷不充勢必不爾殿下但當

驅六轡以副天人之心耳王曰君復爲吾宋昌[illegible]

華以守甲寅舟輿發自江陵中流有黑龍躍負王舟

左右失色王顧長史王曇首曰此大禹所以受天命

吾何德以堪之八月丙申舟輿入于京師丁酉謁初寧

陵還入中堂百辟奉璽紱勸進至三乃許之

建康實錄卷第十一

建康實録卷第十二　　　　宋中

太祖文皇帝

太祖文皇帝諱義隆小字車兒武帝第三子也晉義熙三年生於京口十一年封彭城縣公永初元年封宜都郡王鎮西将軍荊州刺史加都督時年十四長七尺五寸博涉經史善隸書是歲來朝會武帝當聽訟乃遣上訊獄因辯斷稱旨武帝甚悅景平初有黒龍見西方上蔭五色雲遶之二年十江陵城上有紫雲望氣者以爲帝王之符當在西方其年少帝廢百官議所立徐羡之傅亮等以名稱符所集備法駕奉迎入承皇統立行臺於江陵尚書令傅亮奉表進璽紱州

府佐吏並稱臣請題榜諸門一依宫省上皆不許教
州府國綱紀宥所糺内見刑是時司空徐羡之等新
有弑害及臺鑾駕西迎人懷疑懼唯長史王曇首司馬
王華南蠻校尉劉彦之共明朝臣豈有異志帝曰諸
公受遺不容背貳且勞臣舊將内外充滿今兵力足
以制物夫何所疑甲戌乃發江陵命王華知州府留
後事令劉彦之監襄陽車駕在道有黑龍負上所乘
之舟左右失色上謂王曇首曰此乃夏禹所以受天
命我何德以堪之及至都群臣迎拜於新亭先謁初
寧陵次入中堂百官奉璽紱冲讓未受勸請數四乃
從之景平二年秋八月丁酉皇帝即位于太極殿詔

曰朕闇凶在疚遭家不造崇基景業將墜于地永樂
太后深鑒安危股肱忠臣協謀同力用集大命于予
一人兢兢憂懼罔識攸濟思與萬國享茲惟新其大
赦天下改元爲
元嘉元年文武各進位二等逋租宿調一切放免戊
戌追復廬陵王國庚子詔撫軍將軍領護南蠻校尉
武陵公謝晦爲荊州刺史京師精田多割賜之將行
色自矜過辭叔父澹澹問以年晦曰三十有五澹曰
昔荀中郎二十七爲北府都督卿方之老矣晦有慙
色癸亥以徐羨之爲侍中司徒南平公王弘司空建
安公檀道濟征北將軍武陵公傅亮加散騎常侍左光

禄大夫開府儀同三司始興公食邑各四千戶甲辰封皇弟五弟義恭爲江夏王第六弟義宣爲竟陵王第七弟義季爲衡陽王各食邑五千戶丙午徐羡之遜位不許九月辛酉給彭城王義康謝晦檀道濟鼓吹各一部丙寅追尊所生胡婕妤曰章皇太后陵曰熙寧丙子立皇后袁氏冬十一月己丑以王華爲侍中壬戌追贈后父袁湛爲侍中左光禄大夫開府儀同三司是歲大旱置竹林寺案寺記元嘉元年外國僧毗舍闍造又置且下定林寺東去縣城一十五里僧監造在蔣山陵里也

二年春正月丁酉朔范泰上疏曰元凡在改律品物惟始頃旱魃爲虐亢陽愆度通川濫流異井同竭故孔

子春秋貶不雨之旨傳曰歷時而天下不雨文公不
憂雨也尋春秋之意察洪範之言王澤不流於四方
伏願推忠恕之仁矜不逮之獄遊心民瘼歷意幽冥
如此則包桑可係危哉無兆而災害自消也故夏桀
引百姓之罪殷湯自為方之過天高聽卑吉凶在人
修弊俗者難為風政王者青奉勿高雅書奏乃棄官如
東陽丙寅徐羨之傅亮上疏歸政表三自上禮告終鑽
燧三改大明行禮遂遂頒奉表手書三上帝又辭
羨亮重請曰伏願以宗廟為重天下為心弘大業以
嗣先軌隆聖慈以增徽烈景素情盡衰鬱帝乃
許之於是徐羨之遜位歸第會王韶之因說趣復

攝職羨之冥奧尚執奇道識其化學術而局方堅正

沉密少言憂喜不見於色及居室轉雅允觀望

裴子野曰昔王鳳擅非杜欽說而起之終於漢室中

興王氏覆族王敦擅權世祿公導逮三家之禍人之多

言鮮有不敗其惟羊叔子之爲人謀也外審治亂內

定枉直主於忠信以爲議故其詞寡而利傳道大

而義明患難斃於一朝風流振乎百世豈唯喋喋矜

耳悅色而已哉以詔之文諂於亂惜矣辛未拜郊大

赦天下二月乙巳策秀才于中堂庚子徵戴顒爲國

子博士不就顒父逵高尚不仕顒兄勃又隱桐廬山

會晉久病顒慨然曰本謂隨兄得閑非有心語默至是

窮困顒之罪也請行千禄之事以爲藥石之資可乎
求爲海虞令事未行而勃卒顒亦止衡陽王義季鎮
京口常與顒會竹林寺野服鼓琴談宴終日帝聞其
好樂贈正聲伎一部昔韋玄隱於關中高祖初平姚秦
召之不起及赫連勃勃陷關中召玄父華爲太常徵
玄爲太子中庶子玄出就職勃勃怒曰昔劉公辟之
而不至吾召玄而玄來豈謂吾舊不識出處遂殺之
丁亥加左衛將軍殷景仁爲侍中時同居門下者王
華王曇首劉湛殷景仁皆以爲風力楨幹一時冠冕
内侍之美近世莫及是春有江鷗百許頭集太極殿
甍六月丙午吴郡大風山水湧出五丈殺居人秋八

月甲申以三輔流人出漢中者置扶風馮翊二郡冬十月乙卯中散大夫徐廣卒廣世篤學爲時儒所宗年過八十猶歲讀五經一遍俗世禮法皆取決焉十二月戊申蔡廓卒贈太常初劉穆之當朝士畢集唯謝混郗僧施謝方明蔡廓等數人不至穆之爲憾謝混等既誅蔡廓方明始就穆之並稱於高祖曰鼎才也廓嘗器其小子謂有巳風與親故書曰小兒四歲器似可不入非類之室不共小人之遊故以興宗爲名興宗爲之字也置清園寺東北去縣二里案塔寺記駙馬王景琛爲母范氏宋元嘉二年以王坦之祠堂地與比丘尼業首爲精舍十五年潘淑儀施西營地以足之起殿又有七佛殿二間泥素精絕後代希有及者置嚴林寺西北去縣四十五里元嘉二年僧招賢二法師造

三年春三月丙寅詔畀徐羡之傅亮謝晦等三人以
廢立殺戮事曰廬陵王英秀明遠徽風播發魯衛之
寄朝野屬情羡之等暴蔑專求忌賢畏逼今上御名造貝錦
成此無端因主蒙上横加流貶矯誣先旨致兹禍害
寄以國命而翦若仇讎旬月之間再肆酖毒痛感二
靈怨結人鬼自書契已來棄常安忍反易天命未有
如斯之甚者也命司寇肅明刑典晦據有上流或不
即罪朕親御六師爲其防遏氛霧旣祛庶幾正道思
與億兆勵精其理大赦天下帝去秋便命修舟艦以
備北征傅亮書與謝晦曰薄伐河朔事猶未已朝野
之慮所懼者多謝晦不悟帝召檀道濟使西討王華

以爲不可帝曰道濟從人者也曩非創謀撫而使之必將無慮遣召羨之亮等入省亮將至謝晦弟皭爲給事黄門侍郎直門下使人送亮書曰殿中有異處分亮辭嫂疾暫還遣追報羨之羨之乘内人問訊車出南郭步走新林縊于陶竈昇屍付獄亮至兄迪墓拜辭告罪追擒廷尉上亦使以詔謂曰以公江陵之誠當使諸子無恙羨之子喬晦子百世休並賜死因謝皭于東宮流亮妻子于建安郡初亮父瑗與郗超善常見二子焉亮年五歲超使人解衣持去曾無吝色起曰季乃才流位望逾遠於兄然保御家業其在迪也亮早知名才學強贍爲晉給事黄門侍郎直西省

高祖欲以爲東陽郡告其兄迪迪還語亮通夜不寐旣旦入見高祖曰昨承賜教東陽以徇私計然亮本願附鳳翼攀龍鱗以成宿昔至於飢寒未敢慼慼高祖悦之用爲從事中郎委任文議及貴幸兄迪每誡之而不即從也

裴子野曰夫萬邦思治故言歸君長豈一夫行其辛螫彼蒼有情愛惡治而好亂就其無情故用群心所事以奪天下爲家非常安之道顛覆厥德何世無之道遭聖可爲高陽之遇賢歸於伊尹蓋前王已然之規矩後世立事之憲章伊尹之廢太甲廢之也霍光之廢昌邑去之也事同主異是以殊途自斯已後抑

有百慮晉景則除已之害桓溫即藉已之威提挈自
我無辯逆順如徐傅之徒非覬覦者也求其忠順非
忘身者也身既未忘不能脫屣權柄誠二君矣何以
取信嚴君惡不足信權由震主危已之機疾於激箭
高位厚味何其久乎若景平既終奉身及退滅身之
禍庶幾可逃夫賢人君子受六尺之孤任尺寸之命
推權變臨大節繫乎存存難乎存亡矣追贈廬陵王
侍中大將軍謚曰孝獻王丁卯徙驃騎將軍義康爲
荊州刺史壬申内外戒嚴閏月乙卯遣中領軍劉彥
之北征檀道濟爲前驅西伐帝問策於道濟道濟對
曰臣昔與謝晦同從北征入關十策晦有其九謀略

明練殆難與敵然未嘗孤軍決勝恐非所長呂悉晦
智晦悉呂勇今奉王命以討不戰而可擒也江夏太
守程道惠遣報謝晦晦以徐傅誅憂恐與南蠻校尉
何承天計發兵決戰以南蠻司馬周超爲行軍以司
馬庾登爲長史先舉徐傅哀次廢子弟問既而發軍
旅二三日間得精兵三萬戊申大風折木會稽太守
謝方明卒曾爲南郡至歲暮囚無輕重皆縱歸家與
期三日如期無不至者丙寅以豫章太守鄭鮮之爲
尚書左僕射以范泰爲侍中泰時脚疾賜轝以升殿
庚申帝御舟丙戌以彭城王義康及王弘殷景仁居
守癸亥謝晦發荊州軍容甚偉自江陵至于破冢旌

旗相亞晦撫巡軍憑流歎曰恨不以爲勤王之師造夏口劉彥之次彭城丁夘竹林監蕭欽反謝晦中兵參軍孔延秀戰欽敗績于彭城洲彥之退保隱磯謝晦至彭城上疏罪王弘弄威權而責帝忘義負德蕭欽敗而檀道濟次于薄磯謝晦令其黨曰檀公已誅死及聞道濟來師人皆恐懼戊辰檀到等并軍併艦泝江俄而便風揚帆俱濟謝晦軍莫能戰皆登岸走晦單舸歸江陵初劉彥之退道濟軍至沙橋爲周超所破死者過半及晦還退棄衆歸降謝晦與弟姪北走至延頭戊戌主晦故吏也乃轞晦送京師丙午帝自蕪湖班師車駕西至丙戌太白晝見癸未斬謝晦于

建康市及弟曠兄子世基居超等晦有風姿鬚鬢如畫兄贍五歲能屬文十歲善言玄理風華藻藻獨步當時爲給事黄門侍郎見晦勢傾朝廷乃堅籬隔其庭曰吾不忍見禍之至也先晦而卒夏五月下檀道濟于獄以沙橋之敗也乙未徙檀道濟爲征南將軍開府儀同三司江州刺史劉彦之右將軍豫州刺史已巳使使兼散騎常侍巡行天下將命方國同行封畿親使刺史二千石等觀長史申述至誠廣詢治體觀察吏政切求民瘼旌舉操行存問所疾禮俗得失一依周典每事名爲書其條件奏俾朕昭然有如親覽大夫君子其各悉心敬事無墮乃力其有深謀遠圖

讜言忠誠之士使者以聞丙午聽訟于延賢堂自是每歲三訊八月左光祿大夫阮韶之卒韶之嘗爲司馬道子太傅主簿蓬首散帶不綜其職自永初已後不復朝請閉門養志以終其身是歲秋旱且蝗詔使捕之范泰上䟽曰陛下昧旦丕顯求民之瘼明斷庶獄無倦政事理出群心澤布萬里小小災變何以致之宗宰之邑所不能究上天之譴民所不敢誣有蝗去處而縣官訊閭捕之無益於枯苗有傷於殺害邑聞桑穀時成無假斤斧因請宥謝晦婦女因尚方者皆從之冬十二月丁卯前吴郡太守徐佩之羨之兄子以不自安將圖來年春正月謀反伏誅白雀見

京師大清里

四年春正月丁亥曲赦京師百里内辛巳郊二月乙卯幸丹徒車府令請易輦箏欲用紫皮緣輦席上以竹箏未至於壞紫色貴並不聽三月丙子宴丹徒宫帝鄉父老咸與焉蠲今年租布原五歲巳下刑丁亥車駕至自丹徒戊子尚書左僕射鄭鮮之卒鮮之自大司馬録事參軍遷御史中丞爲人亮直時號格佚壬寅採當陽令諸葛闡議禁斷夏至日五絲命縷之屬諮曰夫歲時有利害之收而農桑有經常之告機杼有不輟之勤而用度有奢儉之異是以愛民者節其費用務本者躬其女工一月得四十五日明其以

夜繼晝匪勤則遺者飾章奢侈有自來矣然不出奉生送死之誠今者民人夏至有五色雲命縷之服以爲無用之費慱矣謹率愚管謂宜禁革從之河南秦綿性至孝母葬至墓留不忍歸鄉人於墓所爲築室三年吴逵家疫父母兄嫂並亡逵夫妻行賃力負土成七墳十二棺皆儉而合禮去至是孔邈等並表薦之帝各表其門閭戊辰甘露降于京師五月癸酉散騎常侍袁瑜薦會稽郭世道詔改所居曰孝行里蠲復三世世道事繼母至孝貧産子不舉謂妻曰傷茲以終孝吾無恨也母亡負土成墳親近來助初皆不許墓畢傭力報焉是月京師疾疫使使巡問給醫藥

死無家者賜以棺斂六月癸卯朔日有蝕之丙辰青黑虹見東西經天劉懷敬劉懷肅懷慎皆高祖姨兄也高祖生夕穆后殂從母乃斷懷敬乳而養高祖因以寄奴為小字也王弘之曾栢譙衛將軍屬郡仲文往南州傾都餞送譙邀弘弘曰凡登高送遠貴在有情下官與譙郡風馬不接未敢邑從譙敬其方直也魯國孔淳之隱于上虞謝方明為會稽固延不致謂曰苟不入吾郡何為入吾山淳之笑曰潛游者未謝其水巢栖者非辯其林飛沉所至何問其主八月詔曰乃者權臣釁亂吉陽令張約抗疏至誠事屈群醜殞命遐荒叅述前蹤贈以一郡賜錢十萬布百疋散騎

常侍郄道鸞爲梓桐張楚母年一百四歲危疾楚祈禱懇惻燒二指誓告神毋蒙愈十一月辛未甘露降初寧陵散騎常侍陸子真薦豫章雷次宗尋陽陶潛閑郡劉凝之並隱者也潛苦貧求仕爲彭澤令不屈督郵棄官而去及其亡也顔延之傷而誄之其序曰夫璿玉至美不爲池隍之寶椒桂信芳且非園林之飾豈其深而致遠哉蓋去殊性而已矣若乃巢由之雅行夷皓之峻節故以父老堯禹錙銖周漢綿世遐遠光靈不屬菁華隱沒流芳歇絕不其惜乎雖今之作者人自爲量道路同塵輟塗殊軌者多矣豈所以照末景泛餘波有晉徵士弱不好弄長實素心學匪稱

師文取指達處言逾見其嘿在衆不失其直後爲彭澤令道不偶物棄官從好遂乃解體世紛結志區外謚曰靜節徵士又有劉凝之率己自任以老萊嚴遵爲師友妻富於財散之親故丘園而居非績不衣非耕不食吏有租布一歲三輸荊州刺史衡陽王餉錢十萬凝之甚悅負出市門付與饑人一旦俱盡其年飢也吳興沈道虔好老易居縣北與人捃拾推已所得以釋爭者尋陽翟法賜四代隱居皆有高德法賜親亡後不食五穀結草爲衣不衣布帛置水豐寺去縣七十里案塔寺記元嘉四年謝方明造本名長樂寺爲同郡延陵有之改焉畢置直南林寺建康[illegible]三里元嘉四年司馬梁王妃捨宅爲晉陵公主造在中興里陳亡廢

五年正月庚午朔大風司徒王弘遜位不許乙亥詔曰恭承洪業臨饗四海風化未弘治道多昧求人之重鑒寐惟憂加頃陰陽違序旱疫之患仰惟災戒責深在予思所以側身剋己審詳刑獄上答天譴下卹民貴群后百司其各獻讜言直指陳失勿有所諱甲申閱武于北郊戊子京師大水使使賑賜夏四月河南上白麞五月己巳太白經天以張邵爲征虜將軍雍州刺史邵爲太祖西中郎司馬王華爲録事參軍二人共府不穆及華在朝多爲之懼邵謂所知曰子陵方以至公允天下必不以私隙害正義邵是任也[illegible]允擧焉六月庚戌都下大水乙卯遣使檢行賑贍秋七

月巳丑大風八月壬戌侍中特進左光祿大夫陽遂
侯范泰卒贈車騎將軍謚曰宣侯初議贈開府殷景
仁曰范伯倫素望非重不可擬議台鼎竟不行既葬王
弘撫棺哭曰君平生重殷鐵今以此爲報九月癸酉夜
有黑氣如流星出奎婁没羽林壬戌散騎常侍荀伯子
上言曰伏見百官位次陳留王在零陵王上臣愚以爲
疑昔武王克殷封神農後於焦黄帝後於祝帝堯後
於薊帝舜後於陳夏之後於杞殷之後於宋宋杞陳
並爲列國薊焦蕞爾無聞斯則褒異所承優於遠代
之顯驗也逮以春秋次序宋居杞陳之上臣請零陵
位宜升陳留王宜降爵十二月天竺毗黎國遣使貢

獻平原令河南成粲貽書於王弘曰僕聞執物設教隨時制宜世代盈虛與時消息夫勢之所處非親不居是以周之宗盟異姓爲後權軸之重任歸二南斯前代之良謨今世之顯轍明公位極台鼎四海具瞻劬勞夙夜義同吐握名實重盛莫之與儔天道福謙宜存損挹驃騎彭城王道德昭備上之懿弟宜入秉朝政翊贊皇猷竟陵衡陽春秋已長又宜出授列藩齊光魯衛明公高枕道德燮理陰陽則天地和平災害不生矣初范泰將死亦謂王弘曰天下務廣權要難居卿弟兄太盛而彭城王久居南楚安身之道其未足乎弘累求退及是又上疏曰臣聞異姓爲後宗

周之明義親不在外有國之所同故魯之長滕君春秋所美楚出棄疾前史垂誡驃騎臣義康徽猷淵邈明德彌劭宜入揔朝務以允民望昔叔孫不進楚人所哂展季在下臧文貽譏臣於古人無能爲役負乘竊位物將謂何乞解楊州録事優詔答不聽是歲索虜拓跋燾滅西魯赫連氏盡有關中地

六年春正月己丑祀南郊癸巳徵彭城王義康爲侍中司徒録尚書事平北將軍南徐州刺史入知朝政以江夏王義恭爲撫軍將軍荆州刺史以侍中劉湛剛正用法爲南蠻校尉撫軍長史行荆州事勅書誡義恭曰禮賢下士聖人垂訓驕奢矜尚先哲所去豁

達大度漢主之德猜忌褊急魏武之累西楚鄙廣宜勤接對府舍池堂無求改作訊罪決獄擇善從之不可專意自決凡左右所白不可泄漏或相譏謗勿輕信受每有此事宜善察之官爵賜予尤宜裁量供奉一身皆令有度奇服異器慎不可興宜與寮吏相見爲數不數則不親不親則視聽不愽於言事者又得自盡皆急務也爾其慎諸劉湛旣西意甚快快永初末諸王居憂多曠士禮湛爲廬陵王從事禁膳魚肉嘗在王座厨人進車螯及酒湛怒曰旣不以禮自處又不以禮處人趨出三月丁巳立皇子劭爲皇太子大赦天下文武賜位一等五月壬辰朔日有蝕之七

月壬寅會稽晉陵吳郡大風折木庚寅裴松之上書言曰智周則萬里自賓鑒遠則物無遺炤雖盡性窮微深不可覩至於餘緒所寄則接乎麈跡臣前被詔使將三國異同注陳壽國志壽書銓簡可觀事多審正誠遊覽之苑囿迺後世之嘉史然失在於略時有所漏臣案三國雖歷年不遠而事關漢晉首尾所涉出入百齡注記分錯年月舛互其壽所不載事宜存録者罔不畢取以補其闕或同說一事而詞有乖雜或出事本異疑不能制抄內以備聞謹寫封上呈帝覽之曰裴世期爲不朽矣九月青州獻白兎十二月己丑朔日有蝕之不盡如鐮星晝見隴西諸國使使

貢獻

七年春正月乙未康樂侯謝靈運疏孟顗謀反帝不

之罪遷爲臨川內史二月壬戌雪且雷三月戊子遣

右將軍劉彥之安北將軍王仲德兗州刺史竺靈秀

等率師北伐索虜魏復河北以長沙王義欣監征討

諸軍事去年冬殷景仁母憂去職至是起景仁爲鎮

軍將軍凡在喪曰起在外曰徵遷已徙

裴子野曰三年之喪有生之鉅痛貫天道寔惟民

極中世汙隆或行或否末世企勉遂尚典刑而國之

重臣多從權制因習漸染遂以成俗有衰麻而服冕

弁匪金革而徇寇戎君子辱乎上小人通乎下名教

倒置將安用之苟非有爲已之可也夏四月己丑有
司奏西陵縣民董陽五世同居内無異爨百濟林邑
國使使貢獻六月乙夘爵楊難當爲武都王七月丁
未侍中王曇首卒贈散騎常侍左光禄大夫謚文侯
初曇首爲西中郎長史高祖誡文帝曰王曇首沉毅
有器度宰相才也曇首與兄弘俱有盛名家世久爲
楊州彭城王心欲其所甞謂客曰神州詎可卧理而
王公久病居之弘恐辭疾終不許及曇首求爲吴郡
上曰豈有欲建大厦而棄其梁棟若賢兄謝病此卿
之席也劉彦之自淮入泗次東平須昌虜濟州刺史
庫悉告燒熇敵兖州刺史羅秩燒滑臺彦之留司徒

從事中郎朱循之守滑臺虜將大赤歇未及荊州刺史魯軌守虎牢彥之遣追楊武將軍王玄謨進逼虎牢大破虜軍斬大赤歇未等洛州刺史達奚蟬燒城走彥之使建武將軍杜冀守金墉諸軍進屯靈昌津司兖既收軍有喜色王仲德獨憂曰胡虜雖仁義不足兖狡有餘今斂戈北歸并力完聚若河冰冬合方為三軍之憂九月河冰可涉靈昌衆軍還固冬十月乙卯并二豫復為一州鎮壽陽戊午初置錢署鑄四銖錢戊寅虜逼金墉虎牢諸軍相繼奔走劉彥之焚舟棄甲而歸詔免彥之官壬辰以征虜大將軍檀道濟都督征討諸軍事率衆四萬北趨成皐甲午西北有赤氣中

黑如旌旗十二月丙戌太白晝見甲午斬兗州刺史竺靈秀于彭城靈秀之歸也虜進湘陸秀謂其衆曰湘陸民爲抄吾先爲收其穀軍徐後來與麾下前走師皆沒是以誅之己亥夜京師火延太社北垣

八年春正月庚寅置朱崖郡以隸交州丁酉道濟軍次壽陽與虜將軍悉戰于高梁山斬之二月滑臺糧盡城内燻鼠爲食辛酉城陷虜執朱循之以歸自是河南復亡且道濟高梁之捷也虜來萬數道濟三十餘戰輒剋敵滑臺既陷糧且盡退軍軍士有叛者以飢告虜師人恐懼道濟夜頓命軍中高唱量沙散布餘米明旦去之虜夜聞量筭籌曉見棄粟謂降者欺己

斬之道濟遂令軍而返大爲虜所懼服河畔老小常
以檀公相怖二城既陷汝陰太守王玄謨上疏言王
途始開隨復淪塞非唯天時抑亦人事虎牢滑臺豈
惟將之不良抑亦本之不固本之不固亦由民憚遠
役且謂以西陽之魯陽襄陽之南鄉發甲卒分爲兩
道直趨崤澠征夫無遠役之思吏民有屢沐之歌若
以東國之衆經營牢落道塗既遠獨剋實難是月大
雩夏四月甲子檀道濟請罪不許辛亥太白晝見獲
白雀于左衛府六月乙丑大赦天下己丑割江南爲
南徐州江北爲南兗州以左將軍竟陵王義宣爲兗
州刺史鎮山陽是日入雩閏月庚子詔曰頃農桑惰

業遊食者衆荒萊不開督課一時水旱便有罄匱不
源務本豐給靡期郡守賦上千里縣宰職主親民宜
乃勸勵農桑秋七月壬戌夜白虹見于東方十二月
庚辰雷癸亥罷湘州復并荆州
九年春二月辛卯詔以先朝功臣王鎮惡劉穆之等
皆銘功天府配祭廟庭辛亥華容公王弘薨贈太保
給節羽葆鼓吹增班劍六十人謚文昭公六月甲戌
以樂陵清河平原廣川四郡爲州以司徒彭城王義
康爲揚州刺史解平北將軍開府儀同三司以兗州
刺史臨川王義恭爲平西將軍荆州刺史壬子江州
獻白麞戊辰御史中丞荀伯子奏曰臣聞烏以反哺

託體羔羊生而跪乳禮爲嘉[illegible][illegible]在微禽猶識學道矧與人倫而忘愁疾齊侯復九世之怨丁蘭報木母之耻取褒於春秋見列於國傳況乃分天之痛枕戈之感者哉案給事黃門侍郎郗敬叔父兄爲晉故荆州刺史郗仲堪所害仲堪息緬之永初三年除員外散騎常侍敬叔元嘉元年除中書侍郎密跡隣省經涉三載每到公庭必相瞻覿散騎在前中書在後相去之間不盈咫尺縉紳視而含哂義士聞而增嘆夫復讎禮之所許法之不禁若畏王憲僶俛苟且者宜退藏於家與之遐迴豈可接跡躡影靦然無怍以叨榮祿笑傲卒歲且中書散騎職爲同寮若使緬之不

幸敬叔當素服弔祭於夥氏之庭乎自古悖禮無若
斯之甚者也不有嚴華風教將頹棄敬叔率其庸鄙
乏闕典墳行與道違心與義塞息天屬之性遺顧復
之思傷仁敗俗情禮都盡雖事經曠蕩非肆眚所及
請免敬叔所居官禁錮終身情義之敗付之鄉論有
詔理焉詔有司盱眙王彭所居曰通靈里蠲復二世
彭幼喪母後父亡將營葬值天旱遠汲以泥塼泣號
勤悴一旦大霧霧歇於塼竈前有水如池得以周用
窆之訖歸助者或亡其斧逐求之至向水所則積阜揚
塵有雉浴鄉人異焉
裴子野曰天地之大德曰生生民之至德曰孝所以報

本返始盡性窮神行莫重焉教孝莫先焉夫茹藿羹藜
父子和悅易衣并食兄弟怡怡所以利不寘於有餘
則慈愛隆於不足承顏禀色肅淺易敦若乃貴高九
五富有萬國前聆鄭衛傍侍綺羅其始也以宴褻成
跡其漸也以物利爍隙由是乎恩乏天然恩輕膝下
今之人互爲魚肉聖人知其若是惡其流蔓故禮以
節之樂以和之朝夕安否嘗藥侍膳父子之禮也陳
詩齒族糺合宴私兄弟之樂也夫然後禮樂交暢無
相奪倫孝悌興於國門德教加於百姓上和三光旁
穆四海先王化成天下也禍亂不作用此道也昔漢
高有宇內五日一朝櫟陽之禮也魏文有天下同氣

建封若徃牢四體若仇讎當塗之制也迄于宋有不可言者焉嗚呼流弊可陳於前鑒戒無悛於後夏四月乙亥宥劉彥之爲護軍將軍己丑太白晝見乙未雨雹傷牛馬鳥獸八月癸未封江夏王義恭子朗爲南豐王奉營陽王祀弟五皇子紹爲廬陵王奉孝獻王祀是春司馬飛龍自仇池入寇綿竹破平陰州擊之時益州刺史劉道濟將五城入白五奴爲參軍督護長史費謙固執不可五奴怒去詐其黨曰司馬殿下在湯泉山中五日奉之則大勳可建蜀人趙廣聚衆數千與會因費謙等貪害百姓百姓咸思亂遂入湯泉山爲胄沙門程道養使爲司馬飛龍推行益州牧事

車騎大將軍偕號蜀王稱太始元年圍益州刺史劉道濟於成都白氐奴號征虜將軍趙廣號鎮軍將軍衆至十萬四面圍城使告道濟曰使君若速送費謙張熙出即解臨川内史謝靈運於廣州棄市靈運之居也雅不治職前臨川内史司馬協之[illegible]秀拔義故靈運舍諸正寢爲居於如酣笑久而不止非隱其事諷主者以黷貨劾焉江州部從事收靈運乃徙廣州𠞰於南海行刑靈運名公孫少而文章秀逸聲譽流聞冠耀天下然輕肆躁擾不可大任世以爲文與顔延之爲江左第一縱横俊發以過之是月劉道濟大破蜀賊因而病十二日蜀賊又圍益州破外軍道濟既久

病城内以爲死也人情不安振威將軍梁俊説道濟曰將軍久病氣力微怯外有異論今軍人外敗強寇内逼一旦不虞憂禍立至宜稱小損聽侍者出外不然敗矣道濟然之呼給使四十人謂曰吾不幸久卧爾等扶侍有勞今微差矣可以休息頃召復歸給事者皆出衆問曰使君已死幾日咸曰無之傳以相告城内乃定是歲朱脩之歸自黄龍初脩之見獲遇毛脩之於桑乾毛脩之三年不敢問其家室語及國事問當軸者誰曰殷鐵毛脩歎曰吾昔在朝殷時尚少今日歸罪則巾襟詣門乎遂問其子脩之悲甚直視不能復言朱脩

因奔馮弘弘以爲[illegible]

折舟人大懼海師因上有飛鳥知[illegible]

船後乃將王俄而達東萊郡帝拜爲給事黃門侍郎

毛循之竟死於索虜

十年春正月侍中左衛率謝弘微卒弘微爲從父混

所知混嘗論諸子靈運博而無檢宣明納善不周雖

復功濟三才終必以此爲疾至如微子吾無間然後

咸如所言巳未大赦天下孤老久病不能自存者賜

穀五斛是月益州刺史劉道濟卒梁俊祕之不發喪

埋之於齋使書以會之遣前後軍大破賊賊乃散走

益州平六月闍婆訶羅單國遣使貢獻乙亥丹陽尹

王准之卒准之自曾祖彪之已來稱爲多識朝廷舊事問無不對彭城王每稱之曰如得王准之兩三人天下便足准之有遺抄一篋謂之青箱學秋八月置太原郡以屬青州冬十月氐賊次漢中梁州刺史甄法護委棄州奔江陵下獄死

十一年三月丙申禊飲於樂遊園且爲江夏衡陽二王來朝帝有詔會者賦詩命太子中庶子顏延之爲序其大略曰有宋函夏帝圖弘遠高祖以神武定鼎規同造物皇上以觀文承曆景屬宸居隆周之卜既永宗漢之兆在焉正體流德於少陽王宰宣哲於元輔左梁巖磴右瞰湖源樓深景遽談洽日斜夏四月

秦梁二州刺史橫野將軍蕭思話破氐賊於漢中漢中平思話遷都于南鄭五月青州獻白雀六月省魏郡冬十二月扶南訶諸國遣使貢獻置竹園寺西北去縣一里在今建康東尉蔣陵里檀橋案寺記寺宋元嘉十一年縣城東一里宋臨川公主造

十二年春正月辛酉大赦天下辛未郊癸酉爵黃龍馮弘爲燕王夏四月乙巳以殷景仁爲中書令護軍以家爲府丙辰詔曰宗周以寧寔由多士漢室之盛亦在得人朕寤寐求賢爲日久矣遺才在野管庫虛朝永懷前載欸德深矣是夜京師地震六月禁酒秋八月壬申置南晉壽北巴郡以蜀益州冬十月壬子

太白晝見江州刺史檀道濟來朝

十三年春正月癸丑朔不朝會帝疾故也三月乙未散騎常侍司空江州刺史永脩公檀道濟下獄死道濟威名甚重見忌於彭城王時帝久疾欲先爲之所言於帝諷入朝留之累月會帝有間將遣歸鎮是日帝疾動召入省止焉道濟憤怒氣盛目光如炬俄爾之間引飲一斛王遂矯詔賜死道濟投幘而語曰何故毀汝萬里長城收其妻子皆從坐義興獻白兔夏六月高麗國遣使貢獻武昌得古鼎秋七月己未零陵王太妃褚氏殂追崇爲晉皇后九月癸丑封皇子濬爲始興王第三子駿爲武陵王辛未附葬晉恩恭

皇后于冲平陵備物一如晉典有司求晉除身以兼
葬職時前永嘉太守顏延之廢處于家札取延之兼
侍中延之投札於地曰顏延之未能事生焉能事鬼
遂不行
十四年正月辛夘郊大赦天下文武各賜位一等戊
戌鳳皇二見于京師有鳥隨之改其地爲鳳皇里冬
十二月辛酉初停賀雪之禮河南西河訶羅單國使
使貢獻
十五年春二月京師木連理夏四月黃龍國使使貢
獻五月征北大將軍王仲德卒仲德曾在北爲慕容
垂所逐潦水暴至不知所如有白狼來對仲德號泣

白經天六月己酉改封吐谷渾慕容延為河南王八
月戊午太白晝見閏月戊寅復分豫州置南豫州冬
十二月乙亥皇太子劭冠天下大赦劭之初生也帝
往視之帽無故墜地名劭訓字以為召刀帝甚惡之
改刀為力焉武都河內林邑並遣使貢獻置上定林
寺西南去縣十八里案寺記元嘉十六年禪師竺法秀造在下定林之後法秀初止其祇洹寺移居於此也
十七年春二月己巳夜黑氣經天德夏四月戊午朔日
有蝕之六月己酉太白晝見秋七月壬子皇后王氏
崩于顯陽殿八月徐兗青冀大水使使巡行賑賜辛
亥葬元皇后于長寧詔史臣顏延之作策文文成奏
帝帝傷之自下筆加其二句追存悼亡感今懷昔以

致深意焉冬十一月戊午前丹陽尹劉湛有罪伏誅
親眷並死殷景仁之毀也湛不好浮華慕崔琰之爲
人有經國才志善論理道言之喋喋使聽者忘疲初
上爲江夏王荊州西歸日夕引見及與殷景仁嫌隙
太上御名上私左右曰劉班初歸吾與言常候日早晏慮其
將出比入對之亦察日早晚慮其不出時帝疾篤彭
城王義康內侍醫藥有憂色帝危殆勑義康以周公
之事且令具顧命詔草義康出流涕以語湛湛曰行
天下事豈幼主所堪義康不答湛私與孔胤秀等尋
晉成帝崩康帝即位儀注帝既瘳微知其事未之發
也及湛丁艱伏甲室中以待上臨弔謀又泄帝召殷

厲水度仲德隨之獲兔又曾夜行澤中大道每有炬火照路後每圖白狼祀之秋七月南兖州獻白兎新作東宫賜將作大匠布帛有差八月詔綏南郡宗炳為太子中庶子

裴子野曰夫動與静天地之法也剛與柔陰陽之道也得之以生曰人禀之為靈曰性備之者謂聖偏之者謂賢慘舒動静有所麗此性分之略也戴顒奏遍舞於山楹沉處移大賚於子姪羊秋足不踐閭闔而終身佩青綸白圭之操斯為玷矣雷次宗斜遥近賢又似避諱肖夫隱者其劉凝之乎若乃黨世位以邀名事流俗以買譽交千貨賄冒于酒食州高縣簿無

不必走榮衛重辟擇而後起是謂路數誇惡史人所
恥論也冬〻十月壬子流星出太白入紫微有聲如雷
是月立儒學于北郊延雷次宗修之辭入宮掖乃自
華林東閤入講于延賢堂明年尚書尹何尚之立玄
學著作郎何承天立史學司徒參軍謝元立文學各
集門徒多就業者時上好儒雅朝臣家儉素之風鄉
閭恥輕薄之行江左風俗於斯爲美帝躬親儉行寬
恕被物庶政弘而不彌禁網理而不峻邦甸穆然言
理政者以元嘉爲稱首焉
十六年春正月戊寅閱武于北郊癸巳復置湘州二月
己丑割長沙江陵江夏四縣爲巴陵郡五月丁卯太

景仁彭城王入内省數以湛過是以大赦天下文武賜位二等出義康爲江州刺史實幽于豫章太守義康之敗也東府井水無故湧溢野雉江鷗集飛内寢義康將南歎曰昔謝述唯勸吾退劉班唯勸吾進今述存而班死吾敗宜哉甲戌以殷景仁爲楊州刺史尚書僕射領太子詹事十一月乙酉朔甘露降于樂遊苑己丑殷景仁卒詔曰尚書左僕射殷景仁秉德弘正思理明遠朗亮朝端風猷允集經緯屯夷嘉猷克舉綢繆樞秘獻替惟休方佇良圖以隆國道徽庸不遂痛悼無深考終之禮宜存優泰可贈常侍司空謚文成公景仁入西州疾篤就寢則見劉湛爲厲如是

數旬上爲之累息勑西州道上不得有車聲
十八年春正月甲辰以彭城王義康都督江交廣三
州軍事前龍驤將軍巴東扶令育詣闕上書引漢袁
盎諫孝文遷淮南王事臣聞哲王不逆切諫以博聞
爲道人臣不忘纖芥之罰以盡言爲忠是故周昌極
諫馮唐面折所以孝惠克固儲嗣魏尚所以復任雲
中彼二臣豈好逆主于時犯顏違色者哉書奏帝怒
下獄死
裴子野曰彼人臣者祿及其親榮庇其後身以之泰
道以之行是故君親臨之有恩有敬綢繆繾綣義莫
重焉敬之欲其尊愛之欲其報忠諫之道自此而興

名實既顛君臣交喪猜嫌懸隔非近股肱上則疾發
已好文過而倨隔下則背梯緬邈懷憤懣而莫通憤
懣在心辭多偷矯矜倨在己易以誅殘故逆彼驪龍
自貽蠹粉雖趣膚寸動及雷霆若扶令盲者無位於
國挺然萬里牖明主所甚諱是欲行義古之遺直者
歟比夫全軀懷祿之人有殊間矣以太祖之含弘尚
掩耳於彭城之戮自斯已後誰易由言有宋累葉罕
聞諒直豈骨鯁之氣乃愧前古抑王之刑政使之然
乎張約隕於權臣扶育斃於哲后宋之鼎鑊吁可畏
哉三月庚子雨雹戊申置尚書删定郎官夏四月汝
陰獻白雉五月南徐獻白鷰吴郡獻白雀彭城獻白

身甲申甘露降臨川王園河水溢泛害居民使巡行賑賜七月壬辰夜天有光通照冬十月剡縣獻白鳩氐賊楊難當僭稱秦王立后及太子置百官災異多降復自貶爲武都王傾國南寇欲王于蜀遣別將傅冲寇漢川刺史劉道眞拒破之十一月氐寇攻萌晉壽昌太守申悝進及涪城巴西太守劉道錫嬰城固守氐不能拔乃退中書舍人徐爰有寵於帝帝嘗命王球及殷景仁與之相知舊王辭曰士庶區別國之章也臣不敢奉詔帝改容謝焉十二月河南蕭愼高麗林邑蘇摩黎並令使貢獻

十九年春正月乙未中散大夫羊欣卒欣以晉隆安

中司馬元顯使欣書扇欣不奉命元顯取爲後軍舍
人伍衆爲恥欣淡然自若二月宣城野蠶成繭三月
乙未太白晝見壬寅帝親臨儒學衛士雷次宗以巾
搆近侍王公卿士迄夕罷賜諸生帛有差詔曰將陶
鈞庶品混一殊風四月甲戌大赦天下以何尚之領
國子祭酒中散大夫裴裕之太子率更令何承天領
國子博士于時朝廷碩學推裴荀何傅傅隆長於爲
政承天病於疎曠伯子通脫率易不以鎮重自居裴
西鄉清簡恬素最以不覺爲法位不踰於三子名則
差焉顔延之亦號博聞而剛愎潛忌時人惡之名顔
虎五月罷楊州府佐吏京師大水使使賑賜劉道眞

征仇池自正月至此月始剋之楊難當奔于索虜僞丞相萬壽率左右歸降難當既走以輔國司馬胡崇之爲秦州刺史將就鎮焉秋八月甲戌晦日有蝕之九月丙辰有客星在北斗因爲彗入于文昌貫五車掃畢拂天節經天苑季冬乃滅冬十月蠕蠕國遣使貢獻輔國將軍雍州刺史劉道產卒道產在州惠化大行有歲蠻不賓者悉出居樊河村落相望百姓歌之號曰襄陽樂及喪東還漢濱群蠻緣經號哭送之千餘里十一月丙申詔曰冑子始集學業方興自微言滅絕將涉千祀懷仁感事意有慨然奉聖之胤遠議招集於先廟地特爲營造給祠直令四時享祭并

下魯郡修學舍蠲墓側五戶剪除掃灑婆黄國使使
貢獻
二十年春正月辛亥郊開萬春千秋等門二月甲戌閲
武于北郊是月胡崇之未至仇池八十里遇後魏將拓拔
齊戰敗于濁水執崇之餘兵奔西鄭夏四月甲午封
弟五皇子誕爲廣陵王六月吴郡獻白龜秣陵縣言
白雀見初劉道真征仇池也郡帥掠居民盜善馬爲
有司所劾至是下獄死秋八月壬子加右衛將軍沈演
之爲侍中上曰侍中領衛皆爲宰相鴻漸江左罕授
故以此處卿演之辭謝就職其居顯要能謙約自保
上嘗賜以女樂讓不敢當冬十一月辛丑太白晝見

十二月壬午詔曰國以民爲本民以食爲命故一夫不耕飢者必及倉廩既實禮節以興頃有貧罄之家誠由政德不舉以臻斯弊抑亦耕桑未廣地利多遺其有遊食之徒咸令附業朕當親率百辟致禮甸侯庶幾素誠獎彼斯民百濟倭國使使貢獻自去秋迄乎是秋水旱傷稼民多飢詔郡國開倉賜糧種

二十一年春正月復禁酒恤飢也辛酉躬耕帝藉下詔大赦天下一切逋負自十九年巳前並放免二月庚辰以沈演之爲中領軍辛卯封第七皇子宏爲建平王三月甲戌太白經天夏四月晉陵民徐耕以米千斛助恤飢民六月京師霖雨使使賑賜七月甘露

降樂遊苑案輿地志縣東北八里晉時為藥圃盧循之築藥園壘即此處也其地舊是晉北郊宋元嘉中移郊壇出外以其地為北苑遂更興造樓觀於覆舟山乃築堤壅水號曰後湖其山北臨湖水後改曰樂遊苑山上大設亭觀山北有冰井孝武藏冰之所至大明中又盛造正陽殿梁後景之亂悉焚毀至陳天嘉二年更加修葺於山上立甘露亭陳亡並廢

八月庚辰徐湛之母會稽長公主薨主臧后所生起自布衣故見尊重彭城王既徙上嘗宴于主第酒酣主下席叩頭流涕帝自起扶之問其故荅曰車子歲暮必不為陛下所容帝揮淚指蔣山曰若其有此則負初寧陵是以畢主身義康無恙九月甲申後魏拓跋帝滅沮渠盡有河西地冬十月丙子起徐湛之本職丹陽尹於郡設喪位乙亥令之國丙子雷且電十一月湘州獻赤鸚䳇何承天上元嘉曆云君當順天以求命國為令以相天也

堯時冬〻至日在須女十九度漢太初曆冬〻至日在〻牽

牛後漢四分及魏景初法同在牛二十度日以月蝕

驗之則景初冬〻至應在牛十七度又後漢至春分日

長秋分日短若遇半刻則二至之間而有短長誠由

春分近夏至故長秋分近冬〻至故短也又奏改刻漏

二十五箭帝並從之

裴子野曰夫曆以端時時以頒政〻以成而民不僭晷

叶而時不違先王曆象日月欽若昊天敬授民時謂

是物也後世穿鑿拘於禁忌推步盈虛其細由已削

遠以附近毀雅以敦俗多鄙俚之說亂採索之旨由

是搢紳先生不以陰陽爲學及何承天能正累代遺

術博物君子也
二十二年春正月辛卯朔初班元嘉曆壬辰撫軍將軍武陵王駿爲雍州刺史南平王鑠爲九將將軍豫州刺史以二豫爲一州三月壬戌封第八皇子褘爲東海王第九皇子昶爲義陽王三月乙未皇太子劭釋奠于國學賜王公而下帛有差六月武昌獲古鼎豫章獲鍾秋七月遷南州群蠻四萬一千口于丹徒劉道產卒而襄陽蠻入武陵鎮主淳于坦遣中兵參軍擊破之故從也八月甲午太白晝見是月開酒禁有年也九月乙酉建宇于武帳崗上將行勑諸子且勿食至會所有饌日旰食不至皆有飢色上誡曰汝

曹少長豐佚不見百姓艱難今使汝等識有飢苦知
以節儉御物也
裴子野曰善乎太祖之訓也是謂宜其爲君夫爲君
役興於有餘儉生於不足物之數也其欲隱約莫若
窮賤縱其驕蹇莫甚尊榮自河徂亳邠宗所以克隆
治陶播稼岐周所以聿興習其險艱利以任使達其
情僞易以躬臨是以居世之懿德字民之要道不可
忽焉太祖若能率此訓也俾之難其志操卑其禮秩
教民成德立功然後授以政事則無怠無荒可播之
於九服矣初高祖思固本枝崇樹强幹後世遵守迭
據方岳及乎太祖之初昇明之季絶恩於袞衽者數

十人國之存亡既不是繫早肆民上非善誨也冬藉
田獲嘉禾十月己未太子詹事范曄員外散騎常侍
孔熙先等奏大將軍謀反伏誅丁酉免侍中彭城王
為庶人絕屬籍幽于安城郡孔熙先者廣州刺史
默之之子有才略頗涉學不為當世所知憤憤不得志
且善占星言江州分野出天子文帝當見殘於骨肉
因與謝綜等密謀奏大將軍反熙先謂范曄曰潛
圖（今上御名）於表裏疾雷奮於肘腋昔毛玠竭節不容於魏
武張溫畢議見逐於孫權彼二人者國之信臣朝之
俊乂豈瑕疵暴露言行玷缺然後至於禍辱哉且
崇樹聖明至德也大業洪名美號也三王五伯所以

覆軍敗將而爭之者也一朝含垢不亦可乎曄爲彭
城王吏及王太妃殂曄爲吏部郎與司徒屬王深及
弟廣夜中酣飲開北牖聽挽歌王大怒左遷宣城太
守後因孔熙先議謀立大將軍義康而密要徐湛之
湛之初與同及武帳之會也逆謀竊發許耀侍上持
刀以目曄曄不敢視俄而座散徐湛之以其謀聞於
上帝使探索其事始末悉得檄文於是收范曄等親
黨皆棄市曄善草隸書稱妙著後漢書九十卷起建
武迄于延康爲一代良史然薄德淺行家禮不足見
收之日妓妾不勝珠翠老母唯有二厨盛樵薪熙先
先在獄上使使謂曰朕知卿才智如此早相器任庶

不及今日煕先乃上書言其首謀之事多言天文事讖上嚴慎骨肉又請其祖察父默集及默所撰穀梁傳乞還家上許之初謝綜交煕先也弟約不預每譏兄曰此人輕事好奇不近於道觀其嬉戲不料敵之強弱每服藥石便謂羽化可期果銳無檢未可與狎

初曄方進何尚之察其意趣言於帝請出曄爲廣州刺史帝曰始誅劉湛復出曄人謂卿等不能容才但使共知如此不憂致大也

裴子野曰夫有逸群之才必思冲天據蓋俗之量則閔常均之下其能導之以禮將之以識作而不失於義行而不犯於禮殆難爲乎若劉仁弘之剛毅才堪

上相范蔚宗之恩致名出凡庸然皆切志而貪權務才而徇逆天符所豐以欲干時及罪曝刑加子父相哭累葉風素殞於一朝向之所謂智能飜為亡身之具矣有司奏徐湛之泥比匪人關預逆黨事起積歲方始歸聞請免官削爵收付廷尉帝不許湛之懼詣闕上疏自理優詔荅之是冬浚淮起湖熟田千餘頃置延壽寺西北去縣八十里案寺記元嘉二年義陽王昶母謝太妃造隨末廢上元二年重置又名延興寺

二十三年正月庚申以孟顗為光祿大夫領太子詹事二月交州獻白鹿丁卯後魏寇兖豫青冀四州刺史申維拒破之夏四月丁未大赦天下六月癸未朔日有蝕之交州刺史檀和之安西將軍蕭景憲副將宗愨等帥師攻林

邑國破之林邑王范陽邁悉國之崑崙兵皆乘象以鬪士卒不能當宗慤曰吾聞獅子伏百獸試爲之可以逞乃削木爲首編毛爲身力士數人蒙之以振剋日又戰師乃望陣而馳其象奔迸賊軍乃潰走因滅其國納口二萬餘金五萬斤其無名之寶不可稱筭慤奉以歸於其忩也唯行時巾櫛衣服上聞而嘉焉擢爲太尉中兵參軍慤叔父炳荆楚高人子弟皆以琴書相尚慤獨感激好功名慤嘗遇炳曰願乘長風破萬里浪炳歎曰汝若不富貴必敗吾宗爲江夏國上將軍十五年不改職至是始大知名乙亥以北地段英爲都督關隴諸軍事安西將軍雍州刺史後魏破之死其將河東薛安都棄衆南

之國九月乙卯上臨試諸生于國學賜學官帛有差吳郡獲野稻嘉禾秀于華林園殿甘露降于長寧陵是歲堰玄武湖于樂遊苑北興景陽山于華林園役及居民民有怨者是歲置華林園東五里案地輿志吳時舊宮苑也晉孝武更築立宮室宋元嘉二十二年重脩廣之又築景陽武壯諸山鑿池名天淵造景陽樓以通天觀至孝武大明中紫雲出景陽樓因改為景雲樓又造琴室東有雙樹連理又改為連玉堂又造靈曜前後殿又芳香堂日觀臺元嘉中築蔬圃又築景陽東嶺又造光華殿設射棚又立鳳光殿醴泉堂花萼池又造一柱臺層城觀興光殿梁武又造重閣上名重雲殿下名興光殿及朝日明月之樓登之而階道遶樓九轉自吳晉宋齊梁陳六代互有搆造盡古今之妙陳末初中更造聽訟殿天嘉三年又作臨政殿其山川制置多是宋將作大匠張永所作其宮殿數多舊來不用乃取華林園以為苑陳亡悉廢失矣

二十四年春正月壬寅以徐湛之為中書令領太子詹事甲戌大赦天下文武賜位一等孤老久疾不能自存者人賜穀五斛蠲除秣陵今年田租米籍田華

林園職掌疇量賜之二月京師木連理三月甘露降景陽山夏四月河濟俱清六月京師疾疫使使巡行給醫藥初行大錢一當細錢二是時民或盜鑄始剪古錢議其禁沈演之議龜貝行於上古泉刀興於周世所以豐財通利實國富民若以大當兩則國用難朽之貨家贏一倍之利不俟加憲巧源自絶旣而錢形不一民不之便是時劉秀之爲梁州刺史初令民用錢而遂行之而江湖之南多以布米爲貨錢之所行未皆普也八月御史中丞何承天將遷廷尉且欲爲吏部郎便自舉代旣受旨出爲人言之以偏劾得罪卒於家十月壬辰盜殺豫章太守桓隆之時胡藩

有十七子不遵法度第十四者曰遵世同范曄逆謀
帝以藩功呂匿其事勑江州以他罪殺之十六弟誕
世以群從秘兵二百餘人攻郡殺柏隆之將奉故彭
城王以作亂值交州刺史檀和之去官歸便道討平
之乃奪藩封邑徙其子于交州十一月甲寅封第十
皇子渾爲汝陰王是歲徐兗青冀大水
二十五年春正月使使巡行四方貸糧種二月庚寅
詔曰安不忘危經世之所尚治兵教戰有國之恒典
故服訓明耻然後少長知禁頃戎政雖修而號令未
當今宣武場始成便可尅日大習衆軍校獵講武事
閏月乙酉大蒐辛亥雨雹吏部尚書庾炳之有罪免

上始臨朝任王華王曇首殷景仁謝弘微劉湛等號曰五臣亞以范曄沈演之庾炳之庾炳之後則徐湛又何尚之王僧綽以終元嘉之世炳之無文學性強急輕淺既居選部好詆詈賓客且通貨賄士咸怨之是時請急還家尚書令史諮事一人善彈一人工歌留與宿有司以違制奏焉上以其事問何尚之尚之因言炳罪上欲去其丹陽尹再問尚之尚之開啓對曰臣乏賈生應對之才又乏汲黯犯顔之直至於侍坐多不能盡庾炳之事跡異口同音咸無善聲古今未有受貨數萬而得高官厚祿炳之者唯明主審之古人有言無賞無罰堯舜不能爲治陛下豈可坐於皇

家之重迷一凡人在可否之間臣不敢苟陳管窺令
狂直明白炳然睿主哲王反更小結帝乃可有司逐
炳之歸田里以壽終幸也三月庚辰校獵宣武場夏
四月新作閶闔廣莫等門改先廣莫門曰承明開陽
曰津陽丁卯太白經天丁丑青龍見于玄武湖南五
月乙卯罷當兩大錢戊戌黑龍見玄武湖六月庚戌
零陵王司馬元瑜薨時始興王濬潘淑妃之子以母
寵故出入後宮不禁遂通于第四妹海鹽公主出適
丹陽尹趙伯符子倩倩入宮而怒肆罵搏擊引絕帳
帶聞于上上有詔離婚罪主所生蔣美人伯符慙發
疾死贈西平將軍常侍如故侍中特進太子少傅王

敬弘卒于吳興舍亭山贈開府儀同三司敬弘辭職東歸深見禮重清簡方正子弟歲中不過一再相見子恢之嘗爲祕書郎上將爲廬陵王納其女辭曰臣女稚年先許孔淳之息乃使恢之求奉朝請曰祕書有限故有覓朝請無限故無覓吾欲使汝處無覓之地上皆許之方其在位帝嘗問得失敬弘對曰天下有道庶人不議

裴子野曰有其位無其言君子恥之王公之談爲不類矣居官不事以敵爲名正始元康之風中原所敗也縱而勿檢致治難哉八月甲子封第十一皇子彧爲淮陽王華林園嘉禾秀九月辛未以何尚之爲尚

書左僕射領汝渭之地
二十六年春正月辛巳祀南郊二月乙亥幸丹徒宫大赦復徒縣僑舊今歲租布之半所行經縣並蠲免田租之半癸亥使使祭晉故司空蕭公何無忌墓壬午婆皇國婆達國並遣使貢獻冬十月庚子改封廣陵王誕爲南郡王癸卯彗星見于太微甲辰以揚州刺史始興王濬爲征北將軍開府儀同三司徐兖二州刺史
二十七年春正月辛卯百濟國遣使貢獻二月魏軍攻懸瓠以軍興減百官俸禄三分之一三月乙丑淮南太守諸葛闡求減俸禄同内百官於是縣丞尉並

同減矣戊寅罷國子學秋七月庚午遣建寧將軍王
玄謨拒魏軍以太尉江夏王義恭出次彭城總統諸
軍冬十一月丁未大赦十二月庚午魏太武率大衆
至瓜步聲欲渡江都下震懼咸荷擔而立壬午內外
戒嚴沿江六七百里艦舳相接始議北侵朝士多有
不同至是帝登石城烽火樓極望不悅謂江湛曰自
使檀道濟在此虜敢犯我境耶然侵北之計同議者
少今日士庶勞怨豈得無慙貽士大夫之憂在予過
矣甲申使使饋百牢于魏
二十八年春正月丁亥魏太武自瓜步退歸俘廣陵
居人萬餘家北徙豫青冀二兖州殺戮不可勝計所

過州縣無遺矣二月甲戌除太尉領司徒江夏王義恭為驃騎將軍開府儀同三司壬午帝幸瓜步是日戒嚴三月乙酉車駕還宮丙申拜初寧陵大旱四月癸酉婆皇國遣使貢獻乙卯彗星見于昴是月都下疾疫使使給藥五月乙酉亡命司馬順則自號齊王據梁鄒城丁巳婆皇國河南國並遣使貢獻壬午彗星見太微中對帝座秋七月甲辰進安東將軍倭王綏濟為安東大將軍八月癸酉梁鄒斬司馬順則是秋猛獸入郭為災冬十月高麗國遣使貢獻十一月壬寅曲赦二兗徐豫青冀六州從越城流人淮南流人於姑熟合千餘家是歲魏西平元年也

二十九年春正月甲午詔經寇六州仍連水潦可量加救贍二月乙未雷且雪庚午封皇子休仁爲建安王三月壬午大風拔木都下災夏四月戊午訶羅國遣使貢獻秋七月壬辰封汝陰王渾爲武昌王淮陽王彧爲湘東王丁酉大司農太子僕廷尉監宮九月丁亥以西平將軍秦河二州刺史封河南王冬十一月壬寅揚州刺史廬陵王紹薨十二月戊申黃霧四塞辛未南兗州刺史江夏王義恭爲大將軍南徐州刺史録尚書事如故是歲魏侍中常侍宗愛（今上御名）逆大國皇子乃奉南安王余爲帝改元承平尋又廢余殿中尚書長孫竭尚書陸麗奉皇孫晃爲魏武皇帝改元興安

三十年春正月丁未朔會群臣於太極殿有青黑氣從東南來覆映宮上戊寅以司空荊州刺史南譙王義宣爲司徒中軍將軍揚州刺史壬午以南徐州刺史始興王濬爲衛將軍開府儀同三司戊子使江州刺史武陵王駿統衆軍伐西陽之蠻二月甲子元凶劭（今上御名）逆弑帝崩于含章殿時年四十七謚曰景皇帝廟號中宗三月癸巳葬長寧陵陵在今縣東北二十里周迴三十五步高一丈八尺孝武帝踐祚追謚爲文皇帝廟號太祖（案帝聰明仁厚雅重文儒躬勤政事孜孜無怠加以在位日久唯簡靜爲心于時政平訟理朝野悅自江左已來未之有也又性好節儉不好奢侈東府令嘗以葦箄故改易之又輦席舊欲以紫皮緣之上皆不許其勤儉率此類也）

建康實錄卷第十二

二聖促促於天位兩賢謙謙以獨善事宜各異寧得一揆荀曰事宜故以應物虜又問曰齊王有何功業僧朗曰主上聖性寬仁天識弘遠大定兇黨戮力佐朝三十餘年經綸夷險十五六載此功可謂極矣世祖即位虜使李道固報聘世祖於玄武湖水步軍講武登龍舟引見之自此歲使來疆場無事自佛狸已來稍漸華典平城南五十里有索干水定襄界世號爲索干都土氣寒凝六月雨雪遂遷都洛仍使蔣少遊窺京師宮殿揩式而去九年將議遷都十年世祖使司徒參軍范雲蕭琛北使宏在西郊祠天壇處以繩相交結絡細水拔帳覆以青繒形製衣平圓下容百

人坐謂之爲繖一云百子帳於此下宴引朝臣及齊使宏皆自應接甚重齊人宏謂左右曰江南多好臣宏侍中李元凱對曰江南多好臣歲一易主江北無好臣百年不易主宏大慙十一年宏遣露布并遣世祖書稱南入世祖廣召募會世祖崩宏聞乃退師太和十七年八月使持節安南大將軍行尚書符[illegible]詔皇師電擊旌旗南指誓清江祲志廓衡霍會行人審知彼有人故以春秋之義聞哀寢伐爰敕有司輟鑾上略故以往不并遣使弔齊問諱隆昌元年齊遣使劉勃等聘宏宏是歲徙都洛陽改姓元氏宏聞齊高宗立非正嗣乃自率大衆分寇司徐梁豫等四州

齊建武二年春也宏入壽陽軍中有黑氈行殿坐輦邊皆三廊揭刺有梨多白真毦鐵騎爲群前後相接出軍皆烏漆楯槊綴以黑蝦蟆幡牛車驢駱駞等不攻城登八公山賦詩而去宏納馮太后兄昌黎王馮莎二女大者爲昭儀小者爲皇后生太子洵洵意不樂思歸桑乾私置馬三千匹於河陰皇后召而執之告宏宏怒徙洵於無鼻城河橋北二十里尋殺之遂立大馮爲皇后立恪爲太子

四年宏大舉向南陽將破雍州以三十六軍前後相繼衆號百萬其諸王軍朱色鼓公侯緑色鼓伯子男黑色鼓並有鞞角吹沸天地使咸陽王禧圍南陽自

新野皆陷之宏縛新野太守劉思忌問曰何不早降
忌曰寧爲南鬼不作北臣乃殺之尋破崔慧景於鄧
進樊城臨水而去宏疾崩謚孝文皇帝是年王肅在
虜爲制官官司品秩一如中國凡有九品各有二肅
初爲道人奔虜自說家被誅戮宏爲流涕乃以弟六
妹妻之即虜彭城王也封肅平原公爲起宅舍
宏太子恪立號景明元年即齊永明二年也初佛狸
之朝討反胡於長安有道人射殺虜三郎將斛浴真
佛狸大怒悉毀浮圖殺道人將盡及元嘉南寇獲道
人以鐵籠盛之後乃感惡疾自是敬畏乃立塔寺及
宋太興佛事諸蠻種類繁多言語不一咸依山谷布

在荆湘雍郢司五州界宋世封西陽蠻侯梅或丘爲
高山侯田野山爲威山侯梅加羊爲扞山侯齊太祖
即位數爲冦皆討平之收其部落使戍汶陽汶陽本
臨淄西界二百里中水陸迂狎魚貫行水白田肥栢
玄割爲都南接巴巫太祖置巴州以畏靜之蠻俗
衣布徒跣或椎髻或翦髮兵仗以金銀爲飾使
弩射

東夷高麗國與魏虜接界太祖建元元年進封號以
高麗王璉爲驃騎大將軍樂浪公如故三年使貢方
物璉年百餘歲乃卒隆昌元年高雲立爲高麗王樂
浪公征東大將軍其官位加長史司馬參軍之屬拜

則申一脚坐則跪行則走以爲恭敬國有銀山採爲貨并人參貂皮重中國綵纈丈夫衣之亦重虎皮

百濟弁辰之國起晉世受蕃爵自置百濟郡在高麗東北齊建元二年其王弁都使貢方物永明二年魏虜征之大破百濟王弁都新羅國三韓種也

倭國在帶方東南大海中島上漢末以女人立爲王

南夷林邑國在交州南海行三千里北連九德郡秦朝故臨邑縣也漢末稱王晉太康五年使人貢獻宋太初元年林邑王范陽邁母初生夢天人以金藉之光色奇異夷人謂金之精者爲楊邁若中國云紫磨者故以名之王服天冠身披香纓絡國人皆凢麤著[illegible]

吹海螺爲角人皆倮形人死焦其舍食肉以火焚其骨粉於水中爲之水葬其大姓號婆羅門嫁娶必用八月女先求男賤男而貴女以婆羅門引揩握手相付呪曰吉利吉利爲成禮色黑爲上

扶南國在日南郡之南大海西灣中廣三千餘里有江向西流入海先有女人爲王名栁葉爲激國人混填所破降爲妻而遂治其國子孫相傳晉末始通職貢其後王姓憍陳如名闍耶跋摩晉惠帝永明二年闍耶始因天竺道人那伽仙而遣使於中國奉表獻金縷龍王座像一軀白檀像一軀牙像一軀牙塔二軀古貝二雙瑠璃蘇鉝一口瑇瑁檳一枚詔回紫綷

地黃碧綠綾各百匹扶南人黠惠智巧居重閣以木
柵爲城出大蒻葉長八九尺編此葉以葢作屋人民
亦爲閣居或爲大舩長八九丈廣六七尺頭尾似魚
國王行乘象婦人亦然好鬬鷄猪爲戲無牢獄有爭
訟者以金指鐶投沸湯中令交取之土出芭蕉甘蔗
石榴檳榔等果
蠕蠕國虜塞外雜胡也編髮左衽晉世什翼珪入塞
後蠕蠕逐水草居匈奴處伏西域土氣早寒所居穹
廬氊帳刻木記事無文字宋世常言南方姓名齊書
當爲天子宋順帝昇明二年太祖輔政遣王洪範使
剋期共伐魏虜其相國刑基祇羅回表言京房讖云

卯金十六草肅應王建元二年八月蠕蠕發四十萬
南侵平城七八里於燕然山縱獵而出後二年三年
頻獻獅皮永明元年王洪範始還京師經途三萬餘
里後十年爲丁零胡所攻蠕蠕南徙

河南國匈奴種也漢建武中匈奴奴婢亡匿在涼州
界雜種數千人虜名奴婢爲貲一謂之貲虜鮮卑慕
容廆庶兄吐谷渾與廆分爭子孫領其部落以吐渾
爲氏在益州西北亘數千里其南界龍涸城去城都
千餘里大戎有四一在青水一在赤水一在澆河一
在吐屈真川皆子弟所治其王治慕賀川初遂水草
後稍爲宮室初始受爵命河南吐谷渾拾寅爲持節

車騎大將軍秦河二州刺史齊太祖建元元年進號驃騎大將軍卒子易度侯爲河南王卒世子休留殘爲河南王齊使丘冠先至河南拜受爲休留殘推墜深谷殺之丘冠先字玄通吴興人晉吏部郎傑六世孫也王楊氏符玄同出洛陽漢世居仇池建安中有百頃玄王晉代有楊茂搜宋令裴方明伐玄剋仇池王楊文德加武都王氐仇池公太祖即位詔又封之宕昌羌西羌種也各有酋豪領部落在汧隴間宋末宕昌王梁彌機爲河涼二州刺史隴西公建元元年太祖進號鎮西將軍卒子孫爲宕昌王使求雜書帝以五經集論等賜之俗重虎皮以之送死國中以

爲之貨

建康實錄卷第十六

（唐）許嵩 撰

宋本建康實錄

第二册

國家圖書館出版社

第二册目録

卷九　晉中下……一一三

建康實録卷第七　　　　晉中

顯宗成皇帝

成皇帝諱衍字世根明帝長子太寧三年三月立爲皇太子閏八月戊子明帝崩己丑太子即皇帝位尊皇后庾氏爲皇太后年幼太后臨朝以司徒王導中書令庾亮輔政四年春正月丁亥朔大赦改元咸和元年文武各進位二等京師百里内復一年租天下賜酺五日鰥寡孤獨穀帛有差夏五月大水秋八月温嶠爲平南將軍江州刺史嶠表故吏部郎畢卓爲史案三十國春秋卓性嗜酒太興末爲吏部郎以酒廢職時比舍郎酒熟卓因夜往至甕所盜飲醉卧及旦主以見之曰畢吏部也乃命酒飲盡醉而去父母惡之因取舡以裕酒於屋中卓甚喜入酒中泪浮來往達明飲比亦盡醉謂人曰左手執蟹螯右手持酒盃浮酒池中足樂一生哉九月尚

書右僕射鄧攸卒贈光禄大夫加金章紫綬攸字伯道平陽襄陵人祖殷亮直强正爲淮南太守夢行水邊見一女子猛獸自後斷其盤囊占者以爲水邊女汝字也斷盤囊者新獸頭代故獸頭也今不作汝陰當作汝南果遷汝南太守攸幼以孝德稱舉孝廉爲吴王文學累遷河東太守永嘉末天下大亂遇羯賊棄所生子而携乃弟子綏走江東元帝以攸爲太子中庶子爲吴郡太守攸載米之郡俸禄無所受惟飲吴水人民飢者輒開倉賑而後報刑政清明百姓悦之爲中興良吏後稱疾去職郡常有送迎錢數百萬攸一無所受百姓爭牽船泣留之船不得進攸乃夜中

發去吴人歌曰紞如打五鼓鷄鳴天欲曙鄧侯拖不留謝令推不去入爲吏部尚書父之遷尚書右僕射晉書攸過江納妾甚寵之訊問其家屬說是北人遭亂憶父母姓名乃攸之甥也攸感恨遂不畜妾後妻不復孕時人爲之語曰天道無知令鄧伯道無兒語曰此天道有知也夫父子之道親親之義豈可忍而邀一時之假名損人倫之大義安忍也鄧伯道無兒天道有知　冬十月封魏武玄孫曹勱爲陳留王以紹魏後己巳庾亮誣南頓王宗陰與蘇峻謀逆誅之奏貶其族爲馬氏庚辰薮京師百里内五歲已下刑甲申衡歷陽太守蘇峻爲大司農峻不受命十一月壬子大閲於南郊改定王侯國秩九分食之一時大旱自六月不雨至于是月

二年春正月新徐交廣寧三州諸軍事廣州刺史阮孚卒　孚字遥集陳留人也父咸始平太守孚屬亂渡

江中宗以爲安東府叅軍蓬髮飲酒不以世務嬰心轉丞相叅軍遷瑯琊王裒車騎府長史進拜散騎常侍孚性旣嗜酒嘗以金貂換酒復爲所司彈劾帝宥之肅宗即位轉侍中吏部尚書稱疾就家用之尚書令郗鑒以爲非禮帝曰就用之誠不快不爾便廢才及肅宗不豫温嶠入受顧命過孚家邀同行升車乃告曰主上大漸江左危弱實藉羣賢共康世務卿時望所歸今欲屈卿同受顧託孚不荅固求下車嶠不許垂至宫門告嶠内逼求暫下便徒步還家初祖約好財孚好蠟屐同是累而未判其得失有詣約見正料財物客至屛當不盡餘兩小簏以著背後傾身障

之意未能平或有詣阮正見自蠟屐因歎曰未知一
生當著幾量屐神色甚閑暢於是勝負始分咸和初
拜丹陽尹時太后臨朝政出舅族孚謂所親曰今江
東雖累世而年數實淺主幼時艱運終百六而庾亮
年少德信未孚以吾觀之將兆亂矣遂苦求出王導
等以孚疎放非京兆尹才乃除交廣寧三州刺史未
至廣州卒於道時年四十九既而明年蘇峻作逆識
者以爲知機三月益州地震夏五月日有食之護軍
營牛生犢兩頭六足王導家羊生羔無後足冬十一
月歷陽太守蘇峻豫州刺史祖約等舉兵於江西以
討庾亮爲名十二月辛亥峻使其將韓晃入姑熟屠

于湖害于湖令陶馥宣城内史桓彝爲晃所敗死之庚寅京師戒嚴以護軍將軍中書令庾亮爲征討都督詔加振威將軍司馬流爲左將軍帥衆拒峻前鋒戰於慈湖流敗死之流字子王國之宗室性懦怯不閑軍旅時率水步二千南上遇賊懼形於色臨陣方食不知口處問左右吾口何在既而合戰軍敗遇殺三年春正月征西大將軍陶侃率江州刺史温嶠等下援京師丁未蘇峻濟自横江登牛渚二月庚戌峻軍至鍾山領軍卞壺帥六軍與峻戰於山南王師敗績（案陳圖云蘇峻戰場在鍾山明慶寺前晋所謂王師敗於陵西即吴大帝時陵也）峻因風放火進燒青溪柵再破官軍卞壺羊曼周導陶瞻等皆死於柵下

遇害者數千人壼字望之濟陰寃句人也祖統父粹
以清辯鑒察稱兄弟六人並登宰府世號卞氏六龍
玄仁無雙玄仁粹字也位中書令壼弱冠有名譽元
帝鎮江左召爲從事中郎委以選舉甚見親仗轉世
子師居師佐之任盡匡輔之節一府貴憚中興建遷
太子詹事拜御史中丞忠於事上權貴屏跡累位至
尚書令明帝不豫壼與王導同受顧命輔幼主成帝
即位群臣進璽司徒王導以疾不至壼正色於朝曰
王公豈社稷之臣耶大行在殯嗣皇未立寧是稱疾
之時導聞之乃輿疾而至及皇太后臨朝壼與庾亮
對直省中共參機要時王導又稱疾不朝而私送車

騎將軍郗鑒壺奏導虧法從私無大臣之節舉朝震
肅壺裁斷切直幹實當官以褒貶爲巳任勤於吏事
然性不弘恪才不副意故爲諸名士所少而無卓爾
優譽肅宗深器之於諸大臣而最任職阮孚嘗謂曰
卿恒無閑泰常如含瓦石不亦勞乎壺曰諸君以道
德恢弘風流相尚鄙怯者非壺而誰時貴遊子弟慕
王澄謝鯤爲達壺厲色於朝曰悖禮傷教罪莫斯甚
中朝傾覆寔由於此欲奏推之王導庾亮不從乃止
然而聞者莫不折節時王導以勳德輔政成帝每幸
其宅嘗拜導婦曹氏侍中孔坦密表不宜拜導聞之
曰王茂弘駑痾耳若卞望之之巖巖刁玄亮之察察

戴若思之峰峘當敢爾邪及蘇峻作逆詔以壼爲都督加領軍將軍峻自鍾山破王師進攻青溪栅壼與諸軍拒之苦戰死之時年四十八二子眕盱見父没相隨赴賊同時見害眕盱母裴氏撫二子屍哭曰父爲忠臣汝爲孝子夫何恨乎徵士翟湯聞而歎曰父死於君子死於父忠孝之道萃於一門羊曼字祖延太傅祜兄孫也少知名中宗鎮江左辟爲丞相王簿歷晉陵太守王敦平後代阮孚爲丹陽尹蘇峻作亂加前將軍率文武守雲龍門峻既破六軍與卞壼周導陶瞻等同見害案晉書曼性任達與温嶠阮放等同志友善並爲中興名士時州里稱陳留阮放爲宏伯高平郗鑒爲方伯太山胡毋輔之爲達伯濟陰卞壼爲裁伯陳留蔡謨爲朗伯阮孚爲誕伯高平劉綏爲委伯而曼爲黯伯凡八人號兗州八伯期古之八俊時朝士過江初拜官

相飾供饌晏入拜丹陽尹客來早得佳設日晏則漸罄不復及精隨客早晚而不問貴賤時華固爲臨海太守竟日皆美雖晚至者猶獲盛饌論者以固之豐腆不如晏又之真率也是月峻又追敗庾亮於宣陽門内亮攜子弟與郭默趙胤上奔尋陽臨去謂侍中鍾雅曰以後事相委雅曰棟折榱傾誰之責與亮曰今日之事不容復言卿當思効臣復雅曰想足下不愧荀林父耳雅遂與司徒王導擁帝於太極殿崧翼等侍左右峻兵麾戈接於帝坐叱左右下侍中褚翼曰蘇冠軍来覲至尊軍人豈得侵逼兵人遂散下殿突入太后後宮逼辱妃后及左右侍人群臣奔竄百姓號泣震響京師丁巳峻矯詔大赦天下惟不免庾亮兄弟以祖約爲侍中太尉尚書令峻自爲録尚書事驃騎大將軍以

許柳爲丹陽尹三月丙子皇太后庾氏崩壬申葬明穆太后于武平陵后諱文君潁川鄢陵人也性仁惠美姿儀元帝聞之娉爲太子妃以德見重肅宗即位爲皇后帝即位尊爲太后群臣奏天子幼沖宜依漢和熹皇后故事臨朝后辭讓數四不得已而臨朝攝萬機后兄中書令亮管詔命公卿奏事稱皇太后陛下既而京都傾覆后見逼辱遂以憂崩時年三十二夏五月乙未峻逼帝遷于石頭城帝哀泣升車群臣步從峻以倉屋爲宮分遣管商張瑾等東寇錢塘吳縣案荀崧傳成帝時崧子羨年七歲隨崧在石頭峻甚憐之嘗置羨於膝上羨歸謂其母曰請與兒一利刀子足以殺賊母遽掩其口丙午征西大將軍陶侃江州刺史驃騎將軍溫嶠庾亮等率

舟師四萬旗鼓百里次于蔡洲六月諸軍盡會石頭城西北賊盛未即決戰議於查浦築壘監軍李根固爭曰查浦地下又在水南惟白石峻固修之滅賊之術也侃等許之曰若壘不立卿當腰斬根引兵夜修曉訖賊衆見壘大驚壬辰進軍白石九月戊申司徒王導奔于白石庚午陶侃率温嶠庾亮等陣于白石侃使將軍楊謙以軍攻于石頭峻輕騎出戰謙詐北奔白石壘峻逼之繞交鋒峻墜馬侃督護竟陵太守李陽臨陣斬峻於白石陂岸至今呼此陂為蘇峻湖今在縣西北十二里石頭城正北白石壘即在陂東岸庾亮命臠峻肉焚其骨峻弟逸乃發亮父母墓斷

棺焚屍初峻歷陽外營將軍鼓自鳴如人弄槌峻手自破之曰我鄉土時有此即城空矣俄而爲亂夷滅此聽不聰之罰也案晉書紀蘇峻初營鍾山前祈鍾山之神許蓋朱騎紫騮馬碧蓋朱絡車後郗鑒入援又祈鍾山神謂鑒曰蘇峻爲逆人神所憤當與蔣子文共誅鋤之且峻亦祈我豈可助之爲虐今以蹤相示及案收而蹤見峻字子高長廣掖人少爲書生年十八舉孝廉永嘉喪亂所在屯聚峻亦糾合徒衆結壘於本縣撫弱理枯遠近感恩歸者日盛皆推峻爲主遂群聚射獵於海邊青山中時曾嶷領青州刺史惡其得衆將討之峻懼不敢泛海南渡既至廣陵朝廷嘉其遠到累拜蘭陵相同討王敦逆以功進使持節冠軍將軍歷陽內史加散騎常侍封邵陵公以江外之任寄之峻既有功於國威望

漸著頗有異圖時肅宗崩帝幼委政宰輔護軍庾亮
恐其兵彊難制下優詔徵之峻素疑亮欲害已不應
命朝廷使諷諭之峻曰臺下云我欲反豈得活邪我
寧山頭望廷尉不能廷尉望山頭乃結祖約為亂以
討庾亮為名遂舉兵渡江破王師入宮城縱兵侵掠
窮兇極暴殘酷無道光祿勳王彬等皆被捶撻逼令
負擔登蔣山裸剝士女哀號之聲響振內外為陶侃
溫嶠等所破殺之峻司馬任讓復立峻弟逸為帥收
兵保石頭十二月石勒破劉曜於洛陽擒之關中大
亂四年春正月帝在石頭侍中鍾雅右衛將軍劉超等
謀奉帝出就陶侃營事覺遂使任讓將兵入收超雅

帝持抱超等悲泣曰還我侍中右衛讓不受詔殺雅等及峻平陶侃得任讓不殺帝曰任讓是殺我侍中右衛者不可宥乃殺之　雅字彦胄潁川人　超字世瑜瑯琊人少有志尚中興初爲中書舍人累拜中書侍郎穆后臨朝遷爲射聲校尉時軍校無兵伍義興人多隨超超因統其衆以宿衛爲君子營帝即位與鍾雅俱爲侍中帝遷幸石頭大雨超與雅步衛左右賊給馬惡而不騎丁卯賊將匡術以苑城歸順百官赴之戊辰峻子碩引軍又攻宮城焚燒堂殿秘閣皆盡城内大飢米斗萬錢庚午冠軍將軍趙胤大破祖約於歷陽約奔石勒　二月戊戌諸軍攻石頭李陽滕

含大破蘇逸於查浦含等奉帝幸温嶠舟乘輿反政
群臣頓首號泣請罪甲午蘇逸以萬餘人東走延陵
湖將入吴興將軍王允之追擒於溧陽初太寧中有
童謡云大馬死小馬餓高山崩石自破高山謂峻也
石即峻小名也時自正月雨至二月五十日及滅蘇峻
黨後淫雨乃霽兵火之後宫闕荒殘帝居止蘭臺甚
卑陋欲宫建平園温嶠議遷都豫章朝士及三吴之
豪議都會稽司徒王導獨曰建康古之秣陵帝皇所
居孫仲謀劉玄德皆云王者之宅不可改遂定議爲
三月壬子論平賊功行賞以陶侃爲太尉封長沙公
郗鑒爲司空封南昌公温嶠爲驃騎將軍開府儀同

三司封始安公追贈死王事者贈卞壼左光祿大夫
餘各有差尚書郎弘訥上議訟壼子盱二人同死國
難詔改贈驃騎將軍謚忠貞夏四月乙未驃騎將軍
開府儀同三司江州刺史始安公溫嶠薨　嶠字太真
司徒羡弟憺之子性聰敏有識量博學少以孝悌稱
起家爲司隷都官從事奏彈無所避京都震肅平北
大將軍劉琨請爲參軍爲琨謀主琨所憑侍焉及二
都傾覆元帝初鎮江左琨誠繫王室謂嶠曰昔班彪
識劉氏之復興馬援知漢光之可輔今晋祚雖衰天
命未改吾欲立功河朔使卿延譽江南乃以嶠爲左
長史檄告華夷使嶠奉表勸進嶠至引見帝具陳琨

忠誠因說社稷無主天人係望辭旨慷慨舉朝屬目
王導周顗等並與親善時江左草創綱維未舉嶠殊
以爲憂及見王導共談世務歡然曰江左自有管夷
吾復何慮因屢求返命不許除散騎侍郎累遷太子
中庶子太子深重之與爲布衣之交肅宗即位拜侍
中參綜機密尋轉中書令帝倚爲棟梁之任王敦忌
之請爲左司馬嶠謬爲誠敬深結錢鳳詐立聲譽每
曰錢世儀精神滿腹鳳悦之丹陽尹缺敦表以嶠爲
丹陽尹因餞會嶠自起行酒至鳳未及飲嶠僞爲
醉以手板擊鳳幘墜作色曰錢鳳何人温太真行酒
而敢不飲敦以爲醉故兩釋之及去即路鳳入說敦

曰嶠於朝廷甚密未可信也敦曰太真昨醉小加聲色豈得以此便爲讒貳由是鳳謀不行而嶠還都遂陳敦之逆狀請爲之備敦聞與王導書曰太真別來幾日作如此事因舉兵表誅姦臣以嶠爲首敦平後封建寧縣公帝即位與王導郗鑒庾亮陸曄卞壼等同受顧命輔幼主時蘇峻藏禍歷陽陶侃威重荆楚朝廷以西夏爲虞故使嶠爲形援出爲江州刺史鎮武昌下車親祭徐孺子之墓收名賢在鎮見王敦畫像曰豈有天子之賊而圖形於都下令削去之及蘇峻作逆京師不守嶠慟哭使督護王愆期要陶侃下討峻推侃爲盟主鉦鼓連亘百里直指石頭侃屯蔡

洲沙浦嶠屯沙門浦義軍屢戰失利又食盡陶侃怒欲西歸嶠固止侃曰要一戰決之乃平峻進錄尚書讓不受固辭還藩因行至牛渚磯水深不可測嶠乃燒犀角而照之須臾見水族奇怪異狀或乘車馬著赤衣者其夜夢人謂曰與君幽冥道别何苦相照嶠甚惡之先有齒疾因拔之中風至鎮卒時年四十二江州士庶莫不相顧而泣初葬豫章朝廷追思之乃爲造大墓迎還葬元明二陵北幕府山之陽二子放之式之秋七月詔復遭賊郡縣租稅三年九月石勒將石季龍盡屠上邽滅劉氏大小黨族三千餘人冬十月廬山崩是歲天裂西北有聲如雷徵西中郎將郗

默爲右將軍默過江州刺史劉胤不禮送豚一頭酒五斗默怒投于江遂矯詔入城殺胤表送首京師

五年春正月已亥朔大赦除諸將任子案吳書時諸將屯戍並留任其子爲立一館名任子館地在宋樂遊苑西對今樓玄寺門平澤內晉有江左其制不改至此年除之

庚子司徒王導以默驍勇專殺方州懼其爲亂表默爲豫州刺史便鎮武昌太尉陶侃聞默害劉胤曰此必詐也即督西陽太守鄧伯山水陸討之與導書曰郭默殺方州即用爲方州有人殺宰相便用爲宰相乎遂屠默斬其父子案晉書郭默妻兄陸嘉取官米餉妹默以爲違法欲殺嘉嘉懼奔趙默遂殺妻以明無私默河內淮人

二月己巳會稽太守王舒表獻銅漏刻詔置端門西塾之西夏五月石勒將劉徵寇南沙害都尉許儒　儒字思行高

陽人祖勛吳御史中丞父延河閒相儒幼而立行清素忠烈有曾閔之性早丁母 在殯遇宂賊放火儒抱柩悲號賊爲救火保護之所居一里賴全起服爲郡功曹元帝宅江左澄洗九流妙於選舉爲司徒參軍出爲南沙都尉縣爲石勒所寇遇害六月詔初稅田畝三升秋八月石勒僭即皇帝位於襄國使其將郭敬寇襄陽中州流人悉降于勒九月作新宫始繕苑城修六門案苑城即建康宫城六門案地輿志都城周二十里一十九步本吳舊址晋江左所築但有宣陽門至成帝作新宫始修城開陵陽等五門與宣陽爲六今謂六門也南面最西曰陵陽門後改名爲廣陽門内有右尚方世謂尚方門次正中宣陽門本吳所開對苑城門世謂之白門晋爲宣陽門門三道上起重樓懸楣上刻木爲龍虎相對皆繡栭藻井南對朱雀門相去五里餘名爲御道開御溝植槐柳次最東開陽門東面最南清明門門三道對今湘宫巷門東出清溪港橋正東面建春門後改爲建陽門門三道尚書下舍在此門内首東入今興業寺後東度清溪菰首橋唐景雲年中江寧縣令陸彦恭於縣東門金華坊

東過清溪乃發於首橋路而於興業寺門前開大道造金華橋青溪通濟州驛正西南西明門門三道東對建春門即宮城大司馬門前橫街也平地面用宮城無別門苑咸即吳之後苑也一名韋平園都城雖經五代而門墻互有修改事具下卷冬十月駕幸司徒王導宅置酒大會下車入門先拜十一月平西將軍庾亮表獻嘉橘一蔕十二實是歲無麥禾天下大飢涼州刺史西平公張駿稱臣於石勒

六年春正月戊午以運漕不繼發王公已下千餘丁各運米六斛二月丙子追贈故南沙都尉許儒高涼太守謚曰貞侯三月壬戌日有蝕之癸未詔舉賢良直言之士夏六月錢唐民猳豕産兩子皆人面狀如胡人其身猶豕異之甚也是歲江州刺史觀陽侯應詹卒　詹字思遠汝南南頓人也魏侍中璩之孫詹

幼孤以孝聞家富於財年又稚弱請族人共居委其
資產世賢焉及長質素司徒何劭見之曰君子哉若
人初辟公府掾累遷南平太守時王澄爲荊州刺史
洛陽傾覆詹流涕勸澄赴援馳檄四方辭義壯烈見
者慷慨而澄竟不從及武陵溪蠻反澄假詹天門武
陵軍事詹巡撫諸蠻召問酋長所欲蠻感德義數郡
無虞後與陶侃破杜弢於長沙賊多金寶詹一無所
取惟收圖書王敦表爲益州刺史移鎮巴東士庶攀
車號泣而送俄遷後將軍徵拜光祿勳及王敦作逆
明帝問詹計以詹爲都督前鋒軍事賊平遷江州刺
史封觀陽縣侯在州疾篤與陶侃中情忖勸勵之朝

廷以報幼主卒時年五十三謚爲烈案晉書詹傳初詹與京兆韋泓爲友詹卒泓製服閔友之服哭之以宿草追趙武杞程嬰公孫杵臼之義祭奠終身也

七年秋七月詔諸養禽獸之屬損費者多一切除之太尉陶侃遣子平西參軍斌與南中郎將桓宣攻石勒將郭敬破之剋樊城竟陵太守李陽拔新野襄陽因而戍之冬十一月壬子朔進陶侃爲大將軍詔舉賢良方正直言是月新宮成署曰建康宮亦名顯陽宮開五門南面二門東西北各一門案圖經即今之所謂臺城也今在縣城東北五里周八里有兩重墻案修宮苑記建康宮五門南面正中大司門世所謂章門拜章者伏於此門待報南對宣陽門相去二里夾道開御溝植槐柳世或名爲闕門南面近東閶闔門後改爲南掖門門三道世謂之天門南直蘭宮西大路出都城門陽門正東面東掖門正南平昌門門上有爵絡世謂之冠爵門南對南掖門第三重宮墻南面端門大門兩大鼓在兩塾之南並三丈八尺闉用開閘城門日中晡時及暝並擊以爲節夜又擊之持更其一

者本在會稽雷門相傳去洛陽舊物打之聲應洛陽城孫恩之亂軍人斫破有雙鶴飛去爾後不復鳴義熙中始取還置於此門其東西門不見名其宮城西南角外本有池名清遊池通城中有樂賢堂並肅宗爲太子時所作蘇峻之亂宮室皆焚毁惟此堂獨存其西掖門外南偏突出一丈許長數十丈地時百度多闕但用茆苫議以除官身各出鐵二千充修宮城用自晉至陳遂廢 十二月帝遷于新宮

八年春正月辛亥朔朝萬國於新宮四夷列次帝詔曰昔長虵縱暴宮室焚蕩元惡雖剪未暇營築有司屢陳朝會逼狹遂作斯宮子來之勞不日而成之既獲臨御大饗群后九賓充庭百官象物知君子勤禮小人盡力矣思蠲密網咸同斯惠其大赦天下五歲刑以下令諸郡舉力人能負千五百斤已上者丙子右勤使致賂詔焚之是月改苑倉爲太倉案吳時苑城內有倉名爲苑倉亦名倉城至此治苑爲宮惟倉不改在西掖門內是年改名焉 四月以束帛禮徵高士郭文舉處士

翟湯　湯字道深尋陽人篤行廉潔不屑世事永嘉末寇害相仍湯隱於尋陽南山盜不犯境始安太守干寶與湯通家遣船米餉湯敕吏云翟公廉讓卿致書訖便委船歸使者依旨湯得船米乃貨易取絹遂附還寶寶益愧焉庾亮表之徵爲國子博士不就年七十三卒於家

晉書高士傳郭文字文舉河内軹人也少愛山水尚嘉遁常遊名山歷華陰觀石室洛陽陷入吳興餘杭大辟山中倚木於樹苫覆其上而居焉時猛獸爲暴文獨宿十餘年竟無所患恒著鹿裘葛巾採竹葉木實貿鹽米以自供人或賤價取之亦即與之過有猛獸殺鹿於文菴側文以語人人賣得錢分文文曰若取自取何以相語聞者歎服又有一獸向文張口文爲拔去其鯁骨而去明旦致一鹿於室前每有寄宿者文爲之汲水無勸色餘杭縣令顧颺與葛洪造之颺使致韋袴褶文不納颺使置室中乃至爛於户内竟不服用王導爲相使迎至京師於西園築臺置之今廢冶城中平敞見在朝士咸共觀之文頹然箕踞傍若無人温嶠嘗問曰人皆有六親相娛先生弃之何也文曰遭世亂耳人問飢而思食壯而思室自然之性先生獨無情乎文曰情由憶生不憶則無情又曰先生獨處窮山若疾遭命不爲烏鳥食乎文曰埋藏者亦爲螻蟻所食又曰猛獸害人先生獨不畏乎文

曰人無害獸之心獸豈有害人之意乎又曰苟時有不寧身不得安令將用先生以濟時若何文曰山草之人安能佐時永昌中大疫文亦病王道遣藥文曰命不在藥天壽時也居冶城七年一旦忽求還山導不聽乃逃歸臨安及蘇峻作逆而臨安獨全人以爲知機自此不復語但舉手指麾及病篤臨安令萬寵候之問先生可得幾日文三舉手果十五日而終既葬於座下有木數片反覆書之上曰金雄記下曰金雌詩詩著地爛皆毀不識金雄之記言將來事多有驗也　夏五月有星隕于肥鄉數一麒麟騶虞見于遼東秋七月石勒死子弘嗣立是歲作北郊於覆舟山之陽制度一如南郊（案地志今縣東八里潮溝後東近青溪其西即藥園地義熙中盧循反劉裕築藥園壘即北更西即吳時任子館也）

九年春正月隕石于涼州數二二月丁卯加張駿爲大將軍夏六月蜀李雄死其兄子班嗣僞位乙卯使持節侍中太尉都督荊江等八州軍事荊江二州刺史長沙郡公陶侃薨於樊谿　侃字士衡本鄱陽人吳平徙家盧江之尋陽少孤貧爲縣吏鄱陽孝廉范

逵嘗過侃時倉卒無以待賓其母乃截髮易酒撤薦飯馬逵重之言於廬江太守張夔召爲督郵遷主簿復察孝廉至洛陽除郎中後會荊州刺史劉弘之官辟侃信用累至江夏太守時陳敏據楊州令弟恢率軍西上侃拒之以運船爲戰艦或言不可侃曰用官物討官賊何爲不可遂破恢等後以母憂去職嘗有二客來弔不哭而退化爲雙鶴沖天而去及中宗即位江左加龍驤將軍武昌太守時益州刺史杜弢舉兵反破荊州刺史周顗失據侃率衆救之謂諸將曰此賊必更步向武昌吾宜還城卿等誰能忍飢闘邪部將吳寄曰要欲十日忍飢晝當擊賊夜分捕魚

可并以相濟侃曰卿健將也賊果來攻侃壘破之遣參軍王貢告捷於王敦敦以荆州多難用王貢説表侃為荆州刺史鎮沔江旻等為杜曾所破坐免以白衣領職佐史爭上疏理之復官率周訪等進討杜曾初王貢以矯命恐獲罪遂投杜曾至是賊衆離阻貢將出挑戰侃遥謂曰杜弢為益州吏盗用庫錢父死不奔喪卿本佳人何為隨之天下寧有白頭賊乎貢初横脚馬上聞侃言改容下脚辭色甚順侃截髮為信貢遂來降弢曾等大敗王敦忌侃功左轉為廣州刺史時温邵作梗嶺外諸將請討之侃笑曰吾威名已著何事遣兵但一函紙自足耳於是下書諭之邵懼而

走追獲於始興以功封柴桑侯侃在州無事輒朝運
百甓於齋外暮運入於齋內人或問之答曰吾方致
力中原過爾優逸恐不堪事及王敦反詔侃領江州
刺史敦平進都督荊雍梁益州諸軍事荊州刺史荊
郢士女莫不相慶侃性聰敏勤於吏職終日危坐事
有萬端曾不遺漏遠近書疏皆手自答筆翰如流未
嘗壅滯引接疏遠門無停客常語人曰大禹聖者乃
惜寸陰至於衆人當惜分陰豈可遊逸生無益於時
死無聞於後是自棄也諸參佐或以談戲廢事者乃
命取其酒器及蒱博之具悉投之于江中曰樗蒱者
牧猪奴戲耳老莊浮華非先王之法言不可行也君

子當正其衣冠攝其威儀何有亂頭養望自謂宏達

有奉饋者皆問其所由若力作所致雖微必喜慰賜

三倍若非理得則切厲遣之嘗出行見人持一

把未熟稻侃問用此何為人云道傍所見聊取之耳

侃怒曰汝既不佃而戲賊人稻執而鞭之百姓於是

勤農家給人足暨蘇峻作逆京都不守平南將軍溫

嶠要侃同赴朝廷侃恨肅宗崩不在顧命之例言形

於色謂嶠曰吾疆埸外將不敢越局嶠固請之推爲

盟主侃便戎服既平峻於石頭庾亮用溫嶠謀詣侃

拜謝侃遽止之曰庾元規乃拜陶士衡邪王導入石

頭城令取故節侃笑曰蘇武節似不如是導有慚色

以平峻功進侍中太尉改封長沙郡公加都督交廣寧七州軍事移鎮巴陵後平襄陽拜大將軍劒履上殿入朝不趨讃拜不名上表固讓薨時年七十六贈大司馬侃在軍四十一年雄毅明斷自南陵至于白帝數千里道不拾遺侃性纖密頗類趙廣漢在武昌時課諸營種柳都尉夏施盜植於已門侃行駐車問曰此武昌官柳何因在此施惶怖謝罪時殷浩庾翼等皆爲佐吏武昌號爲多士侃飲酒每有定限嘗會歡有餘而限已竭浩等勸更少進然不許時梅陶與親人曹識書曰陶公機神明鑒似魏武忠慎勤勞似孔明陸抗諸人不能及謝安石每云陶公用法恒得

法外意侃少時漁於雷澤得一織梭以挂于壁有頃雷雨自化爲龍而去又嘗夢身生八翼飛而上天見天門九重已入其八唯一門不開閽者以杖擊之折其左翼及寤左腋猶痛又如厠見一人朱衣介幘斂板曰以君長者故相報君後當爲公位至八州都督及統八州握彊兵據上流潛有窺窬之志每思折翼之祥自抑而止有子七人惟洪瞻夏琦旗斌稱範岱見於史餘不見録時大旱詔太官徹膳省刑恤孤寡貶費節用冬十一月石季龍殺石勒太子弘而自立爲天王于鄴十二月侍中顧和議奏舊冕有十二旒皆用玉珠今用雜珠等非禮若不能用玉可用白璇帝納之

十年春正月庚午朔帝加元服大赦改元爲咸康元年增文武位一等大酺三日賜鰥寡孤獨不能自存者米五斛甲戌詔太常改冕旒飾用玉珠（案江表記自晉中興東遷舊章多闕而冕旒飾以翡翠珊瑚及雜珠等至此顧和始奏帝詔太常改之）二月甲子帝親臨釋奠夏四月石季龍寇歷陽詔加司徒王導大司馬假黃鉞都督征討諸軍事以禦之癸丑帝親觀兵于廣陽門令諸將分戍（案晉書成帝紀觀兵於廣莫門案宮苑記晉時未有廣莫門據此成帝觀兵是廣陽門太史誤耳至宋永初中始改宮城北平昌門爲廣莫門廣陽門在今縣城東一里半都城南面西門也其時石季龍既寇歷陽兵亦不歷北門出也）秋七月白虹貫日八月乙丑荆州長沙武陵龍陽等三縣大水漂屋室殺人損秋稼時帝幼沖權在下之罰也十月乙未朔日有食之是歲大旱會稽餘姚尤甚米一斗五百價

人相責
二年春正月彗星見于奎二月筭軍用稅米空懸五
十餘萬碩尚書謝褎已下免官辛亥立皇后杜氏大
赦增文武位一等三月散騎常侍于寶卒　寶字令
升新蔡人少勤學中宗即位以領國史累遷散騎常
侍修晉紀上自宣帝迄于建興凡五十三年成二十卷
辭簡理要直而能婉世稱良史初父亡有所幸婢母
忌之乃殉葬後十餘年母喪開冢合葬殉婢仍活取
嫁之因問幽冥考校吉凶悉驗遂著搜神記三十卷
將示劉惔惔曰卿可謂鬼之董狐也晋宋三十國春秋是年天台令蘇韶卒卒後韶
後弟節見韶乘馬晝日而行着黑介幘黄絲單衣節問曰兄何由來韶曰欲改葬遊因問幽冥之事韶曰死者爲鬼俱行天地之中在人間而不與生者

接顙四卜商今見爲修文郎死之與生略無有異死虚生實此有異爾節曰死者何故不復歸其尸乎對曰譬若斷兄一臂以投地就剝削之於兄有患否死者屍骸亦如此也節曰尊葬奕盜死者樂乎部曰何樂之有節曰若然兄何故改葬部曰述生時事耳言終而不見夏四月皇后見于太廟秋七月詔賓禮三恪立周漢之後冬十月更作朱雀門新立朱雀浮航航在縣城東南四里對朱雀門南度淮水亦名朱雀橋案地志本吳南津大吳橋也王敦作亂溫嶠燒絶之遂權以浮航往來至是始議用杜預河橋法作之長九十步廣六丈冬夏隨水高下也是歲徐州刺史刁彝上書訟父協功德朝廷議詔贈本官祭以太牢　協字玄亮渤海饒安人也少好經籍博聞彊記釋褐濮陽王文學永嘉初累遷河南尹未拜避難渡江元帝鎮江左用爲鎮東將軍諮祭酒中興初拜尚書左僕射于時朝廷草創憲章未立以協久在中朝諳練舊事凡所

制度儀注皆稟於協焉太興初進位尚書令協爲人性剛悍與物多忤每崇上抑下故爲王氏所疾又好使酒放肆侵毀公卿見者莫不側目然悉力盡心志在匡救元帝甚信任之以奴爲兵取將吏客使轉運皆協所建衆庶怨望及王敦（今上御名）逆上表罪協帝使督六軍出拒王敦王師敗績協與劉隗俱見帝於太極東除帝執協隗手流涕嗚咽勸令避禍乃給協等人馬使自爲計協年老不堪乘騎又素無恩於下從者皆委之行至江乘縣東爲人所殺送首於王敦中宗痛之密捕送首者誅之敦平後以協出奔不在贈例而貶本官至是子彝上疏訟之執事更不下議追贈本官

三年春正月辛卯詔立太學於淮水南在今縣城東南七里丹陽城東南今地猶名故學夏六月旱地生毛冬十月丁卯慕容廆自立爲燕王

四年夏四月蜀將李壽殺李期僭即僞位國號漢六月改司徒爲丞相以太傅王導領之秋八月丙午分寧州置安州

五年秋七月使持節侍中丞相領揚州刺史始興公王導薨 導字茂弘瑯琊臨沂人祖覽父裁導少有風鑒識量清遠陳留高士張公見而奇之謂其從兄敦曰此兒容貌志氣將相才也幼與元帝尤善在洛陽常勸帝歸藩見天下將亂遂推心奉戴有興復之

志及徙鎮建鄴吴人不附居月餘士庶莫有至者導患之會敦來朝導謂敦曰琅琊王仁德雖厚而名論猶輕兄威風已振宜有以匡濟者會三月上巳帝親觀禊乘肩轝具威儀敦導及諸名賢皆騎從之吴人紀瞻顧榮賀循皆江南之望竊覘之見其如此咸驚懼乃相率拜於道左導因進計帝乃使導躬造循榮等由是吴會風靡百姓歸心自此之後漸相崇奉君臣之禮始定導爲政務在清浄匡主寧邦尤見委託情好日隆朝野傾心號爲仲父帝嘗從容謂導曰卿吾之蕭何也初桓彝過江見朝廷微弱謂周顗曰我以中州多故來此欲求全活而寡弱如此將何以濟憂

懼不樂往見導極談世事退謂顗曰向見管夷吾無復憂矣時渡江人士每至暇日相要出新亭歡宴周顗中坐而歎江山之異共相對而泣導愀然變色曰當共勠力王室剋復神州何至作楚囚而相對泣邪衆收淚謝之及中宗即晉王位累遷都督中外諸軍事領中書監録尚書事帝登尊位進侍中司空尋代賀循領太子太傅時中興草創未置史官因祖約舉王隱導始啓立典籍頗具時議欲立石闕於宫門未定後導隨駕出宣陽門乃遥指牛頭峯為天闕中宗從之

案地記至今此山名天闕山自朱雀南出治御道四十里到此山天寶初改名為仙窟山山南有芙蓉峯峯北有大石如卧鼓其山中空可坐數十人其高九尺上下有小石子吴之時人呼為石鼓其山西峯中有石窟不測深淺古老相傳云辟支佛出所梁武帝於窟次下置寺名曰仙窟寺窟有一石鉢盂莫知所由來

形狀甚古唐神龍初鄭克後取將入長安反開善寺誌公履也及劉隗用事導漸見疏遠肅宗即位平王敦後進封始興郡公位太保司徒如故劍履上殿入朝不趨贊拜不名受顧託之重帝即位給班劍鼓吹羽葆蓋及石勒侵阜陵又石季龍掠騎至歷陽俱加大司馬假黃鉞出討之賊退解大司馬轉中外大都督位太傅又拜丞相依漢制罷司徒官以并之導善於因事雖無日用之益而歲計有餘時帑藏空竭庫中惟有練數千匹賣之不售而國用不足導患之與朝賢俱制練布單衣於是士庶翕然競服之練遂踊貴端至一金帝既幼冲見導每拜又嘗與導書手詔則云惶恐言中書作詔則曰敬問導妻曹

氏性妬導令別修館以安衆妾曹氏知將往焉導恐妾被辱遽令命駕猶恐遲之以所執麈尾柄驅牛而進司徒蔡謨聞之戲導曰朝廷欲加公九錫導不之覺但謙退而已謨曰不聞餘物惟有短轅犢車長柄麈尾導大怒及庾亮出鎮於外以帝舅故執朝權而趨向者多歸之導不能平嘗遇西風塵起輒舉扇自蔽徐曰元規塵汚人自漢魏已來群臣不出拜山陵導以元帝睠同布衣每一崇進皆就拜不勝悲慟由是詔百官拜陵自導始也薨時年六十四子悅嗣案晉書導有六子悅怡洽協劭薈悅位中書侍郎性儉素帳下有甘果爛敗導令弃之謂婢曰無使大郎知也悅嘗與導弈碁争道導笑曰相與有瓜葛那得爲爾耶初王敦御名上逆導亟憂覆族使郭璞筮之卦成曰吉無不利淮水絶王氏滅後子孫繁衍竟如璞言淮即秦淮也八月壬午復

改丞相爲司徒司空庾亮領之辛酉以護軍將軍何充録尚書事辛酉侍中太尉南昌公郗鑒薨　鑒字道徽高平金鄉人漢御史大夫慮之玄孫鑒少孤貧博覽經籍躬耕壠畝吟詠不倦以儒雅著名惠帝累拜中書侍郎以世亂辭鄉里將親屬避難於魯之嶧山中宗鎮江左承制假龍驤將軍兖州刺史鎮鄒山太寧初王敦專制内外危逼謀仗鑒爲外援拜安西將軍都督楊州江西諸軍事假節鎮合肥王敦忌之表爲尚書令及敦使錢鳳王含入逼京都衆議以苑城小不固勸太駕自出距戰鑒不許敦平後奏免錢鳳母年八十不坐帝即位與王導等同受顧命夾輔

少主咸和初領徐州刺史蘇峻及進位司空與郗鑒還丹徒立大業曲阿庱亭三壘拒賊東入之兵峻平遷太尉將拜謂所親曰平生意不及此值世紛紜遂至今日尋以疾上疏遜位薨時年七十一子愔曇（案晉書初鑒屬永嘉喪亂在鄉里甚窮餒鄉人以鑒名德共飴之時兄子邁外甥周翼並小常攜之就食鄉人曰各自飢困以君賢欲共相濟耳恐不能兼有所存鑒已後獨往食訖以飯著兩頰邊還吐與二兒後並獲存鑒之薨也翼時為剡縣令翼追撫養之恩乃棄官歸席苫心喪三年也）是時始用塼壘宮城而創（太上御名）樓觀

六年春正月庚戌以庾翼為安西將軍都督江荊司雍梁益六州諸軍事荊州刺史翼發獻玉柄毛扇帝疑其故物侍中劉劭進曰栢梁雲（太上御名）匠石先君其下管絃繁奏鍾夔先聽其音稚恭之進扇以好不以

新帝大悦二月燕王慕容皝大破石季龍將石成于
遼西獻捷于京師秋七月乙卯初依中興故事朔望
聽政於東堂是月征西將軍荆督江荆豫益梁雍六
州諸軍事司徒永昌公庾亮薨　亮字元規明穆皇
后兄父琛字子美以建威將軍過江爲會稽太守卒
於丞相軍諮祭酒亮美姿容善談論性好莊老嚴
格峻整動由禮節閨門之内不肅而成時人或以爲
夏侯太初陳長文之倫也年十六東海王越辟爲掾
不就隨父在會稽嶷然自守時人皆憚其方嚴莫敢
造之元帝鎮江左聞其名辟爲西曹掾及引見風情
都雅過於所望甚器重之由是娉其妹爲皇太子妃

中興初拜中書郎領著作侍講東宮累遷給事中黄門侍郎散騎常侍時王敦在蕪湖帝使亮詣敦籌事敦與亮談論不覺改席而前退而歎曰庾元規賢於裴頠遠矣肅宗即位進中書監亮上䟽讓曰臣凡庸固陋偷榮昧進臣領中書則示天下以私矣悠悠六合皆私其姻人皆有私則天下無公矣是以前後二漢咸以抑后黨安進婚族危向使西京七族東京六姓皆非姻族各以平進縱不悉全决不盡敗今之盡敗更猶姻婭臣歷觀外戚或居權寵四海側目事有不允罪不容誅身既招殃國爲之弊其故何邪猶姻媾之私群情之所不能免是以疎附則信姻進則疑疑

積於百姓之心則禍成於重閨之内矣此皆往代成
鑒可爲寒心夫萬物之所不通聖賢因而不奪冒親
以求一寸之用未若防嫌以明至公今恭命則愈違
命則苦自雖不達幸察愚心帝納其言而止時王敦
有異心亮憂懼以疾去官尋代王導爲中書監敦平
後與王導受遺詔輔幼主復進中書令太后臨朝政
事一決於亮時陶侃祖約以不在先帝遺詔内疑亮
刪除並有怨言亮懼亂出温嶠爲江州刺史仍脩石
頭以備之會南頓王宗謀廢執政亮殺宗而廢宗兄
羕宗帝室近屬羕國族元老又先帝保傅天下咸以
亮翦削宗室琅邪人卞咸宗之黨也與宗俱誅咸兄

闡亡奔蘇峻亮符峻送闡而峻保匿之峻多納亡命
專用威刑亮知峻必亂徵爲大司農舉朝謂之不可
亮不從及峻舉兵反至于京都亮携其三弟懌條翼
等南奔溫嶠與嶠共推陶侃爲盟主侃素有憾於亮
下至尋陽議者咸謂侃欲誅執政以謝天下亮甚懼
及見侃引咎自責風止可觀侃不覺釋然乃謂亮曰
君侯脩石頭以擬老子今日反見求邪便談宴終日
亮噉薤因留白侃問曰安用此爲亮云故可以種侃
尤相稱歎曰非惟風流兼有爲政之實及至石頭又
爲峻將張曜所敗亮送節傳以謝侃侃答曰古人三
敗君侯始二當今事急不宜數爾峻平後亮進見帝

泥首謝罪乞骸骨逃竄山海帝勞之曰此社稷之難非舅之責也亮乃求出外鎮自効假節豫州刺史領宣城内史鎮蕪湖陶侃薨後拜都督江荆豫益梁雍六州諸軍事領江荆豫三州刺史遷鎮武昌時王導輔政會石勒新死亮有開復中原之謀乃以毛寶爲豫州刺史與西陽太守樊峻俱戍邾城又使陶稱爲南中郎將入沔中弟翼爲南蠻校尉鎮江陵以陳囂爲輔國將軍趣子午亮率大衆自進石頭城爲諸軍聲援乃上疏朝廷議之會寇陷邾城毛寶等赴水死亮以處置失度陳謝自貶詔不許進拜司空固讓不拜及導薨徵爲司徒薨時年五十二將葬何充會之

歎曰埋玉樹於土中使人情何能已三子彬義鑠晉寀

書初亮所乘馬的顱殷浩以爲不利於主勸亮賣之亮曰焉有己之不安而移之於人浩慚而止

冬十月林邑獻馴象十一月復琅琊比漢豐沛

七年春二月甲子朔日有食之己卯慕容儁遣使求假燕王章璽許之三月戊戌皇后杜氏崩夏四月丁巳葬恭皇后于興平陵后諱陵陽京兆人也鎮南將軍預之曾孫祖錫父乂母裴氏名穆太傅主簿遐女孝武帝立封裴氏爲廣德君初穆渡江立第於南掖門外時以裴氏壽考故呼爲杜姥宅在今縣東北三里東宮城南路西后少有姿色及長猶無齒帝將納采之日夜齒生在位七年年二十一崩無子先是三

吳女子相與簪白花望之如素柰傳言天公織女死爲之著服至是后崩案外戚傳乂字弘理性純和美姿容有盛名於江左王羲之目之曰膚若凝脂眼如點漆此神仙人也桓彝亦曰衛玠神清杜乂形清襲封當陽侯辟公府掾爲丹陽丞卒咸康初追贈金紫光祿大夫司徒蔡謨嘗言於朝曰恨諸君不見杜弘理也是月詔實編戶王公已下皆正土斷白籍分江乘縣南界置臨沂縣屬琅邪郡案臨沂縣廢城在東江獨石山西臨大江在今縣北四十里也秋八月引見群臣射宴於延賢堂九月罷太僕官冬十二月除樂府雜伎罷安州癸酉侍中司空興平伯陸玩薨玩字士瑤吳郡吳人也父英兄曄曄與玩少有雅望從兄機每稱之曰我家世不乏公矣曄位尚書玩器量淹雅元帝引爲丞相參軍時王導初過江左思結人情求婚於玩玩對曰培塿無松柏薰蕕不同器玩

雖不才義不能爲亂倫之始導乃止玩嘗詣導食酪
因而得疾與導牋曰僕雖吳人幾爲傖鬼其輕易權
貴如此明帝即位累遷侍中以疾辭後進吏部
尚書又讓不拜轉尚書左僕射蘇峻反玩潛說匡術
以苑城歸順賊平以功封興平伯除尚書令玩自辭
讓詔優荅不許尋而王導郗鑒庾亮相繼而薨朝野
咸以爲三良既没邦國殄瘁以玩有德望乃遷侍中
司空玩既不得已受拜退謂賓客曰國家以我爲三
公是天下無人也談者以爲知言玩友人詣玩索酒
盃酒瀉置梁柱間呪曰當今之材以爾爲柱石莫傾
人梁棟邪玩笑曰戢卿良箴玩雖登公輔謙讓不辟

掾屬成帝勸之玩不得已而行辟皆實素有行之士性通雅不以名位格物誘納後進讌若布衣搢紳之徒皆膺其德後疾篤上表乞骸骨薨時年六十四詔給兵千人守冢七十家子始嗣案晉書曰玩次子納字祖言累遷位至尚書令見會稽道子少年專政委任群小乃詣宮門而數曰好家居纖兒欲撞壞之邪朝士咸服其忠純如是也 是月東陽太守張虞表稱郡民許孜純孝詔旌表門閭蠲復其子孫 孜字季義東陽吳寧人遭父母喪建墓於縣之東山廬於墓自負土成墳鄉人或愍孜羸憊助其負土晝則不逆夜並除之遣妻還本家一身自處鳥獸遊之時有鹿犯其松栢孜悲歎曰鹿獨不念我乎明日虎殺其鹿於松所孜見鹿死倍復惆悵取而埋之虎復出

於孜前自撲而死孜益歎息又埋其虎自後無犯織
介白鹿野雉嘗就馴宿年八十餘卒邑人號所居爲
孝順里

八年春正月己未朔日有食之乙丑大赦天下二月豫
州刺史庾懌送酒與江州刺史王允之允之疑其有
毒與犬犬斃允之懼表帝帝怒曰大舅已亂天下小
舅復欲爾邪懌聞服藥而死三月以武悼楊皇后配
饗武帝廟庭夏五月有馬色赤如血入於殿前盤旋
走出莫知其處六月庚寅帝不豫詔以琅琊王岳爲
嗣曰琅琊王岳親則母弟體則仁長君人之風允塞
時望肆爾王公卿士其輔之以祗奉祖宗明祀壬辰

引武陵王晞會稽王昱中書監庾冰中書令何充並受遺顧命癸巳帝崩于西堂秋七月丙辰葬興平陵在縣北七里雞籠山陽與元帝同處案帝年五歲即位立十八年年二十二謚曰成皇帝廟號顯宗帝少聰敏有成人之量初南頓王宗之誅也帝不時知及蘇峻平後問庾亮曰白頭翁何在亮曰謀反伏誅帝泣謂亮曰舅言人作賊便殺之人言舅作賊復若何亮懼變色然少為舅氏所制不親庶政及長頗留心於萬機務在簡約嘗欲於後園作射堂計用四十金以為勞費乃止雄武之度雖愧於前王恭儉之德追蹤於往烈矣

建康實録卷第七

建康實録卷第八

康皇帝岳明帝次子　孝宗穆皇帝聃康帝長子

哀皇帝丕成帝長子　廢皇帝奕成帝次子

太宗簡文皇帝昱元帝幼子

康皇帝諱岳字世同成帝母弟也咸和元年封爲吴王二年徙封琅琊王咸康五年領司徒八年夏六月庚寅顯宗不豫時庾冰以舅氏當朝權侔人主慮易世之後戚屬疎遠將爲他人所制乃謀說顯宗曰國有彊敵宜立長君顯宗信而從之遺詔以琅琊王爲嗣甲午卽皇帝位大赦諸屯戍文武及二千石官長皆不得輒離所局而來奔赴己亥封成帝子丕爲琅琊

王弈爲東海王時帝在諒陰委政中書監庾冰等秋七月葬成帝于興平陵帝親奠西階既發引徒行至閶闔門外素輿至陵　九月詔琅琊國及府吏進位各有差冬十二月壬子立皇后褚氏增文武位二等

建元元年春正月大赦改元振恤鰥寡孤獨不能自存者夏五月旱六月壬午束帛徵處士南陽翟湯會稽虞喜秋七月慕容皝大破石季龍石季龍將戴開率衆來降詔曰慕容皝摧殄羯寇斬獲八萬餘人將是其天亡之始也中原之事宜加籌量以安西將軍庾翼爲征討大都督遷鎮襄陽以輔國將軍琅琊內史桓溫爲前鋒假節帥衆入臨淮八月蜀李壽死子

勢嗣僞位冬〻十月辛巳以驃騎將軍何充爲中書監都督揚豫二州諸軍事揚州刺史録尚書輔政十一月己巳大赦天下高句麗遣使朝獻二年秋八月罷絶倒懸橦之伎九月丙申立皇子聃爲皇太子戊戌帝崩于式乾殿冬〻十月乙丑葬崇平陵在今縣城東北十五里鍾山之陽不起墳案帝年二十一即位立三年年二十三謚曰康皇帝初庾冰權政當朝制度年號再興中朝因改元曰建元或謂冰曰郭璞讖云立始之際丘山傾立者建也始者元也丘山諱也吾侯忘郭生之言耶冰瞿然既而歎曰如有吉凶豈改易所能救乎至是果驗

案寺記帝時置兩寺褚皇后立延興寺在今縣東南二里運瀆西岸中書令何充立建福寺今廢也

孝宗穆皇帝

穆帝諱聃字彭子康帝長子建元二年九月丙申立爲皇太子時年二歲己亥即皇帝位大赦尊皇后褚氏爲皇太后臨朝攝政冬十一月庚辰車騎將軍庾冰卒 冰字季堅時兄亮以名德流訓冰與諸弟勤必合禮爲世所重亮嘗目冰爲庾氏之寶起家累遷吳國內史與王舒擊破蘇峻將張健峻平後以功封侯不受累遷中書監都督揚豫兗三州諸軍事時王導新薨人情恇然冰兄亮既固辭不入而冰乃當重

任經綸時務不捨夙夜賓禮朝賢外擢後進由是朝野注心咸稱賢相初導輔政每從寬惠而冰頗任威刑殷融諫之冰曰前相之賢猶不堪其弘況吾者哉范汪謂冰曰頃天文錯度足下宜盡消禦之道冰曰玄象豈吾所測正當勤盡人事耳及顯宗疾篤時有妄爲尚書符勑宮門宰相不得前左右皆失色冰神氣自若曰必是虛妄推問果詐衆心乃定康帝即位進車騎將軍冰懼權盛乃求外出會弟翼將伐石季龍遂出都督江荆寧益梁交廣七州都軍事領江州刺史鎮武昌帝即位獻后臨朝乃徵冰輔政冰辭以疾篤尋卒於鎮冰天性清慎及卒無緜爲衾又室無

媵妾有七子後以罪並爲桓温所誅初冰令郭璞筮
卦成曰子孫必有大禍唯用三陽可以有後故以長
子希鎮山陽第三子友爲東陽遂挈家于暨陽及後
坐誅族唯友獲全永和元年春正月甲戌朔皇太后
設白紗帷於太極殿抱帝臨軒聽政大赦改元夏四
月壬戌詔會稽王昱録尚書六條事是月石季龍將
路永屯于壽陽秋七月方士戴洋卒　洋字國流吳
興長城人也年十二遇病死五日而蘇言死時天使
其爲酒藏吏授符録給吏從幡麾將往蓬萊崑崙積
石太室等諸山既而遣歸及長善風角好道術妙解
占候吳末爲臺吏時童謡歌曰倚童蔣山流渡江洋

知吴必亡遂託病還鄉里懷帝末堂邑令孫混欲迎
家累洋曰此地當敗得臘不得正豈可移家於賊中
乎混便止歲末陳敏作逆使弟昶攻破堂邑都水馬
武昇洋有道術召將赴洛洋夢神人曰洛中當敗人
盡南渡楊州後五年當有天子洋信之遂不去時王
敦出鎮荆州洋謂吴興陳璒曰王敦南土半路而往
當還作賊及敦在武昌後南方有雲如牛北向洋語
華譚曰此王敦舉兵之應也初祖約鎮譙請洋爲中
典軍約府内地忽赤如丹洋曰丸赤如丹血丸丸當
有下反上者約問洋曰吾還東何如留壽陽留壽陽
何如入胡洋曰東入失半入胡滅門留壽陽尚可尋

而牽騰率叛約約率衆將家屬奔于石勒勒果盡誅
約後庾亮代陶侃鎮武昌引洋問氣候洋曰天有白
氣喪必東行後近城東家夜半望見城内有數炬火
從城上出如大車狀白布幔覆與火俱出城東北行
至江乃滅洋聞歎曰此與前白氣同時亮欲移鎮石
城或問洋當不洋曰不當洋言於亮曰武昌土地有
山無林政可圖始不可居終山作八字數不及九昔
吳用壬寅來上創立宮城至于己酉還下秣陵其見
陶公亦涉八年土地盛衰有數人心去就有期不可
移也公宜更擇吉處武昌不可久住五年亮令毛寶
屯邾城九月洋言於亮曰毛豫州今年受死亂部

朝大霧晏風當有怨賊報仇後此賊果陷郟城而去亮
曰天何以利胡而病我也洋言今石季龍亦當受死
且不憂賊但憂公病耳亮曰如何洋曰荊州受兵江
州受災公若去此二州即可亮在身不能解二州遂至
大困洋曰昔蘇峻時公於白石祠中祈福許賽其牛
至今未解故為此鬼所考亮[illegible]有州之君神人也或問
曰庾公可得幾時洋曰見明年時[illegible]亮已不識人咸以
為妄果經正月一日而薨庾年位以持節都督江荊司
梁雍益寧七州諸軍事江州刺史入征西將軍都亭侯
庾翼卒　翼字稚恭司徒亮之小子風儀整俊當世
莫儔善草隸書子弟皆効之後王羲之書名盛內外官

重翼甚不平在荆州寄書於家曰兒子輩憎家雞好野雉常見殷浩杜乂云此輩宜束之高閣俟天下太平然後議用所任耳九月丙申皇太后詔曰今百姓勞弊其共思詳所以賑恤之宜歲鎮東將軍會稽內史孔愉卒　愉字敬康會稽山陰人也其先世居梁國曽祖潛漢末避地會稽因家焉愉年十三而孤養祖母以孝聞與同郡張茂字偉康丁潭字世康齊名時人號會稽三康吳平愉遷于洛惠帝末歸鄉里行至江淮間遇石冰封雲爲亂逼爲參軍不從遁東還入新安山中改姓孫氏以稼穡讀書爲務信著鄉里後忽捨去皆謂爲神人而爲之立祠永嘉末中宗

辟為參軍尋求去莫知所在建興初始出應召為丞相掾以討華軼功封餘不亭侯愉曾行經餘不亭見籠龜於路者買而放之溪龜中流左顧者數四及是鑄侯印而左顧三鑄如初印工以告愉愉悟乃佩焉建武拜中書郎出為司徒左長史肅宗即位累遷位侍中太常卿及蘇峻反愉朝服守宗廟賊平遷左僕射後王導將以趙胤為護軍愉謂導曰中興已來處此官者周伯仁應思遠耳今誠乏才豈宜以趙胤居之邪導不從尋省左右僕射以愉為尚書僕射愉年及懸車累乞骸骨詔不許拜護軍將軍會稽内史時句章縣有漢舊陂毁廢數百年愉自巡行修復故堰

溉田二百餘頃皆成良業在郡十三年乃營山陰湖南侯山下數畝地爲宅草屋數間便棄官居之送資數百萬悉無所受及病篤遺令斂以時服卒時年七十五子闓嗣位侍中案晉書愉有三子中子汪孝武時位侍中少子安國孝武時亦位侍中帝崩喪服縗絰涕泗因形體羸瘦見者以爲真孝官至尚書右僕射愉弟羣字敬林嗜酒王導謂曰卿恒飲酒豈不見酒家覆巾乎日月久即糜爛羣答曰公不見肉用糟淹更堅嘗與親故書曰今年田得七百石秫米不足了麴蘖事位至侍中卒

二年春正月丙寅大赦己卯使持節侍中都督揚州諸軍事揚州刺史録尚書事都鄉侯何充卒充字次道廬江灊人吴光禄大夫禎之曾孫幼而好學風韻淹雅以文義見稱初辟大將軍王敦府掾時敦兄含爲廬江太守貪汙敦嘗於坐中稱曰家兄在郡佳

廬江人士咸稱之充正色曰充即廬江人所聞異於此敦默然由是忤意左遷東海王文學敦敗累位中書侍郎少與王導善嘗詣導導以麈尾指牀呼充共坐曰此君坐也顯宗即位拜黃門侍郎平蘇峻出爲會稽內史在郡尋徵侍中辭不拜轉丹陽尹時王導庾亮並言於帝曰何充器局方概有萬夫之望必能總錄朝端爲老臣之副臣死之日願引充內侍則社稷無虞矣詔加吏部尚書王導庾亮薨後與中書監庾冰參錄尚書事進尚書令加領軍充以內外統任難處上疏固辭許之徙中書令時顯宗寢疾庾冰兄弟以舅氏當朝謀立康帝爲嗣充建議以父子相傳先

王舊典不宜改易冰等不從既而康帝臨軒冰充侍坐帝曰朕嗣鴻業二君之力充對曰陛下龍飛臣冰之力若如臣議不覩昇平之日帝有慙色建元初庾冰出鎮江州以充為揚州刺史先是庾翼悉發江荆二州編戶奴以為兵士庶嗷然充復欲發揚州奴以均其謗議不成俄而帝疾篤庾冰等意在簡文充議立皇太子奏可帝既立獻后臨朝詔加中書監録尚書事庾冰卒後尊輔幼主以桓溫為征西將軍領荆州刺史每曰桓溫褚裒為方伯殷浩居門下我無勞矣充為宰相雖無澄正改革之能而有器局臨朝正色以社稷為己任凡所選用皆以功臣為先不以私恩

樹親戚談者以此重之性好釋典崇修佛寺供給沙
門以至貧乏乃獲譏於世阮裕常戲之曰卿志大宇
宙勇邁終古充問其故裕曰我圖數千戶郡尚未能
得卿圖作佛不亦大乎于時郗愔及弟曇奉天師道
而充與弟准崇信釋氏謝万譏之云二何佞於佛二
郗諂於道充能飲酒雅爲劉惔所貴每云見次道飲
令人欲傾家釀言其能溫克也卒時年五十五二月
癸丑以左光祿大夫蔡謨領司徒錄尚書六條事與
會稽王昱輔政夏五月西平公張駿薨子重華嗣立
冬十月以桓溫爲安西將軍荊州刺史溫表羅含爲
別駕嘗問於衆官此何如人或答曰可謂荊楚之杞梓

温司武江海之洪琛[illegible][illegible]楚而已　含字君章桂陽人少孤叔母朱[illegible]所[illegible]好學書臥夢五色鳥飛入口意怎[illegible]之朱氏曰夢[illegible]五色且文章汝後當善文自長沙相致仕白[illegible]樓[illegible]十一月辛未安西將軍桓溫伐蜀拜表輒行十二月枉矢自東南流于西北其長半天

三年春三月乙卯桓溫剋成都蜀主降益州平以周撫爲益州刺史鎮彭模是月林邑范文攻陷日南害太守夏侯覽以尸祭天夏四月地震丁巳桓溫執蜀主李勢歸于京師封勢歸義侯七月范文立范賁爲帝冬十二月以侍中劉惔爲丹陽尹　惔字真長沛

國相人少清雅標奇桓温嘗造之因問惔會稽王導
子談論進耶惔曰極進然故第三流耳温曰第一復
誰惔曰故在我輩後温乘雪欲獵過惔惔見其急裝
問曰老賊欲持此何作温曰我若不爲此卿輩何得
坐談惔與許詢至友及詢出郡惔九日七日詣之謂
詢曰卿爲不去使我成薄德二千石時惔爲尹詢宿
至室室甚麗詢曰若此保全處殊勝東山惔曰卿若
知吉凶由人吾安得保此　詢字玄度高陽人父歸
以琅琊太守隨中宗過江遷會稽內史因家于山陰
詢幼沖靈好泉石清風朗月擧酒永懷中宗聞而徵
爲議郎辭不受職遂託跡居永興肅宗連徵司徒掾

不就乃築杖披裘隱于永興西山憑樹今上御名堂蕭然自致至今此地名爲蕭山遂捨永興山陰二宅爲寺家財珍異悉皆是給既成啓奏孝宗詔曰山陰舊宅爲祗洹寺永興新居爲崇化寺詢乃於崇化寺造四層塔物產既罄猶欠露盤相輪一朝風雨相輪等自備時所訪問乃是剡縣飛來既而移阜屯之巖常與沙門支遁及謝安石王羲之等同遊往來至今阜屯呼爲許玄度巖也案許玄度集遁字道林常隱剡東山不遊人事好養鷹馬而不乘放人或譏之遁曰貧道愛其神駿卒後戴安道嘗經其墓歎曰德音未遠而拱木已積冀神理綿綿不與氣運俱盡爾

四年秋八月進安西大將軍桓溫爲征西大將軍九月丙申慕容皝死子儁嗣僞位冬十二月豫章人黃

謟造妖自號孝神皇帝聚衆寇臨川太守庾條討平之
五年春正月辛巳朔大赦庚寅石季龍僭皇帝位於
鄴夏四月益州刺史周撫使朱燾破范賁獲之僞趙
石季龍死五月假慕容儁大將軍幽平二州牧大單
于燕王冬十一月甘露降崇平陵玄宮前殿十二月
征北大將軍都鄉侯褚裒薨　裒字季野康獻皇后
父也祖䂮父洽裒少有簡貴之風謝安嘗云裒雖不
言而四時之氣亦備始爲郄鑒參軍平蘇峻後累遷
將軍領中書令帝即位皇后臨朝裒以后父進録尚
書事嘗自以近戚懼獲譏嫌固辭請居藩出爲徐兗
二州刺史征北大將軍開府儀同三司鎮京口薨時

年四十七墓在丹徒縣南七里初裒愍角時曾詣庾
亮亮使郭璞筮之卦成璞駭然亮曰有不祥乎璞曰
此非人臣卦不知此少年何以乃爾二十年外吾言
方驗及此二十九年而康獻皇太后臨朝有司以裒
皇太后父議加不臣之禮歆嗣位至祕書監
六年春正月帝臨朝以裒喪故懸而不樂閏月趙冉
閔殺石鑒僭天王位國號魏氏鑒弟祗又僭位於襄
國丁丑彗星見于亢己丑氐帥苻洪遣使來降以爲
氐王封廣川郡公秋八月苻洪子健率衆入關遣叅
軍杜伯獻捷京師冬十二月司徒蔡謨廢爲庶人
謨字道明陳留人以孝廉隨中宗過江累遷位[illegible]

工太尉成帝元會將作樂宿懸於殿所司奏非祭祀燕饗則無設樂之制謨上議臨軒宜有金石之樂遂從謨議臨軒作樂自此始也及帝臨軒以司徒徵謨謨數召不至爲有司奏至是免官初謨渡江見彭蜞大喜曰蟹有八足加以二螯令烹之既食委頓方知非蟹詣謝尚說之尚曰卿讀爾雅不熟幾爲勸學死出晉書謨廢後數年詔爲光祿大夫辭不受陳病篤乞骸骨就賜几杖時又有荀道明諸葛道明皆有名時人語曰京師三明諸葛道明名恢父靚吳亡入洛值亂又奔江東爲臨沂令王導戲爭族姓曰人言王葛不言葛王恢曰時言驢馬不言馬驢豈驢勝馬也

七年春正月辛丑苻健僭稱秦王赦關中秋七月甲辰濤水入石頭溺死者數百人九月峻陽太陽二陵崩帝素服臨於太極殿三日遣兼太常趙拔脩復山

陵冬十一月石祗將姚弋仲來降以爲大單于封高陵公弋仲子襄爲平北將軍平鄉公

八年春正月辛卯日有蝕之壬辰苻健僭帝號於長安乙巳雨木冰二月遣殿中都尉王惠如洛陽脩衛五陵夏四月冉閔爲慕容儁僭帝位於中山國號燕

八月冉閔子智以鄴來降安西將軍謝尚使建武將軍濮陽太守戴施應之進據枋頭會冉智行人劉猗至施乃止猗使求傳國璽猗歸以告智智猶豫不許施因遣參軍何融率壯士七百人入鄴登三臺助戍譎之曰今且可出璽付我凶寇在外道路梗澀亦未敢即送當遣單使馳白天子天子聞璽已在吾許知

卿等至誠必發重兵相救冉智與將軒謀信之乃出璽付勳勳詣施施使勳齎璽馳還壽春謝尚使振武將軍胡彬率騎三百衛送京師告太廟百寮畢賀（案璽傳秦始皇造也方四寸以玉為之上螭蚊蟠其文曰受命于天既壽永昌自秦傳漢入魏魏入西晉晉永嘉末洛京不守璽為劉聰所得及石勒滅劉氏璽入[illegible]僞趙冉閔誅石勒而璽又入冉閔自永嘉末洎永和八年凡四十二年而璽始歸於晉也）九月中軍殷浩率衆北伐

九年春正月乙卯朔大赦丙寅皇太后與帝同拜建平陵三月交州刺史阮敷討林邑范佛於日南破其五十餘壘秋七月丁酉地震有聲如雷八月遣兼太尉河間王欽往洛陽脩復五陵

十年春正月己酉朔帝臨朝以五陵未復懸而不樂前涼張祚僭帝號於姑臧二月己丑太尉桓溫伐關

中三月廢殷浩爲庶人以前會稽内史王述爲揚州刺史夏四月己亥桓温大破前秦符健子萇於藍田六月王師敗於白鹿原温引還是歲三麥不登

十一年春三月辛亥右軍將軍會稽内史王羲之稱病去官歸誠告誓於父母墓　羲之字逸少司徒導之從子也父曠淮南太守元帝過江曠首創其議羲之幼訥於言人未奇之年十三嘗謁周顗顗察而異之時重牛心炙坐客未噉顗先割啗羲之由是知名及長尤善隸書爲古今之冠論者稱其筆勢飄若遊雲矯若驚龍深爲從伯敦導所重嘗謂曰汝是吾家佳子弟也陳留阮裕爲王敦主簿有重名敦以羲之

不減主簿與王承述之父王悅為王氏三少時太尉郗鑒使人求女婿於導導令就東廂遍觀子弟使者歸謂鑒曰王氏諸少年並佳然聞信至咸自矜持唯一人在東牀坦腹食獨若不聞鑒曰正此佳婿訪之乃逸少也遂以女妻之起家為秘書郎累遷侍中吏部尚書皆不就尋拜右將軍會稽內史時揚州刺史殷浩與桓溫不協羲之為書與浩言國家安危在於內外和不和又為書止浩北伐浩並不從遂為牋與會稽王陳浩不宜北伐言聖人外寧猶有內憂今外不寧而內憂已深勸議罷守合肥廣陵許昌譙郡梁彭城須立根基然後舉議未晚皆不從羲之雅好

服食養性及為會稽初渡浙江便有終焉之志時高士許詢孫綽李充支遁並築室東土羲之嘗與同志宴會集於會稽山陰之蘭亭羲之自為序以申其志時人以潘岳詩序方其文羲之比於石崇聞之甚喜性愛鵝聞會稽有孤居姥養一鵝善鳴求市未能得遂攜親友命駕就觀姥聞羲之來烹鵝以待之羲之歎惜彌日又山陰有道士養鵝羲之往觀焉意悅因求之道士曰為寫道德經當舉群相贈羲之欣然寫畢籠鵝而歸深以為樂又嘗往門生家見棐几滑淨因書之真草相半後為其父誤刮去之門生驚懊累日嘗居蕺山見一老姥持六角扇賣之羲之書其扇各

爲五字姚初歎惋因謂姚曰無苦但言是王右軍
書以求百金耶姚如其言人競買之後姚復將數扇
來請書羲之笑而不答每自稱我書比鍾繇當抗行
比張芝草猶鴈行初羲之書不勝庾翼郗愔及暮
年方妙嘗以章草答庾亮而翼深歎伏因與羲之書
云吾昔有伯英章草十紙過江顛狽亡失常歎妙迹
永絕忽見足下答家兄書煥若神明頓還舊觀時驃
騎將軍王述少與羲之齊名而羲之甚輕之情好不
協述先爲會稽以母喪居郡境羲之代述止一弔遂
不重詣述深爲恨後朝廷徵述爲揚州刺史羲之恥
爲麾下遣使詣朝廷求分會稽爲越州行人失辭大

爲時賢所笑既而内懷愧歎謂諸子曰吾不減懷祖而位遇懸邈當由汝等不及坦之故邪乃稱疾罷郡於父母墓前自誓去榮禄畢志林泉遂任世弋釣與許邁等共脩服食之事遊名山不遠千里　邁字叔玄一名映丹陽人也家世冠族祖上侍中散騎常侍父副秘書監封西城侯生七子邁與穆皆得道天降玉板署上清真人羲之每造未嘗不彌日忘歸相與爲世外之交邁遺羲之書云自山陰南至臨安皆有金堂玉室仙人芝草左元放之徒漢末得道者皆在焉羲之自爲傳述靈異之跡十卷邁因遠遊名山不歸改名爲玄字遠遊與妻孫氏書告别令改醮有答

書在婦人集中羲之有七子五子知名玄之早亡次凝之亦工草隸　徽之字子猷性卓犖不羈爲大司馬桓溫參軍蓬首散髮不綜府事又爲車騎桓沖兵曹參軍沖嘗問卿署何曹似是馬曹又問管幾馬曰不知馬何由知數又問馬比死多少曰未知生焉知死嘗從沖行值暴雨徽之因下馬排入車中謂沖曰公豈得獨擅一車時吳中有一家種好竹徽之便出造竹下諷嘯不顧主人將出主人乃閉門徽之以此賞之盡歡而去嘗寄空宅中便令種竹指竹曰何可一日無此君耶時在山陰夜雪初霽月色清朗四望皓然獨酌酒詠左思招隱詩忽憶戴逵逵時在剡

卽命小船詣之經宿方至造門不前而返人問其故徽之曰本乘興而行興盡而返何必見安道耶嘗與獻之共讀高士傳獻之賞井丹高潔徽之曰未若長卿慢世時人皆欽其才而穢其行自黃門侍郎棄官東歸與獻之俱病篤時術人云人命應終而有生人樂代者則死者可生矣徽之謂術人曰吾才位不如弟請以餘年代之術人曰代死者以己年有餘得以足亡者爾今君與弟筭俱盡何可代也未幾獻之卒徽之哭慟既而上靈牀取獻之遺琴彈之久而不調歎曰嗚呼子敬人琴俱喪因頓絕卧疾月餘而卒子楨之字公幹歷位侍中時桓玄爲太尉朝臣畢

而汝弟告許舉上有異常童蹻甚奇之及長善音樂博綜衆藝司徒王導深器之比於王戎常呼爲小安豐辟司徒掾始到府通謁導以其有勝會謂曰聞君能作鴝鵒舞一坐傾想寧有此理否尚便著衣幘而舞導令坐者撫掌擊節尚俯仰有中傍若無人累位至江夏義陽隨三郡太守時安西將軍庾翼鎮武昌尚數詣翼諮謀軍事翼呼共射曰卿若破的當以鼓吹相賞尚應聲中之即以副鼓吹給之尚性清簡至官悉壞布帳分軍士作襦袴尋轉爲安西將軍豫州刺史鎮壽春進討苻健將張遇於許昌爲遇所敗後以獲璽功遷尚書僕射鎮西將軍在壽春採拾樂人

并制石磬以備太樂江表有金石之樂自尚始案塔寺記今興嚴寺即謝尚宅也南直竹格巷臨秦淮在今縣城東南一里二百步尚常夢其父告之曰西南有氣至衛人必死竹當其鋒家無一至汝宜脩福建塔寺可禳之其未暇立寺可杖頭刻作塔形見有氣來可擬之尚悟懼來晨造塔寺遂刻小塔施杖頭恒置左右後果有異黑氣遥見西南從天而下始如車輪漸彌大直衝尚家以杖頭指之氣便回散闔門獲全氣所經處數里無復孑遺遂於永和四年捨宅造寺名莊嚴寺宋大明中路太后於宣陽門外大社西藥園造莊嚴寺改此為謝鎮西寺至陳太建元年寺為延火所燒至五年豫州刺史程文秀更加脩復孝宣帝降勅改名興嚴寺至今也六月前秦苻堅殺苻生而自立為帝秋七月苻堅將張平以并州來降拜并州刺史八月丁未立皇后何氏大赦天下賜酺三日鰥寡孤獨孝義力田米各有差逋租宿債一切放免冬十月皇后見于太廟

二年春正月司徒會稽王昱歸政事三月佽飛督王饒獻鴆鳥帝怒鞭饒二百使焚鳥於四達之衢夏五

月大水有星孛于天船六月慕容㒞盡陷河北之地

秋八月安西將軍謝奕卒 奕字無奕裒之次子累位桓温府司馬温尚南康公主主忌温甚憚之勳經年不入其室奕每以酒逼温温逃酒入主門奕遂升温廳事更命酒引一直兵共飲謂之曰失一老兵得一老兵亦何恠也公主謂温曰君若無狂司馬我何由得相見 案三十國春秋云謝鯤爲桓温司馬升平二年七月卒所逼桓温入主門即是鯤案謝尚奕並是鯤子尚年十歲遭父憂年十五卒升平元年五月尚死七月奕亡無容此歲謝鯤始卒鯤歷職又不爲桓温司馬曾爲王敦司馬永昌元年王敦舉兵破京師鎮石頭不朝而去鯤諫令入朝敦不從斯晉史又明蕭方寺記事何至於誤哉 十一月雷地震

三年春二月涼州城東泥中有火此火沴水之妖也

三月甲辰詔以比年出軍糧運不繼王公已下十三戶

借一人一年助運是歲詔復輔國將軍豫州刺史州
陵侯毛寳本封　寳字碩真滎陽陽武人王敦用為
臨湘令後蘇峻作逆溫嶠以兵千人屬之使為前鋒
次于茄子浦時峻送米萬斛饋祖約於江西寳率所
領登岸破之悉獲其米嶠嘉之表為廬江太守時祖
約黨桓宣背約屯於馬頭約使祖煥桓撫攻之寳懸
軍救宣大為煥所破箭中寳髀徹鞍華使人踏鞍拔
箭血流滿鞾夜奔舩所行到先哭戰亡將士洗瘡訖夜
還救宣至營煥等引退寳因進破祖約於合淝尋召
還討蘇峻於石頭峻死　衛以宛城降陶侃侃使寳
守宛城賊遣韓晃攻之寳登城射殺十數人晃問寳

曰君是毛廬江耶寶曰是晃曰君名壯勇何不出鬬
寶曰君若健將何不入鬬晃笑而退賊平以功封州陵
侯庾亮西鎮上明請爲輔國將軍謀北伐上表進寶
豫州刺史守邾城石季龍遣其子鑒與將軍夔安李
菟等來攻邾城寶求救於亮亮懼不時遣軍城遂陷
左右突圍赴江死者六七千人寶亦溺死詔以寶之
傾敗不加追贈至是始議復之案毛寶傳初寶在武昌軍人有於市買得一白龜長四五寸養之漸大放諸江中邾城之敗養龜人被鎧持刀自投於水如覺墮一石上視之乃先所養白龜長五六尺送至東岸遂免寶二子穆之安之穆之子珍球璩璠瑾瑗等六人璩最知名
四年春二月鳳將九雛再見于豐城衆鳥隨之夏四
月姑臧澤中有火此火亦沴水之妖明年涼王張天

錫殺執政張邕秋七月以軍役繁省用徹膳八月辛
丑朔日有蝕之冬十月天狗流于西南十一月封太尉
桓溫爲南郡公弟沖爲豐城公子濟爲臨賀公
五年春正月戊戌大赦天下賜鰥寡孤獨米人五斛
二月南掖門馬足陷地得銅鍾一有二四字案南掖門是建康宮南面東門陳朝改爲端門南出都城開陽門即宣陽東門也夏四月大水桓溫使弟豁取許昌
鳳皇見于沔北五月帝不豫丁巳崩于顯陽殿秋七
月戊午葬永平陵在今縣城北十九里幕府山之陽
周四十步高一丈六尺案晉十一帝有十陵元明成哀四陵在雞籠山之揚陰葬不起墳康簡文武安恭五陵在鍾山之陽亦不起墳唯孝[illegible]一陵在幕府山起墳也帝年二歲即位立十七年年十九崩
謚穆皇帝廟號孝宗案帝時置僧尼寺三所何皇后

寺左縣東一里南臨大道彭城敬王造彭城寺在今縣東南三里西大門臨古御街鎮西將軍謝尚造謝寺今改名興嚴寺即延興寺東隅運瀆東岸也

哀皇帝

哀帝諱丕字千齡成帝長子咸康八年封爲琅琊王外平三年除驃騎大將軍五年五月丁巳穆帝崩皇太后令曰帝奄不救疾亂嗣未建琅琊王丕中興正統合當儲貳往以幼冲未堪國難故顯宗高讓今義望情地莫與爲比於是百官備法駕迎琅琊王庚申即皇帝位大赦天下改封弟東海王奕爲琅琊王秋八月己卯夜天裂廣數丈有聲如雷九月戊申立皇

后王氏以章穆何皇后居永安宮案宮本東海王弟脩以爲宮在今縣城東北七里近宮東北角栢玄脩南州折其林木移入西宮以地爲隸射宮也冬十二月加涼州刺史張玄靚爲大都督隴右諸軍事隴西公

隆和元年春正月壬子朔大赦改元減田稅畝收二斗二月丙子尊所生妃周氏爲皇太妃三月丙寅朔日有蝕之夏四月旱詔出輕繫賑困乏丁丑涼州地震浩亹山崩案五行志前涼滅亡之兆前燕將呂護寇洛陽五月丁巳北中郎將庾希鄧遐等舟師救洛口破呂護護退走小平津秋七月西中郎將袁真進次汝南運米五萬斛以饋洛陽前中軍將軍都督楊豫徐兗青五州諸軍事楊州刺史殷浩卒于東陽之信安浩字深源陳

郡長平人也父羨字洪喬將爲豫章太守都下人
士因其致書百餘函羨行次板橋浦皆投之江水中
曰沉者自沉浮者自浮殷洪喬不爲致書郵也其資
性介立如此終於光祿勳浩識度清遠弱冠有美名
尤善玄言與叔父融俱好老易融與浩談則辭屈著
篇則融勝由是浩爲風流談論者所宗或問浩曰將
莅官而夢棺將得財而夢糞何也浩曰官本臭腐故
將官而夢尸錢本糞土故將得財而夢穢時人以爲
名言起家累遷司徒左長史除侍中安西軍司並稱
疾不起遂屏居墓所十年于時擬之管葛王濛謝尚
伺其出處以卜江左興亡因相與省之知浩有確然

之志既夏相謂曰深源不起當如蒼生何康帝建元末庾冰何充相繼卒簡文始綜萬機衛將軍褚裒乃薦浩爲揚州刺史浩上疏陳讓固請自三月至七月乃受拜焉時桓温既滅蜀威勢轉振朝廷憚之故簡文引浩爲心膂於是與温頗相疑貳浩既叅朝權握潁川荀羨爲義興太守時王羲之與浩情洽密說浩羨令與温和同浩不從及石季龍死胡中大亂朝廷欲遂蕩平關河進浩爲中軍將軍都督揚豫徐兖青五州諸軍事浩既受命以中原爲己任上疏北征許洛將發墜馬時咸惡之既而以兖州刺史蔡裔等爲前鋒師次壽春會秦苻健殺大臣關中不和浩請進

征西大將軍桓温侍中大司馬都督中外諸軍事録尚書事假黄鉞秋七月張天錫殺張玄靚自稱大將軍西平公丁酉葬皇太妃妃姓周氏汝南人選入成帝宫有寵生帝及海西公拜爲貴人帝即位詔崇爲皇太妃儀服同於太后而葬不附陵廟八月有星孛于角亢入于天市九月壬戌大司馬桓温北伐癸亥皇太子生大赦冬十月甲申立陳留王世子恢爲陳留王

二年春二月改左將軍爲游擊將軍罷右軍前軍後軍五校三將官癸卯帝親耕藉田三月庚戌朔大開户人嚴法禁稱爲庚戌制帝幼好黄老斷穀服長生

藥過分不豫辛未崇德太后臨朝攝政案晉書哀帝服長生藥過度中毒不識万機太后臨朝攝政夏四月前燕將李洪侵許昌王師敗於懸瓠

桓温使西中郎袁真鑿陽儀道以通運率舟師北伐五月以桓温為楊州刺史録尚書事詔徵温入相温辭不從秋七月丁夘復徵入朝八月温至赭圻遂城而居之是歳詔移陶宮於淮水北遂以南岸窰處之地施僧慧力造瓦官寺

三年春正月庚申皇后王氏崩后諱穆之太原晉陽人也司徒左長史濛之女初為琅琊王妃王即帝位立為皇后三年崩謚曰靖后無子　濛字仲祖少安西司馬訥之子少放縱不為鄉曲所齒晚節克已勵行

有風流美譽善隸書美姿容嘗覽鏡自照稱其父字
曰王文開生如此兒邪居貧帽敗自入肆買之嫗悅
其貌爭遺新帽與劉惔齊名時人以惔方荀奉倩以
濛比袁曜卿凡稱風流者舉濛惔爲宗焉簡文爲會
稽王時嘗與孫綽商略諸風流人綽言曰劉惔清蔚
簡令王濛溫潤恬和桓溫高爽邁世謝尚清易令達
而濛性和暢與劉惔爲簡文入室之賓累遷位司徒
左長史晚求爲東陽不許及濛病乃恨不用之濛聞
之曰人言會稽王癡眞癡也疾漸篤於燈下轉麈
尾歎曰如此人曾不得四十也年三十九卒臨殯劉
惔以犀柄麈尾置棺中因慟哭久之謝安亦稱美之

曰王長史語甚不多可謂有令音也二字脩藴 脩
字敬仁明秀有美稱起家爲著作郎遷中軍司馬未
拜而卒年二十四臨終歎曰無愧古人年與之齊矣
二月甲午疾篤丙申帝崩于西堂三月葬安平陵在
縣北九里雞籠山之陽 帝同愍帝年二十二即位
立四年年二十五謚哀帝帝雖即尊位而政不由己
軍事權於桓溫機務在於會稽天子不得自由故興
寧童謡云雖復寧轉復無聊生
案帝時置一寺興寧二年僧慧力造瓦官寺在今縣
東南三里半井岡東偏也

廢皇帝

廢帝諱奕字延齡哀帝之母弟咸康八年封東海王
穆帝升平四年拜車騎將軍五年改封琅琊王興寧
三年二月哀帝崩無嗣皇太后詔曰琅琊王明德茂
親屬當儲副於是百官奉迎於第丁酉即皇帝位大
赦天下三月前燕慕容恪攻陷洛陽秋七月己酉改
封會稽王昱爲琅琊王以昱子昌明爲會稽王壬子
立皇后庾氏冬十月梁州刺史司馬勳反自稱成都
王桓温假江夏相朱序討平之十二月大赦改明年
爲太和元年夏四月旱五月戊寅皇后庾氏崩七月
癸酉葬孝皇后于敬平陵后諱道憐車騎將軍冰之
女初爲東海王妃及即位立爲皇后無子九月曲赦

梁益二州是歲涼州婁樹生松戒曰不改柯易葉類
者柔脆之木今松生其上非永久之業將集危亡之
地（案五行志此張天錫滅亡之徵）
二年春正月北中郎將庾希有罪亡入海冬十月以
琅琊王昱爲丞相是歲尚書令王述卒　述字懷祖
太原人祖湛少有識度身長七尺八寸龍顙大鼻隱
德人謂之癡父承早卒少孤事母以孝聞安貧守約
不求聞達性沉靜每坐客馳辯異端競起而述處
之恬如也年三十尚未知名人或謂之癡司徒王導
始辟爲中軍參軍既見無他言唯問以在東米價述
但張目不答導曰王掾不癡人何言癡也嘗見導每

發言一坐莫不贊美述正色曰人非堯舜何得盡事
盡善遵乃改容謝之累遷會稽内史以母憂去官服闋
代殷浩爲揚州刺史初至主簿請諱報曰亡祖先君
名播海内遠近所知内諱不出門餘無所諱加中書
監固讓經年不拜還尚書令述每受職不爲虛讓至
是子坦之諫以爲故事應讓述曰汝謂我不堪邪坦
之曰非也但克讓自美述曰既云堪何復爲讓人
言汝勝我不及也後桓温爲長史温欲爲子求
婚於坦之坦之還家省父而述愛坦之雖長大猶抱
置於膝上坦之因言温意述大怒遽排下曰汝竟癡
耶詎可畏温面以女妻兵也及坦之見温温乃辭他故

温曰此尊君不肯讓遂止初述家貧求試宛陵令頗受贈遺而脩家具爲州司所驗有一千三百條王導使人謂曰名父之子不患無禄屈臨小縣甚不宜爾述答曰足自當止時人未之達也及居州郡清絜絶倫禄賜皆散之親故始爲當時所歎但性急爲累嘗食鷄子以箸刺之不得便怒擲於地鷄子圓轉不止便下以屐齒踏之不得嗔甚掇内口中嚙而吐之及外重位每以柔克爲用謝奕性麤嘗忿述極言罵之述無所應面壁而已居半日奕去始復坐人以此稱之是年以老上疏乞骸骨歸丘園詔不許述竟不起卒時年六十六初桓温平洛陽議欲遷都朝廷憂懼

將遣侍中止之述曰温欲虛聲威朝廷非事實也但從之自無所至事果不行子坦之嗣

三年春三月丁巳朔日有蝕之癸亥大赦夏四月癸巳雨雹大風折木冬十二月有神降于鄴自稱湘女聲與人接不見其形

四年夏四月庚戌大司馬桓温伐前燕秋九月大赦大破燕將傅末波於林渚戊子温進至枋頭爲燕將慕容軍設伏所敗而還辛丑慕容垂又追敗温後軍於襄邑冬十月大星西流有聲如雷是月豫州刺史袁真以壽陽叛十一月[illegible]温自山陽與琅琊王昱會于涂中將謀後舉十二月城廣陵而居之

五年春二月袁真死陳郡太守朱輔立真子瑾嗣事

三月桓温征瑾屠壽陽獲来袁瑾等首因謂參軍郗超曰足以雪枋頭之恥乎超答曰此未厭有識之情也公六十之年敗於大舉不建不世之勳未足以鎮愜民望其唯廢立之事温深信焉秋七月癸酉朔日有蝕之九月益州妖賊李金根反立李弘爲聖王梓潼太守周虓討平之冬十一月苻堅王猛伐慕容暐剋鄴虜有燕地

六年夏四月大赦賜鰥寡孤獨米人五斛六月京師及丹陽晉陵吳郡吳興臨海並大水冬十一月癸卯桓温自廣陵屯于白石用郗超謀將詣闕以圖廢立

丁巳諷奏崇德太后己酉太后下令廢帝爲東海王還第供衛一如漢昌邑故事於是百官入太極前殿即日温使散騎侍郎劉享收帝璽綬帝著白帢單衣步下西堂乘犢車出神獸門群臣拜辭莫不歔欷帝初即位有野雉集于相風時又有童謡云青青御路楊白馬紫縷韁汝非皇太子那得甘露漿帝聞惡之又見桓温專恣平生爲慮乃召術人扈謙筮之卦成答曰晉室有盤石之固陛下有出宫之象竟如其言有三子並馬韁縊殺之[illegible]著北至簡文咸安二年正月又降爲海西縣公徙居吴縣西柴里追貶庾氏爲夫人帝安於屈辱以保天年烈宗太元十一

年十一月崩于吴時年四十五帝年二十八即位立六
年見廢居吴十二年初桓温有不臣之志欲先立功
河朔以收時望及枋頭之敗威名頓挫遂潛謀廢立
以長威權然憚帝守道恐招時議以宫闈重閟牀笫
易誣乃言帝在藩時夙有痿疾嬖人朱靈寶等參侍
内寢而二美人田氏孟氏生三男長欲封樹時人惑
之温因具事奏諷康獻太后后時方在佛堂讀經内
侍啓云外有急奏太后乃出倚户前視奏數行乃曰
我本自疑此至半便止索筆答奏云未亡人罹此百
憂感念存没心焉如割社稷大計義不獲已臨紙悲
塞如何可言初温始呈奏慮太后意異悚動汗流見

於顔色及詔令出大吉遂行廢焉弃出居吴勅吴國内史刀彝防衛又使御史顔允監察之是年十一月妖賊盧悚遣弟子殿中監許龍晨到門詐稱太后密詔奉迎弃初欲從之納保母諫而止龍曰大事將捷奈何用兒女子言乎弃曰我得罪於此幸蒙寛宥豈敢妄動且太后有詔便應官屬來何獨使汝也因叱左右縛之龍懼而走弃知天命不可再深慮横禍遂杜塞聰明安於屈辱去思慮有子不育庶保天年時人憐之爲作歌焉

安帝時侍中中書令王坦之造臨秦安樂二寺在今縣南二里半南門臨秦淮水也

太宗簡文皇帝

簡文帝諱昱字道萬元帝之少子幼而岐嶷郭璞見之謂人曰興晉祚者必此人也及長清虛少欲善玄言永昌元年封琅琊王食邑會稽宣城咸和初又徙會稽王廢帝即位又改封琅琊領丞相錄尚書事前後輔穆哀廢三帝及太和末桓温諷太后廢海西公十一月己酉温率百官具法駕乘輿迎帝立於朝堂變服著平巾幘單衣東面拜受璽綬即日即皇帝位改元咸安元年庚戌使兼太尉出居中堂分兵屯衛案宗室傳太宗[illegible]即位未解嚴桓温屯中堂夜掩吾御史中丞敬王恬奏劾温大不敬請推温罷温見歎曰此兒乃敢彈我真可畏也辛亥温使弟秘逼新蔡王晃與武陵

王晞謀反　晞字道升元帝中子出繼武陵王喆之後太興元年嗣封武陵王穆帝祀遷太宰晞無學術而有武幹爲桓溫所忌及帝即位溫乃表晞蓄[illegible]命事連袁真詔免晞官以王歸藩既而溫尋又誣新蔡王晃反與晞連結殷浩及太宰長史庾籍等同謀收付廷尉奏請誅二王帝對之泣不許溫固執之帝手詔答溫曰若晉祚靈長公便宜奉行前詔如其大運去矣請避賢路溫覽之流汗變色不復敢言帝先歷宰三世溫素敬憚及帝即位溫欲上事自陳帝引見對之悲泣溫懼無色及行武陵王等誅不果深恐帝知而安慰之尋大赦天下以溫爲丞相溫不受辛

晋温旋白石因上鎮姑孰十二月戊子詔京師有經
年之儲權停一年之運辛卯熒惑逆行入太微經明
年三月不退尚書右丞顧悅之上表請詔復殷浩本
官　悅之字君叔晋陵無錫人與帝同歲而頭早白
帝問其故悅之對曰松栢之姿經霜益茂蒲柳常質
望秋先零帝悅抗表訟浩蹤奏詔追復本官位尚書
右丞卒子　凱之字長康以文知於時兼善丹青妙
絕言令嘗好食甘蔗每食自尾至本或問其故曰漸
入嘉境曾為殷仲堪鎮南府參軍將下都給布帆至
破冢遇風船破遺仲堪書曰地名破冢真從破冢中
出行人平安布帆無恙為人好隱栢玄嘗以柳葉遺

之曰此蟬所翳葉也取以自蔽人不見已凱之深信及玄造之將葉郭身玄就溺之凱之大喜以玄實不見已也故俗傳凱之有三絕畫絕文絕癡絕梁謝赫畫品論江左畫人吳弗興曹晉顧良康宋陸探微等上品餘皆中下品凱之能運五十匹絹畫一像使心運手須臾成頭面手足胷臆肩背無遺失尺度此其難也吳弗興晉顧長康人曾於瓦官寺初置此殿畫一維摩畫訖光耀一月餘日案京師寺記興寧中瓦官寺初置僧衆設會請朝賢鳴刹注疏其時士大夫莫有過十萬者既至長康直打刹一百萬長康素貧時以為大言僧後寺成請勾疏長康曰宜備一壁遂閉戶往來一百餘日所畫維摩一軀工畢將欲點眸子謂寺僧曰第一日開見者責施十萬第二日開可五萬第三日可任例責施及開戶光明照寺施者填咽俄而果百萬錢也是歲散騎常侍領著作孫綽卒

綽字興公太原郡人也馮翊太守楚之子永嘉喪亂幼與兄統相攜渡江博學善屬文與高陽許詢俱有高尚之志居于會稽遊放山水十有餘年乃作遂初賦以致其意嘗鄙山濤而謂人曰山濤吾所不解吏

非吏隱非隱君以元禮門爲龍津則當點額暴鱗矣所居齋前種一株松常自守護隣人謂之曰樹子非不楚楚可憐但恐永無棟梁日爾綽答曰楓柳雖復合抱亦何所施邪綽與詢一時名流或愛詢高邁則鄙於綽或愛綽才而不取詢沙門支遁試問綽君何如許答曰高情遠致弟子早已伏膺然一詠一吟許將北面矣絶重張衡左思之賦每云三都二京五經之鼓吹也嘗作天台山賦辭致甚工初成以示友人范榮期云卿試擲地當作金石聲也榮期曰恐此金石非中宫商然每至佳句輒云應是我輩語除著作佐郎性通率好機調嘗與習鑿齒同行綽在前習鑿

齒曰簸之揚之糠粃在前綽曰潑之汰之砂礫在後累遷散騎常侍時大司馬桓温欲經緯中原以河南粗平將移都洛陽朝廷畏温不敢爲異而北土蕭條人情疑懼雖並知不可莫敢先諫孫綽乃疏諫温温見綽書不悅曰致意興公何不尋君遂初賦而彊知人家國事耶綽少以文才稱于時文士以綽爲冠卒時年五十八〔案孫綽傳初京師每歲除日行儺令所謂逐除也結黨連群通夜達曉家至門到責其送迎孫興公嘗著戲爲儺至桓宣武家宣武覺其應對不凡推問之乃興公案禮儺逐厲鬼也論語云鄉人儺朝服立於阼階注云儺驅逐疫鬼也亦呼爲野雩戲今俗謂儺爲野胡並訛言耳〕

二年春正月辛丑百濟林邑使貢方物己酉歲星犯鎮在須女三月丁酉詔非軍國戎祀之要華飾煩費之用皆省之重詔内外百司各勤所職使善無不達

惡無不聞癸丑遣使詣大司馬并問方伯逮于邊戍
宣詔大饗求其所安籌量賜給悉令周普夏四月騶
虞見南昌六月遣使拜百濟王餘句爲鎭東將軍領
樂浪太守戊子護軍將軍庾希舉兵反於江北自海
陵入居京口桓溫使周少孫破之擒希斬于建康市
夷三族六月太白晝見秋七月帝不豫壬辰疾甚手
詔大司馬丞相桓溫曰少子可輔即輔之如不可君
自取侍中王坦之毀詔進曰天下者宣元之天下非
陛下之天下陛下何得私與人帝默然乙未立會稽
王昌明爲太子以道子爲琅琊王六月帝崩于東堂
遺詔以桓溫輔政依諸葛亮王導故事冬十月丁卯

屯洛陽脩園陵又求解揚州專鎮洛陽詔不許既而
姚萇反浩懼遁棄輜重退士卒爲襄所掠士多亡散
浩又遣王彬等擊襄爲襄軍所殺諸軍敗績桓溫素
惡浩及聞其敗因上疏罪浩浩竟坐廢爲庶人徙東
陽郡之信安縣浩少與溫齊名而每心競溫嘗問浩
君何如我浩曰我與我作周旋久寧作我也溫既雄
豪自許每輕浩及權事專征深忌之至是乘釁謀廢
浩溫因語人曰少時吾與浩共騎竹馬我棄浩輒取
之故當出我下也又謂郗超曰浩有德有言向使作
令射足以儀形百揆朝廷用違其才爾浩雖放黜口
無怨言怡神委命談詠不輟家人亦不見其流放之

慼但終日書空作咄咄怪事四字浩甥韓康伯隨至徙所經歲還都浩送至渚側詠曹顏遠詩云富貴他人合貧賤親戚離因而泣下後溫將以浩為尚書令遣告之浩欣然許之將答書慮有謬誤開閉數四竟達空函大忤溫意由是絶之尋卒遷所子涓嗣十二月戊午朔日有蝕之詔曰戎旅路次未得輕簡賦役玄象失度亢旱為患豈政事未洽將有板築渭濱之士邪其搜揚隱滯蠲除苛碎時童謠云外平不滿斗隆和安得久帝聞惡之大赦改明年為興寧元年春三月壬寅皇太妃薨于琅琊第帝奔喪詔司徒會稽王昱揔内外衆務夏四月揚州地震湖瀆溢五月加

葬高平陵在今縣城東北十五里鍾山之陽不起墳帝年五十二即位立一年年五十三謚曰簡文皇帝廟號太宗帝少善容止留心墳籍不以居處爲意凝塵滿席湛如也嘗與桓温及武陵王晞同載遊於板橋温遽令鳴鼓吹角車馳奔欲觀其所爲晞大恐求下車帝安然無懼色温由此憚服及温仗文武之任而立帝代海西公帝雖處尊位常憂廢黜先是熒惑守太微尋而海西廢及帝登阼熒惑又守太微帝甚惡之時中書郎郗超在直帝乃引入問曰命之脩短本所不計故當無復近日事耶超曰大司馬臣温方内固社稷外恢經略非常之事臣以百口保之及

超請省其父帝曰致有其憂公圖之豪遂一至於此由吾不
能以道匡衛愧歎之深言何能諭因詠庾闡詩云志
士痛朝危忠臣哀主辱遂泣下沾襟然帝雖神識晤
暢而無濟世大略謝安石稱爲惠帝之流支遁嘗言
曰會稽有遠體而無遠神謝靈運迹其行事亦以爲
赧獻之輩也
案簡文即位自立僧寺一波提寺今廢

建康實録卷第八

建康實録卷第九　晉中下

烈宗孝武皇帝

孝武皇帝諱曜字昌明太宗第三子也初太宗見讖云晉祚盡昌明及帝在孕李太后夢神人曰汝生子男必昌明爲字及産東方始明因名之太宗後聞悟乃泣曰昌明在爾耶興寧三年封會稽王咸安二年秋七月己未立爲皇太子是日太宗崩太子即皇帝位九月甲寅追尊皇妣王氏爲順皇后后諱簡姬太原人父遐字栢子少以華族仕至光禄大夫追贈特進后初爲會稽王妃生子道生以穆帝永和四年母子失意俱廢至是追尊之冬十一月妖賊彭城盧悚

自廣莫門入殿庭詐云海西公還遊擊將軍毛安之
討平是歲三吳大旱人多餓詔所在賑給
寧康元年春正月己丑朔大赦改元戊申月掩心大
星二月大司馬桓温來朝有篡奪之志頓兵新亭欲
誅執政而廢帝召侍中王坦之吏部尚書謝安石將
害之坦之恐將欲出奔謝安止之曰晉祚存亡在此
一行君何所逃既見温坦之前大懼倉惶倒執手板
流汗霑衣安石後至從容高視良久坐定謂温曰安
聞諸侯有道守在四方明公何須壁後置人温笑曰
不能不爾遂却兵歡語移日而罷丁亥温拜高陵爲
先帝靈責遇疾而去（案晉書温初廢海西公[illegible]及太宗崩温入拜山陵左右覺其有異或云[illegible]）

敢旣登車失色顧謂從者曰向見先帝因閒[illegible]消形狀答曰肥短温曰向見亦在側歸遂擢而[illegible]疾也三月丙午月犯南斗

第五星占以大臣之憂憂[illegible]死亡癸丑詔除丹陽竹格等四航稅案晉書王敦作逆賊從竹格度卽此航也今縣城西南二里案地輿志六代自石頭東至運署揔二十四所度皆浮航往來以稅行直淮對編門大航用杜預河橋之法其本吳時南淮大橋也一名朱雀橋當朱雀門下渡淮水王敦作逆温嶠燒絕之是後權以舶艦爲浮橋成帝咸康二年侍中孔坦議復稅橋行者收直以其材但苑宮初理不暇遂浮航相仍至陳每有不虞則燒之後有驃騎航在東府城門渡淮會稽王道子立于竹格航丹陽郡城後航總四航在晉時並收稅至是年詔皆除稅不收放民之往來也秋七月使持節侍中都督中外諸軍事丞相錄尚書大司馬揚州牧平北將軍徐兗二州刺史南郡公桓温薨於姑孰温字元子譙人漢五更桓榮之後也父彝宣城太守温生未周而温太真見之曰此兒有奇骨可使試啼及聞其聲曰真英物也彝以見嶠所歎賞故遂以温爲名嶠聞之笑

曰後將易吾姓也及長豪爽有風槩姿皃克偉面有七星文眼如紫石稜鬚作蝟毛磔帝尚明帝南康長公主拜駙馬都尉庾翼薦於肅宗曰溫有雄略願陛下不以常婿畜之帝遣壽素遂至瑯琊內史咸康七年出鎮江乘之金城（寰圖經金城吴築在今縣城東北五十里肅宗初於此立瑯琊郡也）建元元年出都督青徐諸軍事[illegible]轉安西將軍荊州刺史永和二年西伐巴蜀行見諸葛亮八陣圖指謂左右曰此常山虵勢也（寰宇書八陣圖諸葛武侯所作在魚復平沙之上聚細石為八陣行列相去各三丈許在今夔州白帝城下江水次每至冬月水小行人涉江踐踏毀散殆盡至夏五六月間於潦漲淹沒其圖復如故及冬水退次序宛然寔靈異也）既定蜀還江陵進位征西大將軍開府間朝廷以殷浩為楊州刺史使其北征甚不平遂揔大將軍順流至武昌

浩懼爲逼奏請騶虞幡住温軍時簡文作相爲書與
温言社稷計温還軍拜表陳時利禍福進位太尉固
讓不受及浩北伐敗於洛陽之後奏廢浩自此内外權
歸於温遂統步騎四萬發江陵水軍自襄陽入均口
至南鄉步自淅川以征關中大破僞秦進軍灞上百
姓皆持牛酒迎温於路耆老咸相泣曰不圖今日復
見官軍初温恃麥熟取以爲軍資及入關而苻健盡
芟麥苗野無可收軍糧不繼而還進位大都督委任
專征尋又北伐經金城見少爲瑯琊時所種柳皆已
十圍慨然歎曰樹猶如此人何以堪因攀枝涕泣遂
渡淮泗長驅大破姚襄於伊水引軍入洛修謁先帝

諸陵置令檢校乃旋軍上表請還都詔改授并司冀三州刺史温辭不受又加侍中大司馬都督中外諸軍事假黃鉞尋加羽葆鼓吹置左右長史司馬從事中郎四人受鼓吹餘皆辭復率舟軍次合淝加楊州牧録尚書事使侍中顔旄宣旨詔入參朝政温固辭内録遂城赭圻居之及鮮卑攻陷洛陽時簡文爲相出會温于洌洲議征討温因移鎮姑孰自以雄武專朝窺覦非望或卧對親僚曰爲爾寂寂將爲文景所笑既而撫枕起曰既不能流芳後代不足復遺臭萬載邪時遠方一比丘尼有道術至姑孰沐浴温竊窺之尼倮身先以刀破腹次斷兩足温見惡之浴竟問尼

尼曰君若作天子亦當如是曾經行王敦墓望曰可
人可人其心跡若是太和四年又北伐爲燕將慕容
垂追敗死者過半甚恥之引歸表罪袁眞眞怒以壽
春叛明年平壽春愠形於色參軍郗超謀廢立以
益雄威溫從其計乃詣闕誣廢海西公而立太宗多
行殺戮威勢翕赫侍中謝安見而遥拜溫驚曰安石
何事乃爾安曰未有君拜於前臣揖於後既還姑孰
帝使侍中王坦之數徵爲相辭不受尋而太宗崩遺
詔以溫輔少主同諸葛亮王導故事溫志在篡奪望
簡文臨終禪位於己不爾便爲周公居攝事既不允
所望憤怨與弟冲書曰遺詔使吾依武侯王公故事

爾及帝即位使謝安徵之入朝赴山陵既至新亭盛氣召侍臣將移晉鼎不果因拜陵感疾歸姑孰病甚諷朝廷加己九錫謝安等知病篤密緩其事錫文未成而薨時年六十二詔依霍光故事有六子少子玄嗣案晉書郭璞讖云賴子之薨延我國祚痛子之殞皇運其暮二子謂元子道子也及桓玄得志殺司馬道子晉祚自此傾矣初溫自以雄姿風氣是宣帝劉琨之儔有以比王敦者意甚不平及北征還得一巧作老婢問之乃劉琨妓女每見溫便泣問其故答曰公甚似劉司空溫大悅溫出外整衣冠呼婢問之答曰面甚似恨薄眼甚似恨小鬚甚似恨赤形甚似恨短聲甚似恨雌溫不悅八月壬子崇德太后臨朝攝政九月復置光祿勳大司農少府等官冬十月西平公張天錫貢方物是歲南郡州陵女唐氏漸化爲丈夫二年春正月北中郎將徐兗二州刺史刁彝卒三月丙戌彗星見于氐夏五月壬戌皇太后詔三吳義興

晉陵及會稽遭水之縣尤甚者全除一年租
聽除半年受賑貸者即以賜之八月以長秋將建權
停婚姻九月丁丑有星孛于天市冬十一月長城人
錢步射錢弘等作亂吳興太守朱序討平之
三年春正月大赦夏五月丙午中書令徐兗二州刺
史北中郎將藍田侯王坦之卒　坦之字文度太原
人祖承以永嘉亂渡江中宗拜從事中郎承性寛恕
自東渡江每遇艱險人懷危懼承夷然無憂喜色既至
下邳登山北望歎曰人言愁我始欲愁矣及至建鄴
衆親愛之渡江名臣王導衛玠周顗庾亮之徒皆出
其下爲中興第一年四十六卒朝野痛惜之自昶至

承世有高名論者以爲祖不及孫孫不如父父述性
沉靜位至尚書令坦之弱冠俊茂與郗超俱有重名
時人爲之語曰盛德絕倫郗嘉賓江東獨步王文度
時僕射江虨領選將擬爲尚書郎坦之曰尚書郎正用
第二人何得以此見擬虨乃止累遷侍中左衛將軍
爲人事風格尤非時俗之輩不敦儒教頗尚刑名學
著廢莊論以荀卿稱莊子蔽於天而不知人楊雄言
莊周放蕩而不法何晏云鬻莊軀放玄虛而不周乎
時變引三賢之說以爲理當簡文即位朝事委之帝臨
崩受遺詔及桓溫薨坦之與謝安共輔幼主遷中書
令都督徐兗青三州諸軍事北中郎將徐兗二州刺

史鎮廣陵時謝安石好聲律朞功之慘不廢妓樂頗以成俗坦之遺書苦諫之往返數四案晉書謝安與坦之書曰僕所求者聲謂稱情義無所不可為復聊以自娛耳若絜軌跡崇世教亦非所屑常謂君粗得鄙趣者猶未悟之濠上耶故知莫逆未易為人坦之答云具君雅旨此是誠心而行獨往之美然恐非大雅中庸之謂意者以為人之體韻猶器之方圓方圓不可錯用體韻豈可易處各順其方以弘其業則歲寒之功必有成矣吾子少立德行體義淹允加以令地優游自居僉曰之談咸以清遠相許至於此事實有疑焉公私二三莫見其可以此為濠上悟之者得無鮮乎且天下之寶故為天下所惜天下之所非何為不可以天下為心乎想君幸復三思安竟不從坦之初與沙門竺法師甚厚每共論幽明報應便要先死者當報其事後經歲師忽來云貧道已死罪福皆不虛唯當勤修道德以升濟神明爾言訖不見坦之尋亦病卒臨終與謝安桓沖書言不及私惟憂國家之事朝野痛惜之四王謚

愉國寶忱秋八月癸[illegible]皇后王氏大赦加文武位

一等冬十月癸酉朔日有蝕之十二月帝釋奠于中堂祠孔子以顏回配甲申神虎門災

太元元年春正月壬寅朔帝加元服見于太廟皇太后歸政甲辰大赦改元丙午帝始臨朝遷改官鎮甲子謁建平等四陵夏五月癸丑地震甲寅詔議獄緩刑大赦天下秋九月苻堅將苟萇收陷張天錫虜之盡有涼州之地乙巳除度田收租之制王公已下口稅米三斛蠲在役之身冬十月移淮北流人於淮南十一月己巳朔日有蝕之詔太官徹膳是歲給事中散騎常侍護軍長史許穆卒 穆字思玄一名謐祖尚父副穆少知名簡文在藩為世表之交起家為太學

博士累遷位散騎常侍護軍長史雖居蟬冕心在道術以第四兄遠遊嘉遁不返遂表辭榮太宗不奪其志許穆乃宅於茅山與楊羲遍該靈奧于降王札所授為上清真人年七十二解駕違世案真誥曰許長史生四子第三子翽字道翔母陶氏早亡亦得道在洞府易遷宮中翽清秀絕世研精上業恒居茅山宅太和中真誥云後十六年當被東華為上相青童侍帝晨書為上清仙公與翽子並職太帝目也侍中翽長兄揆一名甽次兄虎牙一名聯並得道黃民孫靈真又得道梁高祖為於山別立洞靈館長史故宅號天監十三年立為朱陽館今之華陽觀是也宅南一井即長史所穿南一潔郭朝以為井皆曰公泉宗茅山配小茅山北有一山名雷平山山西北有上清真人許長史宅今為崇元觀觀前有真人靈壇其山東北又發方隅山山有華陽口洞洞下有宮室有方隅館真誥云許翽於太和五年於茅山北隱化居此館

二年春正月詔興滅繼絕世紹功臣之後閏三月壬午地震暴風折木發屋揚沙石秋尚書令王彪之卒彪之字叔武瑯琊臨沂人也父彬少雅正與兄廙俱渡江中

宗引爲長史參軍事與建累遷位侍中初從兄敦舉
兵入石頭帝使彬勞敦會周顗遇害彬素與顗善先往
哭顗甚慟而後見敦敦怪其有慘容而問其所以彬曰向
哭伯仁情不得已敦怒曰伯仁自致刑戮且凡人遇
汝復何爲者哉彬曰伯仁長者君之親友在朝雖無
謇諤亦非阿黨而赦後加之極刑所以傷其死因勃
然數敦曰兄抗旌犯順殺戮忠良謀圖不軌禍及門
户而音辭慷慨聲淚俱下敦大怒厲聲曰爾狂悖乃
可至此爲吾不能殺汝耶時王導在坐爲之懼勸彬
曰有脚疾已來見天子尚欲不拜跪此復何謝敦曰
脚痛孰若頸痛彬意氣自若殊無懼容後敦議舉兵

向京師彬切諫敦變色目左右收彬彬正色曰君昔歲害兄今又殺弟耶案晉書敦從兄稜爲豫章太守敦害之故彬有此言敦平遷至尚書右僕射彪之年二十鬚鬢皓白時人謂之王白鬚起家爲東海王文學時從伯導謂曰選官欲以汝爲尚書郎汝幸可作諸王佐耶彪之曰位之多少既不足計自當任之於時至於超遷是所不願復累遷進位侍中吏部尚書時簡文執政當南郊訪彪之應有赦彪之答云中興已來郊祀往往有赦愚意常謂非宜何者黎庶不達其意將謂郊祀必赦至此時凶愚之輩復生心於僥倖矣帝遂從之時太尉桓温欲北伐輒下武昌人情震懼或說揚州刺史殷浩引身告

退彪之議且當靜以待之請相王作手書示以成敗
浩曰史大事正自難頃日來欲使人閟聞卿謀意始
得了温亦奉帝旨不進既而長安人雷弱兒梁安等
詐云殺符健符眉請兵應接會殷浩出鎮壽陽便進
據洛營彪之上疏弱兒梁安等容有詐偽浩未宜輕
進尋而弱兒果詐姚襄反叛浩大敗退帝笑謂彪之
曰果如卿言卿自頃已來謀無遺策除尚書僕射出
爲會稽内史居郡八年豪右屏迹亡户歸者三萬餘
口桓温下至姑孰坐免彪之去郡頃之召爲僕射及
温將廢海西公百僚震慄温亦色動莫知所爲彪之
知温不臣迹已著理未可奪乃謂温曰公阿衡皇家

使可倚傍先代耳命取霍光傳看之禮度儀注定於須臾曾無懼容溫歎曰作元凱不當如是耶時廢立之儀既絕於曠代朝臣莫有識其故典者彪之神彩毅然朝服當階文武儀準莫不取定朝廷以此服之及簡文崩群臣疑惑未敢立嗣或云當須大司馬處分彪之正色曰君崩太子代立大司馬何容得異於是朝議乃定及孝武即位太皇太后令以帝幼沖加在諒闇令溫依周公居攝故事彪之不奉命謹具封還內請停事遂不行溫薨後太后臨朝遷尚書令與謝安共掌朝政既老乞骸骨不許轉護軍將軍謝安欲更營宮室彪之曰中興初即位東府殊為儉陋元明

二朝亦不改制蘇峻之乱成帝止蘭臺都坐殆不蔽
寒暑是以更營修築方之漢魏誠爲儉狹復不至陋
殆合豐約之中今自可隨宜增修彊寇未殄不可大
興功力安曰宮室不壯後世謂人無能彪之曰任天
下事當保國寧家朝政惟允豈以修屋宇爲能耶安
無以奪之故終彪之世不改宮室彪之當朝綱紀皆
如此也疾篤詔賜錢三十万以營繕卒年五十六二
子越之臨之
三年春正月尚書僕射謝安石以宮室朽壞啓作新
宮帝權出居會稽王第二月始工內外日役六千人
安與大匠毛安之決意修定皆仰模玄象體合辰極

并新制置省閣堂宇名署時政今上御名太極殿欠一梁乃有梅木流至石頭津津主啓聞取用之因晝花於梁上以表瑞焉又起朱雀門重樓皆繡栭藻井門開三道上重名朱雀觀觀下門上有兩銅雀懸楣上刻木為龍虎左右對案地圖朱雀門北對宣陽門相去六里名為御道夾開御溝植柳朱雀門南渡淮出國門去園門五里吳時名為大航門亦名朱雀門南臨淮水俯枕朱雀橋亦名大航橋也夏六月熒惑守羽林秋七月新宮成内外殿宇大小三千五百間案苑城記城外壍内並種橘樹其宮牆内則種石榴其殿庭及三臺三省悉列種槐樹其宮南夾路出朱雀門悉垂陽與槐也辛巳帝居新宮乙酉老人星見于南方八月氐賊韋鍾入漢中

四年春正月丙子謁建平等七陵二月戊午僞秦符堅使其子丕攻陷襄陽執我南中郎將梁州刺史朱

序三月大疫壬戌詔曰狡寇縱逸藩守傾没疆埸之虞事兼平日其内外衆官各悉心勠力以康庶事又年穀不登百姓多匱其詔御所供事從儉約九親供給衆官廩俸權可減半凡諸役自非軍國事要皆宜停省以周時務夏五月苻堅頻寇郡縣六月大旱戊子征虜將軍兖州刺史謝玄討秦將句難彭超於君川大破之餘黨皆走秋八月乙未暴風揚沙走石冬十二月己酉朔日有蝕之

五年夏四月大旱赦五歲刑已下六月甲寅震含章殿四柱并殺内侍二人甲子以比歲荒儉大赦天下自太元三年已前逋租宿債皆蠲除之其鰥寡窮獨

孫老不能自存者賜米人五斛八月太常韓伯卒

伯字康伯潁川人母殷浩姊賢明有行伯早孤少酷

家貧年數歲母爲作襦子令康伯捉熨斗謂曰且著

尋爲汝作褲伯曰已足不復煩母母問其故答曰如

火在熨斗中而柄亦熱今既著襦皆當暖也母異之

及長好學清潔注周易下繫同郡庾龢目之曰思理倫

和我敬韓康伯志力彊正吾愧王文度累遷位至吏

部尚書改授太常卒時年四十九九月癸未皇后王

氏崩冬十一月乙酉葬定皇后于隆平陵后諱法慧

哀靖皇后之姪父蘊蘊子恭弱冠見僕射謝安安深

敬重之因帝納后乃訪選蘊女帝遂納焉后性嗜酒

驕妒帝深患之乃召蘊於東堂具説后過令加訓誡蘊免冠謝后於是少自改飾年二十一崩在位五年蘊字叔仁司徒長史濛之子累遷尚書吏部郎性平和不抑寒素每一官缺求者十輩蘊無所是非連狀白之某人有地某人有才務存進達各隨其方故不得者無怨焉出爲吴興太守屬郡荒人飢輙開倉賑卹而後表請罪性亦嗜酒定后立遷五兵尚書本州大中正封建昌侯蘊固辭不受乃授都督京口諸軍事左將軍徐州刺史假節鎮于京口後爲都督浙江東五郡鎮軍將軍會稽内史卒年五十五次子恭恭弟爽嘗與會稽王道子飲道子醉呼爽爲小子爽曰

亡祖長史與簡文皇帝爲布衣之交亡姑姊伉儷二宫何小子之有道子銜之及兄恭敗同被誅

六年春正月帝初奉佛法立精舍於殿内引諸沙門居之丁酉初置督運御史官夏六月己巳詔改制度減煩費損吏士員七百人秋九月辛未衛將軍謝安石習水軍於石頭冬十月乙卯有奔星東南經翼軫聲如雷（星説曰星迹相連曰流絶迹而去曰奔）十一月襄城太守桓石虔大破符堅將閻震梁成於竟陵生擒震斬首七千餘級俘獲萬人無麥禾天下大飢

七年秋八月東夷五國遣使來貢方物冬十一月太白晝見在斗是歲梓潼太守周虓卒於秦之太原

虓字孟威汝南安人鎮西將軍撫之曾孫少有節操累遷梓潼太守寧康初前秦苻堅使楊安寇梓潼虓固守治城遣步騎數千送母妻從漢水將投江陵爲堅將朱彤邀而獲之虓遂降于安送虓于苻堅堅欲以爲尚書郎虓曰蒙國厚恩以至今日但老母見獲失節於此母子獲全秦之惠也雖公侯之貴不以爲榮況郎任乎堅乃止自是每入見堅輒箕踞而坐呼之爲氐賊堅不悅屬元會威儀甚整與虓來謂曰晉家元會何如此虓攘袂厲聲曰戎狄集聚譬猶犬羊相群何敢比天子乃使呂光征西域堅自出餞之戎士二十萬旌旗數百里又問虓曰朕衆力何如虓曰

戎夷已來未之有也堅大怒右以虒不遜屢請除之堅
待之彌厚太元三年虒母終既殯葬遂潛歸至漢中
堅得之與符苞謀襲堅事泄引虒訊之虒曰昔漸離
豫讓燕晉之微臣猶漆身吞炭不忘忠節況虒世荷
晉恩豈敢忘也生為晉臣死為晉鬼復何問焉有司
請法之堅曰殺之適成其名乃撻一百徙于太原後
堅復陷順陽魏興二守皆死節不撓堅歎曰周孟威
不屈於前丁彥遠潔己於後吉祖沖不食而死皆晉
忠臣也虒竟壽卒信至孝武親臨哭之因上疏曰旌
表節義國之典也竟意之追贈益州刺史是歲三百矣
十一十六十七十八四五東治以爲[illegible]送斯[illegible]國名東治[illegible]國之三治鑄熙[illegible]東南西臨淮水去令縣

城東八里桃花園東二里鍾臺崗即晉汝南王初過江家於此地

八年春二月癸未黄霧四塞三月始興南康廬陵大水平地五丈夏四月甲子太白晝見在参秋九月僞秦苻堅大舉兵入寇衆號百萬九月詔司徒瑯瑘王道子録尚書六條事以衛將軍謝安石爲征討大都督安乃假弟石爲都督舉冠軍將軍謝玄爲前鋒元帥西中郎將桓伊輔國將軍謝琰等揔戎八萬拒秦軍於淮南冬十月苻堅至項城使弟融及張地等二十萬先過淮攻陷壽春遣梁城王顯慕容暐等別屯洛澗玄既渡江使鷹揚將軍廣陵相劉牢之領銳卒五千直指洛澗大破秦軍斬梁城及弟雲生擒

王顯慕容屈等盡收軍實甲戌大軍逼壽春初秦之入也謝安先遣龍驤將軍胡彬援壽春壽春既陷彬糧盡路絶乃使人間行送書於石等言今賊盛糧盡恐不見大軍秦人邏遮得之馳白堅言晉懼恐謝石等逸宜速進軍堅大悅自項城率軍輕騎八萬兼道赴壽春勅軍人有言吾至者拔其舌而族之既至登壽春城壁見晉軍衆整齊又看八公山草木皆類人形顧謂弟融曰此乃勍敵何謂少乎憮然有懼色乃使朱序來說謝石玄廣稱兵威欲令降之序至密謂石等曰今符堅已入壽春若百萬衆悉到莫可與敵及其未會擊之可得志石與玄遣使詣堅在壽春請戰秦許之乙

玄琰進淝北堅[illegible][illegible][illegible]結陣臨淝水玄不得渡使人謂融曰君遠涉吾[illegible][illegible]臨水爲陣是不欲速戰請君稍却令將士得周旋僕與諸君緩轡而觀之不亦樂乎融衆不許使白堅堅曰但却軍令得過我自以鐵騎十萬向水逼而殺之融遂麾軍退衆因亂不能止玄琰與桓伊等涉淝水鼓譟決戰大破秦軍於淝南臨斬陣符融堅中流矢衆奔潰自相踐藉投水死者不可勝計淝水爲之不流堅與數騎棄甲宵遁聞風聲鶴唳皆以爲王師至草行露宿飢凍死者十七八獲堅乘輿雲母車儀服器械軍資山積牛馬驢騾十餘萬而朱序張天錫俱奔歸冬十一月庚申詔衛將軍謝安勞旋師于金

戌壬午立陳留王世子靈誕爲陳留王乙未拜朱序
爲龍驤將軍以張天錫爲員外散騎常侍十二月以
苻堅難初平大赦開酒禁始增百姓稅米口五石仇池
公楊世奔還隴右遣使稱藩詔諸將分令進取
九年春正月辛亥謁建平等四陵是月劉牢之克譙
城車騎將軍桓沖拔上庸魏興新城三郡二月辛巳
使持節都督荊江梁寧益交廣七州諸軍事車騎將
軍荊州刺史桓沖卒　沖字幼子大司馬溫弟也有
武幹溫甚異之初父亡後兄弟並少家貧母患須羊
以解無由得之溫乃以沖質羊主主不欲爲質乃言
曰幸爲養買德郎買德郎沖小字也及沖爲江州刺

史厚報之溫亡後沖進位揚豫二州刺史代溫秉政
沖盡忠王室或勸沖誅除時望專執權衡沖不從及
謝安輔政沖乃自解揚州求出外鎮桓氏黨以爲非
計莫不扼腕苦諫郗超亦深言之沖不納處之淡然無
以爲恨忠言嘉謨恆盡心力尋都督荊江梁寧益交
廣七州諸軍事荊州刺史將之鎮武帝餞於西堂賜
錢五十萬酒三百四十石牛五十頭犒賜文武祖道
謝安自送至溧洲沖遂表移鎮上明時符堅舉國內
侵沖深以爲根本之慮也以兵三千來赴京師謝安
謂三千人不足爲損益外示閑暇固不聽下遣報朝
廷處分已定兵革無闕宜以防西蕃沖聞謂左右曰

謝安有廊廟之用無經遠
裕矣俄聞破秦軍內慙恚
性儉素而謙虛愛士嘗浴妻送新衣沖大怒促令持
去妻復送之曰衣不經新何緣得故沖笑而服之在
荊州命處士南陽劉驎之爲長史驎之不屈親自往
迎之禮甚恭逸人劉驎之住在南平陽岐村沖將造
之值驎之在樹採桑沖遣通驎之驎之曰使君忘其
陋賤猥賜光臨請先詣家君沖因詣其父父命驎之
於內取濁酒菜葅沖令人代驎之斟酌其父辭曰若
使官人非野民之意沖爲盡歡而去驎之嘗賑窮濟
急以身親其事村民感焉遂村有一獨嫗病將死謂

人曰誰當埋我唯有劉長史[illegible]之往看自爲治棺殯之侍中張玄奉詔至江陵經陽岐村見一人持生魚半籠來造船寄作鱠及維舟取之問姓名即驎之也玄素聞其名甚禮重驎之飡罷即去玄苦留焉又辟處士長沙鄧粲爲別駕備禮盡恭粲感其好賢乃起應命及臨卒言不及私唯與謝安書云妙靈靈寶尚小亡兄寄託不終以此爲恨論者益嘉之及喪下江陵士女臨江號送有七子案晉書嗣謙脩崇弘羨怡七人三月進衛將軍謝安爲太保苻堅將姚萇背堅於北地自號秦王夏四月己卯增置太學生一百人封張天錫爲西平公使竟陵太守趙統取襄陽克之

六月癸丑崇德太后褚氏崩后諱蒜子河南陽翟人
征北太將軍開府儀同三司徐州刺史都鄉侯裒女
少明德有器槩康帝即位立爲皇后穆帝即位尊后
曰皇太后帝幼沖未親國政群臣上奏請后臨朝稱
制及帝冠乃歸政居崇德宫戒公卿戮力輔翼以庠
不逮哀帝海西之世太后復臨朝稱制及海西廢簡
文即位尊后爲崇德太后及帝崩孝武帝即位幼沖桓
温又薨群臣再請后臨朝帝冠歸政是年六十一
崩在位四十年九三臨朝攝政焉初康帝建元二年
十月衛將軍營兵王陳讀女妻有文在足曰天下之
母灸之愈明帝也其諱有司收案以聞俄自遷京縣

獄之去明年康帝崩太后臨朝出其祥也十月戊戌
使兼司空高密王純之往洛陽修五陵己酉葬康
獻皇太后于崇平陵八月褚裒出屯彭城經略中
原玄率諸軍堰呂梁水樹柵立七埭為派擁二岸之
流以利運漕進伐青州故謂之青州派時苻丕為慕
容垂所逼自鄴遣參軍焦逵進謝玄青銅鏡黃金椀
宛轉繩床玉如意請救玄使送于京師戊寅司空郗
愔薨　愔字方回高平金鄉人太尉鑒之長子善草
隸書常與姊夫王羲之高士許玄度等栖心絕穀十
許年方起至司空愔子　超字嘉賓少卓犖有曠世
之度桓溫辟為參軍累遷中書侍郎先父卒案三十國

春秋超既與桓温善而温有不臣之心愔深惡以誡超
超臨亡謂門人曰吾有與桓書疏草一箱本欲焚之恐
大人年尊必悲傷爲斃我死後若大損眠食可呈此箱
書及卒愔果悲慟成疾門人呈此書皆是與桓温謀
事大怒遂焚之曰小子死恨晚矣初王獻之兄弟自超
未亡見愔常躡履問訊甚脩舅甥之禮及超死後見
愔怠慢屐而候命席便遷延辭避愔甚不平歎曰使
嘉賓不死鼠子敢爾耶九月甲午加太保謝安爲大都
督楊州江荊司豫徐兗青冀幽并梁益雍涼十五州諸
軍事冬十月辛亥朔日有食之己丑以左象乘庚寅大赦
天下中書侍郎車胤上表議立明堂辟雍事庚午僞秦

青州刺史苻朗來降是月前榮陽太守習鑿齒卒
鑿齒字彥威襄陽人宗族富盛世爲鄉豪鑿齒少博
學洽聞以文筆稱桓温爲荆州刺史辟爲從事尋轉
西曹主簿累位遷榮陽太守以尺牘稱善旣罷郡與
桓祕書曰吾以去五月三日來達襄陽每定省舅家從
北門入西望隆中想卧龍之吟東眺白沙思鳳雛之聲
北臨樊墟存鄧老之高南眷城邑懷羊公之風縱目
檀溪念崔徐之友肆睇魚梁追二德之遠未嘗不徘徊
移日惆悵極多時有桑門釋道安與鑿齒初相見道
安曰彌天釋道安鑿齒曰四海習鑿齒時人以爲佳
對時桓温覬覦非望鑿齒在郡著漢晉春秋以裁正

之起漢光武終於晉愍帝凡五十四卷以為三國之時
蜀以宗室為王魏武雖受漢禪晉尚為篡逆至文帝
平蜀乃為漢亡而晉始興焉引世祖諱炎興而為禪授
明天心不可以勢力彊也鑿齒尋以腳疾廢居于里
巷及苻堅陷襄陽與道安俱獲於秦秦主與語大悅
賜遺甚厚又以其蹇疾與征鎮書曰昔晉氏平吴利
在二陸今破漢南獲士裁一人有半爾後苻堅敗歸
襄陽襄鄧反正朝廷欲徵鑿齒使典國史未行會卒
臨終上疏并寫所著論一篇陳自晉超繼於漢不應以
魏後為三恪子辟彊才學有父風位至驃騎從事中郎
宋晉書鑿齒為桓温西曹主簿時温有大志既平蜀召蜀人知天文者至夜執
其手問國祚脩短答曰世祀方永温疑其難言乃飾辭云如君言豈獨吾福乃蒼君

生之幸然今日之語自可令盡必有小小厄運亦宜說之星人曰太微紫微文昌三宮氣候如此必無憂虞五十年外不論耳溫不悅乃止異日送絹一匹錢五十以與之星人馳詣鑿齒曰家在益州被命遠下今受旨自裁無由致其骸骨緣君仁厚乞為標碣棺木耳鑿齒問其故星人曰賜絹一匹令僕自裁惠錢五千以買棺耳鑿齒曰君幾誤死君嘗聞于知星宿有不覆之義乎以此絹戲君以錢供道中資是聽君去耳星人大喜明日便詣溫別溫問去意乃以鑿齒言答溫笑曰鑿齒憂君誤死君定是誤活然徒三十年看儒書不如一詣習主簿

十二月僞秦將呂光自稱制於河右號酒泉公是歲慕容沖僭皇帝位于阿房．

十年春尚書令謝石以學校陵遲上䟽請興復國學於太廟之南

案輿地志在江寧縣東南二里一百步古御街東東逼淮水當時人呼為國子學西有夫子堂畫夫子及十弟子像西又有皇太子堂南有諸生中省門外有祭酒省二博士省舊置博士二人梁大同中又置正言博士一人加助教理禮初顯宗咸康三年立太學在秦淮水南今外橋地對東府城南小航道西在今縣城東七里廢丹陽郡城東至德觀西其地猶名故學江左無兩學及武帝置國學並入於今處也

三月蜀郡守任權斬苻堅將益州刺史李丕益州平夏四月苻堅為姚萇慕容沖所逼遣使來救詔太保謝安

率衆救秦帝自行西池宴群臣餞安賦詩者五十八人案地志西池吴宣明太子孫登所創謂之西苑中宗即位明帝爲太子更加修之多養武士於池内築土爲臺時人呼爲太子西池今惠日寺後池也甲子安發自石頭五月苻堅奔五將山六月堅太子宏自長安來奔慕容沖入長安秋七月老人星見大星井瀆皆竭太官共膳皆資天泉池八月丁酉使持節侍中中書監大都督揚荆等十五州諸軍事衞將軍太保謝安薨　安字安石鎮西將軍尚從弟父裒太常卿安年四歲時桓彝見而歎曰此兒風神秀徹不減王東海及總角神識沉敏風韻調暢善行書弱冠詣王濛清言良久安既去濛子脩曰向客如何濛曰此客亹亹爲來逼人王導亦深器之由是少有重名

初辟司徒府除佐著作郎並以疾辭寓居會稽與王羲之許玄度支遁等游處出則漁弋山水入則言詠屬文楊州刺史庾冰以安有重名必欲致之累徵爲尚書郎不起後吏部尚書范汪舉安爲吏部尚書以書距絕之有司奏安被召累年不至禁錮終身遂棲遲東土每往臨安山中坐石室臨濬谷悠然歎曰此亦伯夷何遠嘗與孫綽等泛海風起浪湧諸人並懼安吟嘯自若舟人以安爲悅猶去不止安徐曰如此將何歸耶舟人承言即回衆咸服其雅量安雖放情丘壑然每遊賞必以妓女從時安弟万爲西中郎將總藩任之重安雖處衡門其名猶出万之右自然有

公輔之望其妻劉惔妹也既見家門富貴而安獨靜
退乃謂安曰丈夫不如此安掩鼻曰恐不免耳及
万黜廢安始有仕進之心時年已四十餘矣征西大
將軍桓溫請爲司馬將發新亭朝士咸出送中丞高
崧戲之曰卿屢違詔旨高卧東山諸人每相與言安
石不肯出將如蒼生何今蒼生亦將如安石何安有
愧色既到溫甚喜言生平歡笑竟日安出溫問左右
頗嘗見我有如此客不溫後詣安値其理髮安性遲
緩久而方罷使取幘溫見留之曰令司馬著帽其見
重如此尋爲吳興太守在官無當時譽去後爲人所
思頃之徵拜侍中遷吏部尚書中護軍受簡文顧命

時桓温望簡文禪己及此疑安與王坦之等改遺詔甚怒入赴山陵止新亭大陳兵衛將移晉室使召公卿伏勇士於坐將害執政王坦之甚懼安神色自若言矣折之謀竟不行初坦之與安齊名至是方知優劣温嘗以安所作簡文謚議以示坐客曰此安石碎金也及帝富於春秋政不自己温威振内外物情噂㳫互有異同唯安與王坦之盡忠匡翼及温病篤諷朝廷加九錫使袁宏具草安欲緩其事見輒改之由是歷旬不就會温薨錫命遂寢 案王彪之傳桓温既病諷朝廷求九錫表宏爲文以示彪之彪之歎美其文謂曰卿固太才安可以此示人時謝安見其文又頻使宏改之宏乃逡巡其事既屢引日乃謀於彪之彪之曰聞彼病日增亦當不復支久自可更少遲回宏從之温亦尋薨宏字彦伯少有逸才曾於牛渚夜自誦所作詠史詩聲既清月朗宏音韻清致謝尚此爲鎮西夜同渚泊尋聲尋所來問歎[illegible]之[illegible]

乃乘安甚重之為桓溫記室參軍嘗著東征賦賦末乘列過江諸賢而不及桓彝人或語溫溫嫌之召於幕府因游青山命宏同乘行數里而問曰聞君作東征賦多稱先賢何不及吾家君宏答曰尊君稱位非下官敢自專故未遑啓不敢顯之耳溫疑不實命言之宏即曰風鑒散朗或搜或引身雖可亡道不可殞則宣城節信也溫泣然

安太元初進位尚書僕射代王坦之揔關中事安義存輔導雖會稽王道子亦賴弼諧之益時疆寇敵境邊書續至安鎮以和靜御以長算德政既行文武用命不存小察弘以大理人皆比之王導而文雅過之每與王羲之登冶城悠然遐想有高世之志羲之曰夏禹勤王手足胼胝文王旰食日不暇給今四郊多壘宜思自効而虛談廢務浮文妨要恐非當今所宜安曰秦任商鞅二世而亡豈清言致患耶領揚州刺史及帝親庶政遷中書監驃騎將軍錄尚

書事固讓軍號頃之加司徒後軍文武書配大府又讓不拜復加侍中都督揚豫徐兗青五州幽州之燕國諸軍事太元八年秦苻堅率衆號百萬次于淮淝京師震恐加安征討大都督玄入問計安夷然無懼色答曰已別有旨既而寂然玄不敢復言乃令張玄重請安乃命駕出土山墅宴親朋畢集方留玄圍棊賭別墅安常棊劣於玄玄是日有懼心便不勝安顧外生羊曇曰以墅乞汝今俗謂檀城是也在今墅城東八里案地圖云謂之城子墅宋時爲檀道濟謂之檀城自興業寺過清溪東二里安遊陟至夜方還府內速明指授將帥各當其任玄等既破秦軍有驛書至時安方對客圍棊看書既竟便攝放牀上了無喜色棊如故客問之徐

荅曰小兒輩已破賊既罷還内過戶限心喜甚不覺屐齒之折以揔統功進拜太保既破苻堅方欲混一文軌上疏求自北征乃進都督荆揚等十五州諸軍事加黄鉞其本官悉如故性好音樂自弟方喪遂十年不聽及登台輔朞喪不廢樂衣冠效之乃以成俗又於土山營墅樓館植林竹甚盛每擕中外子姪往來遊集肴饌日費百金世頗以此譏之安殊不屑意常疑劉牢之既不可獨任又知王味之不宜專城牢之既以亂終而味之亦以貪敗由是識者服其知人後會稽王道子專權而姦謟頗相扇今上御名安遂出鎮廣陵之步丘築壘曰新城而避之安雖受朝寄然東山

之志始末不渝欲須經略海內而歸老東山未就本
志遂遇疾篤上疏請量宜旋旆并召子琰解甲息徒
詔遣侍中慰勞遂還都聞當輿入西州門自以本志
不遂因悵然謂所親曰昔桓温在時吾常懼不全忽
夢乘温輿行十六里見一白鷄而止乘温輿者代其位也
十六里者止今十六年矣白鷄主酉今太歲在酉吾
病殆不起乎乃上疏遜位詔遣侍中尚書諭旨先是
安發石頭金鼓忽破又語未嘗謬而忽一誤衆怪異
之尋薨時年六十六詔贈太傅謚曰文靖案晋書曰謝安少有盛名時多愛
慕鄉人有罷中宿縣者還詣安安問其歸資答曰有蒲葵扇五万安乃取其中者
捉之京師士庶競市價數倍安本能為洛下諸生詠有鼻疾故其音濁名流愛其
詠而弗能及或以手掩鼻以斆之及至新城築埭於城北後人追思之因名此埭為
邵伯埭案三十國春秋王珣妻謝万女珣弟珉婦即安女並以大義不終懸與王氏

有陳瑚數辭職瑚母荀氏謂瑚曰苟職非其好自可固執天下豈有不死郎謝安薨瑚往哭之乃先過旋兄猷之叙其哭安之意猷之投袂起曰吾所望於汝也既至安門謂曰公平生時不見出何由而來乎瑚拔撥彈前慟哭而退

是月姚萇殺苻堅而僭皇帝位於渭北亦僞號秦九月堅子丕僭帝位于晉陽

冬十月詔論淮淝功追封謝安爲廬陵郡公謝石爲南康郡公謝玄爲康樂郡公謝琰爲望蔡郡公桓伊爲永脩郡公餘封進各有差十二月太白犯歲星天下大飢是歲乞伏國仁自稱大單于秦河二州牧

十一年春正月辛未僞後燕慕容垂僭皇帝位於中山是月冠軍將軍豫州刺史桓石虔卒　石虔小字鎮惡征西將軍豁之子少有材幹趫捷絕倫從父在荊州於獵圍中見猛獸被數箭而伏諸督將素知

其勇戲令拔焉石虔因急往拔得箭猛獸跳起石虔
亦跳高於猛獸猛獸伏復拔一箭以歸時人服之後
隨伯父温討關中時叔父沖爲苻健所圍垂没石虔
躍馬赴之拔沖於數萬衆之中三軍歎息威振敵國
時有患瘧疾者謂曰桓石虔來以怖之病者多愈其
見畏如此後除竟陵太守以父喪去職尋而苻堅又
寇淮南詔絶哭起爲奮威將軍南平太守尋進冠軍
將軍破堅將閻震沖卒以冠軍將軍監豫州楊州五
郡軍事豫州刺史久之命移鎮馬頭求停歷陽許之
卒後追論平閻震功進爵作塘侯二月戊申太白晝
見在東井夏四月代王拓拔圭始自改稱魏八月庚

午詔封孔靖之爲奉聖亭侯奉宣尼祀立宣尼廟于江
故丹陽郡城前隅路東南案地志齊移廟過淮水北將山置之以其舊廟立孔子寺亦呼其巷爲孔子巷在今縣東南五里二百步長樂橋東一里冬十月後燕慕容垂使將晉馮該追斬
符丕於東垣傳首京師甲申海西公弈薨十一月符丕
將符登僭即帝位於隴東是歲遼東表送孫盛魏晉
春秋三十卷　盛字安國太原人盛以學知名累遷
位祕書監著魏晉等二國春秋詞直而理正咸稱良
史焉溫見言枋頭失利之過大怒盛子放叩頭於父
請改之本遂兩存以正本寄於前燕慕容儁至是
姤求得之案晉書孫盛子　放字齊莊年數歲父在
荆州時庾翼異子爰客候盛見放而問曰安國何在放

答曰在庾稚恭家爰客大笑曰諸孫甚盛有兒如此
放曰未若庾翼翼也
十二年春正月乙巳以朱序爲青兖二州刺史鎭淮陰丁未大赦天下壬子暴風發屋折木二月戊寅熒惑入月夏四月戊辰尊夫人李氏爲皇太妃六月束帛聘處士戴逵　逵字安道譙國人少博學好談論善屬文能鼓琴工書畫其餘巧藝無不畢綜揔角時以鷄卵汁溲白瓦屑作鄭玄碑又爲文而自鐫之見者莫不驚歎其詞麗其器妙太宰武陵王晞聞其善鼓琴使人召之逵對使者破琴曰戴安道不爲王門伶人晞怒乃更引其兄述述聞命欣然抱琴而往逵

後居會稽之剡縣性高潔常以謹度自處深以放達爲非道乃著論云夫親没而採縶不返者不仁之子也君危而屢出近關者茍免之臣也古之人未始以彼害名教之體者何違其旨故也今之人可謂好遯迹而不求其本故有捐本徇末之弊捨實逐聲之行是猶美西施而學其嚬眉慕有德而折其巾角可無察乎太元中帝連徵郡縣敦迫不已乃逃于吳吳内史王珣有别館在虎丘山逵潛往與珣遊處積旬會稽内史謝玄慮其不返乃上疏請絶其召命帝許之秋八月辛巳立皇子德宗爲皇太子大赦天下增文武位二等大酺五日賜百官布帛各有差冬十月太白

晝見於南斗
十三年夏六月旱乞伏國仁死弟乾歸嗣僞位僭號
河南王閏月戊辰天狗北下有聲如雷秋八月戊子
朔寧二州刺史費統言嘉穀生於州界冬十二月
戊子濤水入石頭毀大航殺人乙未大風晝晦延賢
堂災丙申螽斯百堂客館驃騎庫皆災庚子尚書令
衛將軍儀同三司謝石薨 石字石奴太傅謝安之
弟也起家秘書郎累遷尚書左僕射以將軍假節征
討大都督與兄子玄琰破苻堅於淮淝先有童謠云
誰謂爾堅石打碎故柏齡以石名子邀其功及堅之
敗功雖始於劉牢之洛澗捷而成于玄琰然石時為

都督焉音是謝安石石奴等破符堅遷尚書令封南康公兄安薨後石遷衛將軍加散騎常侍以疾辭不許疾篤進位開府儀同三司加鼓吹未拜薨時年六十二追贈司空謚曰襄子汪嗣案晉書石少患面瘡療之莫愈乃自匿夜有物來舐其瘡隨舐即差舐處甚白故世呼為謝白面而在職務存文刻無他才望直以宰相弟兼有大勳遂居清顯而聚斂無厭取譏於世是歲散騎常侍左將軍會稽內史康樂公謝玄薨　玄字幼度安西將軍豫州刺史奕之子少穎悟與從兄朗俱為叔父安所器重安常戒約子姪因曰子弟亦何豫人事而正欲使其佳諸人莫有言者玄答曰譬如芝蘭玉樹欲使其生於庭階耳安悅玄少好佩紫羅香囊垂覆手安患之而不欲傷其意因戲賭取即焚之於

此遂止及長有經國才略起家桓溫府爲掾轉征西
將軍桓豁司馬領南郡相監北征諸軍事時僞秦苻
堅彊盛邊境數被侵寇朝廷求文武良將可以鎮禦
北方者安乃以玄應舉中書郎郗超雖素與玄不善
聞而歎之曰安違衆舉親明也玄必不負舉才也時
咸以爲不然超曰吾嘗共在桓公府見其使才雖履
屐間亦得其任所以知之於是徵還拜建武將軍兗
州刺史領廣陵相監江北諸軍事玄次泗口進救戴
遂大破苻堅將彭超於白馬及苻堅自率渡淮玄以
八千拒之於淝水詔以功加都督徐兗青司冀幽并
七州諸軍事封康樂縣公住彭城北固河上西援洛

陽内藩朝廷後會翟遼反黎陽河北騷動玄自以處分失所上疏送節盡求解所職詔慰勞令且還鎮淮陰以朱序代鎮彭城尋疾篤若上表乞歸詔慰勞給醫一人療疾玄奉詔便還病久不差上疏久之乃轉授散騎常侍左將軍會稽内史輿疾之郡卒時年四十六子瑍嗣案晉書瑍位祕書郎早卒子靈運嗣瑍少不惠而靈運幼有文藻艶逸玄常稱曰我尚生瑍瑍那得不生靈運初玄之會稽也吏部尚書張玄之亦出爲吳興太守張玄之名亞於玄時人稱爲南北二玄論者美之

十四年春正月癸亥詔淮南所獲俘虜付諸作部者一皆散遣男女自相配匹賜百日廩其沒爲軍賞者悉贖出之襄陽淮南饒沃之地各立一縣以居之龍驤將軍劉牢之討彭城妖賊劉黎於皇丘平之二月

偽秦將呂光僭號為三河王是歲扶南貢方物三月
張道反太山太山太守向欽擊之夏四月甲辰翟
遼寇滎陽執太守張卓六月會稽王道子移揚州理
於東第七月旱甲寅震宣陽門四柱冬十月己
巳雨木冰
十五年春正月征虜將軍朱序破慕容永於太行三
月己酉朔地震東北有聲如雷戊辰大赦天下徙囚
秋七月壬申有星孛于北河經太微三台入文昌北斗色
白長十餘丈至後月戊戌入紫微乃滅八月己巳京
師地震冬十月朱序劉牢之等大破翟遼於滑臺張
援來降

十六年春正月詔徐廣校祕閣四部見書凡三萬六千卷壬辰鵲巢太極東鴟吻二月庚申改築太廟秋九月新廟成案地志太廟中宗置郭璞遷卜定在今處事具元帝卷內及帝即位嘗嫌廟東迫淮水西逼路至此年因修築移依洛陽改入宣陽門內尚書僕射王珣奏以爲龜筮弗違帝從之於舊地不移更開墻埤東西四十丈南北九十丈五尺仍之至陳乃廢冬十月新作朱雀門十一月江州刺史護軍將軍永脩侯桓伊卒伊字叔夏譙國銍人父景侍中長社侯伊有武幹起家累遷建威將軍歷陽太守進都督豫州諸軍事西中郎將豫州刺史與謝玄等俱破苻堅於淝水以功封永脩侯伊性謙素雖有大功而終始不替善音樂盡一時之妙爲江左第一有蔡邕柯亭笛常自吹之王徽之赴召京師泊舟於溪素不與伊相識伊於岸

上過船中客稱伊小字曰桓野王也徽之便令人謂
伊曰聞君善吹笛試爲我奏伊時已貴顯素聞徽
之名便下車踞胡牀爲作三調弄畢便上車而去客
主不交一言時上嗜酒司馬道子專政昏亂謝安安
壻王國寶諂媚於道子安惡之〻爲人每抑制之國寶
讒諛稍行於主相之間以安功名盛極而今上御名會之嫌
隙遂成帝時召伊歡宴安侍坐帝命伊吹笛即爲一
弄乃放笛云臣於箏分乃不及笛然自足以韻合歌
管請以箏歌幷請一吹笛人帝善其調達乃勑御妓
奏笛伊又云御府人於臣必自不合臣有一奴善相
便串帝彌賞其放率乃許召之奴既吹笛伊便[illegible]

而歌怨詩曰爲君既不易爲臣良獨難忠信事不顯乃有見疑患周旦佐文武金縢功不刊推心輔王政二叔反流言聲節慷慨俯仰可觀安泣下沾襟乃越席而就之捋其鬚曰使君於此不凡帝甚有媿色桓沖卒後代沖爲都督荆江十郡豫州四郡諸軍事江州刺史將軍如故假節在任數年徵拜護軍將軍卒官贈右將軍加散騎常侍謚曰烈臨死爲表上馬具裝百具步鎧五百領詔嘉其忠誠深以傷悼子肅之嗣（二十國春秋太祖伊好說歌羊曇善唱樂袁山松能行路難人以爲三絶）

十七年春三月己巳朔大赦除逋租宿債夏六月癸卯京師地震甲寅濤水入石頭毀大航永嘉郡潮水

濵起道海四縣人蛮夷老叛七月丁丑太白晝見八月新作東宮徙左衛營案晉宮閣名太子宮在宮西雖東宮實有皇后之宮今臺城西南角名西邊運瀆至此年烈宗始新於宮城東面移左衛營以其地作之即安帝爲太子所居宮也義熙中詔盧循劉毅據此林淮舟艦城在今縣東五里護身寺西左御街東也

九月除南郡公桓玄義興太守冬十一月癸酉以黄門侍郎殷仲堪爲都督荆益梁三州諸軍事荆州刺史冬十二月旱自秋不雨至于是月是歲司雍梁秦四州諸軍事征虜將軍朱序卒　序字次倫義陽人也父燾益州刺史世爲名將以征討功拜征虜將軍太和初遷兖州刺史寧康初遷爲梁州刺史鎮襄陽時符堅遣符丕圍襄陽序固守丕率衆苦攻之序疾篤母韓氏自登城履行謂西北角當先受弊遂

領百餘婢并城中女丁於其角邪築城二十餘丈賊果攻之人謂此城爲夫人城後督護李伯護反招賊城乃没于秦（案晉書初符丕圍襄陽急李伯護遂密與秦軍相應襄陽遂没序陷於符堅堅聞之反執伯護殺之以徇戒爲人臣不忠者後符堅南侵序隨至壽春因堅軍敗而奔歸拜龍驤將軍瑯琊内史豫州刺史中洛陽討丁零翟遼進征虜將軍加都督司雍梁秦四州諸軍事後慕容永向洛陽序破之退追至上黨之白水尋又鎮襄陽以老病累表解職不許卒官贈左將軍散騎常侍）

十八年春正月癸卯朔地震二月有客星在尾中至九月乃滅乙未又地震夏六月巳亥始興南康廬陵等郡大水深五丈秋七月旱閏月劉牢之破妖賊司馬徽於馬頭

十九年夏六月壬午追尊會稽王太妃鄭氏爲簡文宣太后秋八月巳巳尊皇太妃李氏爲皇太后宮曰

崇訓是歲符登爲姚興所殺登太子崇奔于湟中僭
即皇帝位
二十年春二月作宣太后廟呼爲小廟在今縣東二
里古跡湮没后諱阿春滎陽人也父　愷字祖元安
豐太守后少孤無兄弟唯姊妹四人后最長先適渤
海田氏生一男而寡依于舅濮陽吴氏中宗爲丞相
日敬后先崩將納吴氏女爲夫人后及吴氏女並遊
後園或見之言於帝曰鄭氏女雖釐賢於吴氏女遠
矣建武元年納爲瑯琊王夫人甚有寵后雖貴幸而
恒有憂色帝問其故對曰妾有妹中者已適長沙王
褒餘二妹未有所適恐姊爲人妾無復求者帝因

容謂劉隗曰鄭氏二妹卿可爲求佳對使不失舊隗舉其從子傭娶第三者以小者適漢中李氏皆得舊門中宗召王裒爲尚書郎以悅后意后生琅琊悼王簡文帝尋陽公主咸和元生 薨至是追尊之三月庚辰朔日有蝕之秋七月太白晝見太微九月有[illegible]如粉絮東南行歷女虛至哭入星爻 十一月魏王拓拔圭大破慕容垂子寶于參合是歲會稽王道子與尚書王珣連上疏薦會稽處士戴逵參侍東宮會逵病死二十一年春正月起清暑殿於華林園三月太白晝見於羽林夏四月新作永安宮丁卯大雨雹後燕慕容垂子寶嗣僞位六月呂光僭即天王位於燉煌秋

八月歲星犯哭星九月庚申夜帝暴崩于清暑殿帝
幼穎聰悟簡文之崩也時年十歲至晡不臨左右進
諫答曰哀至則哭何常之有謝安嘗歎以爲精理不
減先帝既威權己出雅有人主之量既而溺於酒色
召狎左右殆爲長夜之飲吳國內史虞嘯父性便酒
帝召與飲既醉使虎賁扶之嘯父曰臣位不及扶醉
不至亂不宜當此時爲知言末年長星數見帝心甚
惡之夜於華林園舉酒祝之曰長星勸汝一盃酒自
古何有萬歲天子耶太白連年晝見地震水旱爲變
者相屬曾不介意醒日既少而傍無正人竟不能改
時張貴人有寵年幾三十帝戲之曰汝以年當廢矣

貴人潛怒向夕帝酔遂縊暴崩時司馬道子昏惑元顯專權竟不能推窮其罪帝初爲清暑殿有識者以清暑反爲楚聲哀楚之徵也俄而帝崩（案圖經武帝遊於清暑殿有一人黄衣自稱天泉池神名淋岑君謂帝曰若見善待當福祐之帝怖恐投以佩刀神怒曰君爲不道將使知之因不見遂聞鼓鼙之音而去帝乃請大沙門爲齋夜轉誦見一神長三丈來撲經案甚怖之後帝與宮妓泛龍舟飲宴於池有慢神色乃見形撃龍舟沉帝遂溺死與今本紀不同尋考其實則暴崩清暑非縊也）冬十月甲申葬隆平陵在今縣城東北十五里鍾山之陽不起墳帝年十一即位二十四年年三十五謚曰孝武皇帝廟號烈宗論曰前史稱不有廢也君何以興若乃天挺惟神光膺嗣位邁油雲而驤首濟沉川而能躍少康一旅之衆所以闡帝圖成湯七十之基所以興王業靜河海於既泄補穹圓於已毁事異矣斯

則不由也簡文以虛白之姿在屯如之會政由桓氏祭則寡人太宗晏駕寧康纂業天誘其衷姦臣自殞于時土境西踰劍岫而跨靈山北振長河而臨清洛荊吳戰旅嘯吒成雲名賢間出舊德斯在謝安可以鎮雅俗彪之足以正綱紀桓沖之夙夜王家謝玄之善料軍事于時上天乃眷彊氐自泯五尺童子振袂臨江思所以挂旆天山封泥函谷而條綱弗垂威恩罕樹道子荒乎朝政國寶彙以小人拜授之榮初非天旨鬻刑之貨自走權門毒賦年滋愁民歲廣是以聞人許榮馳書詣闕烈宗嘉其抗直而惡聞逆耳肆一醉於崇朝飛千觴於長夜雖復昌明表夢安獒

神言而金行頽弛抑亦人事語曰大國之政未陵夷小邦之亂已傾覆也屬符堅百六之秋棄淝水之衆帝號爲武不亦優哉

建康實録卷第九

《國學基本典籍叢刊》前言

國家圖書館出版社（原書目文獻出版社 北京圖書館出版社）成立三十多年來，出版了大量的中國傳統文化典籍。由於這些典籍的出版往往採用叢書的方式或綫裝形式，供公共圖書館和大學圖書館典藏使用，普通讀者因價格較高、部頭較大，不易購買使用。爲弘揚優秀傳統文化，滿足廣大普通讀者的需求，現將經、史、子、集各部的常用典籍，選擇善本，分輯陸續出版單行本。每書之前均加簡要説明，必要者加編目録和索引，總名《國學基本典籍叢刊》。歡迎讀者提出寶貴意見和建議，以使這項工作逐步完善。

國家圖書館出版社

二〇一六年四月

序言

《建康實録》二十卷，唐許嵩撰。據書前自序，作者爲高陽（今河北蠡縣一帶）人，生卒年不詳，據張忱石考證，其活躍於玄、肅兩朝，高陽爲其郡望，而非里籍。高陽，唐屬瀛洲，許姓世居高陽北新城都鄉樂善里，爲高陽望族。東漢和西晉末年，高陽許氏家族兩度南下。從《建康實録》中對建康周圍的詳細描述來看，許嵩在建康一帶長期居住過。許嵩所著除《建康實録》外，據《宋史・藝文志》載，还有《六朝宫苑記》二卷，久已不傳。

本書約成於唐肅宗至德元年（七五六），爲記載三國吴、東晉和南朝宋、齊、梁、陳六朝四百餘年歷史的編年體史書，始於漢獻帝興平元年（一九四）孫吴起事，終於陳禎明三年（五八九）後主失國，因六朝均建都建康（吴時名建鄴），故名。卷一至四記吴，卷五至十記東晉，卷十一至十四記宋，卷十五至十六記齊，卷十七至十八記梁，卷十九至二十記陳，敘述各朝興廢、君臣行事，其中記録六朝遺迹達百餘處，爲後世研究相關内容的重要依據。另外，其書引據較爲廣博，保存了大量

志乘、史傳資料，因唐初及唐以前的典籍今已大多亡佚，故其書可補充和訂正正史遺缺及訛誤，更顯示出其價值所在。誠如自序中所云『嵩述而不作，竊思好古，今質正傳，旁採遺文。』所記六朝史事，當是以不同史書爲藍本。吴、晉兩朝所爲，今質正傳，旁採遺文。『若土地山川、城池宫苑、當時制置，或互興毁，各明處所，用存古迹，其有異事别聞，辭不相屬，則皆注記，以益見知』。其書體例兼採實録與紀傳，南朝宋以前各帝王爲編年實録，以後以紀傳體記述臣僚事迹。將諸臣事迹附載於薨卒條下，爲後世沿用。然此書因將體例混用，清王鳴盛批評其『粗疏紕漏，不可勝摘』。

《建康實録》歷代官私目録皆有著録，最早刊本應爲北宋嘉祐本，然久佚不傳。此書前後刊刻四次，宋刻二次、清刻二次，餘皆鈔本。此南宋紹興十八年（一一四八）荆湖北路安撫使司重刻北宋嘉祐本，爲現存最早刻本。此本至明代已有缺葉，現卷四、八、十、十一、十五、十六、十七、十九均有缺。書後有記『江寧府嘉祐三年十一月開造《建康實録》，並案《三國志》、東西《晉書》並《南北史》校勘，至嘉祐四年五月畢工，凡二十卷，總二十五萬七千五百七十七字，計一十策』，『紹興十八年十一月　日荆湖北路安撫使司重别雕印』。書上鈐有『明善齋記』『毛晉私印』『虞山毛氏汲古閣收藏』『季振宜藏書』『乾學之印』『平陽汪氏藏書印』『楊以增印』『楊紹和』等印，可知迭經毛晉、季振宜、徐乾學、周錫瓚、汪士鐘、楊以增等收藏，流傳有緒。二十世紀三十年代由周叔弢購

得，一九五二年捐贈北京圖書館（今國家圖書館）。曾收入《中華再造善本·唐宋編》。今國家圖書館出版社據此本影印，以饗廣大讀者。

趙大瑩

二〇一七年十一月

總目録

第一册

第二册

第三册

第四册

第五册

第一册目録

據國家圖書館藏宋紹興十八年荆湖北路安撫使司刻遞修本影印原書版框高二十三點二厘米寬十六點六厘米

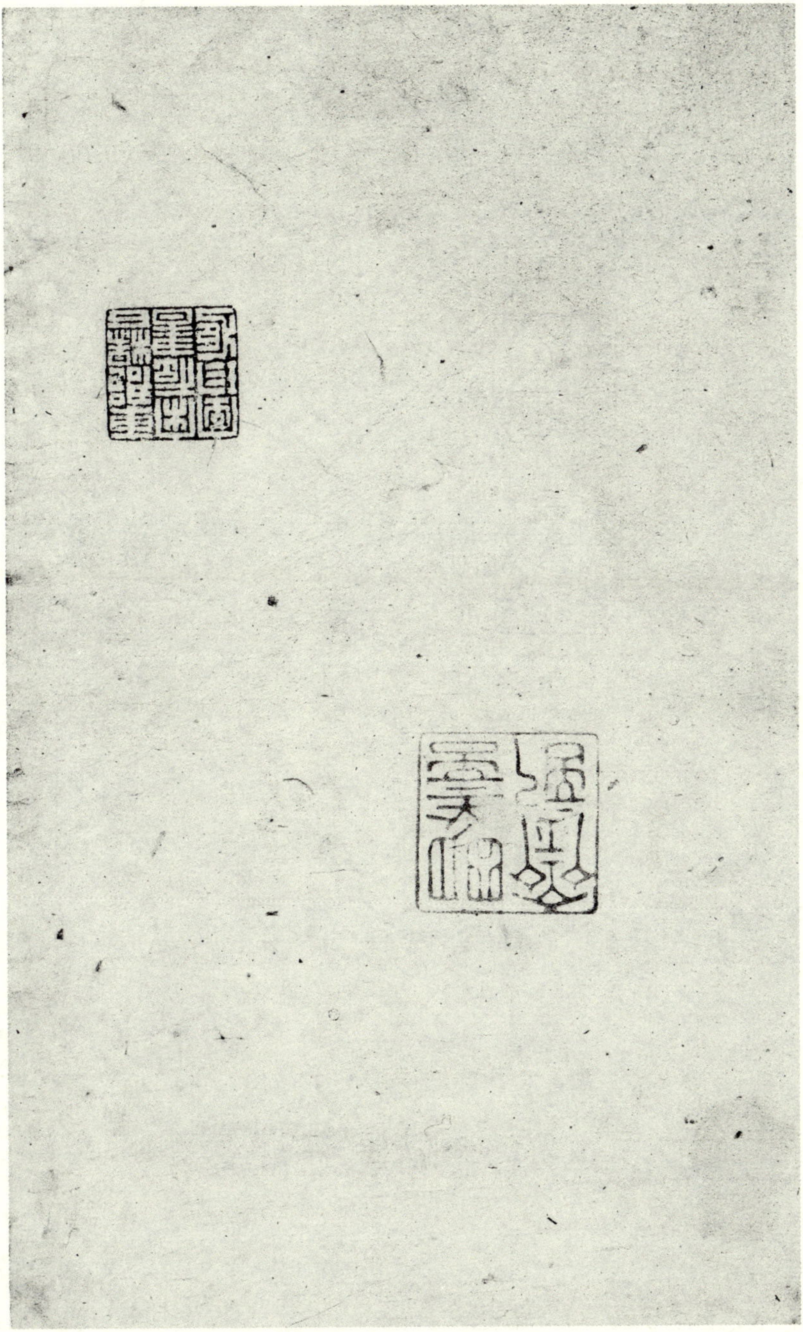

建康實録叙

高陽許嵩撰

司馬子長善叙事古稱良史然班固譏其疎略是非頗謬於聖人言論數篇以爲所蔽嵩述而不作竊歷好古今質正傳旁採遺文始自吳起漢興平元年終于陳末禎明三年而吳黄龍已前雖引漢曆二十餘年其實吳之首事及晉平吳太康之後三十餘載復涉西晉之年洎瑯琊東遷太興即位元年始爲東晉首年東晉一十一帝一百二年而禪于宋宋八帝六十年而禪于齊齊七帝二十四年而禪于梁梁五帝五十六年而入于陳陳五帝三十三年止隋開皇元年陳建首号梁之末年梁稱元年齊之季年齊初即

位宋之餘年則四家終始共用三年而吴四帝五十九年南朝六代四十帝三百三十一年通西晉并吴之年并吴首事之年揔四百年間著東夏之事勒成二十卷名曰建康實録具六朝君臣行事事有詳簡文有機要不必備舉若土地山川城池宫苑當時制置或互興毁各明處所用存古跡其有異事别聞辭不相屬則皆注記以益見知使周覽而不煩約而無失者也

吴大帝在武昌七年梁元帝都江陵三年

其實建康宫三百二十一年

建康實録卷第一

建康者本楚金陵邑秦改爲秣陵吳改爲建業晉愍帝諱業改爲建康元帝即位稱建康宫五代仍之不改故其書舉南朝之事

吳太祖上

建康者古之金陵地案周禮牽牛婺女之野尚書禹别九州曰淮海惟揚州分爲越國立爲揚州此則揚州之分域春秋元命包曰牽牛流爲揚州分爲越國立爲揚山又云厥土下濕而多生楊柳以爲名其地北據淮東距海顔介曰南方水土柔和其音清舉而切天下之能言唯金陵與洛下耳昔周太王長子太伯與其次弟仲雍讓少弟季歷位俱奔江南百姓從而君之自號句吳太伯所築句吳故城在梅里平墟今常州無錫

縣東三十里故吳城是也太伯卒無子百姓共立仲雍爲君仲雍已下至周章四代皆君於吳武王剋紂因而封之故春秋時其地屬吳自周章已後十八代吳王夫差即位無道立二十三年當春秋魯哀公二十二年冬十一月爲越王勾踐所滅其地乃屬越案周書元王四年即越王勾踐四年當春秋之末越既滅吳盡有江南之地（越王築城江上鎮今淮水一里半廢越城是也案越范蠡所築城東南角近故城望國門橋西北即吳牙門將軍陸機宅故機入晉作懷舊賦曰望東城之紆餘即此城在三井岡東南一里今瓦棺寺閣在岡東偏也）勾踐後七代一百四十三年越王無彊即位元年當周顯王三十六年越霸中國與齊楚爭強爲楚威王所滅其地又屬楚乃因山立號置金陵邑也楚之金陵今石頭城是也或

去地接華陽金壇之陵故號金陵楚威王後一百一十餘年當秦始皇二十四年秦滅楚并諸侯分天下作三十六郡（案秦本紀渭南河上□川三川河内南陽南郡九江鄣郡會稽碭郡泗水薛郡東郡琅琊齊郡上谷漁陽右北平遼西遼東代郡鉅鹿邯鄲上黨平原雲中太原鴈門上郡隴西北地漢中巴郡蜀郡已上三十六郡也）以金陵爲鄣郡於故鄣屬今吳興郡浙江以東爲會稽郡楚亡已後一十三年當始皇三十六年始皇東巡自江乘渡望氣者云五百年後金陵有天子氣因鑿鍾阜斷金陵長隴以通流至今呼爲秦淮（其淮本名龍藏浦其上有二源一發自華山經句容西南流一發自東廬山經溧水西北流入江寧東二源合自方山埭西注大江其二源分派屈曲不類人功疑非秦始皇所開古老相傳方山西瀆江士山三十里是秦皇開又鑿石硊山西而疏決此瀆後人因名秦淮也）乃改金陵邑爲秣陵縣秦之秣陵縣城即在今縣城東南六十里秣陵橋東北故城是也秦乃罷周時諸侯置

郡縣掌守以秣陵爲鄣郡漢武帝元封二年廢鄣郡置丹陽郡而秣陵縣不改始放虞舜置一十二州刺史以領天下諸郡則虞書所謂咨十有二牧揚州是其一焉自漢初置揚州治無定所案輿地志漢揚州初理歷陽後理壽春靈帝末時揚州刺史劉繇爲袁術所逼又徙曲阿也云云晉永嘉中王敦始爲建康創立州城今江寧縣城所置在其西偏其西即吳時治城東則運瀆吳大帝所開令西州橋水是也案晉書孝武太元末會稽王道子爲揚州刺史治東第時人呼爲東府因号此城爲西州故傳云東府西州是也橋逼州城東南角因以爲名焉王莽改丹陽爲宣亭郡後漢初還爲丹陽郡郡治於苑陵統一十七縣而揚州因漢不改所統六郡爲九十二縣也案前漢初置丹陽郡郡治苑陵於潜江乘春穀秣陵故鄣句容涇縣石城胡孰陵陽蕪湖黟溧陽末城丹陽歙縣等一十七縣後漢仍之不改州所領郡亦依舊焉

吴太祖上　太祖下　廢帝　景帝　後主

太祖大皇帝姓孫氏諱權字仲謀吴郡富春人也其先出自周武王母弟衛康叔之後武公子惠孫曾耳爲衛上卿因以孫爲氏春秋時孫武爲吴王闔閭將因家于吴帝乃孫武之後也祖鍾父堅案祥瑞志鍾家于富春早失父幼與母居性至孝遭歲荒儉以種瓜自業忽有三少年詣鍾乞瓜鍾厚待之三人曰此山下善可葬當出天子君望山下百步許顧見我去即可葬處也鍾去三四十步便返顧見三人並成白鶴飛去鍾記之後死葬其地地在縣城東冢上常有光怪雲氣五色上屬於天及堅母孕堅夢腸出繞吴閶門以告鄰母鄰母曰此夢安知非吉祥也堅生容皃奇異仕漢爲破虜將軍長沙太守靈帝末董卓作亂堅乃自長沙舉兵討卓破卓軍於陽夏長驅入洛脩營漢陵廟屯軍城南甄官井上見五色氣使人入井得漢傳國璽文曰受命于天旣壽永

昌方圓四寸上紐交五龍龍一角缺案後漢記云初黃門張讓等作亂劫天子出奔
左右分散掌璽者投於井中其缺者是元后為王莽逼太后擲璽於地而損之也漢後征劉表於荊州為江
夏太守黃祖伏兵射之於峴山兄子賁於堅喪還葬
曲阿收其眾歸袁術於淮南案英雄記與此說不同云堅以初平四年正月七日討劉表為表將呂
公引兵緣山向堅堅尋山討公公兵士下石中堅應時死別傳云堅攻荊州刺
史劉表使江夏太守黃祖拒於樊鄧間祖伴將士伐射殺堅於峴山中二錄差
爾堅字文臺少為縣吏年十七與父鍾乘船至錢塘遇海賊胡玉劫南人
物於匏里岸上分之堅望之而謂父曰此賊可取因登岸遂指揮東西似分部領會
賊見大驚以為官軍眾遂散走堅獨追一騎收財物而還堅生四子策權翊匡案志孫堅生五子策權翊匡吳氏所
生仁即戲子策時年十七父亡後往見廣陵人張紘諮世務事言雪先君之恥
於黃祖辭切意正涕泣橫流紘心奇之助成其事策因委以母及諸弟徑往壽
春見袁術垂涕而言亡父昔從長沙入討董卓與明使君同盟結好於南陽不
幸遇難勳業不終策感惟先人舊恩欲自憑結願明使君察其深誠術甚異之
以其父眾千人配焉袁為漢折衝校尉使破廬江太守陸康時漢獻帝興平元
年也明年冬術以策為殄寇將軍初表術表策舅吳景為丹陽太守及術僭號
春而揚州刺史劉繇走渡江遂逐景奔歷陽策因諸術征繇領兵千餘騎數一
延賓客樂從者數百人興平二年十二月發自壽陽比至歷陽眾已五六千[illegible]

於横江大破劉繇牛渚營追敗繇於曲阿轉鬬千里郡縣歸伏遂東破嚴白虎於會稽白虎走義士許昭昭匿之程普請討昭策曰許昭有義於舊君有誠於故友此丈夫之志也遂捨昭引軍屠東冶白虎降殺之盡置官吏鎮於會稽破太史慈於涇口復任之以舅吳景復領丹陽太守南討豫章廬陵定之時袁術將僭大號於江北策乃使張紘爲書絶之自領會稽太守以張昭張紘等爲腹心誅主遂調時節貢賦於漢曹操乃表策爲討逆將軍封吳侯策雖外見受官内懷三分之計及袁術敗死其部曲將術家屬歸廬江太守劉勳策既定江東遂引兵與周瑜西渡襲皖城大破劉勳於廬江取袁術乘輿百工器物而歸以李術爲廬江太守守皖初荆州刺史劉表使黃祖子射來救劉勳策轉破射於西塞之水而追殺其將劉虎韓晞於沙羨還定豫章走華歆以從兄賁領豫章太守留賁弟輔將兵住南昌策謂賁曰偅芝自署廬陵太守兄今據豫章是扼其咽喉而守其門户也但當伺其形便因令國議校兵而進一舉可定矣策江表傳後孫賁聞偅芝病即如策計周瑜上巴丘外爲形勢遂與其弟輔進廬陵而襲之時曹操既拖袁紹而不能禁因與策爲婚以弟女配策小弟匡復爲子章取策從兄賁女爲夫人建安五年四月廣陵太守陳登治射陽陰遣間使以印綬與嚴白虎餘黨於會稽圖取策策密知之討登至丹陽聞曹操與袁紹相拒於官

孫策死

渡將欲謀渡江迎獻帝初吳郡太守許貢見策英傑乃表策勇蓋天下驍雄似項羽請朝廷徵入不然必爲後患策微知使人邀得其表而召貢責之令武士絞殺及此兵乜江上因出獵馬駿去從騎遂爲貢客許昭伏刺之傷面時瑯琊道士于吉有道術往來吳中言事多驗諸將委策拜吉三分之二策惡之旣云丹徒責其水旱事誅吉自後每獨坐常見吉在左右及許昭所傷治瘡方差策性剛取鏡照面見所傷瘡乃怒曰大丈夫將建功業而今面如此遂擲鏡大叫瘡裂而死時年二十六案搜神記旣殺于吉每照鏡見吉在鏡中顧而不見如是再三因擲鏡大叫瘡裂須臾而死也以後事付弟權託長史張昭張紘輔佐之臨終顧

謂權曰舉江東之衆決機於兩陣之間與天下爭衡卿不如我舉賢任能各盡其心以保江東我不如卿言終而卒權臨喪未及息張昭謂權曰夫為人後者貴能負荷先軌克昌堂（御名）以成勳業方今天下鼎沸羣狼滿道此寧哭時猶開門待盜未為仁也乃改權服扶上馬使出巡行軍伍（策江表記堅為下邳丞生權廣頤大口目有精光堅異之以為有大貴隨兄策征伐每立奇謀策顧權謂衆曰此真諸君將軍也）是時吳始有會稽吳郡丹陽豫章廬陵等郡深險之地猶未盡從而天下英豪布在州郡賓客之士以安危去就為意未有君臣之固權既統事以周瑜程普呂範等為爪牙將軍魯肅諸葛瑾步騭陸遜為腹心賓客招延英俊而分部諸將鎮撫

山越討不從命使太史慈領海昏當周泰呂蒙爲
劇縣長建安六年春策卒權立廬江太守李術聞策死
遂不從命乃與權書曰有德見歸無德見叛不應還
權怒自征之梟首屠其城徙其部曲二萬人從東渡
江八年以弟翊代吴景領丹陽太守九年大會僚屬
以事誅沈友友字子正吴人也弱冠好學博聞明瞻
善文詞多有口辯時人以友筆妙舌妙刀妙三妙過人
權至吴徵禮之共論王霸大略當世之務友性忠謇
立朝正色爲衆所毀權亦以終不爲己用故殺之
十年春往椒丘使都尉賀齊討上饒分置建平縣是
歲丹陽都督嬀覽郡丞戴員等與邊洪謀殺太守孫

翊翊妻徐寄與翊親近孫高傅嬰等誅覽負伏刃殺之壽誅其黨以覽首祭翊墓十一年建昌都尉太史慈卒　慈字子義東萊黄人少好學仕郡奏曹史會郡與州有隙曲直以先聞者善時州章已去郡守甚恐求可使者慈年二十一選行懷郡章是夜取道到洛陽詣公車門見州吏紿而取章因得毀之說吏與俱亡出城潛還通郡章慈由是知名既而避州隙之遼東北海相孔融聞名義之饋其家問訊老母及黄巾賊圍孔融母急召慈還令救融慈單行徑至都昌伺隙入見融言老母感遇之意請以求外援無損府君之兵以却賊因而開城詭習馬射伺賊之懈便

突圍出求救於劉備以解都昌之圍而還啓其母母
曰我喜汝有以報孔北海也後揚州刺史劉繇渡江
慈隨之曲阿會孫策討繇慈單騎出偵卒遇策於神
亭策從韓當宋謙黃蓋等一十三騎慈便前獨鬬正
與策對策刺慈馬而擥得慈項上手戟慈亦得策兜
鍪會兩家兵來乃解與繇俱奔豫章道自蕪湖亡入
山中稱丹陽太守立屯府於涇縣尋爲策所破執之
捉其手曰寧識神亭時也若卿爾時得我何如慈曰
未可量也策大笑曰天下之事當與卿共之拜門
下都督從還吳遷折衝中郎將深委任之每與討
議聞劉繇死於豫章士衆萬餘人未有所附策謂

慈曰劉牧往責吾為袁氏攻廬江其意頗猥理恕不足何者先君手下兵數千人盡在公路孤志在立事不得不屈意在公路求索故兵再往纔得千餘人乃令孤攻廬江爾時事勢不得不為行但其後不遵臣節自棄作邪僭事諫之不從丈夫義交苟有大故不得不離孤初交公路及絕之本末如此今劉公喪亡恨不及其生與論辯之且兒子在豫章不知華子魚待遇何如其部曲復依隨之否卿則州人昔又從事誠能往視兒子并致孤意於部曲部曲樂來者便與俱來不樂者且安慰之并觀子魚所牧御方規視廬江鄱陽之民親附之否卿手下兵所將多少自由意

慈對曰慈有不赦之罪將軍量同桓文待遇過望古
人報生以死期於盡節沒而後已今此使行不宜多
兵數十人自足往還左右聞策使慈皆密諫慈難測
遣之非計策曰諸君語皆非也孤料詳矣太史子義
雖勇烈非縱横人也其心有士謨義重然諾一意許
知己死生不相負諸君勿憂之自出錢於閶門把腕
別曰何時當還答曰不過六十日如期歸告於策曰
子魚非籌略之才但自守而已今廬陵鄱陽皆不受
子魚之命海昏上繚約有六千餘家結聚作宗伍惟
輸租布於郡爾發召一民不可得策撫掌大笑遂有
并兼之心乃拜慈爲建昌都尉治於海昏焉督諸將

以拒劉表從子磐磐身長七尺七寸美鬚髯後臂善
射弦不虛發嘗從策討麻保賊於屯裏緣樓上行罵
以手持樓棼慈引弓射之矢貫手着棼圍外萬人莫
不稱善曹操聞其名遺書以篋封之慈發省無所道
但貯當歸及權統事以慈能制劉磐專委南方之事
卒時年四十二
十二年太夫人吳氏薨合葬高陵夫人吳郡錢塘人
早失父母與弟景居孫堅聞其才貌求而娉之夫人
初孕策夢月入懷既而生策及權在孕又夢日入懷
以告堅堅曰日月陰陽之精極貴之象吾子孫其興
乎後堅薨夫人家于舒撫育孤幼嚴於母訓及策統

殺黄祖

衆夫人助治軍國至多補益（案吳書曰堅漢初平四年薨興平[illegible]年策見袁術討堅亡時策年十六七）策功曹魏滕有罪將欲殺之時左右憂恐計無所出夫人乃倚大井召策曰汝新造江南其事未集方當優賢禮士捨過録功功曹在公盡規汝今殺之他人明日皆叛汝矣吾不忍見汝禍及當先投此井策大驚遽釋滕罪夫人智略事多如此存下甚得衆心臨薨引見張昭張紘等屬以後事秋鄱陽有山賊彭虎等聚黨數萬使將軍董龔討之龔身長八尺武力絶人聲發若雷賊帥望旗散走

十三年春征黄祖於江夏屠其城邑生獲祖梟首於軍所虜其男女數萬口而歸分歙置始新新定黎陽

休陽以六縣爲新都郡秋曹操征劉表於荆州時表
已死子琮舉荆州降時劉備自表紹南連劉表在荆
州操旣平荆土因追破備備走當陽操乃多修舡舫
遣書於權曰今治水軍八十萬衆方與將軍會獵於
吴權得書召示群臣張昭等議皆勸權迎之魯肅竊
諫不可時命周瑜使鄱陽行途未遠請追瑜任以軍
事權召瑜瑜還意與肅同權廷論未能决因起入周
瑜趨後密説權曰今拒操破之必矣若破操天下可
鼎峙而立荆州上流當吴有也權許之乃密使魯肅
上往觀釁肅至遇備已敗遂使止傳權意見備於當
陽長坂切陳成敗事勢將合謀以拒操權始自吴遷

周瑜破曹操

於京口而鎮之案地志吳大帝親自吳遷朱方築京城南面西面各開一門即今潤州城也因京峴立名號為京鎮在建業之北因為京口或云漢時已有京口未詳按史記秦始皇三十七年東渡江使赭衣三千鑿朱方京峴山東南隴因名丹徒今潤州見有徒兒浦即始皇將徒人過此浦因名焉備乃使諸葛亮詣權權乃使周瑜程普將兵三萬隨亮與備南拒操權自將中軍一萬繼之瑜以黃蓋為先鋒取蒙衝鬬艦數十艘實以薪草灌以魚膏裹以帷幕上建旌旗龍幡前遣書報曹操紿其欲降時東南風急因取草艦最著前繫走舸於後中江舉帆俱前操軍士皆延頸觀望去北軍二里餘同時火發火烈風猛船往如箭悉燒北船延及岸上營落飛埃張天瑜率輕鋭雷鼓同進大破曹操軍於赤壁江口操走僅獲免北歸留曹仁守江陵瑜與程普等追

破仁軍於南郡瑜為流矢中其右脇瘡甚卧仁乃勒兵逼瑜乃自起輿行軍陣間仁聞收軍退走權以瑜領南郡鎮江陵

十四年權居京口劉備詣京口見權求荆州周瑜聞之密上書諫留備處於吴莫遣還時彭城太守呂範進説權曰劉備雖窮迫見歸得雨非池中物請及今困留之權不納遥表漢以備為荆州牧使治公安自餞備於江上觀望久之謂備曰孤與公掃清適欲迎帝定都事寧之日願與公乘舟遊滄海耳備對曰此亦備之志也按劉備傳備既辭謂左右曰孫車騎精爽周瞻其難爲下吾不得再見之矣遂日夜兼行上公安也時曹操聞權以荆州資劉備大懼方作書不覺筆墜於地也

周瑜死

十五年分豫章置鄱陽郡分長沙置漢昌郡以魯肅爲太守治於陸口以南中郎將步騭爲交州刺史騭到殺劉表所置蒼梧太守吴巨以徇諸郡表士燮交阯太守兼左將軍南土賓服自此始也是歲偏將軍南郡太守都亭侯周瑜卒　瑜字公瑾廬江舒城人少有姿皃與孫策同年策父堅初起義兵討董卓徙家于舒瑜見策善相友待推道南大宅舍之策升堂拜母有無與同及策領父衆將東渡至歷陽瑜從父尚爲丹陽太守瑜往省之策馳書報瑜瑜將鄉里數人候策策大喜遂共定江東諸郡累遷至江夏太守從征剋皖城因得橋公二女皆國色策納大者瑜納

小者江表傳策嘗從容戲瑜曰橋公二女雖流離得吾二人爲婿亦足歡矣及權統事太夫人教權以兄事瑜拜中護軍時權位在將軍諸賓客爲禮尚簡惟瑜獨盡敬而執臣節性度恢廓權甚委之與張昭等共掌衆務大小關之及鎮江陵聞益州劉章爲張魯侵寇乃自詣京說權進取蜀得蜀使魯肅固守其地北與馬超結援瑜與將軍還據襄陽以蹙曹操北方可圖權許之瑜歸江陵治行道病卒於巴丘時年三十六權素服舉哀流涕而言曰公瑾有王佐之才今忽短命孤何賴焉及喪還自至蕪湖迎之喪事費度一爲供給著令曰故將軍周瑜賓客皆不得問瑜有二男一女女配太子登男循尚公主拜駙馬都尉瑜少

精意於音樂雖三爵之後其有闕誤必知之知之必顧騎人諸曰曲有誤周郎
顧瑜常有恩信著於吳中人皆呼爲周郎也案江表傳程普頗以年長數陵侮
瑜瑜折節容下之普後自敬服乃告人曰與周公瑾交若飲醇醪不覺自醉其謙讓
服人如此初曹操聞瑜年少有美才謂可遊說動之乃[illegible]下揚州遣九江蔣幹
往見之幹有容儀以才辯見稱獨步江淮間莫與爲對乃布衣葛巾自託私行
詣瑜瑜出迎之立謂幹曰子翼良苦遠涉江湖爲曹氏作說客耶幹曰吾與足
下州里中間別隔遥聞芳烈故來叙闊并觀雅規而[illegible]說客無乃逆詐乎瑜曰
吾雖不及夔曠聞絃賞音足知曲也因延入設酒食畢遣之出就別館後三日
瑜請幹與周觀營中行視倉庫軍資器仗訖還飲宴示之侍者服飾珍玩之物
因謂幹曰丈夫處世遇知己之主外託君臣之義內結骨肉之恩言行計從
禍福共之假使蘇張更生酈叟復存吾猶撫其背而折其辭豈足下幼生所能
移乎幹但笑終無所言幹還稱瑜雅量高致非言辭所閒魏人多之瑜威聲既
著劉備曹操互疑謗之瑜筭略萬人英也觀其器度廣大恐不久爲人臣曹操
亦有書與權云赤壁值軍疾疫燒舡自退撗使周瑜虛獲此名權終委信無別

十六年權始自京口徙治秣陵

十七年城楚金陵邑地號石頭改秣陵爲建業是歲

初作濡須塢於江西以拒曹操時操以步兵號四十

萬列營出濡須口權以七萬當之使甘寧夜突入操

營斬數級而還操軍大駭軍中鼓噪權聞笑曰以復驚老子

十八年權自與操相持於濡須使將軍常雕等以兵五千乘油船夜入中洲權使將軍嚴圭朱桓等率水軍擊破之梟其將諸葛虔并首虜三千人而還權數挑戰操堅守不出權乃乘輕舟入濡須操軍士以為挑戰欲擊之操不許曰此孫權欲觀吾軍部伍也勑左右嚴仗不得妄動權行五六里迴作鼓吹而歸操見權舟船器械整肅嗟曰生子當如孫權劉景升兒子若豚犬耳案魏書孫權乘大船來觀曹公軍曹公使弓弩亂發箭着其船船偏重將覆乃迴船復以一面受箭箭均船平乃回此說不同權乃為書與操曰春水方生公宜速去又別紙曰

足下不死孤不得安乃引還操恐江濱郡縣爲權所
掠徵令内移入轉相驚自廬江九江蘄春廣陵戶十
餘萬皆東渡江江西遂虚合肥以南唯有皖城
十九年夏五月權又征皖城取之獲太守朱光魏軍
盡退克寧江表而楊州所統丹陽吳興新都東陽臨
海建安豫章鄱陽臨川安城廬陵南郡等一十四郡
合一百四十八縣是歲劉備入蜀定益州使關羽鎮
襄陽
二十年權使諸葛瑾往詣備求荆州備不與權征之
置南三郡守使呂蒙討定其民蜀將關羽盡逐出之
權大怒自上鎮陸口使漢昌太守魯肅南討時曹操

又入漢中備懼操逼遂遣使與吴求和乃分荆州長沙江夏桂陽四郡屬吴冬折衝將軍升城督甘寧卒寧字興霸臨江人也少爲吏輕財重士嘗聚健兒年少好持弓弩帶鈴民聞鈴聲即知寧來也出入陸則連騎水則輕舟與人相遇待之甚厚乃與交歡不爾即放而奪之自劉表敗歸吴周瑜薦之以驍果從權

嘗曰孟德有張遼孤有興霸可以敵也

二十一年權自陸口引兵還合淝營於津北魏遣將軍張遼拒之久不戰權乃徹軍過津南自留千人殿後與軍將舉酒樂飲前部渡將欲盡遼知之密使人斷橋以輕騎來襲權桀馬至津橋橋南已折丈餘給事

谷利在後令權持鞍緩控利加鞭助馬勢遂得超渡

魏人追逼之利與別部司馬凌統以死苦戰身被數

瘡賀齊等迴軍津南列陣以待之權既免至大軍並

泣嚙指出血以爲終身之戒封谷利等爲都亭侯張

遼素不識權權去後因得吳降人問去向者紫髯將

軍長上短下者是何人荅曰孫將軍遼惋愕久之舉

軍歎恨

二十二年春權令都尉徐祥詣曹操詐降將謀息兵

操信之使修好結婚是歲偏將軍都亭侯凌統卒

統字公績吳郡餘杭人也年十五以父功舉爲別部

司馬攝領父兵嘗有宴會部下將陳勤性剛勇飲酒

使氣陵轢一座統面折之勤怒及其父母統流涕不
荅罷出勤於道又咒悖辱統統不能忍引刀斫勤數
日乃死時人多之每隨權征伐從陸口還逐合淝卒左
右苦戰免權津北之難而還悲痛親近者皆没無迻
者權引袂拭面曰公績亡者已矣但使卿在何患無
人因留之常使出入卧内統爲人性好接物親賢愛
士輕財重義有國士風年二十九卒權聞之驚起哀
不自勝使張承作誄致祭有二子列封皆幼弱權收
養於宫中年八九歲令葛先授書十日一教乗馬射
呼爲吾家虎子
二十三權如吴親乗馬射虎於庱亭虎傷馬長史

魯肅卒

張紘執轡諫曰足下繼兄父之業不宜輕脫逞英雄
於猛獸萬一不虞則大事去矣權乃止秋橫江將軍
益陽侯魯肅卒　肅字子敬臨淮東城人生而失父
家富於財常散以賑窮乏結豪士得鄉邑之心時廬
江周瑜爲居巢長聞之往求資糧肅時有米二囷各
三千斛直指一囷與瑜瑜益奇之乃結僑札之交袁
術聞而徵之肅見其無綱紀乃就周瑜於居巢相與
攜老弱渡江住曲阿見孫策英傑遂定議共事之策
死權統事周瑜乃薦肅才宜佐時權引肅合榻對飲
因密議曰今日漢室傾危四方雲擾孤承父兄遺業
思有桓文之功君既惠顧何以佐之肅對曰昔漢高

帝區區欲尊事義帝而不獲者以項羽爲害今之曹
操猶昔之項羽將軍何由得爲桓文乎肅竊料之漢
室不可復興曹操不可卒除爲將軍計惟鼎足江東
以觀天下之釁竟長江所極據而有之此自無嫌也
權甚重之及曹操破荆州軍勢盛群臣議多勸迎之
唯肅與周瑜不聽立計破操定荆州後周瑜向江陵
道疾篤上表以肅自代進奮武將軍封邑兵仗器械
部伍盡瑜之舊屬焉改授横江將軍在荆州甚得物
情衆至萬餘肅爲人方直嚴毅寡於玩飾内外節儉
治身整齊在軍手不釋卷善屬文思略弘遠卒時年
四十六權舉哀素服蜀諸葛亮聞之亦發哀三日

二十四年秋權表漢天子自率陸遜呂蒙等西征關羽至大桑浦拜呂範爲建武將軍領丹陽太守封宛陵侯使鎮建業謂之曰前從卿言無今日之勞也今當取之卿好爲我居守也八月劉備稱漢中王冬十一月大破關羽定荆州釋魏將于禁因歸之羽退守當陽麥陵城請降權召太史吴範問之範曰彼有走氣言降詐耳密使潘璋等徑路邀之令朱然納降覘者還曰關羽已遁去範曰雖去不免權曰何時得之答曰明日日中權立表下漏待之及日中不至範曰尚未正中頃之有風動帷範拊手曰羽至矣須臾外稱萬歲傳言得羽是日潘璋部將馬忠擒羽及子平於章

鄉還誅之案虞翻傳關羽既敗帝令翻筮之得節之臨翻曰不出三日當斷其頭果如其言帝謂翻曰卿不及伏羲可與東方朔為比也按蜀志關羽字雲長河東解人也與張飛共事劉備為禦侮者也　漢天子以權為荊州牧領車騎大將軍封南昌侯權遣梁寓入貢於漢以覿曹操是歲漢昌太守尋陽侯呂蒙卒　蒙字子明汝南富陂人也少小江南依姊夫劉當年十五六每隨當征討其母不許答曰貧賤難可居誤有功當得富貴且不探虎窟安得虎子母聽之後因表雄見孫策奇之使居左右及權統事張昭薦之從征黃祖立功拜橫野中郎將與周瑜追曹仁仁圍甘寧於夷陵急蒙說瑜進解寧圍先遣三百人寨斷險道賊走可得其馬及破仁仁夜遁走遇寨道皆捨馬步走蒙麾之獲馬

數百疋拜偏將軍鎮上屯時蜀將龐肅舉軍來附周瑜表分其兵與蒙蒙上書勸權來歸者宜益不宜奪權從之時上屯戍將徐碩宋芝等二人皆死子弟小弱權以其衆並付蒙蒙固陳其功勞不可棄廢宜立其子乃擇師傅討其子弟天下義之後代魯肅領漢昌太守屯陸口權因上陸口與議今北取徐州以廣疆場蒙曰此計未當縱得徐州亦不能守不如西取關羽以據長江權從之竟破羽定南郡進封孱陵侯遇疾權使舁入宮內自醫之每爲不食又不能頻見恐其起動常穿壁伺之見少可則喜笑如不能則悲不自勝治護萬方募國內有愈蒙者賜千金蒙爲人

不懷宿怨如有雠隙毁嫌者皆擢用之性不好書權
常使人勸令學問以自益年四十卒於宫中權哭之
慟置守家三十家助田五十頃子霸襲爵初權與陸
遜論周瑜魯肅及蒙曰公瑾雄烈膽略兼人遂破孟
德開拓荆州邈焉難繼君今繼之公瑾昔要子敬來
東致達於孤孤與宴語便及大略帝王之業此一快
也後孟德因獲劉琮之勢張言率數十萬衆水陸俱
下孤普請諸將咨問所宜無適先對至子布文表俱
言宜遣使脩檄迎之子敬則駮言不可勸孤急呼公
瑾付任以衆逆而擊之此二快也且其決計策意出
張陳遠矣後雖勸吾借玄德地是其一短不足以損

二長也周公不求備於一人故孤忘其短而貴其長
常以比方鄧禹又子明少時不辭劇易果敢有膽而
已及長學問開益籌略奇正可以次於公瑾但言議
英發不及耳圖取關羽勝於子敬子敬答吾云帝王
之起皆有驅除羽不足忌此內不能辦外爲本耳孤
亦恕之不苟責也然其作軍屯營不失令行禁止部
界無廢負路無拾遺其法亦美矣
二十五年春正月魏王曹操薨太子丕即位改漢建
安爲延康元年秋魏將梅敷使南陽長史張儉送款
以南陽陰酇筑陽山都中盧五縣五千家歸附權納
之明年冬十月曹丕代漢稱魏號黃初元年而權江

吴王受魏封號

東猶稱建安
二十六年其年始置丹陽郡自宛陵理於建業
二十七年夏四月劉備稱帝號於蜀即黄初二年也
時權在公安聞之自公安下都鄂改鄂爲武昌召問
知星者將定三分之計五月甘露降於建業秋八月
城武昌下令諸將出入從兵仗以自防冬十一月魏
使邢貞至冊命權九錫爲吴王貞入國門猶乘車軍
師張昭怒其無禮責之曰君謂江東無寸刃可爲法
耶何輕慢之甚貞遽下車拜謝群臣見冊命至議以
爲宜稱漢上將軍九州伯不應受魏封權曰九州伯
於古未聞昔沛公亦受項羽封爲漢王此盖時宜爾

吴大夫趙咨使魏應答如流

復何損也遂遣中大夫趙咨使魏魏文帝問曰吴王何等主對曰聰明仁智雄略之主問其狀咨曰納魯肅於凡品是其聰也拔吕蒙於行陣是其明也獲于禁而不害是其仁也取荆州兵不血刃是其智也據三州虎視天下是其雄也屈身陛下是其略也又問吴王頗知學乎咨曰吴王浮江萬艘帶甲百萬任賢使能志在經略雖有餘暇博覽史籍而採奇異不効書生尋章摘句而已又曰吴可征乎咨曰大國有征伐之兵小國有備禦之固又曰吴難魏乎咨曰帶甲百萬江漢爲池何難之有又曰吴如大夫者幾人咨曰聰明特達者八九十人如臣之輩撥群驅隊不可

勝數文帝善其對厚禮之咨還說權曰臣觀北方終不能守盟朝廷承漢四百之餘應東南之運宜改年號正服色以應天順人權納之拜騎都尉是年劉備怨殺關羽大舉兵自來伐至巫山誘武陵五溪蠻夷反權使大將軍陸遜拒之南郡太守諸葛瑾時駐公安使人送牋論是非以解於備或有譏瑾別遣親人與備相聞陸遜知之表明瑾無此宜散其意權書報遜曰子瑜與孤從事積年恩如骨肉深相明究其爲人也非道不行玄德昔遣孔明至孤語子瑜卿與亮同産且弟隨兄於義爲順何以不留子瑜荅孤云孔明與人委質定分義無二心弟之不留猶瑾之不往

也其言足貫神明今豈有此乎孤前得妄語文疏即
封視子瑜并手筆與之得其報論天下君臣大節一
定之分孤與子瑜可謂神交非外言可間也知卿意
至輙封來表以示子瑜使知孤意

二十八年春正月蜀軍前後連五十餘營分據險地
進外馬鞍山陸遜督諸將隨輕重應接四面攻圍閏
正月大破蜀軍於五屯斬將搴旗追奔逐北盡敗諸
營投降者萬餘盡得其糧食器物備走遜部將孫植
斬上兜道截其徑路要備備踰山險僅得免入於白
帝城二月權以破蜀事使報魏魏遣侍中辛毗尚書
桓峙來盟誓并徵任子權辭不受秋九月魏命曹休

張遼等諸軍大出數道來逼權令呂範諸葛瑾等緣
江守備拜陸遜爲輔國大將軍鄂州牧封江陵侯假
黄鉞渡江拒魏以將軍朱桓爲濡須督封新城亭侯
魏密遣大司馬曹仁步騎數萬向濡須欲襲取桓乃
僞揚聲東攻羨溪桓分兵將赴羨溪既發卒得仁進
軍拒濡須七十里桓遣追還羨溪兵未到而仁奄至
城下桓時兵吏在者五千人因勑偃旗卧鼓外示虚
弱以誘之仁使子泰來攻自將萬人留爲後拒桓分
步兵當仁身自拒破泰泰燒營走追斬數千級仁退
諸軍乘勝破曹休張遼等魏引退鎮西將軍陸遜等
率諸將進表勸權即王位冬十一月權就吴王位於

武昌大赦改年號爲黄武元年初置丞相以陽羨侯孫劭領之立子登爲王太子十一月蜀使致書於權引躬自責求修舊好十二月遣太中大夫鄭泉聘劉備於白帝始報通好焉泉至蜀蜀主問曰吴王何以不荅朕書將無以朕正名不宜乎泉曰曹操父子凌轢漢室終奪其位陛下託以宗室有維城之重不荷戈執殳爲海内率先而因是自名未合天下之義是以寡君未復書爾備甚慙 泉字文淵陳郡人博學有姿望而性嗜酒每閑居曰願得美酒滿五百斛舡以四時甘脆置兩頭反覆没飲之憊即住而啖餚饌酒有斗升減隨而益之不亦快乎臨卒謂同類曰必

葬我於闔家側庶百歲後化成土見取爲酒壷是歲改秣陵爲西陵詔楊州置牧以丹陽太守呂範爲楊州牧以東征將軍高瑞領丹陽太守復自建業徙治蕪湖時楊州所統一十四郡一百四十八縣而丹陽領一十九縣

二年春正月城江夏武昌宮改四分用乾象曆自以土行代漢建寅爲歲首三月魏軍盡退疆界寧息夏四月丞相孫劭大將軍陸遜率群臣上表稱天命符瑞勸王即帝位王再讓未許謂群臣曰漢家堙替不能存救亦何心競焉案江表記權謂將相曰往年寡人以玄德方向西鄙故先命陸遜選衆以待之聞北部分兵欲以助寡人寡人內嫌其狀若不受其拜是相折辱而趣其速發便當與西俱至二處受敵於國爲劇故自抑就其封王低屈之趣諸君未盡今故相解耳

蜀主劉備薨於白帝王使立信都尉馮熙弔于蜀五

月甘露降曲阿冬十一月蜀使鄧芝以馬二百疋錦千端來聘自是之後聘使來往爲常各致方物獎其厚意

三年秋九月魏大軍來寇曹丕自出廣陵臨大江兵十餘萬旌旗數百里王使諸將謀以拒守安東將軍徐盛設計築圍作薄落圍上設假樓江中浮舟多張旗幟於山險而又縛草爲人衣以甲冑自武昌至于京口烽煙相望諸將以爲無益王然之魏文帝臨江不敢渡久之歎曰天固隔我吳魏彼有人焉便退吳將孫劭先屯於江北聞魏軍退遣將髙壽率敢死士五百人夜於徑路要之魏帝驚敗遁走壽獲轓車

羽蓋而歸冬十月晦日有蝕之四年夏五月丞相孫
卲薨謚曰肅　卲字長緒北海人身長八尺初爲北
海相孔融功曹融以爲廊廟之才漢末隨劉繇過江
歸國累拜車騎長史爲吳首相封陽羨侯初卲之薨
也群臣衆望舉婁侯張昭爲丞相王曰寡人豈爲子
布所惜但丞相事煩而此公性剛所言不從怨咎將
興非所益也六月以太常顧雍爲丞相封醴陵侯以
尚書陳化爲太常　化字元耀汝南人少博覽衆書
氣幹剛毅長七尺九寸雅有威容初拜郎中使魏魏
文帝因酒酣謔化曰吳魏峙立誰將平一海内化曰
易稱帝出乎震加聞先哲知命舊說黃旗紫蓋運在

東南帝曰昔文王以西伯王天下豈復在東乎化曰
周之初基太伯在東所以文王興於西帝笑無以難
心奇其詞厚禮送還王以奉命光國遷犍爲太守尋
追入遷尚書頃之拜太常兼尚書立朝正色勑子弟
廢田桑絶治產業仰官廪禄不與百姓爭利妻早亡
以古事爲鑒不復娶王聞而貴之以其年壯勑宗正
以宗室女妻之固辭不受年七十上疏乞骸骨爰居
章安卒於家子熾嗣　雍字元凱吳人也少從蔡伯
喈學琴慕其爲人因改名雍初以州郡表薦累遷至
尚書封陽遂鄉侯拜侯還家而家人不知雍爲人不
飲酒寡言語朝廷憚之自爲丞相其所選用各隨能

所任心無適莫訪人間及政職所宜密以言聞見納
則歸於主上不用終不泄言以此見重秋七月皖口
言木連理又地連震
五年大將軍陸遜奏所在無寇令諸將廣農畝王許
之稱善孤自率子弟親受田車八牛為四耦與衆等
均其勞也夏五月魏文帝崩秋七月蒼梧鳳皇見是月
置東安郡治富春冬十一月陸遜以便宜奏施德緩
刑寬賦息調王答善之乃令有司盡寫科條使中郎
褚逢齎就遜令與諸葛瑾同損益之衛將軍交阯太
守龍編侯士燮卒 燮字威彦蒼梧廣信人也少好
學漢察孝廉補尚書郎以公事免喪父茂才除巫令

累遷交阯太守漢末交州刺史朱符爲夷賊所殺州
郡擾亂燮乃表弟司徒壹領合浦太守次弟徐聞
令鮪領九真太守鮪弟武領南海太守兄弟並在列
郡雄據一州偏在萬里威尊無上出入鳴鐘磬備鼓
吹車騎滿道胡人夾轂焚香者常有數十人妻妾乘
輜軿子弟從兵騎當時貴重震服百蠻燮體氣寬和
謙虛下士中國人物避難多往依之每公事稍閑輒
習書傳注解左氏春秋尚書古文大義時天下亂四
方隔絕而燮不廢貢賦及王使步騭定南土率兄弟
奉承節度每使貢雜香細葛明珠大貝琉璃玳瑁翡
翠犀象珍奇異果無歲不至在郡四十餘年年九十

辛王以交趾懸遠乃分合浦已北爲廣州拜呂岱爲刺史交趾已南爲交州拜戴良爲刺史以陳時代燮爲交趾太守良與時至合浦而燮子徽自署爲交趾太守發宗兵拒良不許入王勑呂岱與良等討平之誅徽傳首武昌

六年春正月韓璫子綜以衆叛降魏

七年罷東安郡夏五月鄱陽太守周魴以詐誘魏將曹休獻休事七條密表於王八月王自幸皖口使大將軍陸遜督中軍全琮朱桓爲左右三邊俱進大破魏軍於夾石亭俘數萬計盡收其騾馬輜重曹休僅免冬十月王下令軍中諸將有三罪然後議之以將

軍翟舟有過亡入魏故也是歲改合浦爲珠官郡大
司馬南昌侯呂範薨 範字子衡汝南細陽人少爲
縣吏有容儀姿貌而家貧縣有富人劉氏女有美色
範求之母不許女曰豈有如呂子衡長久貧耶遂與
爲婚後避亂住壽春將客百餘人過江東孫策異之
遣往江都迎太妃還策待以親戚共升堂飲於太妃
前求退任爲都督整齊其衆因進言於策曰捨本土
而託將軍者非爲妻子欲與將軍共濟世務猶同舟
涉海事不成則俱受其敗乃授偏將軍內外委任焉
王統事深重之嘗與嚴畯論衡方於吳漢進領彭城
太守與周瑜同破曹操於赤壁以功進平南將軍也

大桑尋入守建業黃武元年遷楊州牧七年拜大司
馬改封南昌侯印綬始下而薨王素服舉哀黃龍元
年將下都建業自過範墓祭以太牢執酒呼曰子衡
隨我言及流涕左右皆垂淚範性耿介有威儀好奢
靡然勤公奉法王深委之案江表傳權嘗謂嚴畯曰呂子衡忠篤亮直性雖如奢然以憂公爲先不足爲損遜袁術自歸於兄已作大將別領部曲故憂兄事乃降爲都督辨護修整吾軍加之勤恪與吳漢相類故方之皆有趣非孤私也

建康實錄卷第一

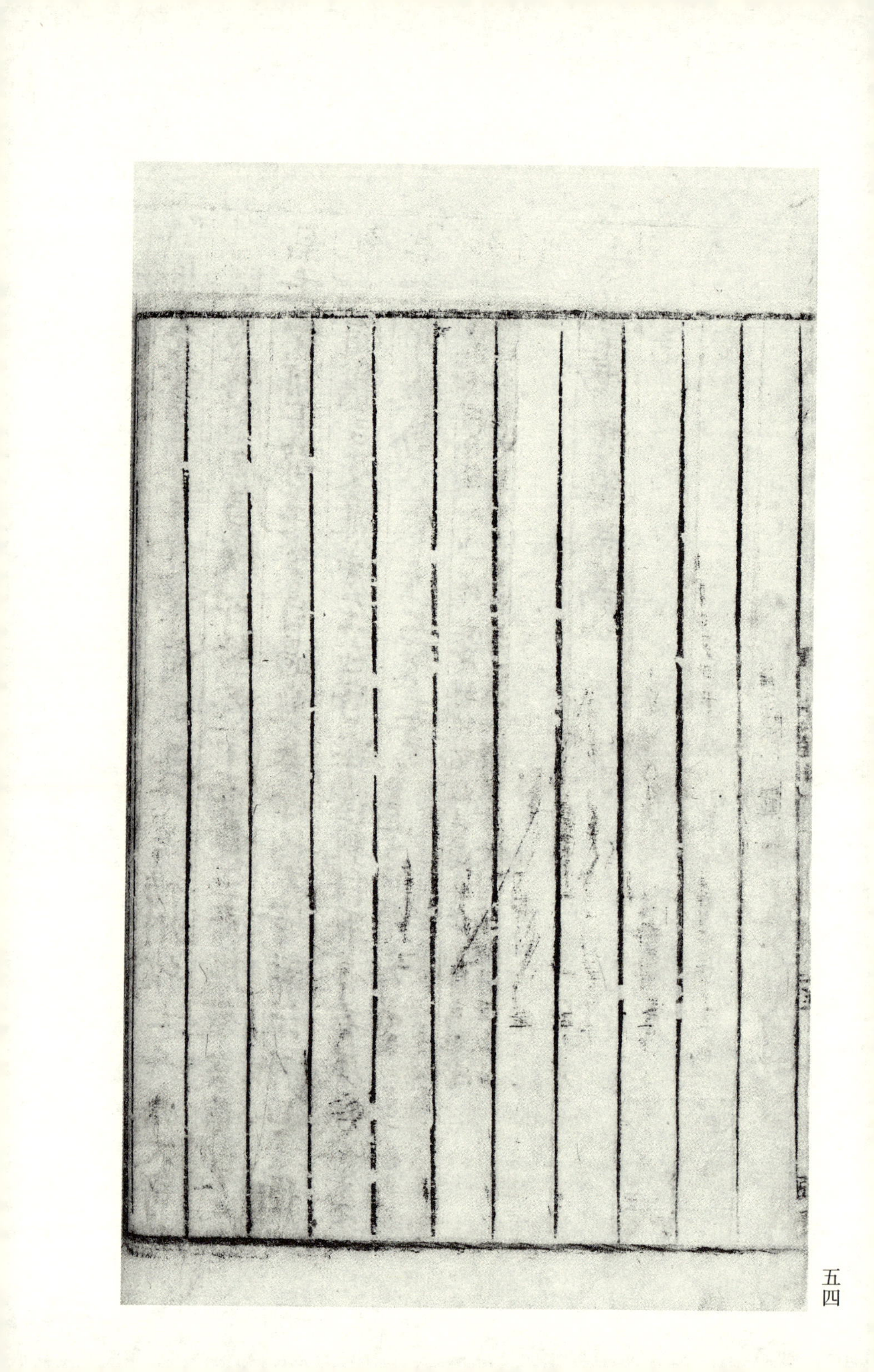

建康實録卷第二　　吳中

太祖下

黄武八年春正月公卿百司連上表勸王正尊號王猶謙讓再三夏四月黄龍鳳皇見武昌夏口並言之甲午公卿再請王曰群臣百辟咸以寡人上副天心寡人敢辭甲申立壇于南郊即帝位柴燎告天禮畢法駕旋武昌宮陞太極殿大赦改元黄龍元年建黄龍大牙常在中軍令諸將進退向之詔侍中胡綜爲賦其略曰乃律天時制爲神軍取象太一五將三門疾則如電遲則如雲進止有度約而不煩四靈既布黄龍中央周列日月實曰太常傑然特立六軍以並

玄云　綜字緯則汝南固始人也少孤將母避亂江
東年十四爲孫策門下客好學攻文黄龍初蜀使修
好帝令綜作盟文文義宛美自黄龍後詔誥冊命鄰
國答書皆綜所爲與是儀徐祥同典機密丁酉追尊
父堅爲武烈皇帝廟號始祖陵曰高陵母吳氏爲武
烈皇后兄策爲長沙桓王立子登爲皇太子内外文
武百司皆即位行賞邊軍征防各賜勳五轉鰥寡孤
獨量給穀帛百姓並免今年租賦天下賜酺五日初
漢末興平中童謡曰黄金車斑蘭耳闓閶門出天子
閶門即吳西郭門也夫差所造帝即吳人六月蜀使
衛尉卿陳震來慶踐位帝乃立壇與蜀使盟約滅魏

吴遷都建康

中分天下以幽豫青徐兖鄆冀并凉屬蜀其司州之土以函谷關為界有害於吴蜀伐之有害於蜀吴伐之凡百之約皆如載書有渝此盟創禍先亂時童謠云寧飲建業水不食武昌魚寧就建業死不就武昌居秋九月帝遷都於建業案江表傳漢建安中劉備曾宿於秣陵觀江山之秀勸帝居之初張紘謂帝曰秣陵楚威王所置名金陵地勢岡阜連石頭古老云昔秦始皇東巡會稽經此縣望氣者云金陵地形有王者都邑之氣因掘斷連岡故名秣陵今據所見存地有其氣象天之所會今宜為都邑帝深善之後聞劉備語曰智者意同故即帝位聞謠言而思張紘議乃下都之又案吴録劉備曾使諸葛亮至京因覩秣陵山阜曰鍾山龍盤石頭虎踞此乃帝王之宅也以陸遜為上將軍詔輔太子登留守武昌冬十月至自武昌城建業太初宮居之宮即長沙桓王故府也因以不改今在縣東北三里晉建康宮城西南今運瀆東曲折内池即太初宮西門外池吴

宣明太子所創爲西苑案其地今在惠日寺後僧相傳呼爲果師墩初吴以建康
宫地爲苑其建業都城周二十里一十九步十一月
右長史張紘卒遺令戒子孫無爲不善　紘字子綱
廣陵人少游學京師還本郡舉茂才公府辟皆不就
漢末避亂江東桓王初起委質於紘紘爲謀主每出
入諫王持重不宜輕脫建安四年奉使許昌宫時曹
操爲司空辟爲掾兼侍御史紘心戀昔恩思還返命
未果桓王薨而帝統事操欲紘輔帝内附拜紘爲會
稽東部尉帝不以紘比任介意至因爲長史與張昭
二人爲左右腹心一人從征一人居守及帝都秣陵
辭還東迎家道病卒年六十一留牋勸帝修德納善

帝省書流涕久之子玄清介高行官至南郡太守

二年春正月詔立國學置都講祭酒二月使將軍衛溫諸葛直下海求亶夷二洲得夷洲數千人而還（二洲皆在海中長老傳云秦始皇遣方士徐福將童男女數千人入海求蓬萊神山及仙藥遂遇風皆止此洲不還世世相承有數万家時有會稽東鄉人行海遇風至夷洲其亶洲絕遠不可得到故溫只得夷洲人還也）

三年夏五月建業有野蠶爲繭大如鳥卵由拳生野稻詔改由拳爲禾興縣冬十月始平言嘉禾生十二月丁卯大赦改明年爲嘉禾元年春丞相顧雍奏宜修郊廟社稷以承天意詔答未許二月皇子建昌侯慮薨　慮字子智太祖次子性聰敏才兼文武黃龍初大臣等奏宜進爵爲王使出鎮任以光大業帝許

之假節開府鎮軍大將軍臨事遵奉法度敬納師友
深見寵愛薨時年二十帝爲之降損夏六月皇太子
登歸自武昌留省侍以太子少傅都鄉侯是儀爲侍
中 儀字子羽北海營陵人本姓氏少仕郡郡相孔融謂
曰氏字民無上可改爲是乃從焉後避地隨劉繇過
江太祖統事徵用之專典機要性謇諤帝以爲趙之
周昌累官至侍中遷少傅輔皇太子鎮武昌隨還復
拜侍中轉僕射爲人儉讓不治產業又愛惠施宅在
西明門外甚卑陋雖處尊官弊衣單食帝聞之幸其
宅求親蔬飯親嘗之對而歎息有所增益皆讓而不
受時或進達未嘗言人之短卒時年八十一冬十月

魏遼東太守公孫淵叛魏使校尉宿舒閬中令孫綜
來奉表稱藩請援并獻方物帝進公卿議輔吳將軍
張昭及丞相顧雍等率大臣切諫淵反覆難信無嶮
路遥遠願勿納之帝不信遣太常張彌執金吾許晏
將軍周賀賀達校尉裴潛將兵一萬浮海應接并齎
珎寳九錫備物封淵爲燕王領幽青二州十七郡諸
軍事二年三月漢獻帝崩率公卿舉哀三日公孫淵
果反爲魏魏將田預要擊破周賀裴潛等於成山而
淵殺張彌許晏賀達三人分其部伍秦旦杜德等走
於玄兎八月旦等自玄兎走句麗句驪王見旦德等
甚敬之曰此天子邊人也乃發皂衣使二十五人送

歸無表獻方物豹皮千枚鶡雞皮十具帝喜句麗大
怒公孫淵將自征遼東尚書薛綜等率大臣切諫帝
猶怒選曹尚書陸瑁上疏曰古來荒服慌忽無常不
可保也夫兵革者前代所以誅暴亂滅四夷然皆姦
雄已除天下無事從容廟堂之上以議之至於中夏
鼎沸九域盤牙之時深根固本愛力惜費務自將養
以待隣敵之闕者有遠征於此時也捨近馳遠疲於
軍力願陛下少思之帝乃止冬十月詔使中書郎陳
恂謝宏往拜句麗王宮爲單于并賜衣服恂至句麗
已受魏幽州牧諷旨不受詔賜遂郊止吳使令王簿
笮資帶固往與恂宏相見恂等怒乃縛資固爲質使

譴句麗句麗王謝罪獻馬百疋乃釋資等令奉詔賜

物而將馬還

三年夏六月帝率六軍親征合淝別使大將軍陸遜

諸葛瑾等屯江夏沔口張承孫韶等將兵往廣陵淮

陽魏明帝自東出拒之帝還軍九月朔旦隕霜傷穀

誅不由君上之應也時典校事呂壹專威福帝任之

群目無敢言是歲復曲阿爲雲陽丹徒爲武進

四年秋七月魏使以馬二百疋求易珠璣翡翠帝曰

此朕不用之物乃與交易八月雨雹又隕霜雹者陰

之脅陽佞目小人專任之應

五年春議鑄大錢一當五百詔吏民輸銅畀直設盜

鑄之科三月武昌甘露降於禮賓殿夏旱自去冬不
雨至于五月秋七月輔吳將軍婁侯張昭薨遺令幅
巾素棺斂以時服帝素服臨吊祭以太牢謚文成侯
昭字子布彭城人好學善談論能隸書從白侯子安
受春秋衆書與趙昱王朗俱發名友善與朗共論舊
君諱事處士陳琳善之舉茂才不應徐州刺史陶謙
以爲輕已將拘之趙昱救免乃避難江南及桓王創
業爲府長史一事已上並委之陞堂拜母如舊好焉
桓王臨薨以後事託昭輔帝帝即位以昭爲軍師將
軍每以直諫整齊德行帝嘗於武昌宮臨釣臺飲酒
大醉使人以水灑群臣曰今日酣飲唯醉墮臺中爲

止耳昭正色不言出外坐車中帝使人呼還謂曰作
樂公何爲怒昭對曰昔紂爲糟丘酒池長夜之飲當
時亦以爲樂不以爲惡也帝慙而止黄龍初與孫劭
滕胤鄭禮等採周漢故事定朝儀帝即尊號拜輔吴
將軍封婁侯食邑萬户在宅無事嘗著春秋左氏傳
解及論語孝經注每有隣國使命昭輒折之時帝遣
張彌許晏應接公孫淵昭諫曰淵背魏懼討遠來求
援非本意也若淵改圖欲自明於魏兩使不返司取
笑天下帝不納昭切諫止之帝撫刀於膝上大怒曰
吴之士大夫入則拜朕出則拜卿朕之敬卿亦爲至
矣而數於衆中折朕失計何也昭孰視帝面良久進

曰誠知言不見用每竭愚衷者誠以太后臨崩呼老
臣於床下遺詔顧命之耳因即涕泣橫流帝投刀於
地與昭對泣然竟遣彌晏昭忿言不見用杜門稱疾
不朝帝數召起昭稱疾篤帝恨塞其門昭於内又自以
土封之帝後悔過親至門呼昭昭猶稱病帝燒其門
以恐之昭更閉戶帝使人滅火自責良久昭諸子共
扶昭起載而還宮昭進謝帝跪止之坐定仰而言曰
昔太后桓王不以老臣屬陛下而以陛下屬老臣是
以思盡臣節以報厚恩使泯没之後有可稱述而意
慮愚淺違逆盛旨自分幽淪長棄溝壑不圖復蒙引
見得奉帷幄然臣愚心事國志忠畢命而已若乃變心

易慮偷榮取容此目所不能也帝謝之昭爲人容皃矜嚴有威風帝常曰孤與張公言不敢妄發舉邦憚之（案江表傳初帝於群臣皆呼字唯呼昭曰張公張紘曰東部）初建安中吳太后臨崩以江外多虞召昭與張紘受遺託孤深委寄之帝命帝以師父事昭故昭盡忠輔成王業薨時年八十一長子承少以才學知名爲人壯毅忠謹甄識人物拔蔡款謝景於寒微並爲國士封侯其妻諸葛恪妹也見恪歎曰敗諸葛氏者元遜也性勤於進賢篤於物類庶幾之流無不造門焉（案丹陽記大長干寺道西有張子布宅在淮水南對瓦官寺門張侯橋所也橋近宅因以爲名其長干是里巷名江東謂山隴之間曰干建康南五里有山崗其間平地民庶雜居有大長干小長干東長干並是地里名小長干在瓦官南巷西頭出江也）

冬十月彗星見于東方

六年春正月詔曰郎吏者宿衞之臣古之命士間者所用頗非其人自今選三署皆依四科不得虛司相飾夏用左執法胡綜左節度顧譚議定法長吏不許奔喪詔曰遭喪不奔法非古也蓋隨時之宜以義斷恩自今已後長吏不得奔喪廢職有犯者大辟行治冬十二月赤烏群集前殿大赦改明年爲赤烏元年春正月侍御史謝宏奏更鑄大錢一當千 以廣貨帝許之二月追拜夫人步氏爲皇后 后諱練師臨淮淮陰人也隨母徙廬江廬江爲柏王所破皆東渡夫人以美麗得幸於帝生二女魯班魯育性不嫉妬多推進故久見愛寵冠後庭及帝即位數次欲立爲后

公卿意在太子母徐氏帝不得已依違十餘年薨追
思之至是年追拜之後合葬蔣陵秋七月典校事呂
壹坐姦事伏誅帝深懲亂法使中書郎袁禮以誅壹
事謝四方諸大臣兼手詔一一條件而問時事損益
并責不直言切諫八月麒麟見武昌
二年春正月魏明帝薨夏五月城沙羨
三年春詔曰蓋君非民不立民非穀不生下州郡勸治
農桑農桑時不得役事夏四月大赦諸郡縣治城郭起
樓穿塹發渠以備非常冬十一月詔開倉賑給貧民
十二月使左臺侍御史郗儉監鑿城西南自秦淮北
倉城名運瀆按建康宮城即吳苑城城內有倉名曰苑倉故開此瀆通轉運於倉所時人亦呼為倉城晉咸和中修苑城為宮惟

倉不毀故名太倉在西華門内道北

四年春正月大雪平地三尺鳥獸死者太半三月右將軍孫韶卒　韶字公禮父河本姓俞氏吳人常隨柏王征伐立功賜姓孫初邊鴻與嬀覽等殺丹陽太守孫翊河往苑陵詰鴻覽戴負負等懼罪又殺河韶年十七收河衆歸治京城樓櫓以備御禦帝聞之將還吳引軍夜至城下試攻之韶皆乘城傳檄備警讙聲動地帝使人諭止明日召見深器之拜爲校尉統河部曲食曲阿丹徒二縣自置長吏帝即尊號遷鎮北將軍在邊十數年善待士卒得其死力常以警疆埸遠兵候爲務故鮮有敗軍之事帝在武昌詔韶屯京知

青徐汝沛等軍事及帝下都建業朝見帝問其土人物韶荅屯戍遠近人馬衆寡將帥姓名盡識之身長八尺儀皃都雅帝喜曰吾不見汝久不圖進益乃爾拜右將軍夏四月使衛將軍全琮征魏掠淮南決芍陂燒安城邸閣收其人民中郎將秦偲等與魏將王陵大戰芍陂中斬獲千餘人車騎將軍朱然圍樊大將軍諸葛瑾取湘中地時零陵太守殷禮上書於帝曰今天棄曹氏國內虎爭幼童蒞事取亂侮亡且於今日願陛下親自御戎舉荊揚之衆盡彊弱之數彊者執戟羸者轉運西命益州軍于隴右授諸葛瑾朱然大衆指事襄陽陸遜朱桓別征壽春大駕方入淮

泗淩轢青徐襄陽壽春困於受敵長安以西務對蜀
軍許洛之師勢必分散掎角瓦解民必內應將相對
向或失宜便一軍敗績三軍離心便當秣馬脂車踐
踏城邑乘勝逐北以定華夏若不悉軍動衆循前輕
舉則不足大用易於屢退民疲威竭非出兵之策也
帝善之不能用　禮字德嗣雲陽人幼而聰穎過人
顧劭拔於微賤之中累遷郎中與輔義中郎將張溫
使蜀蜀諸葛亮見而歎曰江東菰蘆中生此奇才使
還守郡卒於官五月皇太子登薨帝聞驚惋哀不自
勝詔曰國喪明嫡百姓何福下有司謚爲宣明太子
太子字子高帝長子性謙讓好學既居儲位以諸葛

恪爲左輔張休爲右弼顧譚張承爲都尉是爲四友
謝景范慎刁玄羊衜等爲賓客每侍講東宮號爲多
士登接師友同布衣之禮常與共帳同輿及鎮武昌
遊獵出入不踐良田頓息又擇空閑之地而不煩民
曾乘馬出有彈丸過其側左右求之見一人操彈佩
丸咸以爲詞對不伏從者欲捶之登使求過丸比之
非類乃釋之所生母徐氏廢在吳而日夕思戀及立
爲太子辭曰本立而道生欲立太子宜先立后帝曰
卿母何在對曰在吳中帝默然每有賜衣皆沐浴以
服之立二十一年年三十三臨終上表進賢勸善覽
刑省賦皇子和仁孝聰哲德行清茂願早建置以副

民望諸葛恪張休顧譚謝景皆通敏有識斷入宜腹
心出可爪牙范慎華融矯矯壯節有國士之風羊衜
有專對之才刁玄裴欽蔣修虞翻志節外明凡此諸
臣或宜廊廟或堪將帥明習法令守信固義有不可
奪之志此皆陛下日月所照選置臣宮備知情素敢
以陳聞帝覽之摧感初葬句容後三年移葬鍾山西
蔣陵置園邑奉守次子英嗣封吳侯閏六月大將軍
豫州牧諸葛瑾薨　瑾字子瑜瑯琊陽都人也性寛
緩容皃思度于時伏其弘雅少遊學博聞有孝德漢
末避難渡江弘咨薦於帝帝善之爲人善譚論諫諭
未甞切諤人主粗陳指歸有未合則言他事物類相

求帝亦解悟瑾兄弟三人各事一方每使往來兄弟相見言於公庭曾無私語帝即尊位進拜大將軍豫州牧封陽都侯臨終遺令素棺殮以時服長子恪自得侯次子融襲封振威將軍統部曲鎮方外融多伎藝好會賓客在軍每休假令吏卒不遠千里造焉常訪問賓客其言能者隨其書史樗蒲弓彈犬馬分部別類與之任性融乃繼進甘果酒肉自巡淋周流看省終日不倦吏士親附疆無外事案江表傳孫峻害諸葛恪容使無難督施寬等上取融融不之知忽聞兵至猶豫不決及寬等圍城遂飲毒死三子見殺先是公安有靈鼉鳴時謠曰白鼉鳴龜背平南郡城中可長生守死不去義無成及此融果刮金印龜服之而死也秋八月陸遜城邾冬十一月詔鑿東渠名青溪通城北塹潮海潮溝亦帝所開以引江潮其舊跡在天寶寺後長壽寺前東發青溪西行經都古承明廣莫大夏等

三門外西極都城牆對今歸善寺西南角南出經閶闔西明寺二門接運瀆在
西州之東南流入秦淮其北又開一瀆在歸善寺東經橋玄等門北至後湖以
引湖水至今俗爲運瀆其實古城西南行者是運瀆自歸善寺門前東出至青
溪名曰潮溝其溝東頭今已堙塞纔有處所西頭則見通運瀆北轉至後湖
其清溪北源亦通後湖出鍾山西今建元寺東南角度溪有橋名募士橋吳大
帝募勇士處其橋西南角過溝有埭名雞鳴埭齊武帝早遊鍾山射雉至此雞
始鳴因名焉其溝是吳都儉所開在苑陵後晉修苑城爲建康宮即城北塹也
也東自平昌門西出經閶闔門注運瀆今東頭見在建元寺門西頭出今寶公
亭前舊路西至孝義橋入運瀆運瀆舊有六橋孝義本名覽子橋次南有楊烈
橋宋王僧達觀鬬雞鴨處次南出有西州橋今縣城東南角路東出何后寺門
次南有高曄橋建康西尉在此橋西今延興寺北路東度此橋次南運瀆臨淮
有一新橋對禪靈渚渡今之過淮水橋名新橋本名萬歲橋其清溪上亦有七
橋寂北樂遊苑東門橋次南有尹橋今潮溝大巷東出度此橋次南有雞鳴橋
即輿地志所謂今新安寺南東度開聖寺路度此橋次南有募士橋次南有燕
首橋一名走馬橋橋東燕鵲湖湖連齊文惠太子博望苑隋末輔公祏築其地
爲城唐朝陸孝恭爲江寧令開金華坊坊於郭東東逼清溪乃廢燕首橋路而
於興業寺門前東度溪立橋名金華橋次南有清溪中橋今湘宮寺門前巷東
出度溪東有桃花園是齊太祖舊宅即位後修爲園亦名芳林園下[illegible]長曲水
詩序云載懷平圃乃睠芳林即此園也次南青溪大橋今縣東出向句容大路
經北橋東即陳五兵尚書孫瑒宅西即陳尚書令江總宅與瑒對夾青溪俱在
路北陶季直京都記云午時京師鼎族多在清溪左及潮溝北俗說郗僧
施泛舟青溪每一曲作詩一首謝益壽聞之曰清溪中曲復何窮盡也

五年春正月立子和爲皇太子大赦改禾興縣爲嘉興縣二月群臣奏請立皇后及皇子爲諸侯王辭曰今天下未定民物勞瘁有功未錄飢寒未恤猥割土壤以封子弟崇爵位以寵妃妾朕不取焉三月海鹽言黃龍見夏四月旱詔禁獻御減太官膳秋七月有司又奏立皇后諸侯王八月立子霸爲魯王九月遣將軍陸凱討定朱崖儋耳郡

六年春騶虞見新都冬十一月丞相顧雍薨時年七十六是月太子太傅都鄉侯闞澤薨　澤字德潤會稽山陰人家世農夫幼好學居貧常與人傭書以供紙筆所寫既了誦之亦過究竟典籍兼通歷數察孝

廉累遷吏部尚書時蜀使張奉來聘帝命公卿宴奉
於座別澤姓名嘲譴澤不能對時太子少傅薛綜因
行酒至奉代澤荅曰蜀者何也有犬爲獨無犬爲蜀
横目苟身蟲入其腹奉曰不當復列吴耶綜應聲曰
無口爲天有口爲吴君臨萬國天子之都衆座歡笑
奉無以對澤性謙恭小吏對問皆與抗禮人有非短
口未甞言容皃似不足者然所聞少窮甞以賈誼過
秦論進帝欲方便諷諭以明治亂十二月扶南國獻
樂人是歲諸葛恪大破六安殺魏將謝景收其民而
還魏司馬懿率軍入舒恪還于柴桑
七年春二月以大將軍陸遜爲丞相秋嘉禾生宛陵

八月詔曰督將亡殺其妻子是使妻弃夫子弃父也甚傷義教自今勿殺之車騎將軍朱然驃騎將軍步騭等各上疏言自蜀還者言蜀欲背盟與魏交通多作舟舡繕治城郭又前蔣琬守漢中聞司馬懿南向不出兵乘虛以掎角之反委漢中還成都事已彰露的無所託宜爲之備帝良久曰不然吾待蜀不薄聘享盟誓無以負之何以致此又司馬懿前來入舒旬日便退蜀在萬里何知緩急而便出軍昔魏入漢川此間始戒嚴亦未舉制會魏還而止蜀寧可復以此爲疑也且人治國舟舡城郭何得不護今此間治軍豈欲禦蜀人言昔不可信朕爲諸君破家保之果如

帝言而蜀竟無謀

八年春二月丞相江陵侯陸遜薨　遜字伯言吴人也本名議世爲江東大族妻桓王女也遜年二十始仕幕府歷東西曹令史出爲海昌屯田尉領縣事海昌令之鹽官也時旱遜開倉賑窮百姓懷之及帝統事而遜策定山賊帝用爲帳下都督時會稽大守淳于式表遜枉法擾亂人民遜入乃薦式爲佳吏帝曰式表卿卿何稱善對曰式意欲養民是以白目更毁之是亂聖聽帝以爲長者後吕蒙卧疾因上表言意思深長才堪負重觀其規慮終可大任帝納之累遷護軍鎮西將軍代吕蒙爲右部督征關羽剋公安

定南郡封華亭侯持節楊州牧务所辟舉及帝定荊
州上表勸帝薦拔英異以進南土人深納其言黃武初
大破劉備於馬鞍山尋敗曹休于夾休發背死遜還
軍振旅凱歌入武昌帝授遜輔國將軍郢州牧改封
江陵侯勑左右以御蓋覆之出入殿門凡所賜與皆
御物上珍群臣莫比嘉禾中都護諸軍與諸葛瑾等
征襄陽定安陸石陽及爲丞相詔領楊州牧都督如
故時帝寵魯王霸欲廢太子和遜上書諫曰太子正
統宜有盤石之固以副至尊不宜動搖生惡人心表
三四上帝怒以重臣未即加法使人責之遜不勝憤
恚而薨性忠梗出言無私立朝肅如也帝常以諸子

委遜教誨故建昌侯慮曾於堂前作鬬鴨欄遜見責

之即令毀除學士南陽謝景與劉廙之談講以先刑

後禮遜引大義訶之曰禮長於刑久矣何以細辯而

詭先聖之教若此之論不須講也左右失色爲人素

儉知足時年六十三死之日家無餘財夏五月震宫

門及南津大橋茶陵縣洪水溢出漂損二百餘家秋

七月帝遊後苑觀公卿射征西將軍馬茂符節朱真

牙門將朱志無難都督虞欽等謀逆欲劫公卿襲帝

事覺夷三族八月大赦使校尉陳勲作屯田發屯兵

三萬鑿句容中道至雲陽西城以通吴會舡艦號破

崗瀆上下一十四埭通會市作邸閣仍於方山南截

淮立埭號曰方山埭今在縣東南七十里案其瀆在句容東南二十五里上七埭入延陵界下七埭入江寧界初東郡船不復行京行江也晉宋齊因之梁太子綱改爲破墩瀆遂廢之而開上容瀆在句容縣東南五里頂上分流一源東南三十里十六埭入延陵界一源西南流二十六里五埭注句容界上容瀆西流入江寧秦淮後至陳高祖即位又堙上容而更修破崗至隋平陳乃詔並廢此瀆

九年夏四月甘露降武昌宮秋九月以驃騎大將軍步騭爲丞相車騎大將軍朱然爲左大司馬衛將軍全琮爲右大司馬鎮南將軍呂岱爲上將軍諸葛恪爲大將軍時用大錢物貴百姓不便詔除大錢畀物價使收其錢鎔爲器

十年春適南宮案輿地志南宮太子宮也宋置欣樂營其地今改在縣城二里半吳時太子宮在南故號南宮爲太初宮詔移武昌材瓦有司奏武昌宮作已二十

八年恐不堪用請別更置帝曰大禹以卑宮爲美今軍事未已所在多賦妨損農業且建康宮乃朕從京來作府舍耳材柱率細年月久遠嘗恐朽壞令武昌材木自在且用繕之冬十月大赦死罪是歲胡人康僧會入境置經行所朝夕禮念有司以聞帝曰昔漢明帝感夢金人使往西方求之得摩騰竺法蘭來中國立經行教今無乃是其遺類乎因引見僧會其言佛教滅度已久唯有舍利可以求請遂於大内立壇結靜三七日得之帝崇佛道以江東初有佛法遂於壇所立建初寺帝初好道術有事仙者葛玄嘗與遊處或止石頭四望山所或遊於列洲時忽遇風玄船

傾溺帝悲怨久之俄見玄叟履從江上行來衣不濡而有酒色玄性好酒嘗飲醉卧門前陵水中竟日醒乃止帝重之爲方山立洞玄觀後玄白日昇天今方山猶有玄煑藥鐺及藥臼在 案輿地志赤烏二年爲玄於方山立觀又吴録云有術人姚光自言火仙帝焚之火滅光坐灰中手持一卷帝看之不識初在武昌日御方士會稽介象者帝爲立第給御帳號爲介君帝每從學匿形法前後所言皆驗帝曾問象鱠魚何者爲上象曰鯔帝曰海中魚不可卒得且言近者象曰易得因掐地灌水其中釣之得鯔以爲鱠仍請使往蜀市薑爲虀初作鱠而去從了而還使者於蜀見張溫張溫因附家書而歸

十一年春正月朱然城江陵三月太初宮成周迴五百丈正殿曰神龍南面開五門正中曰公事門東門曰昇賢門左掖門西曰明陽門右掖門正東曰蒼龍門正西曰白虎門正北曰玄武門起臨海等殿夏四

月雨雹此有德遭險誅伐過深之應也雲陽

見五月鄱陽言白虎仁帝曰符瑞之應表德也[illegible]

臻於茲書云雖休勿休公卿百司勉修所職以匡

逮宜各勵精思朕過失秋丞相冀州牧番禺侯步騭

薨　騭字子山臨淮人性寬雅深沉能降志辱身研

博道藝靡不貫覽漢末渡江單身窮困與廣陵人衛

旌種瓜自給晝則耕斷以勤四體夜則端坐讀誦經

書吳録會稽焦矯嘗爲征羌令郡[illegible]豪也騭旌等共修刺奉瓜以詣矯矯遇之甚薄旌恥之騭辭色自若及食矯自饗大案飯騭等小盤菜茹而已旌不能食騭飽食乃辭出旌怒曰何能忍此騭曰吾等貧賤主人以貧賤遇之固其宜也復何恥焉旌字子旗仕至尚書　帝初統事召

騭爲主簿與諸葛瑾嚴畯等並著英聲於吳中累遷

位持節征南中郎將交州刺史徵爲驃騎將軍領冀

州牧時皇太子登在武昌與鶩書問遠近士君子先
後之宜具條荅于時建業人物在荆州界者諸葛瑾
陸遜朱然程秉潘濬裴玄夏侯承衛旌李肅周條石
幹等一十一人甄別行狀因上䟽奬勸曰聞人君不
親小事百官有司各任其職是以舜命九賢而天下
治齊桓用管仲則國治漢祖攬三傑以興帝業西楚
失雄俊以喪成功汲黯當朝淮南謀寢郅都守塞匈
奴竄遁且賢人所在折衝萬里信國家之利器崇替
之所由也方今王化未被於漢北河洛有僭逆之醜
誠覽英拔俊任賢之時願明太子重以經意則天下
幸甚尋代陸遜爲丞相封侯督西陵事在府舍誨育

門人手不釋卷被服居處有如儒生喜怒不形於色
寬弘得衆內外肅然帝深重之前後所薦達屈滯救
患難書數十上并條疏時事帝並採用
十二年春三月左大司馬朱然卒　然字義封本姓
施氏丹陽人安國將軍朱治姊子也治初未有子啓
栢王養爲嗣時年十三栢王許焉命召以羊酒賀之
嘗與同學結好及帝統事年十九初爲餘姚長建安
二十四年從討關羽立功遷昭武將軍假節代呂蒙
鎮江陵與陸遜破劉備斷後道拜征北將軍封永安
侯魏將夏侯尚曹真等圍江陵內外縣絶真等鑿地
道立樓櫓起土山日夕臨城上弓弩雨射城中將士

皆失色然神用自若意氣方厲率吏卒伺間出攻破
賊兩屯攻圍凡一百八十日而撤還威振敵國改封
當陽侯授左大司馬右軍師寢疾二年帝日夜不安
醫藥相望於道卒時年六十八帝素服舉哀子續嗣
夏四月兩烏啣鵲墜於東觀丙寅詔驃騎將軍朱據
領丞相燎鵲以祭此羽蟲之孽又黑祥視不明聽不
聰之罰也東觀典校之府寔天意焉六月戊戌寶鼎
出臨平湖秋八月癸丑白鳩見於章安冬右大司馬
全琮卒　琮字子璜吳郡錢塘人父柔舉孝廉累遷
尚書郎桂陽太守嘗使琮將米數千石往吳中有所
市易屬吳中飢荒琮皆散用空舡還柔大怒琮頓首

曰愚以所市非急當今士大夫有倒懸之患故便賑
贍不及啓報柔深奇之自是北州人士避地多南依
琮居者百數琮傾家給濟之遂名顯遠近建安二十
四年劉備東出琮上疏請討關羽帝與吕蒙陰議征
之乃擒羽會公安置酒以琮爲偏將軍封當陽亭侯
尋與吕範破魏軍洞口遷綏南將軍改封錢塘侯帝
以吴地險於富春東安郡使琮爲太守琮到官明賞
罰招誘降附得萬餘人徵還尚魯班公主進衛將軍
領徐州牧左護軍自爲將勇决當敵臨難奮不顧身
及作督養威持重御軍住討不營小利初帝欲使太
子登出征大臣不敢言琮上疏諫之爲人恭順善餘

承顔納規言詞未嘗忤旨每進諫爭輒納受宗族賞
賜家累千金然尚謙虚接士貌無驕色臨終上書諫
帝不征朱崖夷州殊方異域隔絶障海水土氣毒與
多疾病必無所獲萬一之利卒時年五十二帝流涕
十三年夏五月日至夜熒惑入南斗秋七月犯魁第
二星而東八月丹陽句容及故鄣寧國諸山崩洪水
溢說曰山陽君也陰百姓也戒君道崩壞百姓將失
其所亡亂嗣之應也時宫掖不穆魯王霸權傾太子
大將軍陸遜太子太傅吾粲等極諫帝不納　粲字孔
休吴郡烏程人也生數歲孤城嫗見之謂其母曰此
兒卿相骨也少孤賤爲縣小吏縣令孫河奇之及河

爲將軍表粲爲曲阿丞治有聲丞相孫劭知之舉爲
主簿累拜會稽太守徵入爲太傅粲性忠亮抗直見
魯王太盛上表切諫嫡庶不分非有國之宜魯王怨
因譖於帝帝怒收禁下獄死嗚呼以正喪身悲夫冬
十月全公主魯班與太子母王夫人有隙數讒太子
帝乃幽閉和於省內驃騎將軍丞相朱據進曰臣聞
太子國之本根立性仁孝天下歸心今卒責之將有
一朝之慮帝終不受諫固執廢之據擁太子拒諫篤
死不退大臣況首冉拜而尚書屈晃復進諫曰太子
仁明顯聞四海今三方鼎峙不宜搖動太子以生衆
心願陛下少垂聖恩老臣雖死之日猶生之年因叩

頭流血詞氣不撓帝登白爵觀見其言切惡之敕晃
等曰無事何忽忽遂斥還鄉里無難督陳正五營
督陳象等見帝廢太子乃進諫云昔晉獻公殺申生
立奚齊晉國擾亂三代不止帝大怒象等乃左〻出朱據
爲宜都丞中書令孫弘素惡據耿直潛以僞詔賜死
竟廢太子和爲庶人遷於故鄣賜魯霸死大臣坐誅
者十餘人〻朱據字子範吳郡〻人有姿貌膂力絕
人善論難守兼文武累遷建義校尉黃龍初帝將都
建業召據尚主拜駙馬都尉遷右將軍封雲陽侯領
丞相年五十七見殺十一月立子亮爲皇太子是月
遣軍二萬作堂邑塗塘以淹北道十二月有神人授

書告改年立右帝大赦改明年爲太元元年臨海羅
陽縣又有神自稱王表周旋人間言語飲食與人無
異而不見其形有一婢名紡績嘗隨侍帝聞之使中
書郎李崇齎輔國將軍羅陽王印綬往迎之神至建
業敕於蒼龍門外立第宅所經山川之神輒使與神
相聞言吉凶水旱往往有驗帝之納邪拒諫述之矣
五月立皇后潘氏八月朔大風江海溢平地水一丈
右將軍呂據取大舡以備宫内帝聞之喜是月風拔
高樹三千餘株石碑磋動吴城兩門瓦飛落華覈以
爲役繁賦重區務不容之効也因條奏之帝曾不省
冬十一月幸曲阿祭高陵大赦還風疾驛徵大將軍

恪爲太傅詔省徭役
二年春正月帝卧疾悟和無罪欲徵還孫弘等固諫
事不再乃止封爲南陽王居長沙子奮爲齊王居武
昌子休爲瑯琊王居虎林八月大赦天下改元神鳳
元年皇后潘氏暴崩於内宫　后謹淑會稽句章人
后自織室召入得幸常説夢有似龍頭授已者已以
蔽膝受之遂生少帝性陰妬善容媚自始及卒譖害
無已既病宫人侍疾不堪勞苦伺其昏卧共縊殺之
言中惡尋而事泄坐誅者六七人三月帝疾甚使有
司傳詔問神人王表牒福表去國之將興聽之於人
國之將亡聽之於神夏四月乙未帝崩于内殿遺詔

太子太傅諸葛恪與太常滕胤衛將軍孫信等輔太子亮秋七月葬蔣陵今縣東北十五里鍾山之陽

案帝四十即吴王位七年四十七即帝位二十四年年七十一崩群臣上謚爲大皇帝廟曰太祖　帝屈身忍辱任才尚計有勾踐之奇英故魁跨江表成鼎峙之業然多嫌忌果於殺戮末年滋甚信用讒說竟廢嫡嗣初桓王定江東遂修貢於漢漢使劉琬加錫命琬至江東見桓王諸兄弟顧諸人曰孫氏諸子皆俊傑然壽並不長唯中子孝廉權當有大貴之相骨體非人臣也壽又最長君試記之後果成帝業何鑒知之明也

建康實録卷第二

建康實録卷第三　吴中下

廢帝亮　景帝休

廢帝亮字子明大帝少子母潘皇后赤烏七年生於
内殿十三年年七歲冬十一月立爲皇太子神鳳元
年夏四月乙未大帝崩丁未太子即皇帝位以太傅
諸葛恪輔政大常滕胤副焉進群臣爵有差秋九月
桃李花開此舒緩之應也初大帝黄龍二年築東興
堤以遏湖水後征淮南敗由是廢至此冬十月諸葛
恪率諸軍會於東興作大堤左右結山俠築兩城各
留千人使全端留略守之引軍而歸十二月丙申大
風雷雹魏恥吴入境築城乃遣大將胡遵諸葛誕等

率衆七萬來攻壞堤遏恪舉衆四萬往救之遵等勑諸軍爲浮橋渡陣於隄上分攻兩城城所在高峻不可卒拔恪遣將軍留贊呂據唐咨丁奉等爲前部恪自繼之時天寒雪魏軍會飲見贊兵等少猶不持戈戟但兜鍪刀楯倮身緣堤大笑不即嚴兵贊等得上便鼓噪亂斬魏軍擾亂散走爭渡浮橋橋壞自投於水更相蹈藉没死者數萬擒故叛將韓綜斬之走諸葛誕獲車馬驢騾各數千器械資糧山積振旅而歸加恪都督中外諸軍事荊楊二州牧丞相陽都侯恪有遷都意更起武昌宮是月武昌端門災改作端門

建興元年春正月大赦改元立皇后全尚女太祖女

魯班所生班譖廢太子和而黜太祖立亮以女爲妃及即位立爲后　尚字子真吳郡錢塘人以后父故累遷右衛將軍録尚書事封永平侯時全氏爲侯者五人並典兵馬其爲侍郎都尉左右宿衛甚衆自吳興已來外戚之盛莫過也三月諸葛恪伐魏使司馬李衡往蜀説姜維令同舉兵曰古人有言聖人不能爲時時至亦不可失今敵國政在私門上下猜隔兵挫於外民怨於内今若大舉伐之吳攻其東蜀入其西彼救西則東虚重東則西輕以練實之軍乘輕虚之敵破之必矣維然之恪遂大舉郡邑二十萬衆渡江圍魏新城久不拔民疲士卒多流亡乃引軍還住

江瀆欲起屯潯陽朝廷數詔徵還使者相屬秋八月恪至京師陳兵入府召中書令孫嘿責之曰卿何敢妄數作詔嘿懼因病還家恪愈作威嚴多所罪責小大呼怨九月又治兵向青徐左右切諫軍旅不宜數動恪不受諫冬十月大饗公卿因會乃殺恪於殿內以葦席裹屍篾束其腰投於石子崗時年五十一先有童謠云諸葛恪何弱弱蘆葦單衣篾鉤絡何處求城子閣城子閣反語石子崗也謠言果驗　恪字元遜瑾之長子有才名少鬚眉折額大口高聲發藻岐嶷辯論機捷應答無方時人莫與為對太祖奇之謂瑾曰藍田出玉真不虛也自中庶子為太子賓友左輔

都尉嘗從太祖會群臣歡甚以恪父面長似驢取驢署曰諸葛瑾示恪恪借太祖筆書之驢二字太祖大笑以驢賜恪他日又從容問曰卿父與叔父孰賢曰臣父爲優帝問何故曰臣父知所事叔父不知是以爲優初置節度典軍糧特令恪代徐祥領之尋爲撫越將軍丹陽太守父瑾聞之以丹陽山險民多果勁蜂至鳥竄難以羈紲恪陳必安之計時年三十二拜武騎威儀鼓吹道引到府恪移書丹陽吳郡會稽新都壽陽等四郡屬城長吏令各保其疆立部伍其從化人悉令屯居而使諸將羅兵阻隘莫[illegible]交鋒候禾稼熟則縱兵芟刈使無[illegible][illegible][illegible]困不敢在山之

民飢困自是青[illegible]不[illegible]之山越
大治人皆安[illegible]初[illegible]陸遜不
和常善譽遜[illegible]代[illegible]大將軍[illegible]荊州牧假節鎮武昌
太元末受顧命帝即位獨權內外事百官總已以聽
於恪恪始爲政罷視聽息校官原逋債除關稅崇
恩澤遠近懽悅每一出入百姓延頸思見其面旣而
北伐衆殆人勞侍中武衛將軍孫峻等因人不堪密
與帝謀誅之其夜恪精爽不安及明盥漱聞水及衣
裳血腥將昇車犬又頻頻引其衣恪還坐曰犬不欲
吾行乎少間又出犬復嗬衣牽之恪乃逐犬登車至
宮門散騎常侍張約朱恩等密書與恪恪謂滕胤曰

孫峻小子何能為也遂入坐定悉數行峻起如厠解
長衣持刀曰有詔收諸葛恪恪驚起拔劍未出而峻
刀交下張約從旁斫峻傷左手峻應手斫斷右臂武
衛皆拔刃欲上殿峻告曰所殺唯恪一人今已死悉
令復刃使收其家家人不知恪侍婢忽然於中堂脚
自離地頭上拄屋梁作聲曰公為孫峻所殺内外驚
擾中子長水校尉竦與弟步兵校尉建車載母建渡
江竦至白都峻遣將軍劉承追斬竦又逐建於江西
數里夷三族大赦天下以峻為丞相大將軍封富春
侯初恪出征南時有孝子著縗絰入閤中侍者白恪
恪詰問之孝子曰向不自知所入中外守備亦不見之

乃出山行後壓棟中折[illegible]白虹見其舟又遶

其車果是遇害[illegible]十一月有五大鳥

見于春申改明年爲五鳳元年春正月以大將軍左

司馬李衡爲丹陽太守自蕪湖又徙治宛陵秋九月魏

相司馬師廢其主芳爲齊王十二月星孛于牛斗交

阯稗草化爲稻此草妖也昔三苗亡而五穀變

二年春正月驃騎將軍呂據襲壽春魏將文欽降淮

南餘衆數萬來奔秋七月孫儀林恂等謀殺大將軍

峻事覺伏誅陽羨黑山石自立曰當有庶人爲帝之

祥 案京房易傳曰石自立於山則同姓于地則異姓干寶以爲孫皓承廢得立或太孫休見立之應 大旱使衛尉馮

朝城廣陵以將軍吳穰爲廣陵太守

三年春正月新作太廟遷太祖神主大赦改太平元年二月用魏將文欽計大舉兵伐魏八月遣欽爲先鋒以呂據朱異劉纂唐咨等自江都引衆軍入淮泗以繼之諸軍將發孫峻餞於石頭因入呂據營見軍御整齊惡之乃稱心痛而歸遂夢諸葛恪擊之因病甚表弟偏將軍綝輔政九月丁亥峻薨　峻字子遠武昌皇帝請之曾孫父恭位散騎常侍峻少便弓馬精果膽決累遷侍中武衛將軍受遺與諸葛恪輔少帝既誅恪督中外諸軍事滕胤以恪子竦妻父辭位峻曰鯀禹罪不相及滕侯何爲封胤爲高密侯峻性驕矜多所刑殺姧亂宮室與公主魯班私通而因孫儀

事用譏害魯育公主薨時年三十八戊子以孫綝爲
侍中輔政壬辰太白犯南斗呂據等至江北聞綝代
峻大怒乃表薦衛將軍滕胤爲丞相綝不聽癸卯以
胤爲大司馬據乃密使使與滕胤謀自廣陵引軍還
討孫綝與胤會蒼龍門是夜風急據不至綝使華容
勒兵攻胤殺之　胤字承嗣父胄能屬文太祖待以
賓禮軍國書疏常令損益潤色之早録其功封胤爲
都亭侯胤爲人厲行有威儀容止可觀每正朔朝會
大臣見之皆歎重之年三十起家中郎累遷丹陽太
守尋轉會稽太守每斷獄訟察言觀色務盡人情理
有窮厄悲苦之言對之流涕太元末與諸葛恪受遺

輔以主啓母出征淄廣居于新留後事亂白曰據客
夜有文書連夜不以發喪輔政封高密侯至是遇害
己酉遣將軍施寬劉承等將兵逆呂據於江都或勸據
入魏據曰恥爲叛臣遂殺於新州夷三族據字世
議大司馬範之子冬十一月綝爲大將軍封永寧侯
十二月帝使五官中郎將刁玄告亂于蜀
二年春正月乙卯詔以長沙東部爲湘東郡西部爲
衡陽郡會稽東部爲臨海郡豫章東部爲臨川郡夏四
月亮始臨正殿大赦境內親政事時綝有所表奏見
難問之又選子弟十八已下十五已上得三千人以大將
軍子弟少有勇力者爲之將帥詔曰朕立此軍欲與之俱長

日於苑中習焉自後常出中書省視先帝故事諮問左右曰先帝數有特詔今大將軍問事但令我書可耶左右懼無以答五月魏征東大將軍諸葛誕舉兵保壽春叛魏使將軍朱成詣闕上表稱臣兼子靚與長史吳綱及諸牙門子弟爲質請援秋七月詔使大都督朱異將軍唐咨丁奉全端等精甲五萬據壽春大將軍孫綝自率衆繼之爲魏將司馬昭所破將軍全端錢塘侯全澤等與諸葛宗親十餘人皆降於魏九月綝自淮南歸還軍甲申赦淮南戰死者加爵賞爲舉哀

三年秋七月封齊王奮爲章安侯詔州郡伐宮材自八月沉陰不雨四十餘日帝以綝專恣自圖嫌忌之九

月詔黃門侍郎全紀密令與父太常全尚將軍劉承謀誅綝全紀母公主從姊也其夜知謀以告綝綝懼戊午夜以兵襲宮取全尚遣弟恩殺劉承於蒼龍門綝將廢帝乃召公卿大臣會宮門議曰少帝長病昏亂不可以當大位使光祿勳孟宗告宗廟廢之以狀赴近遠尚書桓彝正色不肯署名綝怒殺彝 彝字公長臨湘人也魏尚書令階之弟也累遷尚書以正直見殺 案吳志晉平吳薛瑩入晉晉武帝問吳之名臣荅曰桓彝有忠貞之節 庚申使中郎李崇奪帝璽綬爲會稽王帝九歲即位立七年遣將軍孫耽送帝之國徙全尚家於零陵遷公主魯班於豫章帝年十六永安二年見殺崩于候官道上晉太康中吳

故少府御丹陽戴顯上表迎免歸葬頼鄉　帝幼而
聰悟有成人之鑒年七歲爲皇太子見傳相具師資
之禮大臣重之及即位政雖非己出而口不戲言諸
葛恪之誅也衛將軍孫峻收恪帝大言曰非我所爲
及孫綝秉政有奏多所問難綝懼稱疾不朝又曾暑
月遊西苑方食青梅使黃門至中藏取蜜黃門先恨
藏吏乃取鼠糞投蜜中言藏吏不謹帝即呼吏吏持
蜜瓶入帝問曰既蓋之且有掩覆無緣有此黃門非
有恨於爾耶吏叩頭曰彼嘗從臣求官席席有數臣
不與帝曰必此也黃門不伏侍中刁玄張邠請收黃
門與藏吏付獄帝曰易知耳令破鼠糞糞中猶燥帝

大笑謂玄邠曰若先在寗中中外俱濕今乃燥是黄門所爲也黄門懼即自首伏法左右莫不驚竦矣

景皇帝

景皇帝休字子烈母王夫人年十七太元二年封爲瑯琊王居虎林廢帝即位大將軍諸葛恪不欲令諸王處江濵兵馬之地徙帝於丹陽郡郡守李衡數以事侵帝帝上書求他郡詔徙於會稽曾夢乗龍上天顧不見後心異之太平三年九月戊午孫綝廢少帝而遣宗正孫楷中書郎董朝往會稽迎帝帝初不信楷等具啓本意帝遂行未至而孫綝悔欲入宫將圖不軌召百官會議於相府皆惶懼失色常侍虞汜進

曰明公爲國伊周處將相之位擅廢立之權上安宗
廟下惠兆民小大踴躍以爲伊霍復見迎王未至而
欲入宮如是則群下搖動衆聽疑惑非所以永終忠
孝揚名後世也綝不悅冬十月帝至曲阿有老翁干
帝曰事久變生天下喁喁願大王速行帝善之即日
進布塞亭武衛將軍孫恩行丞相事率百官以乘輿法
駕迎於永昌亭立行宮以武帳爲便殿設御座巳卯
帝至望便殿止群臣三請再拜陛殿讓不即座戶曹
尚書前即堦下贊奏丞相奉璽綬帝三讓群臣三請
帝曰諸侯將相咸推寡人寡人敢不承命乃受璽綬
即帝位百官以次奉引帝就乘輿群臣陪位孫綝迎

於土山之半野拜于道左帝下車答拜即日入宮御
正殿大赦改元爲永安元年冬十月壬午詔以綝爲
丞相大將軍荊州牧食五縣以弟恩爲御史大夫弟
幹弟闓皆封侯餘功臣行賞有差綝乃詣闕上書乞
上印綬節鉞退還田里帝不許丹陽太守李衡以前
嫌自拘有司表列罪失帝曰夫射鉤斬袪在君爲君
乃使還郡封威遠將軍領丹陽太守 衡字叔平襄
陽兵家子漢末入吳爲武昌渡長聞羊衜有知人之
鑒往干之衜曰多事之世尚書郎才也時校事郎呂
壹操弄權柄大臣畏之莫有敢言者衜曰此非李衡
無以困壹遂共薦爲郎太祖引見壹言之衡乃口陳呂

壹姧短數千言太祖有媿色後數月壹事發坐誅衡大
見顯用累遷諸葛恪司馬幹恪府事恪誅守丹陽太守時
帝爲瑯琊王在郡人家淫放衡數以法繩之妻習氏
常諫不可衡不從尋而帝立衡憂懼謂妻曰不用卿
言至此今奔魏何如妻曰不可君本庶人先帝賞拔
過量既作無禮而復逆自猜嫌逃叛求活北歸復何
面目見士大夫乎且瑯琊王素好善慕名方欲自顯
於天下終不以私嫌殺君明矣君可自囚詣獄表陳
前失請罪如此必當逆見優饒非但直活而已衡從
其言衡欲爲子孫儲業妻輙不聽曰財聚則禍生衡
遂不言後密使人於江陵龍陽洲上作宅種甘橘子

樹臨死勑兒曰汝母每惡吾治家故窮如此然吾州
里有千頭木奴不責汝衣食歲上絹壹疋當足用耳
衡亡後兒以白母母曰此當是種甘橘也汝父每欲
積財吾常以爲患不許七八年來失十戶客不言所
之當是汝父有此故也恒見汝父稱太史公言江陵
千樹橘亦可比封侯吾答云人患無德不患不富貴
若貴而能貧方好耳用此何爲今無乃是耶子訪得
之案吴志吴末李衡橘園成歲得絹千疋家道殷足至晉咸康中宅上猶有故枯橘樹存焉己丑封故太子和
子皓爲烏程侯弟德爲錢塘侯弟謙爲永安侯庚寅
群臣奏請立后及太子帝讓不受十一月甲午有風
四轉五復蒙霧連日時孫綝既擅廢立權傾人主二

門五侯並典禁兵有所陳述帝敬而不違旨吳朝未
之有也壬子詔吏家爲役有三人五人者並免父兄
一人永昌亭陪位者加爵一級十二月綝日益橫遂
持牛酒進奉於帝帝不受齎詣左將軍張布酒酣怨
言曰初廢少主人多勸吾自取之吾以帝賢故迎之
帝非吾不立今上禮見拒是與凡臣無異當復改圖
耳布以言聞於帝帝銜之恐即有變優詔加賞賜有
告綝反者帝付綝綝殺之而心愈懼因孟宗求出武
昌帝許之詔給武庫精甲萬人右軍將軍魏邈言於
帝曰綝不可使居外居外必生變帝不答丙寅武衛
將軍施朔等密表云綝反狀已露帝省表與左將軍

張布都鄉侯丁奉密謀因戊辰臘會使公卿執綝將
入疑內有變表辭疾帝使彊起之綝不得已令外整
兵於府待吾入後起火因是可得速出及赴會百寮
陛殿而府中火起綝遽求出看火帝止之曰外兵自
多豈勞丞相綝起離席帝目丁奉張布等命左右縛
綝綝叩頭求徙交州帝怒曰何不徙滕胤呂據叱送斬
之其同謀者皆赦放杖者五千人追殺綝弟幹闓於
中江發孫峻塚而剖其棺斲其屍收其印綬大赦天
下一切亡官遷徙皆放還詔諸葛恪滕胤呂據等並
無罪見害並宜改葬追贈其家復其田宅群臣有乞
為恪立碑以銘勳德博士盛冲以為不合帝曰盛夏

出軍士卒傷損無赤寸之功不可謂能受託孤之任死於豎子之手不可謂智沖議是矣遂寢之帝恥與綝等同族勑除屬籍曰故峻故綝云　綝字子通與峻同祖即武烈帝弟靖之玄孫暠之後也暠生三子恭綽恭生峻綽生綝綝輔少主奏請多見推詰懼不自安及救諸葛誕歸便稱疾不朝築室朱雀橋南分遣諸弟入宿衛欲樹諸黨專朝自固少主嫌之因推孫峻殺朱主事將欲誅綝綝乃廢少主迎帝遂乃肆意侮慢人神燒大航及伍胥廟毀壞浮圖塔寺斬道人是月詔初置五經博士一人助教三人

三年春正月諸葛恪故吏臨淮臧均上表論諸葛恪

三世有大功請收其屍改葬帝許之二月備九卿官
下詔勸廣農事進用忠賢以紀亮亮爲尚書令亮子陟
爲中書令每朝列坐帝以雲母屏風隔之
三年春使五官中郎將薛珝聘蜀求馬還帝問蜀政
得失珝對曰蜀主暗而不知其過臣下容身以求免
罪入朝不聞正言經野民皆菜色臣聞燕雀處堂母
子相樂自以爲安也窟決棟焚而燕雀恬然不知禍
之將至是其謂乎帝聞之慄然二月 西陵言赤烏見
秋使都尉嚴密作浦里塘開丹陽湖田衛將軍濮陽
興率兵會成之時會稽謡言王亮當還爲天子而宮
人告亮使巫禱祠有司以聞帝詔黜亮爲候官侯使

之國道上一令鳩殺之分會稽南部爲建安郡是年得
大鼎於建德縣告太廟作寶鼎歌
四年夏五月大雨水泉溢滿是月魏相國司馬昭殺
其君髦八月使周奕石偉行風俗宣慰將吏問民勞
苦爲黜陟之詔九月白龍見布山吴人陳焦死埋六
日更生穿土而出
五年春二月白虎門北樓災秋七月黄龍見始興八
月壬午大風震雷甲午有司奏請立皇后帝乃尊所
生王夫人謚爲敬懷皇后改葬敬陵乙酉立皇后朱
氏戊子立子𩅦爲皇太子大赦詔自立四子𩅦𩃎壾
𠊉等名字欲令後世易避冬十月以衛將軍濮陽興

爲丞相丁密孟宗爲左右御史大夫　宗字子恭江夏人性至孝幼從南陽李肅學其母爲作厚褥大被人問其故母曰小兒無德致客客多貧故爲廣被庶可得氣類相接宗讀書夙夜不懈肅奇之曰卿將相器也故長爲驃騎朱據軍吏將母在營既不得志遇夜雨屋漏因泣以謝母母曰但當勉之何當泣也據後稍知之除鹽池司馬能自結網捕魚作鮓寄母母使送還曰汝爲魚官而以鮓寄母非避嫌也尋遷吴縣令時不得將家之官宗在官每得新物未寄母不先食之及母亡時禁長吏不得奔喪宗犯禁奔喪既而詣武昌請拘大將軍陸遜表陳其行請於帝帝降

罪母性嗜筍冬節將至宗乃入竹林泣筍爲之生得以供祭後累遷位至光禄勳御史大夫後主即位宗避後主諱改名仁以張布爲中軍督委萬機於布委軍國於濮陽興詔中書郎領博士韋昭依劉向故事校定衆書而帝悦意典籍唯春夏二時出射雉輒旦廢耳是年遣察戰往交阯調孔雀大猪（[illegible]吳録察戰是吳時官號舊陽都有察戰巷在今縣城南二里禪衆寺門或云晉庾亮拒蘇峻七戰於此巷亦名七戰巷也）詔召祭酒韋昭博士盛冲二人入侍講論時張布既典宫省知二人切直恐發陰失諫不許帝讓之布等叩頭謝而昭竟不入

六年春長沙言青龍見慈湖言白鷰見豫章言赤雀見秋七月魏使鄧艾鍾會伐蜀九月蜀以魏見伐來

告詔大將軍丁奉督征西將軍留平將軍丁封施績
等諸軍分向壽陽南郡沔中救蜀帝召群臣於前殿
議曰司馬氏得政已來大難屢作智力雖豐而百姓
未服竭其資力遠征巴蜀兵勞民疲而不知恤敗於
不暇何以能濟昔夫差伐齊非不克勝所以危亡者
不憂其本況彼之事地乎軍師將軍張悌對曰以臣
愚料則不然曹操雖功蓋天下威震四海崇詐杖術
征伐無已民畏其威不懷其德丕叡承之繼以躁虐
內興宮室外拒雄豪東西馳驅無歲獲安彼之失人
爲日且久司馬懿父子自握其柄累有大功除其煩
苛而示平惠爲之謀主以救其疾民歸之亦已久矣

故淮南三叛而腹心不擾曹髦之死而四方不動摧
堅敵如折枯蕩異國如反掌任賢使能各盡其心非
智勇兼人孰能如此威武張矣本根固矣群臣伏矣
姦計立矣今蜀閹宦專朝國無政令而玩戎黷武民
勞本弊覺於外利不修守備彼強弱不同智算亦勝
因危而伐殆其必剋乎若不剋不過無功終無奔北
之憂覆軍之慮也何爲不可哉昔楚劒利而秦昭懼
孟明用而晉人憂彼之得志我之大患也左右皆嗤
之而未信冬十月大將軍陸抗上表言成都不守蜀
主劉禪降帝聞深憶張悌之言不樂詔丁奉等還軍
癸未災石頭小城西南一百八十丈是月詔分武陵

爲天門郡
七年秋七月海賊破海鹽殺司鹽校尉駱秀使中書
郎劉川發廬江兵討之復分交州置廣州八月癸未
帝遇疾口不能言手書呼丞相濮陽興入令太子霻
出拜丞相帝把興臂指霻託之丙戌帝崩于内殿十
二月葬定陵年二十四即位在位七年年三十一謚
曰景皇帝

建康實録卷第三

建康實録卷第四　　吴下

後主

後主諱皓字元宗大帝孫廢太子和之長子一名彭祖字皓宗景帝永安元年封烏程侯七年八月景帝崩時蜀新亡而交阯數叛國内震懼議立長君而左軍萬彧昔爲烏程令與皓相善稱皓才識明斷是長沙桓王之儔又加之好學奉遵法度屢言之於丞相濮陽興與張布遂言於朱太后欲以後主爲嗣后曰我寡婦人安知社稷之慮苟吴國無殞宗廟有賴則可矣遂定議迎後主庚寅即皇帝位改元興元年以濮陽興爲侍中丞相領青州牧上大將軍施績爲左大司馬丁

奉爲右大司馬張布爲驃騎將軍加侍中諸各增班
秩秋九月尊太后爲景皇后稱安定宮追謚父和爲
文皇帝改葬明陵置園邑二百家祖母王氏爲大懿
皇后母何氏爲文皇后立夫人滕氏爲皇后　后諱
芳蘭太常滕胤族女父牧五官中郎將帝爲烏程侯
時納爲妃及此拜后封高密侯後寵衰何太后保護
常供養身平宮天紀四年隨帝北遷薨於洛陽冬十
月封景帝子𩅦爲豫章王次子𩃙爲汝南王次子壾
爲梁王次子𠅨爲陳王以禮葬魯育公主　主字小
虎太帝次女步后所生適朱據初全主譖王夫人并
廢太子和欲立魯肅王霸爲嗣朱主不聽全主恨之

及少帝即位孫儀謀殺孫峻事覺伏誅全主因譖朱主埋於石子崗案搜神記後主欲改葬主塚瘞相亞不可識別而宮人頗有識主亡時衣服乃使兩巫各住一處以伺其靈使察戰監之不得相近久之二巫各見一女年三十餘上著青錦束頭紫白袷裳丹綈絲履從石子崗上半崗而以手抑膝長息小住須臾進一塚上便止徘徊奄然不見二巫不謀而言同遂開塚衣服與所言同尔後主初即位儉素永文發優詔恤民開倉振窮乏料出宮女以配無妻者禽獸擾於苑者皆放之當時翕然稱爲明主及得志遂麤暴驕恣多忌諱好酒愛殺小大失人望丞相濮陽興侍中張布等竊悔立之尚書萬彧聞之而今上御名於帝帝潛怒使收興布等下獄十一月詔徙興交州布廣州並追道殺之夷三族　興字子元陳留人父逸漢末避亂江東興少有名理太祖時爲上虞令遷尚書左曹五官中郎

將使蜀還拜會稽太守瑯琊王之在郡興深相結及
王即位徵爲太常衛將軍封外黄侯時嚴密建丹陽
湖田作浦里塘公卿議不定興以爲便就之遷丞相
與中軍督張布爲表裏布小女時爲美人及布誅後
帝從容問美人曰父何在美人答曰爲賊所殺帝怒又
殺美人後思之問左右左右答美人有姊適衛尉馮
朝子純即布長女也後主奪之入宫拜爲左夫人極
寵廢朝事十二月司馬昭爲魏相國遣使徐紹齎
來陳事勢利害
元興二年春正月分吴郡丹陽等九縣爲吴興郡治
烏程二月使光禄大夫紀陟五官中郎將弘璆

報魏書兩頭言白不着姓司馬昭銜之陟之奉使也
入境問諱入國問俗至魏魏將王布示之馬射而問
陟曰吴之君子亦能此否陟答曰此軍人騎卒之肄
業也非士君子之所宜爲也布大慙陟等既至魏司
馬昭問來時吴主如何對曰來時皇帝臨軒百寮陪位
昭饗陟百寮畢會問陟曰彼戍備幾何答曰自西陵
至江都五千七百里昭曰道里甚遠難爲堅固答曰
疆界雖遠而其險要必爭之地不過數四猶人雖有
八尺之體靡不受患至於防護風寒亦數處耳昭善
之厚禮而還夏四月甘露降蔣陵五月大赦改甘露
元年秋七月逼殺景皇后朱氏於苑中小屋治喪內

外知其非疾皆痛之又遷其四子於吳道追殺霛霙二人后太祖女魯育公主生父據赤烏末太祖納爲瑯琊妃案吳書初孫峻旣用全主譖殺朱主后隨王在郡王懼遣后還建業執手泣別及至峻遣后就王太平年少帝知朱主爲全主譖害鞫問朱主死意全主懼答皆據二子熊損所白帝遂殺熊損損妻峻妹也孫綝益忌遂謀廢帝立瑯琊王王即位永安五年立爲皇后七年景帝崩群臣上尊號爲皇太后後主即位貶爲景帝后是年見殺合葬定陵九月西陵督步闡上表請從都武昌後主納之鎮西將軍陸凱曰楊土百姓泝流供給爲患又時政多謬黎元窮匱乃進表諫帝言武昌土地危險墝埆非王都安國養民故先帝嫌之遷都於此且黃龍初有謠云寧歸建業死不就武昌居今熒下動不遵先帝之法而復若

即日大駕將發留御史大夫

建業冬十月使大鴻臚張儼五官中郎將丁忠於魏
弔祭司馬文王後主謂儼曰今南北通好以卿有出
境之才故相屈行儼對曰皇皇者華臣蒙其榮懼無
古人延譽之美謹厲鋒鍔思不辱命既至晉賈充裴
秀皆不能屈羊祜等與結縞帶之好十一月後主至
武昌大赦分零陵南部爲始安郡分桂陽南部爲始
興郡十二月晉受魏禪

甘露二年春正月張儼丁忠等使晉還儼道遇病卒
而忠獨歸言北方無戰備且弋陽可襲而取後主大
悅信之因置酒會公卿大飲令左右相嘲爲樂常侍
王蕃嘲尚書萬彧曰魚潛於泉出水吹沫何則物有

本性不可，擾麾非分或出自溪谷羊質虎皮或答曰唐虞之朝無謀畢之才造父之側無駑蹇之乘由是銜之蕃既沉醉後主興疑因請還蕃爲人有威儀行動自若後主不悦時萬或陳聲等承顏爭毀之後主大怒叱左右收殿下斬之太常滕牧征西劉平等苦請不得

蕃字永元廬江人博學多聞自尚書郎去官歸讀書景帝即位與賀劭入爲常侍性切直處朝謇諤陸凱重之時年三十九（案江表傳後主將從武昌問蕃射不主皮蕃不時答後主怒之即於殿上斬蕃出登來山令親近將跳蕃頭作虎狼爭咋頭皆碎以示威使無敢犯者與吳錄不同）

二月後主既得丁忠、定議欲北伐右司馬丁奉言忠不可、信師出必無功後主大怒不納大將軍陸凱等固諫不可乃止於是

自絕一於晉秋八月因得大鼎改元爲寶鼎元年大赦
以鎮西將軍陸凱爲大丞相常侍萬彧爲右丞相冬
十月以永安山賊施但等反劫後主弟永安侯謙爲
主出烏程取故太子和陵上鼓吹曲蓋赴入建業衆
萬餘人丁固諸葛靚等逆討於九里汀之牛屯獲謙
耽殺之　謙字公遜太祖孫故太子和次子景帝封
永安侯（永安今在湖州武康縣案是時施但等見後主上武昌遂謀反劫謙至秣陵欲立爲帝日後召留後丁固諸葛靚靚乃與丁固等拒破之）
初望氣者云荆州有天子氣破揚州而建業宮不
利故後主之武昌仍使掾發荆州界大臣名塚斷其
山崗而但等果反後主自以爲得計聞但平後乃使
百餘精甲鼓譟入建業殺但妻子號曰天子使荆州

兵來破揚州賊以歆首[illegible]分會稽爲東陽郡分吳丹
陽爲吳興郡以零陵北部爲昭陵郡十一月將欲還
建業左丞相大將軍陸凱諫曰臣聞有道之君以樂
樂民無道之君以樂樂身樂民者其樂彌長樂身者
不久而亡夫民國之根也誠宜重其食愛其命民安
則君安民樂則君樂自頃年已來君威傷於桀紂君
明暗於姦雄君惠閉於群孽無災而民命盡〻無爲而
國財空辜無罪賞無功使君有謬誤之愆天爲作妖
公卿媚上以求愛困民以求饒導君於不義敗政淫
俗臣竊爲痛心今鄰國交好四邊無事當務息役養
士實其廩庫以待天時而更遷徙傾動搔擾百姓民

吏不安大小呼嗟此非保國養民之術也後主大怒
發凱前後諫表使近臣趙欽以口詔報凱曰卿往表
言朕不遵先帝有何不平君諫非也但建業宮不利
故避之而西宮其耗可不得徙乎凱因重上䟽言後
主不遵先帝二十事臣竊見陛下親政已來陰陽
不調五星失晷職司不忠姦黨相扶是陛下不遵先
帝之所致夫王者之興受之於天脩之由德豈在宮
乎而陛下盛意驅馳六軍流弊縱陛下一身安素百
姓愁苦何此不遵先帝一也臣聞有國以賢爲本夏
殺龍逄殷獲伊摯斯前代之明効今日之師表也常
侍王蕃黄中通理處朝忠謇斯社稷之重鎮大吳之

龍逢而陛下忽其苦諫惡其直對梟之殿堂屍骸暴
棄邦內傷心百姓悲惶咸以吳國夫差復存以先帝
親賢陛下反棄之是不遵先帝二也臣聞宰相國之
柱也不可不彊是故漢有蕭曹之佐先帝有顧步之
相而萬彧瑣才凡庸之質昔從家隸超步紫闥於彧
已豐於器已溢陛下愛其細介不訪大趣榮以尊輔
越尚舊臣賢良憤慨智士赫咤是不遵先帝三也先
帝愛民過於嬰孩民無妻者以妾妻之見單衣者以
帛給之枯骨不收取而埋之陛下反之是不遵先帝
四也昔桀紂滅由妖婦幽厲亂由嬖妾先帝鑒之以
為身戒故左右不置淫邪之色後房無曠積之女今

中宫萬數不備嬪嬙外多曠夫女吟於内風雨逆度
正由此起是不遵先帝五也先帝憂勞萬機猶懼有
失陛下臨祚已來遊戲後宫眩惑婦女乃令庶事多
曠下吏容姦是不遵先帝六也先帝篤尚樸素服不
純麗宫無高臺物無雕飾故國富民充姦盜不作而
陛下徵調州郡竭其財力土被玄黄宫有朱紫是不
遵先帝七也先帝外仗顧陸步張内近胡綜薛綜是
以庶績雍熙邦内清肅今者外非其任内非其人陳
聲曹輔斗筲小吏先帝所棄陛下幸之是不遵先帝
八也先帝每宴群臣抑損醇醴臣下終日無失慢之色
百寮庶尹並展所陳而陛下拘以瞻視之敬懼以不盡

之酒夫酒以成禮過則敗德此無異商辛長夜之飲
是不遵先帝九也昔漢桓靈親近宦竪大失民心今
高過詹廉羊度黃門小人而陛下賞以重爵權以戰
兵若江渚有難烽燧卒起則度等之武不能禦侮明
矣是不遵先帝十也今宮女曠積而黃門復走州郡
條牒民女有錢則捨無錢則取怨呼道路母子死訣
是不遵先帝十一也先帝時養諸王太子若取乳母
其夫復役賜與錢財給其資糧時遣歸來視其弱息
今則夫婦生離夫故作役兒從後死家爲空　是不
遵十二也先帝嘆曰國以民爲本民以食爲天衣其次
之三者朕存之於心今則農桑並廢是不遵十三也

先帝簡士不拘卑賤任之鄉閭効之於事舉者不虛
受者不妄今則浮華者登朋黨者進是不遵先帝十
四也先帝戰士不給他役使春惟知農秋惟收稻江
渚有事責其死効今之戰士供給衆役廩賜不贍是
不遵先帝十五也夫賞以勸功罰以禁邪賞罰不明
則士民散今江邊將士死不見哀勞不見賞是不遵
先帝十六也今所在監司已爲煩猥兼有內使擾亂
其中一民十吏何以堪命昔景帝時交阯之亂寔由
茲起是爲遵景帝之闕不遵先帝十七也夫校事之
吏民之仇讎先帝末年雖有呂壹錢欽尋皆誅夷以
謝百姓今復張立校曹縱吏言事是不遵先帝十八

也先帝時居官者咸久於位然後考績黜陟今莅政
無幾便即徵召遷轉迎新送故紛紜道路傷財害民
於是爲甚是不遵先帝十九也先帝每察竟解之奏
常留心推按是以獄無冤囚死者吞聲今則違之是
不遵二十也若臣言可録藏之盟府如其虚妄治臣
之罪願陛下留意焉後主大怒爲其重臣難以法繩
忍之十二月還自武昌留衛將軍滕牧鎮武昌
三年夏六月起新宫於太初之東制度尤廣二千石已
下皆自入山督攝伐木又壞諸營地大開苑囿起土
山作樓觀加飾珠玉制以奇石左彎崎右臨硎又開
城北渠引後湖水激流入宫内巡遶堂殿窮極巧

功實萬倍案輿地志太祖鑿城北塹以接玄武湖後主所引湖內水並解在
前卷晉左太沖作吳都賦曰東西膠葛南北崢嶸房櫳對㮰連閣
相經闇闥譎詭異出奇名左稱彎碕右號臨硎雕欒鏤楶青瑣丹楹圖以雲氣
畫以仙靈又曰高闈有閌洞門方軌朱闕雙立馳道如砥樹以青槐亘以綠水
玄蔭眈眈清流亹亹列寺七里夾棟陽路屯營櫛比解署棊布橫塘查下邑屋
隆夸長干延屬飛甍舛互案宮城記吳時自宮門南出夾苑路至朱雀門七八
里府寺相屬橫塘今在淮水南近陶家渚俗謂回軍毋洑古來緣江築長堤謂
之橫塘淮在北接柵塘在今秦淮逕口吳時夾淮立柵自石頭南上十里至查
浦查浦南上十里至新亭新亭南上二十里至孫林孫林南上二十里至板橋
板橋上三十里至烈洲洲有小河可止商旅以避烈風故名烈洲又洲上有小
山形如栗亦謂之栗洲吳時烈洲長封
洲一百二十步長千已法解在前卷時大將軍陸凱徐陵亭侯
華覈上書諫曰敵國疆大西蜀傾覆深可爲憂臣以
爲安無修德在急而功作無益於時後主不納覈爲
熟東觀令領右國史累陳讓表後主使人謂曰東觀
儒林之府非名學碩儒無以任其職以卿研精墳典
與班張楊蔡爲儔故授何乃謙光而自菲薄秋七月

使大匠卿薛珝營寢堂號曰清廟冬十月遣守丞相
孟仁太常姚信等備官寮中軍步騎二千人以靈輿
法駕東迎神於明陵引見仁等親拜送於庭十二月
仁奉靈皇法駕至後主遣中使日夜相繼奉問神靈
起居動止巫言見文帝被服顔色如平生後主悲泣
悉詔公卿詣闕賜各有差使丞相陸凱奉三牲祭於
近郊後主於金城門外露宿明日望拜於東闕翌日
拜廟薦祭歔欷悲感比至七日三祭倡伎晝夜娛樂
有司奏夫祭不欲數數則瀆宜以禮斷情乃止十一
月新宮成周五百丈署曰昭明宮開臨硎彎碕之門
正殿曰赤烏殿後主移居之是歲分豫章廬陵長沙

是歲左夫人張氏薨後主哀念過甚留其尸苑內臨哭數
月不出聽事民間訛言後主已死章安侯奮當立時
奮母仲姬墓在豫章豫章太守張俊疑其或然掃除
墳塋後主聞之車裂俊夷三族誅章安侯及其五子
奮字子陽魯王霸母弟太元二年封齊王居武昌少
帝即位大將軍諸葛恪執政不欲令諸王處江濵兵
馬地徙於豫章奮不從命恪爲書與奮奮懼奔南昌
逸遊無度恪誅後徑下至蕪湖欲入建業觀變殺傅
相坐廢爲庶人徙章安太平中又封章安侯至是以
訛言見殺
三年春後主大舉將家西上初廢帝太平元年冬刁

玄使蜀還得司馬徽與劉廙論運命歷數事遂詐增
其文以誑國人曰黃旗紫蓋見於東南終有天下者
荆揚之君乎又得魏人言壽春下童謡曰吳天子當
西上是年後主聞之大喜曰此天命也遂載太后已
下六宮嬪妾千餘人出自牛渚陸道西上呼云青蓋
入洛陽以從天命行至華里遇大雪途壞兵士皆被
甲持仗百人共引一車寒凍欲死妃后采色兵一不
堪曰若遇敵當便倒戈耳左右進諫皆不納東觀令
華覈固爭後主乃還 前出軍伐晉無功事大司馬
丁奉斬之 奉字承淵廬江安豐人少驍勇常從征
伐斬將搴旗曾不退 敵累以功遷冠軍將軍封都亭侯

廢帝即位隨諸葛恪拒魏軍於東興爲前鋒將三千銳
卒先據要害便令兵人解甲着胄魏軍大笑之不爲
備奉乃縱兵擊之大破魏軍進滅冦將軍改封都鄉
侯又從孫峻征淮南跨馬提戈突入其陣取文欽而
歸景帝立謀與張布等因臘會殺孫綝遷大將軍領
徐州牧後主立進右大司馬至是見譏追過斬之徙
家於臨川冬十月蒼梧太守陶璜與監軍虞汜大破
晉交阯太守楊稷稷降因定日南九真大赦分交阯
爲新昌郡破扶嚴置武平郡十一月鳳皇集西苑大
赦改明年爲鳳皇元年秋八月左丞相萬彧以泄禁
中語因會飲毒不死自殺是月西陵督步闡叛降晉

闡字仲思丞相騭次子以功封西陵亭侯繼業督西陵至是後主徵入爲繞帳督闡以累世在西陵卒見徵命自以爲失職懼讒乃不應召據城降晋使兄子璿往洛陽爲質後主遣大將軍陸抗討擒之夷三族

二年春宮人賊市百姓物司市中郎陳聲收宮人繩以法後主聞之怒以他事燒鋸斷聲頭棄其屍於四望山下

三年春臨海太守奚熙以疑舉兵斷海路爲其部曲所殺傳首建業夷三族案江表傳後主左夫人死思念之於苑中作大冢葬之使工刻桐人於冢內以爲兵衛多送珍玩之物不可勝計葬後治喪於內半年不出國人見墓大奢皆謂主已崩而今立者何氏子也時後主舅子何都皃似後主是以百姓有此言或云章安侯奮當立故奚熙信訛言欲還建業至是年乃舉兵反 三月司徒丁固卒 固字子

賤會稽山陰人幼孤在襁褓中闞澤見而異之少居
貧色養與宗族同寒暖虞翻深敬異之累著位廷尉
景帝時爲右御史大夫曾夢松生腹上懼問左右或
占之曰　松字十八公後十八年當爲公至是果然
秋九月尚書僕射高陵侯韋昭以嫌收下獄獄中因
吏上書陳所著洞紀自庖犧已下至秦漢爲三卷又
作官訓一卷辯釋名一卷冀以此求免後主覽書怪
其妬汗大怒昭懼因叩頭五百下兩手自縛右國史
華覈率公卿連上表救之流涕進言曰昭學業幽遂
國之良臣年過七十乞一介餘年以成大吳之備典
後主益怒曰欲書朕過耶竟誅之徙家於零陵　昭

字弘嗣吴郡雲陽人少好學善屬文舉孝廉累遷尚
書郎太子中庶子侍太子和講在東宫時賓客莫顯好
博弈太子以爲無益命昭著論言得失言詞清妙當世
重之及和廢轉黄門侍郎少帝立爲太史修撰吴書與
華覈薛瑩等參同其事景帝立進中書侍郎領國子
祭酒帝好學詔令依劉向故事校定衆書延入侍講
後主立封高陵亭侯遷尚書僕射兼中常侍領左國
史時有屢言瑞應後主問昭昭曰此人家筐篋中物
耳後主銜之及欲爲父和作本紀昭執不登帝位宜
爲傳後主怨猶是漸見嫌責昭恐上表自陳衰老去
職以成所造之書後主不聽昭懼成疾因侍宴後主

竟坐率人以酒七勝爲限若不入口
飲不過三勝時或茶茗代之及昊衰老見逼憂恐日
酒後又令侍臣折難公卿嘲弄私短爲歡昭以爲外
相毀傷內長尤恨故但示難問經義言論後主以爲
不承用詔命又嫌前答箜篋之言積前後事遂收下
獄死時年七十三秋七月遣使者二十五人分至州
郡料出亡叛戶口大司馬荊州牧陸抗薨　抗字幼
節丞相遜嗣子桓王外孫年二十襲封江陵侯累遷
立節中郎將赤烏中自完城與諸葛恪換屯屯柴桑
抗臨去皆更繕完城圍葺其牆屋桑果不得妄伐恪入
屯儼然若新而恪柴桑故屯頗有毀壞深以爲慙後屢

以征伐功拜領軍大將軍益州牧尋遷西陵樂鄉公
安等諸軍事因陳時宜於後主一十七條而切言何
定弄權閹官專政之事鳳皇初步闡以西陵降晉抗
率諸將大破晉軍而梟闡首修理城圍東還樂鄉皃
無矜色故得將士歡心時晉以羊祜爲荊州刺史與
抗隣境抗祜推僑札之好抗嘗遺祜酒飲之不疑抗
有疾祜饋之藥抗亦推誠服之于時以爲華元子反
復見於今矣尋加都督大司馬荊州牧鳳皇二年就
拜之明年夏病上表勸益兵西陵西陵國之西蕃若
有不守非但失一郡則荊州非吳有也如其有虞當
傾國爭之至秋遂薨時年五十一晏嗣（案吳志抗生四子長晏次景次機次雲）

十二月詔分鬱林爲桂林郡十一月侍中太尉范慎
薨　慎字孝敬廣陵人性多純直竭忠知己之君纏
綿三益之友時人貴之自侍中出爲武昌左部督治
軍整齊後主將遷都甚憚之拜太尉慎恨久爲將老
耄請還軍士戀之隕涕而別（案范氏家傳慎著書二十篇號曰矯非）是歲大疫
四年春吳郡上言掘地得銀長一赤廣二分上有年月
字因赦改元天冊元年吳郡臨平湖自漢末草穢壅
塞長老相傳云此湖塞天下亂此湖開天下靜至是
湖忽開通或云當太平青蓋入洛後主以問奉禁都
尉陳訓訓曰臣能望氣不能達湖之開塞退而謂人
曰青蓋入洛將有輿櫬銜璧之事非吉祥也又於湖

邊得石函函中有小石青白色長四寸廣二寸刻上
作皇帝字於是又改元爲天璽元年立石刻於巖山
紀吳功德案吳録其文東觀華覈作其字大篆未知誰書或傳是皇象恐非在今縣南四十里龍山下其石折爲三段時人呼爲段石崗也
秋旱會稽太守車浚以民飢表出倉賑貸後主怒以
浚樹恩私遣人就斬之時東湖太守張詠以不出筭
緡亦遣就斬之同梟首以徇諸郡中書令賀邵見後
主兇暴驕矜信惑群邪政事日弊乃上表極言而諫
後主深恨以爲謗毀國政嫌之既而邵忽中惡風口
不能言求去職後主疑其託疾收付酒藏考掠千所
邵無一言後主大怒燒鋸以截其頭家屬徙於臨海
邵字興伯會稽山陰人以奉公貞正親近所憚乃共

譖惡於後主而與樓玄同見殺時年四十九八月京
下督孫楷降晉時鄱陽歷陽縣有石山臨水高一百
丈其上四十丈有土穿軒羅穿中色黃赤不與本體
相似俗謂之石印相傳云石印封發天下當太平下
有祠堂巫言石印神有三郎歷陽縣長表上言石印
發後主遣使以太牢祭歷山巫言石印三郎言天下
方太平使者作高梯上省其印文詐以朱書二十字
云楚九州渚吳九州都揚州士作天子四世治太平
始遂還以奏後主大喜曰吾當爲九洲都渚平從太
皇逮朕四世太平主非朕復誰遣使以印綬拜石印
三郎爲王又刻石銘褒詠靈德以荅休祥又吳興陽

羨山有石室長十餘文在所表爲大瑞後主乃遣兼
司空董朝太常周處等往陽羨縣封禪國山大赦改
元天紀元年以協石文
二年夏五月右國史徐陵亭侯華覈卒　覈字永光
吳郡武進人起家爲上虞尉以文學召入祕府數以
便宜利害事進諫愛民省役後主不納累遷東觀令
領右國史卒時年六十秋七月立成紀宣威等十一
王王給兵三千人
三年夏四月合浦部曲將郭馬反殺廣州刺史自稱
交廣二州刺史安南將軍初有讖云吳之敗兵起南
裔亡吳者公孫也後主聞之自文武職位有姓公孫

者皆徙廣州不令停江濱（案後主大帝孫亡國之應也聞馬反大懼此天亡也）秋七月以張悌爲丞相領軍師將軍率牛渚督何（御名）滕循等總戎自東道緣海向廣州以循爲鎮南將軍假節領廣州牧又使徐陵督陶濬等將兵七千會陶璜自西道向廣州東西俱進共討郭馬（案吳志馬本合浦太守脩允部曲督允死後部曲兵馬當分給馬等累世舊軍不樂別離遂與何典王族吳述殷興等謀反以攘廣州興攻蒼梧族破始興也）八月建業有鬼目草生工人黃猗家依緣棗樹長丈餘莖廣四寸厚三分又有買菜生工人吳平家高四赤厚三分如枇杷形上圓徑一赤八寸下莖廣五寸兩邊生葉綠色東觀案圖名鬼目草爲芝草買菜爲平慮草遂以爲瑞封猗爲侍芝郎平爲平慮郎皆銀印青綬（案干寶傳黃狗者吳之土運承漢後故初有黃

龍之瑞及其末年而有鬼目之妖託黃耇之家黃稱不改而貴賤懸殊明其天道精微之應也冬、十月晉軍來伐以太將軍司馬伷侵涂中安東將軍王渾揚州刺史周浚逼牛渚建威將軍王戎入武昌平南將軍胡奮入夏口鎮南將軍杜預過江陵龍驤將軍益州刺史王濬廣武將軍唐彬等浮江東下陶濬等討郭馬至武昌聞北軍大舉止而不進時後主不專政事躭荒無度上流征鎮告變曾未爲心日集公卿內外溪宴皆令沉醉使黃門郎十人不預酒侍立爲司過之吏客罷各奏其失酒後之愆罔有不舉並加威刑釆宮女少有一不合意者輒剉殺之又料取大臣將吏子女十五六者具名揀閱揀閱不中乃許出嫁或生剝人面皮

鑿人之目性酷虐多猜忌而任幸岑昏儉諛屠害無
日尚書郎熊睦因諷旨微有所諫便使人以刀鐶撞
殺之身無完肌侍中張友俊才辯捷以應答高致惡
其有能以他事誅之左右側目衆情所苦上下離散
晉軍已至無不土崩瓦解者
四年春正月杜預等破荆州晉軍並進殿中親近數
百人皆一叩頭請曰今賊將至兵不起刃衆並離心
願坐岑昏以謝天下後主始惶懼許之左右遂爭起
收昏殺之尋遣追已不及戊辰陶濬自武昌奔歸見
後主陳晉上蜀舡小今得二萬精甲乘大艦拒之自
足破賊皓授節鉞其夜衆逃散不能禁是月晉王渾

周浚攻陷江西屯戍後主使丞相軍師將軍張悌右
將軍副軍師諸葛靚等督丹陽太守沈瑩護軍將軍
孫震帥衆三萬渡江逆之至牛渚沈瑩謂悌曰晉治
水軍於蜀久矣今傾國大舉萬里齊力如悉益州之衆
沿江而下我上流諸軍無有戒備名將皆死幼駭當
任恐邊江諸城盡莫能禦晉之水軍必至於此宜畜
衆力待來一戰若勝之日江西自清上方雖壞可還
取也今渡江逆戰勝不可保若或摧喪則大事去矣
悌曰吳之將亡賢愚所知非今日也吾恐蜀兵來此
衆心駭懼不能復整今宜及可用決戰力爭若其敗
喪同死社稷無所復恨若其克勝則此敵奔走兵勢

出也二月王運周浚等進屯横江後主聞悌軍沒甚懼自
選羽林精甲以配沈瑩孫震等屯于板橋乙未乃自
爲書與舅何（御名）責己曰昔大帝以神武之略奮三千
士卒割據江南席卷交廣開拓洪基欲祚之萬代至
朕末德嗣守成緒不能懷安黎元多爲咎豐以遺天
命災眚之變譴之（御名）祥致使南蠻逆亂征討未剋聞
晉大衆遠來臨江庶其勞瘁比晨擢退而張悌不返
喪師過半朕甚惆悵于今無聊得陶濬表云武昌巳
西並復不守不守者非糧不足非城不固乃兵將背
戰耳兵之背戰豈怨兵耶朕之罪也天文玄變於上
萬民憤歎於下觀此事勢危同累卵吴祚終訖何其

高哉天匪亡吳朕所招也瞑目黄壤當復何顔見四帝乎公其勗勉奇謀飛筆以聞(御名)一名植丹陽句容人文皇太后弟也后幼爲太子和妃生後主及和賜死嫡妃張氏亦自殺后曰若皆從死誰當養孤遂撫後主及三弟後主即位尊爲昭獻皇后尋改爲文皇太后稱昇平官已未晉龍驤將軍王濬摠蜀兵沿流直止建業瑯琊王司馬伷帥六軍濟自三山遣周浚張喬等破吳軍於板橋瑩等皆遇害後主聞軍相次而敗惶迫乃用光禄勳薛瑩中書令胡冲等計使太常張夔奉牋并進璽綬於伷曰昔漢氏失統九州分裂先人因時際會略有江南遂分阻山川與魏乖隔

今大晉龍興德覆四海闇劣偷安未喻天命至於今
者猥煩六軍衡蓋道路遠臨江渚舉國震惶假息漏
刻敢緣天朝含弘光大謹遣張夔奉所佩印璽委質
請命惟垂信納惠濟元元三月辛未後主遣群臣書
曰朕以不德忝繼先軌處位積年政教凶勃遂令百
姓久困塗炭至使一朝社稷傾覆宗廟無主湣有餘
罪孤負諸君事已難圖覆水不可收也壬申王濬舟
師先至石頭後主以草縛銜璧舁櫬見濬於軍門濬
解縛焚櫬以禮相見癸亥晉瑯琊王伷會諸軍入自
都城也太初宮收其圖籍府庫摠領州郡戶口人吏
兵糧舟檝音樂采妓乙亥置酒大會安東將軍王渾

酒酣謂吴人曰諸君亡國之餘得無慼乎無難督周處曰漢末分崩三國鼎峙魏滅於前吴亡於後亡國之慼豈惟一人渾有慙色　處字子隱義興陽羨人父魴鄱陽太守處少孤未弱冠膂力絶人好馳騎田獵不脩細行縱情肆欲州里患焉處聞之慨然有改勵之志謂父老曰今時和歲豐何苦不樂父老曰三害未除何以爲樂處問之答曰南山白額獸長橋下蛟并子爲三害處曰若此吾能除之乃入山射殺猛獸又投水搏蛟蛟或浮或沉行數十里處與之俱三日三夜人謂已死相賀處殺蛟而返聞鄉相慶始知人患已甚乃入吴尋二陸學問時機不在見雲具以

情告欲自脩改而年已蹉跎恐將無及雲曰古人貴朝聞夕改君前途尚遠耳且患志之不立何憂名之不彰遂勵志有文思心存義烈言必思信剋己朞年州府交辟仕爲東觀令累遷太常出督無難案晉書吳平後劉入洛遷廣陵太守郡多滯訟有經三十年不決者處一朝決遣之轉楚內史徵拜散騎常侍處曰古人辭大不辭小乃先之楚而郡新經喪亂新舊雜居風俗未一乃敦以教義又斂骸骨無主者收葬之然後就徵遠近稱歎遷御史中丞副梁王肜征齊萬年於關西戰沒死撰默語三十篇及風土記集吳書未成卒三子玘靖禮皆事東晉也

是歲建平太守吳彥聞晧不守以郡降晉彥字士則吳郡人出自寒微有文才身長八尺手格猛獸膂力絕群初爲通江吏時平南將軍薛珝仗節南征軍容甚盛彥觀之慨然而歎有善相者劉札謂之曰以君相皃後當至此不足慕也起家爲下將大

司馬陸抗奇其勇略拔用之患衆情不允乃會諸將密使狂人挾刃跳躍而來坐上諸將懼而奔走唯彥不動舉几禦之衆服其勇累遷建平太守案吳録王濬將伐吳造舡於蜀彥覺之表請增兵爲備皓不從彥乃輒爲鐵鏁斷江路及晉師臨境沿江諸城皆望風降附或見攻拔彥堅守攻之不下晉軍退舍禮之及皓亡始晉武帝拜爲金城太守帝嘗從容問薛瑩孫皓所以亡瑩曰皓爲君昵近小人刑罰妄加大臣大將無所親信人人憂恐各不自安敗亡之釁由此而作帝復問彥答曰吳主英俊宰輔賢明帝笑曰何爲亡彥曰天祿永終曆數有屬所以爲陛下擒此蓋天時豈人事也張華在坐謂彥曰始爲名將積有歲年蔑爾無聞竊所惑矣彥曰陛下知我而卿不聞帝甚嘉之位至長秋卿卒於官夏四月遣使送後主於洛陽舉家西遷以武帝太康元年五月丁亥集于洛陽甲午晉帝使詔慰勞封爲歸命侯給衣服車乘田三十頃歲給粟五千斛錢五十萬絹五百匹綿五百斤拜太子爲中郎將諸子爲王者並拜郎中每朝會召後主預之

常指殿謂曰朕爲此殿以待公久矣皓曰臣於江南

亦作此座以相待 案三十國春秋晉王濟嘗與武帝碁時濟伸脚在局下因問皓曰聞君生剝人面皮何也皓曰人臣無禮於其君者則剝之武子太慙遽縮脚或侍宴武帝曰聞君善歌令唱汝歌皓應聲曰昔與汝爲隣今爲汝作臣勸汝一盃酒願汝壽千春 後

年薨於洛陽葬河南芒山滕之首爲哀策文甚豔 案後主年二十二即位十六年年三十八爲晉所滅入晉爲侯五年薨年四十二子孫相承三代四帝起壬寅終于庚子凡五十九年吴亦在武昌五十二年都建業太初宮 初大帝黃武年中魏軍大舉文帝自至廣陵臨

江朝廷危懼乃召術人趙達筮之達布筭曰吴衰在

庚子今賊無能爲帝問庚子遠近曰後五十八年帝

笑曰朕憂當身不及子孫也 案吴志達太河南人少好異用異精密言東南有王氣可以避難遂脫身渡江治九宮一筭之術究其微旨是以應機立成對問若神計飛蝗射隱伏無不中効謂太史丞公孫滕曰吾先人得此術欲圖爲帝王師至予三世不過太史郎滕求其法達曰今已亡矣太祖即位令達筭在位幾年達曰漢高建元十二年陛下倍之帝大喜後累如其言常謂知星者曰我不出戶牖以知天道

足下晝夜暴露望氣不亦勞乎帝嘉聞其言不言及死閏有書發棺求之竟無所得是時吳有皇象字休明善書十國不及嚴武字子卿善圍碁時莫與敵宋壽能占夢十不失一曹不興善畫嘗於素屏風誤落筆點因以為蠅帝以生蠅舉手彈之□城鄭嫗能相人知吉凶吳範占風氣劉惇明天官太一此八人世謂之八絕也皓在位天紀不有窺上國之心使太卜尚廣筮并天下得同人之頤對曰吉庚子歲青蓋入洛故皓以克平西北為事下儀其亡時歲實庚子也永安二年三月有異童子年可六七歲着青衣來從群兒戲諸兒畏問之答曰我熒惑星將有告爾曰三公鉏司馬如言訖昇天去漸遠若疋練自後十五年蜀亡六年晉興至是吳為司馬如滅之

案吳大帝即王位黄武元年壬寅至唐至德元年丙申合五百三十五年矣

建康實錄卷第四

中宗元皇帝

西晉孝武太康元年平吴乃廢建業復爲秣陵分丹楊南郡爲宣城郡還理於秣陵在今縣東南六里渡長樂橋古丹楊郡是也以周浚爲楊州刺史所統十九郡七十四縣太康三年分秦淮水北爲建鄴水南爲秣陵縣仍在秦邑地而建鄴縣在故都城宣陽門内今縣城東二里古御街東太安二年夏五月義陽蠻張昌舉兵號漢稱神鳳元年使將軍石冰寇楊州諸郡盡沒冰因修建鄴宮居之案曹憲揚州記晉惠永寧[illegible]有石浮來建鄴自入秦淮[illegible]湖登岸二百餘步百姓咸曰石來石來至明年石冰果入楊州遂據此地冬十二月征東將軍劉準[illegible]

右將軍廣陵相陳敏渡江攻破石冰於建鄴永興二
年十二月陳敏又據建鄴自號楊州刺史假顧榮爲
丹楊尹以甘卓周玘爲將軍敏諷察佐進已爲楚公
加九錫之禮時東海王祭酒華譚聞之與榮書陳是
非言敏凡才無遠略昔齊之王蠋布衣爾猶不屈於
燕況足下名重位彰受恩於國而黨姧邪自相署置
榮得書人慙與甘卓等謀曰江東事若濟當共成之
然則覩形勢如何敏既常才政令反覆子弟驕矜其
敗必矣吾等受其官祿事敗之日使江西諸軍函首
送洛陽題曰逆賊顧榮甘卓之首豈惟一身辱及萬
世卓等然之遂與榮謀遣使密報征東將軍劉準令

率兵臨江敵令弟昶將兵拒之使甘卓屯横江榮玘
因卓兵殺陳昶斬橋盡收船於淮水南敏自出軍臨
大航岸榮以羽扇麾之敏衆潰散敏單馬出走玘等
追斬於江表陳敏字令通廬江人少有幹能補尚書
倉部令史趙王倫篡逆義兵乏食以敏爲廣陵度支
令漕運江淮以濟中州屬張昌亂使石冰趍壽春都
督劉準與敏謀破冰等以功拜廣陵相時在惠帝西
遷四方交争敏遂有據江東之心懷帝永嘉元年東
海王越秉政秋七月以琅琊王睿爲安東將軍都督
揚州江南諸軍事用王導計渡江鎮建鄴討陳敏餘
黨廓清江表因吴舊都城修而居之太初宫爲府舍

按太初宫本吴宫晋平吴後石冰作亂焚燒蕩盡陳敏平石冰據揚州因太初故基創造府舍中宗初渡江因居此也也 置丹陽内

史官以顧榮爲軍司馬[illegible]參佐王敦王導周顗

刁協戴若思爲腹心股肱[illegible]禮名賢存問風俗

永嘉五年夏六月劉[illegible]師[illegible]淪陷懷[illegible]蒙塵

於平陽司空荀藩移檄天下推瑯琊王爲盟主

六年春二月[illegible]瑯琊王親[illegible]四方發兵以討石勒師

次壽陽勒退河北夏四月丙寅征南將軍荆州刺史

山簡卒簡字季倫河内[illegible]濤之第五子自侍

中吏部尚書出[illegible]襄陽[illegible]儀同三司

歸葬建康[illegible]湖南[illegible]

[illegible]秋七月歲鎮熒惑太白聚[illegible]

牛斗十二月散騎常侍顧榮卒榮字彥先吳人世為
南土著姓祖雍吳丞相父穆宜都太守榮機神朗悟
弱冠仕吳累遷黃門侍郎吳平與陸機兄弟同入洛
時人號為三俊拜郎中歷廷尉正恒縱酒酣暢謂
人張翰曰唯酒可以忘憂但無如作病何及趙王
倫篡位以榮為子虔大將軍府長史榮初與同寮飲
酒見執炙人貌狀不凡榮因割炙反啗之人問其故
榮曰豈有終日執之而不知其味及倫敗將誅榮前
執炙者為督率衆救榮得免齊王冏以為大司馬主
簿榮懼禍及終日昏醉不綜府事轉中書侍郎在職
不復飲醉人或問曰何前醉而後醒榮懼復飲酒與

鄉里楊彥明書曰吾爲齊王主簿常慮禍及見刀與
繩每欲自殺但人不知耳後果拜常侍以世亂辭不
受遂還吳屬陳敏據楊州假榮右將軍丹陽內史時
敏使甘卓出鎮堅甲利器盡委之榮因說卓以圖敏
明年周玘甘卓與榮及紀瞻等潛謀破敏及瑯琊王
睿初鎮江東以榮爲軍司馬加散騎常侍凡所謀畫
皆以諮焉多有匡諫王皆納之進薦賢良言賀循等
沉潛青雲之士而陸士光金玉之質甘季思紀瞻幹
決殊絕王皆辟用之卒官王哭之慟欲表贈依齊王
功臣格吳郡內史殷祐上牋論功贈侍中開府儀同
三司榮好琴書及卒家人置琴於靈座吳郡張翰往

哭之旣而上牀鼓琴數曲歎曰顧生復能賞此否因又
慟哭不弔喪主而去子毗嗣初陳敏問方士戴洋曰
人言江南當有貴人顧彥先周宣珮當是否洋曰顧
不及臘周不見來年八月榮果至其月十七日卒十
九日臘宣珮明年七月晦日亡是歲太子洗馬衛玠
卒玠字叔寶河東安邑人祖瓘司空録尚書事父恒
尚書郎玠緫角奕奕長好玄理每一言論皆以造微
瑯瑘王澄有高名常歎玠云輒歎息絶倒以天下大
亂遂扶老母將家南行至武昌大將軍王敦長史謝
鯤先相雅重相見欣然言論彌日敦謂鯤曰昔王輔
嗣吐金聲於中朝此子復玉振於江表微言之緒絶

而復續不意永嘉之末復聞正始之音何平叔若在
當復絕倒玠常言人有不及可以情恕非意相干可
以理遣故終身不見喜慍之容以王敦非純臣而不
欲留求向建鄴京師人士聞其姿容觀者如堵玠先
有勞疾從此遂甚卒時年二十七葬新亭東今在縣
南十里時人謂看殺衛玠案晉[illegible]咸和中王導為揚州刺史下令曰衛洗馬明白當改葬此君風流名海内所瞻可具薄奠以敦舊好改葬即此地也未委本葬何處
七年夏四月愍帝即位改元建興元年五月使加瑯
瑯王睿左丞相大都督中外諸軍事詔改建鄴為建
康改鄴郡為臨漳秋七月南郡太守周玘卒于蕪湖
玘字宣佩征西將軍處長子性剛毅沉斷有父風而

文學不及閑門絜己不妄交遊士友咸望風而敬憚
焉州辟為從事虛己備禮方乃應命除議郎太安初
妖賊張昌丘沉反於江夏惠帝使監軍華宏討之不
剋玘密結南平內史王矩及江東人士同起義兵破
昌沉既畢玘不言功散衆還家及陳敏據楊州與顧
榮甘卓等謀擒敏瑯瑘王初鎮江左以玘為倉曹屬
吴興人錢璯謀反玘率合鄉里義衆與郭逸討之傳
璯首於建鄴玘三定江南開復王略王嘉其勳累拜
建威將軍吴興太守以玘頻興義兵勳誠並茂乃以
陽羨及長城之西鄉丹陽之永世別為義興郡以彰
其功然玘宗族彊盛人情所歸帝疑憚之于時北來

人士左右王業而玘自以爲不得調内懷怨望復爲刁協輕已乃與東萊王恢陰謀誅諸執政推玘及戴國與諸南士共奉王以經緯世事事泄王秘之召玘爲鎮東司馬復改南郡太守既行至蕪湖又進爵爲公玘忽知其謀泄遂憂憤發背而卒時年五十六將死謂子勰曰殺我者諸傖汝能復之乃吾子

四年冬劉曜逼長安西郡不守

五年春正月瑯琊王出師路北躬擐甲冑移檄天下徵兵騎有玉册見於臨安白玉麒麟神璽出於江寧其文曰長壽萬年日有重暈皆以爲中興之象（案圖經江寧縣名元帝初過江永嘉中置之在今縣城南七十里南臨浦水其水源出宣州當塗縣下溪村西流入江名江寧浦也）二月平東將軍

宋哲至宣愍帝密詔令王攝萬機終復陵廟將雪大
恥王聞愍帝幽于虜庭王素服出次舉哀慟哭三日
西陽王羕及群寮等勸進王辭不受羕等固請王流
涕曰孤罪人也不能雪天下之恥因歔欷不止令私
奴命駕將返國群臣不敢逼會稽内史紀瞻與長史
王導俱入見王立陳利害瞻進曰今帝失御宗社虛
廢神器去晋于今二年陛下特天所授光闡七廟以
隆中興今欲守匹夫之謙而違天時違人事失地利
三者一去雖復傾注於將來豈得救祖宗之危急哉
臣等區區之誠不可失也王不許使殿中將軍韓績
徹去御座瞻叱績曰帝坐上應星辰敢動者斬王爲

之改容群臣因請依魏晉故事爲晉王許之三月辛卯瑯琊王即晉王位承制大赦改元建武元年初備百官立宗廟社稷拜諸參軍百餘人爲奉車都尉駙馬都尉等掾屬時人呼爲百六掾案圖經晉初置宗廟在古都城宣陽城外郭璞卜遷之左宗廟右社稷去今縣東二里玄風觀即太社西偏對太社右街東即太廟也太廟事已具孝武卷中社立三壇帝社太社各一稷一一本云洛陽社二壇稷一壇今亦合其制宜者也夏四月丙辰立世子紹爲晉王太子進百官行賞以王子宣城公裒爲瑯琊王以王導都督中外諸軍事其餘進班各有差六月丙寅司空并州刺史廣武侯劉琨幽州刺史左賢王渤海公段匹磾等一百八十人遣長史温嶠來上表勸王即尊位王優令荅之以二公共濟艱難同契一致撫寧殘[illegible]勳

靜以聞冬十一月進司空劉琨爲太尉初置史官立
太學以于寳王隱領國史是歲楊州大旱晉陵内史
張闓奏立曲阿新豐塘溉田八百餘頃
建武二年春三月癸丑愍帝崩問至晉王服斬縗居
廬丙辰王侯百寮上尊號勸進是日晉王即皇帝位
于建康案帝自永嘉元年鎮江左至建武二年積十一年即帝位居舊府舍至明帝亦不改作而成帝業始繕苑城也
帝諱睿字景文宣帝曾孫瑯瑘武王伷之孫恭王覲
之子初魏明帝青龍三年冬十一月張掖郡丹陽川
谷垐溢有石流出立於川中有馬行列而犧牛在後
麒麟居東鳳皇處南白虎處西八卦分布成文占者
或云牛繼馬後及宣王秉政深以牛氏爲慮因征遼

東還遂爲二搕同一口貯酒酖殺大將軍牛金後恭
王妃夏后氏與小吏牛欽私通因產帝咸寧二年生
於洛陽有神光滿室所藉藁如始刈及長白毫生於
目角之左龍顏隆準目有精光顧眄煒如也年十五
嗣位瑯瑘王三十二始鎮建鄴四十二即帝位戊辰
大赦改元太興元年文武增位二等庚午立紹爲皇
太子夏四月丁丑朔日有蝕之戊寅初禁招魂葬晉
書東海王越死於鄴屍爲石勒所焚妃裴氏過江乞招魂葬帝雖許之治書御史袁瓌與博士傅純議招魂葬是謂埋神不可從也帝然之遂禁斷五
月幽州刺史段匹磾執太尉劉琨因之初王敦見琨
勸進表至天祚大晉必將有主主晉祚者非大王而
誰敦大怒投表於地曰讀左傳三十年一朝爲劉琨

用刦因内憚焉及聞拘繫密使段匹磾殺琨又懼衆
反已遂稱有詔收捉琨聞敦有使至不過命知謂其
子曰處仲使來而不告我是殺我也死生有命但恨
讎恥不雪無以下見二親耳因涕泣悲不能自勝癸
丑匹磾縊殺琨并子姪四人時年四十八琨字越石
魏昌人漢中山靖王勝之後少負志氣有縱横才善
交勝己而頗浮誇與祖逖爲友聞逖被用乃與親故
書曰吾枕戈待旦志梟逆虜常恐祖生先吾著鞭累
遷位并州刺史愍帝即位拜司空封廣武侯都督冀
幽并三州軍事尋爲石勒所破窮蹙歸匹磾遇害初
琨在晉陽時嘗爲胡騎所圍數重窘迫無計乃乘月

登樓清嘯賊聞之皆悽然長歎中夜因奏胡笳賊
又流涕有懷土之感向曉並棄圍而去及帝將中興
於江東中朝士大夫多過江歸帝朝廷望之怨琨不
至王敦仲曰江東地狹不容琨氣六月旱帝親雩詔
改丹陽内史爲丹陽尹以薛兼爲之（宋刺史尹内史太守止是文宫晋百官志云王臨
州則郡有内史州無王則唯太守尹者正也漢置河南尹晋江左置丹陽尹蓋天子所居則郡以尹爲主者也）是月置招諫鼓
立誹謗之木秋七月劉聰死子粲嗣位尋爲其臣靳
準所滅準自號漢王八月皇太子釋奠于太學冬十
月劉曜僭號于赤壁十一月乙卯日夜出高三丈中
有赤青珥新作聽訟觀十二月劉聰故將王騰馬忠
等誅靳準送傳國璽於劉曜癸巳詔改吳名賢宜脩

列聞奏是歲武昌太守王譙牛生兩頭八足兩尾共

一腹

二年春正月使冠軍將軍梁堪守太常馬龜等修復

山陵迎梓宫于平陽不尅而還五月壬戌詔去非急

之務非軍事所須皆省之夏六月丙子罷御府及諸

郡丞置博士員五人秋七月乙丑開府儀同三司賀

循卒循字彦先會稽山陰人其先慶普漢世傳禮學

族高祖純後漢侍中避安帝諱爲賀氏父邵吴中書

令循有操尚童齔不群言行進止必以禮讓善屬文

舉秀才後遷武康令陸機表薦累遷南中郎長史不

就歸與鄉里合義討逆及陳敏據江外矯詔以循爲

丹陽內史循辭以脚疾與顧榮等平敏拜吳國內史
帝鎮江左守職尋轉軍司因與循言及時政事遂問
循曰孫皓嘗燒鋸截一賀頭是誰耶循未及言帝悟
曰賀邵也循流涕曰先父遭遇無道臣誠痛深無以
上荅帝甚愧之三日不出及帝承制以爲軍諮祭酒
循稱疾不起帝使與疾至親臨諮以政道循羸疾不
堪拜跪乃就加朝服賜第一區車馬牀帳衣褥等物
一無所受時江東草創循多陳利害言而必從進爲
侍中以討華軼功封都鄉侯固讓不受建武初拜中
書令加散騎常侍宗廟始建舊儀多闕循議定七廟
帝踐位遷太子太傅循自以枕疾廢頹臣節不脩累

表固讓命皇太子親往拜焉後疾篤表乞骸骨詔改
授左光祿大夫開府儀同三司帝親臨軒遣使持節
加印綬循已不能言指左右推去章服駕幸執手流
涕太子親臨三焉往還皆拜儒者為榮卒時年六
十帝哭之慟贈司空謚曰穆將歸葬於吳皇太子追
送近郊皇船流涕子隰嗣（案晉書循少玩篇籍善屬文博覽衆書尤精礼傳雅有知人之鑒拔𦒿楊方於卑陋卒成名於世）
甲戌以尚書戴若思為征西將軍都督司兗豫
并冀雍六州諸軍事司州刺史鎮合淝丹陽尹劉隗
為鎮北將軍都督青徐幽平四州諸軍事青州刺史
鎮淮陰八月肅慎貢楛矢石砮九月鎮西將軍豫州
刺史祖逖卒 逖字士稚范陽遒人世吏二千石為北

州舊姓逖少孤兄弟六人性最豁蕩不修儀檢年十
五六猶未知書兄該納等憂之然輕財好俠慷慨有
節操每至田舍輙稱兄意散穀帛以賙貧乏鄉族重
之後乃專學博涉書記年二十四舉秀才不行與劉
琨俱爲司州主簿情好綢繆共被同寢中夜聞雞鳴
蹴琨覺曰此非惡聲也因起舞二人並有英氣每語
世事或中宵起坐相謂曰若四海鼎沸豪傑並起吾
與足下當相避於中原累遷太子舍人洛京喪亂遂避
地淮泗元帝鎮江左徵爲軍諮祭酒將家居丹徒之京
口西朝傾覆常懷振復之志賓客從者皆傑勇之士
元帝方拓定江南未遑北伐逖進說帝北收遺黎雪

國大恥帝許之以逖為豫州刺史不給鎧杖令自招
募仍將本從部曲百餘家渡江中流擊楫而誓曰祖逖
不清中原而復濟者有如大江辭色壯烈衆皆慨歎
因進屯淮陰鑄兵器練士卒轉鬬而前大破石季龍
蓬陂塢主陳川川還襄國季龍使川將桃豹守川故
城住西臺逖遣將軍韓潛等進鎮東臺與賊同一大
城相守四旬以布囊盛土使千餘人運上臺如米以
示賊賊飢久益懼石勒遣將劉夜堂以驢千頭運糧
以饋逖使擊破之獲夜堂豹宵遁逖因進鎮雍丘略
定河外巡撫征戍時趙固上官巳李矩郭默等皆受
逖節度於是黃河已南盡為晉土河上先有堡固

及任子在胡者皆聽兩屬如有微功賞不踰日躬自
勸督農桑逖已施下收葬枯骨為之祭醊百姓感悅
嘗置酒大會耆老中坐流涕曰吾等老矣更得父母
死將何恨乃歌舞詠恩其得人心如此詔進逖鎮西
將軍石勒不敢窺兵河南使成皋縣修逖母墓因與
逖書求通使交市收利十倍公私豐贍士馬日彊方
欲推鋒越河掃清冀朔會朝廷遣戴若思為都督
逖不平且已剪荊棘收河南地而若思雍容一旦來
統之意甚怏怏又聞王敦與劉隗等今上御名隙慮有內難
大功不遂感激發病乃置妻子於汝南大木山下進繕
虎牢使從子汝南太守濟率汝陽太守張敞新蔡內

史周閎築壘未成而遜病甚時有妖星見于豫州之分歷陽陳訓謂人曰今年西北大將軍當死遜亦見星曰此爲我矣方平河北而天欲殺我此乃不祐國也年五十六卒於雍丘百姓如喪考妣皆爲之立祠

案晉書王敦久懷亂逆畏遜不敢發至是始得肆其姧雄焉

冬十一月戊寅石勒僭稱趙王于襄國是歲作南郊在宮城南十五里郭璞卜立之

案圖經在今縣城東南十八里長樂橋東籬門外三里今縣南有郊壇村即吳南郊地

三年春二月辛未雨木冰三月燕王慕容廆奉送玉璽三紐夏六月吳郡米廡無故自壞米廡貸糴之屋無故自壞此五穀踊貴之象秋七月詔瑯琊國人隨在此者近有千户以立爲懷德縣統丹陽郡求復爲

湯沐邑 案中宗初瑯琊國人置懷德縣在宮城南七里今建初寺前路東後移於宮城西北三里耆闍寺西帝又創已北爲瑯琊郡而懷德屬之後改名費縣其宮城南舊處咸和中移建康縣自苑城出居之案南徐州記費縣西北八里有迎檐湖昔中宗南遷衣冠席卷過江客去相迎負檐於此湖側至今名迎檐湖世亦呼爲逆檐洲在縣城西石城後五里餘初隨帝過江有王離妻者洛陽人將洛陽舊火南渡自言受道於祖母王氏傳此火并有遺書二十七卷臨終使行此火勿令斷絶火色甚赤異於餘火有靈驗四方病者將此火煑藥及灸諸病皆愈轉相妖惑官司禁不能止及季氏死而火亦絶時人號其所居爲聖火巷在今縣東南三里禪衆寺直南出小街或云齊時復有聖火事具齊卷内

八月追尊所生夏侯氏爲皇太妃太妃諱光姬沛國譙人祖威兖州刺史父莊淮南太守妃生自華宗幼而明惠初帝嗣立稱王太妃永嘉元年薨於江左 案晉書妃后傳初有讖云銅馬入海建鄴期太妃小字銅鐶而元帝果中興於江左矣

庚申追尊敬王后虞氏爲敬皇后辛酉遷神主于太廟敬皇后諱孟母濟陽外黃人父豫后無子永嘉六年薨時年三十五至是追尊 案外戚傳宋元敬父虞豫亦有美稱州郡禮辟一不就早卒明言

立追贈散騎常侍驃騎大將軍開府儀同三司子僩嗣敬后弟也遷步兵校尉辛未皇太子釋奠于太學
冬十二月丁未嚴設煮鹽之法造私鹽者以半與之
又募入米京師米一斛與鹽四石是歲創北湖築長
堤以壅北山之水東自覆舟山西西至宣武城六里
餘後苑牛生一足三尾生而死足少不勝也
四年春二月鮮卑遐末波奉送皇帝信璽庚戌告太
廟受之癸亥日鬬三月置周易儀禮公羊博士是歲
振武將軍梁州刺史尋陽侯周訪卒訪字士達汝南
安成人漢末避地江南晉平吳移家尋陽祖纂吳威
遠將軍父敏左中郎將訪少沉毅謙讓果於斷割賙窮
賑乏家無餘財爲縣功曹時陶侃爲散吏訪薦侃爲

主簿相與結友以女妻侃子瞻鄉人有盜訪牛於冢
間殺者訪得之遣盜竊埋其肉不使人知之及帝渡
江命訪叅鎮東軍事累遷振武將軍與陶侃征杜弢
弢時作桔槔打官軍舡艦訪於舡上作長岐棖以拒
之桔槔不能為害又遣其將張彥陷豫章訪追彥斬
之將戰訪為流矢所中折前兩齒形色不變及暮訪
與賊隔水時賊彊兵衆訪知力不可敵乃密遣人如樵
採者而出於是結陣鳴鼓而來大呼曰左軍至士卒
皆稱萬歲至夜令軍中多布火而食賊謂官軍益至
未曉而退訪謂諸將曰賊雖引退然終知我無救軍
當還掩我宜促渡水而北既渡斷橋訖而賊果至不

能濟時杜弢將杜曾又聚衆破陶侃於沔城帝令訪
救之訪率衆至沌陽曾等鋭氣甚盛訪曰昔人有言
先人有奪人之心軍之善謀也使將軍李恒督左甄
許朝督右甄訪自領中軍張旗幟曾果畏訪先攻左
右甄訪自於陣後射雉以安衆心令其衆曰一甄敗鳴
三鼓兩甄敗鳴六鼓及戰自旦至申兩甄皆敗訪聞
鼓音選精甲八百人自行酒飲之勑不得妄動聞鼓
音乃進賊未至三十步訪親鳴鼓將士皆騰躍奔赴
大敗杜曾殺千餘人訪夜追之衆請待明日訪曰曾驍
勇能戰向之敗也彼勞我逸是以剋之宜及其衰乘
之可滅也鼓行而進遂定漢沔訪部將蘇溫追擒杜

曾等至武昌送王廙歸于王敦懼杜曾之難謂訪
曰擒曾當相論爲荊州刺史及曾平後從事中郎將
郭舒說敦曰荊州用武之國若以假人豈有尾重之
患公宜自領以訪爲梁州可矣訪大怒敦乃手書譬
釋并遺玉環玉椀以申厚意訪投椀於地曰吾豈賈
豎可以寶悅乎陰欲圖之敦患之而憚其强不敢
有異訪威風既著遠近悅服智勇過人爲中興名將
性謙虛未嘗論功或問訪曰人有小善鮮不自稱卿
功勳如此無一言何也訪曰朝廷威靈將士用命訪
何功之有士以此重之時王敦有不臣之心訪常切
齒敦懷逆謀終慮訪未敢爲非卒時年六十一帝哭

之慟立碑於本郡二子撫光案周訪傳訪少時遇善相者廬江陳訓謂訪與陶侃曰二君皆位至方嶽功名略同但陶得上壽周止下壽優劣更由年耳訪旅泊宮亭湖廟廟本靈驗入者皆死及訪憩寢略無神異明早即顧見一老父訪熟之乃化爲雄鴨也

五年春正月大赦改元永昌元年戊辰大將軍荆州牧王敦舉兵反於武昌謂長史謝鯤曰劉隗姦邪將覆社稷吾欲除君側之惡安時濟民鯤曰隗誠始禍然城狐社鼠也言未及卒敦怒曰君至庸才豈達天理發檄四方以誅劉隗刁協爲名遣龍驤將軍沈充都督吴興等諸軍事已巳敦上疏曰昔太甲初雖不能遵明湯典幸納伊尹之勳漢武雄略亦惑江充讒佞邪說至蕪湖又上表罪狀刁協等帝大怒下詔曰王敦憑恃寵靈敢肆狂逆方朕太甲欲見幽囚是可

忍也孰不可忍也朕將親御六軍以誅大逆二月内
外戒嚴徵諸徵鎮入衛京師詔公卿已下廷議丞相
王導率昆弟子姪三十餘人詣闕待罪帝召入見導
前謝曰逆臣賊子何代無之豈意今者近出臣族帝
跣而下執手曰方託百里之命卿何言耶乃詔大義
滅親以導爲前鋒大都督粉丹陽諸郡皆加軍號以
太子右率周筵行冠軍將軍統兵三千討沈充使鎮
北將軍劉隗軍于金城右將軍周札守石頭甲午帝
被甲徇六軍於郊外詔平南將軍陶侃領江州安南
將軍甘卓領荆州各率所統以躡敦後四月敦先鋒
攻石頭軍周札開城納賊王導郭逸周顗刁協劉隗

等三道出戰六軍敗績皇太子欲親率將士自決戰
外車將出中庶子溫嶠固諫抽劒斷鞅乃止尚書令
刁協劉隗並出奔協至江乘爲其下所殺隗入于石頭
隗字大連彭城人楚元王交之後解褐從元帝爲
從事中郎累遷丞相司直委以刑憲時世子文學王
籍之居叔母喪而婚隗奏之帝下令曰詩稱殺禮而
多婚以會男女之無夫家正今日之謂也可一解禁
止自今已後宜爲其防隗爲法官多所彈奏不避豪
彊建興中丞相府斬督運令史淳于伯而血逆流隗
因奏淳于伯刑血著柱遂逆上終極柱末二丈三赤
旋復流下四赤五寸百姓諠譁觀者滿路咸爲寃枉

之徵請見免相府從事及王導等官帝自責過而謝
隗晉國既建拜御史中丞帝即位拜鎮北將軍都督
青徐諸軍事鎮泗口初隗以王敦威權太盛終不可
制勸帝出腹心以鎮方隅故以譙王承爲湘州續用
隗及戴若思爲都督敦甚惡之與隗書曰頃承聖上
顧眄足下今大賊未滅中原鼎沸欲與足下及周生
之徒勠力王室共靜海內若其泰也則帝祚於是乎
隆若其否也則天下永無望矣隗荅書曰魚相望於
江湖人相知於道術竭股肱之力効之以忠貞吾之
志也敦得書甚怒及敦作逆舉兵以討隗爲名詔徵
隗還京師百官迎之於道隗岸幘大言意氣自若及

入見帝與刁協奏請誅王氏帝不從有懼色及率兵
攻石頭不拔入宮告辭帝令避難雪涕與別至淮陰
爲劉遐所襲奔于僞趙庚午帝釋戎服使侍中王彬
阮孚宣詔於敦曰公若不忘本朝於是息兵則天下
尚可共安也如其不然朕當歸瑯琊以避賢路二年春
大赦使太常荀崧就拜敦丞相大將軍都督中外諸
軍錄尚書事進封武昌郡公邑萬戶加羽葆鼓吹詔
百寮見敦於石城敦問戴淵曰前日之戰真有餘力
乎答曰豈敢有餘但不足耳又問曰吾此舉
動天下以爲何如答曰見形者謂之逆體誠者謂
之忠敦笑曰卿可謂能言又謂周顗曰伯仁卿何負

我顗曰公戎車犯順下官不能其事使王師奔敗以
此負公敦憚其辭正不知所答既出帝召顗於廣室
謂曰近日大事二宮無恙諸人平安大將軍故副所
望邪顗曰二宮自如明詔於臣等故未可知時護軍長
史郝嘏等勸顗避敦顗曰吾備位大臣朝廷喪敗寧
可草中求活耶初司空王導率子弟詣闕下請罪值
顗將入導呼顗曰伯仁以百口累卿顗直入不顧既見
帝言導忠誠帝納其言與飲酒致醉而出導猶在門
又呼顗顗不與言顧左右曰今年殺諸賊奴取金印
如斗大繫肘既出又上表明導言甚切至導不知救
已而甚銜之及敦得志三問導周伯仁戴若思可為

公輔導三不荅時叅軍呂猗說敦曰周顗戴淵皆有
髙名矚視不恒若不早除恐為後患敦乃同收害之
路經太廟顗大言曰天地先帝之靈賊臣王敦傾覆
社稷枉殺忠良陵虐天地神祇有靈當速殺敦語未
終收人以戟傷其口血流至踵顔色不變容止自若
觀者為之流涕時年五十四與戴淵同殺於石頭城
東塘頴石上百姓寃之至今紀其石賊平追贈左光
祿大夫 顗字伯仁汝南安城人安東將軍浚之子少
有重名神彩秀徹司徒掾賁嵩見而歎曰汝頴固多
奇士清我邦族必是人也及帝鎮江東中興初遷吏
部尚書以醉酒為有司所奏白衣領職太興初拜太

子少傅尋轉尚書左僕射領吏部如故時庾亮謂曰諸人咸以君方樂廣顗曰何乃刻畫無鹽唐突西子初顗以雅望獲海内盛名後頗以酒失為僕射略無醒日時人號為三日僕射庾亮曰周侯末年可謂鳳德之衰也（案中興書王敦素憚顗每見顗輒面熱雖冬月仍交扇不休死後王導於校料中書故事見顗表救己殷勤乃執表垂泣悲不自勝告諸子曰吾雖不殺伯仁伯仁因我而死幽冥之中負此良友）

戴淵字若思廣陵人少遊俠不拘操行遇陸機赴洛淵以其徒掠之機見淵坐胡牀指麾便宜知非常人遂上舡屋上遥謂曰卿才器如此何不學問取祿位乃與群小行刼耶淵因感悟棄刀流涕就機機賞異焉入洛薦之及帝中興累遷尚書左僕射出為幽冀豫兗并雍六州諸軍事鎮壽春

王敦舉兵欲入築壘於大桁北旣而石頭不守遇害
時年五十二賊平追贈右光祿大夫六月早敦將還
屯武昌不期而去多收時望殺之敦在武昌鈴下儀
仗生華如蓮華狀五日而萎落是月襄陽太守周慮
承敦旨害侍中荊州牧甘卓於襄陽　卓字季思丹陽
人秦丞相茂之後少忠正舉秀才累遷離狐令見天
下大亂棄官東歸陳敏據揚州深相結託爲子景娶
卓女及周玘顧榮唱義邀卓共討敏定江南帝初鎮
建鄴以爲揚威將軍征周馥杜弢屢有戰功封南鄉
侯湘州刺史尋改安南將軍梁州刺史鎮襄陽善於
綏撫孤幼佑䘏悉除市無二價州境所有魚池先恒

責税卓至不收其利皆給貧人西土稱爲惠政及王
敦舉兵告卓卓僞許之而心不同及敦將發卓使參
軍孫雙詣武昌諫止敦敦聞雙言大驚曰甘侯前與
吾言云何更有異正當慮吾危朝廷邪吾今唯除姦
凶耳卿還言之事濟當以甘侯作公雙還報卓卓不
能決會湘州刺史譙王承遣主簿鄧騫來說卓言王
敦以私憾稱兵象魏此實忠臣義士匡濟之時時不
可失卓笑曰桓文之事豈吾所能至於盡力國難乃
其心也時敦以卓不至慮其在後爲變遣參軍樂道
融苦要卓俱下道融至背敦說因說卓襲之卓遂决
曰吾本意也因馳檄遠近陳敦肆逆遣司馬孫雙奉

表詣臺使參軍羅英至廣州與陶侃剋期令譙王承
堅守長沙京師大喜詔書遷卓鎮南將軍侍中都
督荆梁二州諸軍事荆州牧敦聞大懼遣卓兄子卬
求和謝卓曰君此是臣節不相責也吾家計急不得不
爾想便旋軍襄陽當結姻好及王師敗績敦求臺騶
虞幡以駐卓卓聞周顗戴若思遇害流涕謂卬曰吾
之所憂正為今日每得朝廷人書以胡羯為先不意
禍起蕭墻且使聖上元吉太子無恙吾適據武昌敦
勢逼必劫天子以絕四海望不如還軍更思後圖於
是自豬口命旋軍襄陽都尉秦康說曰今分兵取敦
不難但斷彭澤上下不得相赴自然離散可一戰而

擒也卓不從樂道融亦日夜勸卓討敦卓逕還襄陽
意氣騷擾失常自照鏡不見頭視庭樹而頭在樹上
心甚惡之家中金櫃忽鳴聲似槌鏡清遠而悲巫云
金櫃將離是以悲鳴主簿何無忌及家人皆勸令自
警卓轉更很愎散兵大略而不爲備故周慮等附敦
意詐云湖中多魚勸卓遣左右捕魚乃襲害卓傳首
于敦四子蕃等被殺秋八月瑯瑯太守孫默叛奔石
勒冬十月沈充陷吳國新昌太守梁龕起兵反應充
京師大霧黑風蔽天日月無光十一月乙酉罷司徒并
丞相閏月己丑帝崩于内殿太寧元年春二月葬平
陵陵在今縣北九里鷄籠山陽不起墳案帝年四十

二即位立五年年四十七崩謚元皇帝廟號中宗[illegible]

孫傳初帝崩群臣議廟號王敦遣使謂曰豺狼當路梓宮未反祖宗之號宜別思詳僕射荀崧議以為禮祖有功宗有德元皇帝天縱聖哲光啓中興德澤侔於太戊恩惠邁於漢宣臣敢依前典上號中宗既而與敦書曰承以長蛇未翦別詳祖宗先帝應天受命以隆中興中興之主寧可隨世數而遷毀敢率丹直詢之朝野上號中宗卜曰有期不及重請尊號之懿所不敢辭數示諮之

帝幼有令問屬惠皇之際王室多故惟退讓一不與聞[illegible]然之迹故時人未之識唯侍中嵇紹異之謂人曰琅邪王毛骨非人臣之相元康二年從討成都王穎蕩陰之敗也叔父東安王繇為穎所殺帝懼禍及將出奔其夜月明禁衛嚴警帝無由得出甚窘迫有頃雲霧晦冥雷雨暴至徼者皆弛因得潛出先是穎又令關禁貴人既至河陽為津吏所止從者宋典後來以策鞭馬笑曰舍長官禁貴人汝

亦被拘邪吏乃蕪過至滎陽迎太妃俱歸東國東海
王越輔政加帝平東將軍鎮下邳尋遷安東大將軍
都督揚州諸軍事越西迎大駕留帝居守用王導計
懷帝永嘉元年始渡江鎮建鄴初惠帝太安之際童
謡云五馬浮渡江一馬化爲龍及是帝與西陽王羕
南王南頓王彭城王等獲濟而帝竟登大位帝性簡
儉沖素容納直言虛己待物頗以酒廢事王導一言
帝命酌引觴覆之於地遂絶有司嘗奏太極殿廣室
施絳帳帝令冬施青布夏施青練等帳寵幸鄭夫人
衣無文綵從母弟王廙爲母立屋過制流涕止之然
晉室遭紛皇輿播越天命未改人謀叶贊元戎屢動

不出江纖經略區區僅全吳楚昔秦望氣云五百年
後金陵有天子氣及孫權稱號自謂當之考其曆數
猶爲未及元帝之渡江也乃五百二十六年真人之
應在於此矣太康初平吳王濬實先至建業而吳降
欵遠歸璽於瑯琊武帝咸寧元年八月丁酉大風折
太社樹中有青氣屬天占者云東莞有帝王之祥由
是徙封東莞王伷爲瑯琊王伷即元帝祖明帝元年
生天意人事中興符也始西晉亂武帝子孫無孑遺
社樹折之應常風之罰也青氣東莞之祥也

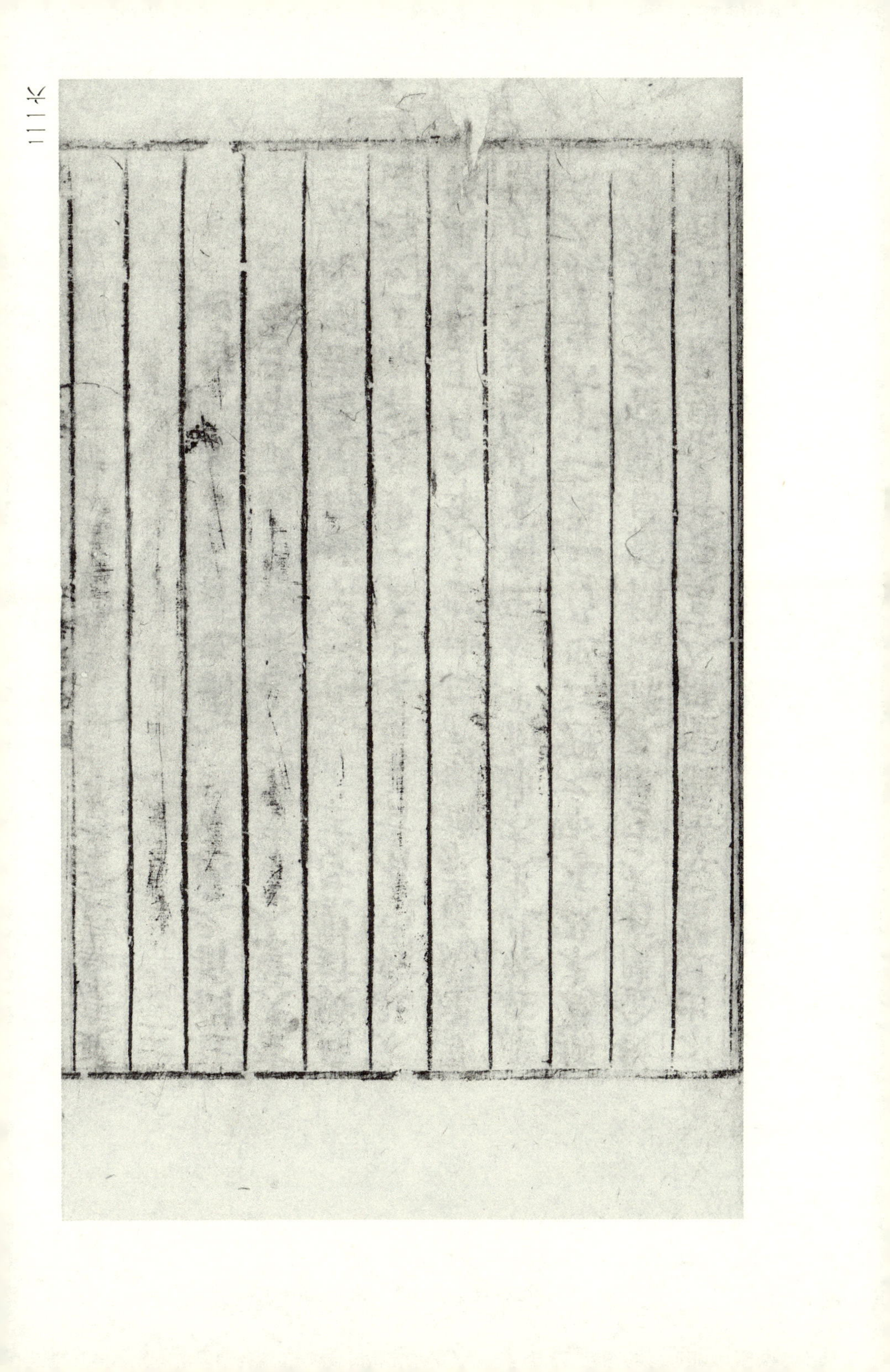

建康實録卷第六　　晉上

肅祖明皇帝

明帝諱紹字道畿中宗長子母豫章君帝幼而聰哲年數歲甞置直中宗膝上會長安使來中宗因問曰汝謂曰與長安孰遠對曰日遠中宗問其故答曰不聞人從日邊來居然可知爾中宗異之明日會群臣又問之對曰日近中宗失色曰何異昨日之言對曰舉目見日不見長安由是益奇之大興元年春三月改晉王太子立爲皇太子性至孝有文武才略當代名臣王導庾亮温嶠等咸親待之甞論聖人真假之意導等不能屈又習武藝善撫將士于時東朝濟濟遠近

屬心焉及王敦執政知帝神武明斷朝野共欽欲誣
以不孝廢之會百官問皇太子何德可稱聲色俱厲
必使有言中庶子溫嶠對曰鉤深致遠蓋非淺局所
量以禮觀之可稱爲孝矣衆皆以爲然敦謀遂止
永昌元年閏十一月己丑中宗崩庚寅即皇帝位大赦
天下尊所生荀氏爲建安郡君
二年春正月赤烏見癸巳黃霧四塞二月葬元皇帝
于建平陵帝徒跣至陵所三月戊寅朔大赦改元太
寧元年臨軒懸而不樂丙戌隕霜殺草饒安東光安
陵三縣災燒七千餘家死者萬五千人是月王敦獻
皇帝信璽一紐敦將謀簒奪諷朝廷徵己帝手詔徵

之敦下屯于湖陰帝乃以司空導爲司徒敦自領揚
州牧五月蜀李驤寇寧州刺史王遜遣將軍姚崇拒
戰於堂狼大破之崇以追遠不敢窮追渡瀘水遜大
怒鞭上衝冠冠盡裂中夜而卒 遜字邵伯魏興人累
遷魏興太守在郡私牛馬生駒犢者秩滿悉以付官
去是郡中所産中宗即位拜寧州刺史封褒中公是
月王敦害從事中郎將周嵩及尚書周札 札字宣季
義興人征西將軍處之少子以豪右自處累遷右將
軍都督石頭水陸軍事王敦舉兵下攻石頭札不守
開門納敦敦用爲尚書兄弟皆居列位吳士多依附
王敦深忌之及周莚母喪送葬者千數敦益憚焉錢

鳳說敦曰夫有國者患於彊逼自古釁難恒必由之今江東之豪莫過周沈公萬世之後二族必不靜矣周氏最彊而多俊才宜先爲之所則後嗣可安國家可保敦納之因有道士李脫妖術惑衆自言八百歲故號李八百時人多信事之弟子李弘養徒灊山作逆敦使廬江太守李恒告札及宗黨與李脫謀反遂盡掩札兄弟子姪等害之

嵩字仲智尚書僕射顗之次弟猗狹每以才氣凌物中宗作相引爲參軍及晉王即位拜奉朝請累遷御史中丞時王敦勢盛中宗漸踈王導嵩因上疏言導忠諒竭誠義以奉主雖有不軌之者父子尚無交顧之義况兄弟乎此固舊

德不可棄垂成之業也中宗感悟與導親如故及敦破石頭擅朝柄而害顗敦使人弔嵩嵩曰亡兄天下人為天下人所殺復何弔乎敦甚銜恨懼失人情故未加害用為從事中郎嵩以兄遇橫禍恒憤憤敦知之使妖人李脫誣嵩及害之嵩精於事佛臨刑猶誦經

初顗母李氏冬至置酒舉觴賜三子曰吾本謂渡江託足無所不期爾等並貴列吾目前復何憂也嵩起曰恐不如尊旨伯仁志大而才短名重而識闇好乘人之弊此非自全之道嵩性抗直亦不容於世唯阿奴碌碌在母目下阿奴謨小字也後果壽終位至侍中封西平侯卒贈金紫光祿大夫謚曰貞也

六月壬子立皇后庾氏秋七月丙子朔震太極殿柱冬十月散騎常侍薛兼卒　兼字令長丹陽人祖綜父瑩並仕吳顯位兼少清素與同郡紀瞻廣陵閔鴻會稽賀循吳郡顧榮齊名號為五俊初入洛舉孝廉拜比陽

相中宗鎮江左用爲軍諮祭酒累遷左長史進爵安陽鄉侯中興建遷尚書領太子少傅自綜至兼三世傅東宮談者美之及帝即位詔以師傅加進崇禮八月石勒將石季龍攻陷青州刺史曹嶷遇害冬十一月以國飢乏調刺史已下米各有差

二年春正月丁丑朔帝臨軒懸而不樂庚辰赦五歲刑已下夏五月王敦在湖陰謀舉逆帝密知之自奉巴滇駿馬微行至於湖陰察敦營壘而出時有軍士疑帝非常人敦時晝臥夢日繞其營驚起曰此必黃鬚鮮卑奴來也（案晉書帝母荀氏燕代人帝狀類外氏鬚黃故敦謂之黃須鮮卑奴也）於是使五騎追之帝已馳還見逆旅嫗以七寶鞭與之曰後

有騎來以此示也俄而敦追騎至問嫗嫗曰去已遠矣因以鞭示之五騎傳翫稽留遂久又見馬糞冷晉書云帝以水灌糞令冷以爲信而止帝僅獲免丁巳敦病亟無子養兄含子應爲嗣矯詔拜其子應爲武衛將軍以自副而拜含爲驃騎大將軍都督揚州江西諸軍事 含字處弘少頑凶以敦故累遷顯位日夜與敦計以沈充錢鳳爲謀主諸葛瑤鄧嶽周撫李恒謝雍爲爪牙戊午敦以左司馬溫嶠爲丹陽尹使覘伺朝廷嶠至具言敦逆狀今病篤恐左右促其事請爲之備帝召侍中陳晷往問疾使容觀形勢錢鳳以敦病懼不諱云謀發兵向京師丙寅帝乃詔王敦將帥官寮唯討錢鳳一人其餘

文武無所問罪其有捨王敦姓名而歸大將軍者準
軍法從事丁卯以司徒王導爲鎮南將軍前鋒大都
督以溫嶠爲中壘將軍與尚書卞壼守石頭以應詹
爲護軍將軍督朱雀航南諸軍事以建威將軍趙胤
等武旅三萬十道俱進以奮威陶瞻領鋭三萬繼之
水陸齊勢帝親御六師以尚書郗鑒庾亮爲左右衛
將軍都督從駕諸軍事衛平北將軍王邃平西將軍
祖約臨淮太守蘇峻等並入衛京師以太宰西陽王
羕總統諸軍以虞潭爲會稽太守使蹋沈充別遣充
鄉人沈御名往吳興諭充許以爲司空充謂御名曰三司
具瞻之重豈吾所任幣厚言甘古人所畏且丈夫共

事終始當同寧可中道改易人誰容我御名因陳禍福
成敗甚勸之充不納率兵臨發謂其妻子曰男兒不豎
豹尾終不還也時虞潭舉兵於會稽將建牙有野鷹
飛集帳屋衆懼潭曰起大義而剛鷙鳥來破賊必矣
敦病轉篤不能統衆兄含謂敦曰此家事吾便當之
戊辰敦上疏罪狀溫嶠以誅姦臣爲名以含爲元帥
率錢鳳鄧岳周撫等將發鳳問敦曰事尅之日天子
云何敦曰尚未南郊何得稱天子但盡卿兵勢唯保
護東海王及裴妃而已辛未含至江寧王導使人送
書與含歷言禍福勸含還武昌保其門戶無黨犬羊
以肆逆導雖不武情在寧國明目張膽爲六軍首寧

忠臣死不無賴生含不答秋七月壬申朔含與錢鳳
等水陸五萬至于南岸游騎逼淮溫嶠乃燒朱雀航
以挫其鋒帝躬率六軍出次南皇堂欲討之知其爲
物情所畏密與王導等謀曰自上人情業業皆杖敦爲
勢若聞其斃衆必危殆因而擊之可破於是導等遂集宗
人詐云敦死舉哀衆果大危癸酉夜募壯士與中軍
司馬曹渾左衛將軍陳嵩段秀等領甲卒千人渡水
掩其未備平明大破含軍於越城臨陣斬前鋒何康
鄧岳等晋書岳陳郡人也字子遐勇力絶人爲桓溫參軍時人方之樊噲襄陽城北沔水中有蛟出常爲人害岳入水截蛟而出人皆異之
敦聞軍敗大怒曰我兄老婢兒耳門戶事去矣語參軍
呂寶曰吾當自力行因勢而起起而復困卧遂憤惋而

死臨絶召羊鑒及子應曰我亡後應便即位先立朝廷置百官然後營葬事俄而敦死秘不發喪裹屍以席蠟塗其外埋於廳事中夜與左右縱酒淫樂王含錢鳳乃率餘黨自柵塘西置五城造營（案圖經五城狀如郤月勢高二丈相去各二十丈在今縣東二十五里陶季直京都記五城處淮帶湖祖逆跡多集此處唐景雲中縣令陸彥恭於城側造一橋渡淮水則今之五城橋也）壬辰沈充自吳興率兵萬餘來會含等進築壘於陵口乙未賊分軍從竹格渚濟水光祿勳應詹拒之不利含鳳長驅至御街沈充自青溪引軍與含會至宣陽門北中郎將劉遐歷陽太守蘇峻等率輕騎從南塘出横擊之賊軍大潰劉遐乘勝追破沈充於清溪丙申含等燒營遁走蕪湖與子應乘單舟奔江陵荆州刺

史王舒使人迎之並沉于江餘黨平晉書王舒完允之惣角時嘗隨從伯敦敦與錢鳳謀爲逆允之時飲酒帳中卧已醒悉聞其言慮敦疑之便於卧處大吐衣面並污鳳既出敦果照視見允之卧吐中以爲大醉不復疑之允之求還京師具以敦謀白父父即與導白帝及敦平後累位至會稽内史詔御史劉彝往蕪湖發瘞出敦屍而刑之焚其衣冠梟首於大航觀者稱慶數旬尚書令郗鑒啓帝聽收私葬詔許之　敦字處仲司徒導之從父兄也伯祖祥字休徵魏太尉祖覽祥異母弟魏宗正卿生六子裁基會正彦琛裁生導基生敦敦少有成人之風尚晉武帝襄城公主拜駙馬都尉除太子舍人時王愷石崇以豪家侈相尚愷嘗會賓客因樂失調殺美人一坐爲之改容敦神色自若時又使美人行酒以客飲不盡輒殺之酒至敦所故不肯持美

人悲懼慠然不視導歎曰處仲若當世心懷剛忍非
令終也時洗馬潘滔見敦曰處仲蜂目已露但豺聲
未振若不噬人必爲人所噬後遷中書監永嘉末天
下大亂敦悉以公主時侍婢百餘人配給將士金銀
寶物散之於衆及東海王越輔政以敦爲楊州刺史
潘滔進諫越曰今樹處仲於江外使其肆豪彊之心
是見賊也越不從元帝召爲安東軍諮祭酒進左將
軍與從弟導同心翊戴元帝於江東以隆中興時人
爲之語曰王與馬共天下太興初與陶侃周訪討杜
弢敦以元帥進拜鎮東大將軍都督江楊荆湘交廣
六州諸軍事江州刺史封漢安侯敦始自選置於是

專擅之跡漸彰帝安慰之加侍中荆州牧敦既專任
閫外有問鼎之志帝畏而惡之遂引劉隗刁協爲腹
心及隗用事頗間王氏敦怒上疏陳之自爾憤憤不
平每酒後輙詠魏武帝樂府歌曰老驥伏櫪志在千
里烈士暮年壯心不已以鐵如意打唾壺爲節壺邊
盡缺乃率衆内白以誅劉隗爲名既破王師擁兵石
頭多行殺害肆其刼掠稱疾不朝而去及帝即位乃
諷朝廷徵已因下鎮姑孰帝使兼太常應詹授敦加
黄鉞班劒虎賁二十人奏事不名入朝不趨劒履上
殿又使侍中阮孚齎牛酒犒勞敦不見使主簿受詔
敦既得志暴慢愈甚諸方貢獻多入已府　含既亮

戾黨戚不軌初敦始病也夢白犬自天而下噬之又夢刀協乘軺車導從瞋目叱左右執之意惡而死敦眉目疎朗性簡脫口不言財利武帝嘗召時賢共言伎藝之事敦都不關意自言惟知擊鼓因振袖揚枹音節諧韻神氣自若舉坐歎其雄爽案晉書石崇以奢豪矜物厠所常有十餘婢列侍置香粉布容色如䂓者皆易新衣而出客多羞脫衣而敦脫故著新衣意色無作婢相謂曰此必能作賊又嘗荒恣於色左右或諫之事乃開後閤驅諸婢妾數十人並放之丁酉帝自南皇堂還宮大赦天下詔王敦從彼遐者一切無所問唯其黨不原是月分遣諸將追逐敦所置官室及將帥逃者丁未義興人周蹇殺敦所置太守劉芳于郡祖約逐敦淮南太守任台于壽春戴淵弟良及周光獲錢鳳斬之沈充奔於吳故將

吴儒誘充於覆壁中殺之 並傳首京師九月論平賊功封王導始興公溫嶠建寧公卞壼建興公庾亮永昌公餘賞各有差冬十二月壬子帝謁建平陵行大禘禮是歲驃騎將軍臨湘侯紀瞻卒 瞻字思遠丹陽秣陵人祖亮父陟皆吴三公瞻少以方直知名吴平徙居歷陽察孝廉不行尋舉秀才為司馬東閤祭酒太安中弃官歸家與顧榮共討陳敏徵為尚書郎中宗鎮江外引為軍諮祭酒帝親往瞻宅與同車而歸加揚威將軍拒石勒功除會稽内史時有詐為將軍府吏收諸暨令拘之瞻疑其偽破檻出令而訊問使者果伏詐妄及中宗踐位累拜侍中領尚書令上疏諫

諍多所匡益帝甚嘉其忠烈因疾上疏自責因以疾免尋除尚書左僕射屢辭疾篤還第不許上疏言郗鑒節操今孤軍在鄒山恐為胡寇所獲請朝廷徵還及帝即位嘗獨引瞻於室慨然憂天下曰社稷之臣無復十人因屈指曰君便其一也轉領軍將軍當時服其嚴毅雖恒疾病六軍敬憚之加散騎常侍及王敦之逆帝使謂瞻曰卿雖病卧護六軍所益多矣賊平自表還家帝聽之遣使就拜驃騎將軍以家為府尋卒追封華容子封次子一人亭侯瞻性靜默少交遊而好仁義有託後者皆為立園宅少與陸機善及機遇害瞻卹其家成其男女同於所生立宅於烏

衣巷屋宇崇麗園池竹木有足賞翫焉子昱鑒並早
卒是歲置廩犧署養天地宗廟犧牲令在東府城後
三年春二月戊午復三族刑惟不及婦人三月戊辰
立皇子衍爲皇太子大赦增文武位二等大酺三日
賜鰥寡孤獨帛人二匹癸巳徵處士臨海任旭會稽
虞喜並爲博士　旭字次龍臨海章安人有清操不
染流俗郡守蔣秀請爲功曹秀乃貪穢旭正色諫不納
乃謝去及坐事旭狼狽營送之永康初求俊異旭辭疾
歸尋天下大亂陳敏之逆唯旭與賀循等守死不從
中宗初頻徵不到及此王導啟立學校以旭與虞喜
俱爲隱學同召之夏四月詔大事初定其命惟新可

令太宰司徒已下詣都坐參議政道諸所因革務盡
事中允直言引亮正想群賢達吾此懷矣已亥石勒
寇河南司豫兗三州並沒將軍李矩衆潰　矩字世迴
平陽人以滎陽守隨中宗加冠軍將軍領河南平陽
太守頻破劉聰以功進安西將軍劉聰死其將靳準
殺聰子粲盡滅劉氏乃上言二帝幽沒虜庭今謹扶
持梓宮請矩上聞矩馳表于帝帝使太常韓胤迎梓
宮未至遇石勒劉曜破靳準矩舉衆南走墜馬死五
月以征南大將軍陶侃爲征西大將軍都督荊襄雍
梁四州諸軍事荊州刺史以荊州刺史王廙爲都督
湘中諸軍事湘州刺史以劉顗爲平越中郎將廣州

刺史六月太子庶子孔衍卒衍字舒元魯國人孔子
二十二代孫少好學識古事朝儀軌制多取正焉
著春秋後語十卷秋七月詔郊祀天地之重事自中
興以來惟南郊未曾北郊四時五郊之禮都不復設
五嶽四瀆名山大川載在祀典應望秩者悉廢而未
舉主者其依舊詳處以時置祭八月詔吳時將相名
賢之胄有能纂述家訓忠孝仁義靜己守真不聞於
時者州郡中正亟以名聞勿有所遺閏月壬午帝不
豫召太宰西陽王羕司徒王導尚書令卞壼車騎將
軍郗鑒護軍將軍庾亮丹陽尹溫嶠等並受遺輔
太子丁亥遺詔斂以時服從簡約戊子帝崩于大

極東堂九月辛丑葬武平陵在縣城北九里雞籠山陽與元帝同

案帝年二十五即位立三年年二十七崩謚曰明帝廟號肅祖帝聰明有機斷尤精物理于時兵凶歲飢死疫過半虛弊既甚事極艱虞王敦震王之威將移神器帝崎嶇遵養以弱制強潛用獨斷廓清大祲改授荊湘四州以分上流之勢撥亂返正還本彊枝雖享國日淺而規謨弘遠矣

建康實錄卷第六

建康實

建錄